Diese Taschenbuchausgabe enthält die endgültige deutschsprachige Fassung des Tagebuchs von Anne Frank. Von diesem Tagebuch gibt es eine erste und eine zweite, spätere Fassung, die beide von Anne Frank selbst stammen. Sie hatte das von ihr über mehr als zwei Jahre geführte Tagebuch zu einem späteren Zeitpunkt überarbeitet, weil die erste Fassung ihren schriftstellerischen Ansprüchen nicht mehr genügte. Die vorliegende Fassung enthält also ohne jene Auslassungen, die Otto Frank, Annes Vater, aus Diskretion vorgenommen hatte, den von Anne Frank überarbeiteten Tagebuchtext samt den unverändert aus der ersten Fassung übernommenen Teilen, und zwar in einer neuen, dem ungekünstelten Stil des Originals adäquaten Übersetzung von Mirjam Pressler. Dieser vollständige Text, dessen Authentizität seit der kompletten Wiedergabe aller Fassungen in »Die Tagebücher der Anne Frank« (S. Fischer Verlag, Frankfurt am Main 1988) unbestritten ist, vermittelt ein eindrucksvolles Bild von Anne Franks Gefühls- und Gedankenwelt und nicht zuletzt von ihren Fortschritten als Schriftstellerin. Das Tagebuch ist für Millionen von Menschen zu einem Symbol für den Völkermord an den Juden durch den nationalsozialistischen Verbrecherstaat geworden.

*Anne Frank*, am 12. Juni 1929 als Kind jüdischer Eltern in Frankfurt am Main geboren, flüchtete 1933 mit ihren Eltern vor den Nazis nach Amsterdam. Nachdem die Nazi-Armee 1940 die Niederlande überfiel und besetzte, 1942 außerdem verschärfte Maßnahmen gegen die jüdische Bevölkerung in Kraft traten, versteckte sich die Familie Frank mit Freunden in einem Hinterhaus an der Amsterdamer Prinsengracht. Die Untergetauchten wurden im August 1944 von Nazi-Schergen festgenommen und nach Auschwitz verschleppt. Anne Frank starb im März 1945 in Bergen-Belsen. (Der genaue Todestag ist nicht bekannt.)

*Unsere Adresse im Internet: www.fischer-tb.de*

# Anne Frank Tagebuch

Fassung von Otto H. Frank
und Mirjam Pressler

Aus dem Niederländischen
von Mirjam Pressler

Fischer Taschenbuch Verlag

**Fischer Schatzinsel**
**Herausgegeben von Markus Niesen**

Ungekürzte Ausgabe
Veröffentlicht im Fischer Taschenbuch Verlag GmbH,
Frankfurt am Main, August 2000

Lizenzausgabe mit Genehmigung des
S. Fischer Verlag GmbH, Frankfurt am Main
Die Originalausgabe mit dem Titel »De Dagboeken van Anne Frank«
erschien 1988 bei Staatsuitgeverij, 's-Gravenhage/Uitgeverij Bert Bakker, Amsterdam
Herausgeber: Rijksinstituut voor Oorlogsdocumentatie, Amsterdam
Staatsuitgeverij, 's-Gravenhage/Uitgeverij Bert Bakker, Amsterdam

Satz: Pinkuin Satz und Datentechnik, Berlin
Druck und Bindung: Clausen & Bosse, Leck
Printed in Germany
ISBN 3-596-80330-6

*Nach den Regeln der neuen Rechtschreibung*

## Zu diesem Buch

Anne Frank führte vom 12. Juni 1942 bis 1. August 1944 Tagebuch. Bis zum Frühjahr 1944 schrieb sie ihre Briefe nur für sich selbst. Dann hörte sie im Radio aus London den niederländischen Erziehungsminister im Exil, der davon sprach, dass man nach dem Krieg alles über die Leiden des niederländischen Volkes während der deutschen Besatzung sammeln und veröffentlichen müsse. Als Beispiel führte er unter anderem Tagebücher an. Unter dem Eindruck dieser Rede beschloss Anne Frank, nach Kriegsende ein Buch zu veröffentlichen. Ihr Tagebuch sollte dafür als Grundlage dienen.

Sie begann, ihr Tagebuch ab- und umzuschreiben, korrigierte, ließ Passagen weg, die sie für uninteressant hielt, und fügte anderes aus ihrer Erinnerung hinzu. Gleichzeitig führte sie ihr ursprüngliches Tagebuch weiter, das in der Kritischen Ausgabe* »Fassung a« genannt wird, im Unterschied zu »Fassung b«, dem umgearbeiteten zweiten Tagebuch. Ihr letzter Eintrag datiert vom 1. August 1944. Am 4. August wurden die acht untergetauchten Juden von der »Grünen Polizei« abgeholt.

Miep Gies und Bep Voskuijl stellten noch am Tag der Verhaftung die Aufzeichnungen Anne Franks sicher. Miep Gies bewahrte sie in ihrem Schreibtisch auf und übergab sie ungelesen Otto H. Frank, Annes Vater, als endgültig feststand, dass Anne nicht mehr lebte.

Otto Frank entschloss sich nach reiflicher Überlegung, den Wunsch seiner toten Tochter zu erfüllen und ihre Aufzeichnungen als Buch zu veröffentlichen. Dazu stellte er aus beiden Fassungen von Anne, der ursprünglichen (Fassung a) und der von ihr selbst umgearbeiteten (Fassung b), eine gekürzte dritte (Fassung c) zusammen. Der Text

* Die Tagebücher der Anne Frank. Rijksinstituut voor Oorlogsdocumentatie/Niederländisches Staatliches Institut für Kriegsdokumentation (Hrsg.). Übersetzt von Mirjam Pressler. S. Fischer Verlag, Frankfurt am Main 1988.

sollte in einer Buchreihe erscheinen, deren Umfang vom niederländischen Verlag vorgegeben war.
Als das Buch 1947 in den Niederlanden erschien, war es noch nicht üblich, ungezwungen über sexuelle Themen zu schreiben, besonders nicht in Jugendbüchern. Ein anderer wichtiger Grund, ganze Passagen oder bestimmte Formulierungen nicht aufzunehmen, war, dass Otto Frank das Andenken an seine Frau und die anderen Schicksalsgenossen des Hinterhauses schützen wollte. Anne Frank schrieb im Alter von dreizehn bis fünfzehn Jahren und äußerte in ihren Aufzeichnungen ihre Abneigungen und ihren Ärger ebenso deutlich wie ihre Zuneigungen.
Otto Frank starb 1980. Die Originalaufzeichnungen seiner Tochter vermachte er testamentarisch dem Rijksinstituut voor Oorlogsdocumentatie (Niederländisches Staatliches Institut für Kriegsdokumentation) in Amsterdam. Da seit den fünfziger Jahren die Echtheit des Tagebuchs immer wieder angezweifelt wurde, ließen die Wissenschaftler des Instituts sämtliche Aufzeichnungen prüfen. Erst als die Echtheit zweifelsfrei feststand, veröffentlichten sie sämtliche Tagebuchaufzeichnungen von Anne Frank, zusammen mit den Ergebnissen ihrer Forschungen. Sie hatten dabei unter anderem die familiären Hintergründe, die Umstände der Verhaftung und Deportation, die verwendeten Schreibmaterialien und die Schrift von Anne Frank untersucht und in ihrem umfangreichen Werk auch die Verbreitung des Tagebuchs beschrieben.
Der ANNE FRANK-Fonds, Basel, der als Universalerbe von Otto Frank auch sämtliche Autorenrechte seiner Tochter geerbt hat, entschloss sich, von den nun vorliegenden Texten Anne Franks weitere Passagen in die neue Fassung aufzunehmen. Die von Otto Frank geleistete editorische Arbeit, die dem Tagebuch zu großer Verbreitung und politischer Bedeutung verholfen hat, wird dadurch in keiner Weise geschmälert. Mit der Redaktion wurde die Autorin und Übersetzerin Mirjam Pressler beauftragt. Dabei wurde die Fassung von Otto Frank ungeschmälert übernommen und durch weitere Passagen der Fassungen a und b des Tagebuchs ergänzt. Die von Mirjam Pressler vorgelegte, vom ANNE FRANK-Fonds autorisierte Fassung ist gut ein Viertel umfangreicher als die bisherige Veröffentlichung. Sie soll dem Leser einen tieferen Einblick in die Welt der Anne Frank ermöglichen.

Als Anne Frank ihre zweite Version (Fassung b) schrieb, legte sie fest, welche Pseudonyme sie den Personen in einem zu veröffentlichenden Buch geben wollte. Sich selbst wollte sie zuerst Anne Aulis, dann Anne Robin nennen. Otto Frank hat diese Namen nicht übernommen, sondern seinen Familiennamen beibehalten; ihre Namensvorschläge für die anderen Personen hat er hingegen berücksichtigt. Die Helfer, die heute allgemein bekannt sind, verdienen es, namentlich genannt zu werden; die Namen aller anderen Personen entsprechen der Kritischen Ausgabe: In Fällen, in denen die Personen anonym bleiben wollten, wurden die vom Rijksinstituut willkürlich gewählten Anfangsbuchstaben übernommen.
Die richtigen Namen der Versteckten waren: Familie van Pels (aus Osnabrück):
Auguste (geboren 29. 9. 1890), Hermann (geboren 31. 3. 1889), Peter (geboren 8. 11. 1926) van Pels; von Anne genannt: Petronella, Hans und Alfred van Daan; im Buch: Petronella, Hermann und Peter van Daan.
Fritz Pfeffer (geboren 1889 in Gießen); von Anne und im Buch genannt: Albert Dussel.

Anne Franks erstes Tagebuch, das sie zum 13. Geburtstag geschenkt bekommen hatte.

# Anne Frank Tagebuch

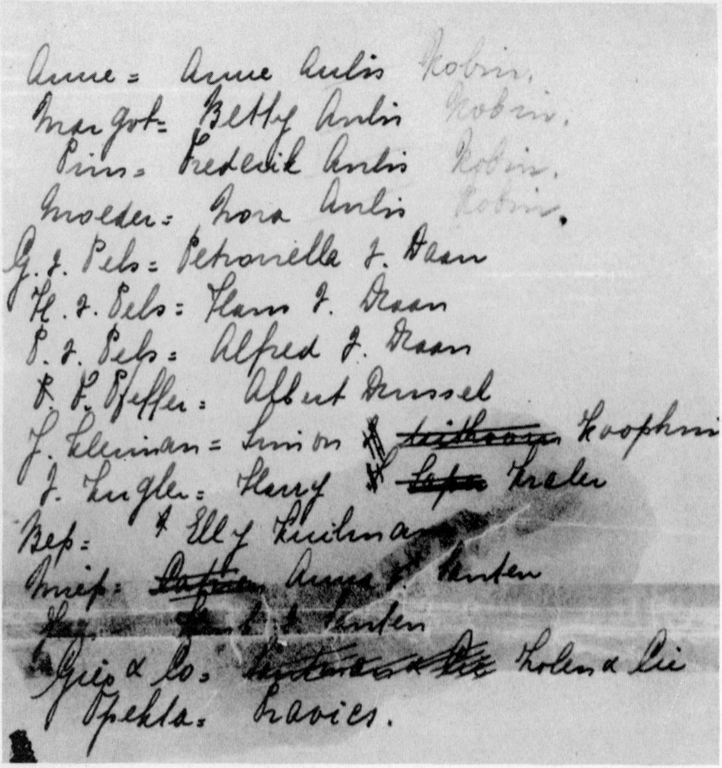
Anne = Anne Aulis Robin.
Margot = Betty Aulis Robin.
Pim = Frederik Aulis Robin.
Moeder = Nora Aulis Robin.
G. v. Pels = Petronella v. Daan
H. v. Pels = Hans v. Daan
P. v. Pels = Alfred v. Daan
F. Pfeffer = Albert Dussel
J. Kleiman = Simon v. [illegible] Koophuis
V. Kugler = Harry v. [illegible] Kraler
Bep = v. Elly Kuilmans
Miep = [illegible] Anne v. Santen
[illegible] = [illegible] v. Santen
Gies & Co = [illegible] Kolen & Cie
Opekta = Travies.

*Annes Liste der Namenänderungen*

Anne = Anne Aulis Robin.
Margot = Betty Aulis Robin.
Pim = Frederik Aulis Robin.
Mutter = Nora Aulis Robin.
G. v. Pels = Petronella v. Daan
H. v. Pels = Hans v. Daan
P. v. Pels = Alfred v. Daan
F. Pfeffer = Albert Dussel
J. Kleiman = Simon Koophuis
V. Kugler = Harry Kraler
Bep = Elly Kuilmans
Miep = Anne v. Santen
Jan = Henk v. Santen
Gis & Co = Kolen & Cie
Opekta = Travies.

[Aus: Die Tagebücher der Anne Frank. Rijksinstituut voor Oorlogsdocumentatie/ Niederländisches Staatliches Institut für Kriegsdokumentation (Hrsg.). Übersetzt von Mirjam Pressler. S. Fischer Verlag, Frankfurt am Main 1988 (Seite 68)]

12. Juni 1942

Ich werde, hoffe ich, dir alles anvertrauen können, wie ich es noch bei niemandem gekonnt habe, und ich hoffe, du wirst mir eine große Stütze sein.

*28. September 1942* (Nachtrag)

*Ich habe bis jetzt eine große Stütze an dir gehabt. Auch an Kitty, der ich jetzt regelmäßig schreibe. Diese Art, Tagebuch zu schreiben, finde ich viel schöner, und ich kann die Stunde fast nicht abwarten, wenn ich Zeit habe, in dich zu schreiben.*
*Ich bin, oh, so froh, dass ich dich mitgenommen habe!*

Sonntag, 14. Juni 1942

Ich werde mit dem Augenblick beginnen, als ich dich bekommen habe, das heißt, als ich dich auf meinem Geburtstagstisch liegen gesehen habe (denn das Kaufen, bei dem ich auch dabei gewesen bin, zählt nicht).
Am Freitag, dem 12. Juni, war ich schon um sechs Uhr wach, und das ist sehr begreiflich, da ich Geburtstag hatte. Aber um sechs Uhr durfte ich noch nicht aufstehen, also musste ich meine Neugier noch bis Viertel vor sieben bezwingen. Dann ging es nicht länger. Ich lief ins Esszimmer, wo ich von Moortje, unserer Katze, mit Purzelbäumen begrüßt wurde.
Kurz nach sieben ging ich zu Papa und Mama und dann ins Wohnzimmer, um meine Geschenke auszupacken. An erster Stelle warst du es, die ich zu sehen bekam und was wahrscheinlich eines von meinen schönsten Geschenken ist. Dann ein Strauß Rosen, eine Topfpflanze und zwei Pfingstrosen. Von Papa und Mama habe ich eine blaue Bluse bekommen, ein Gesellschaftsspiel, eine Flasche Traubensaft, der ein bisschen nach Wein schmeckt (Wein wird ja aus Trauben gemacht),

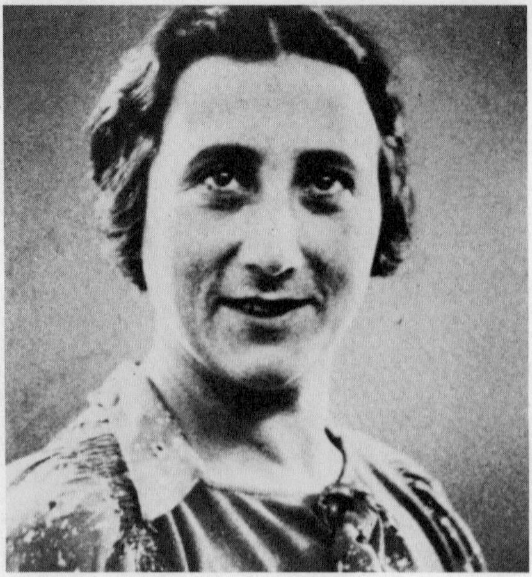

Edith Frank-Holländer, Annes Mutter, Mai 1935.

Otto Frank, Annes Vater, Mai 1936.

ein Puzzle, Creme, Geld und einen Gutschein für zwei Bücher. Dann bekam ich noch ein Buch, »Camera Obscura«, aber das hat Margot schon, darum habe ich es getauscht, selbst gebackene Plätzchen (von mir gebacken, natürlich, denn im Plätzchenbacken bin ich zur Zeit stark), viele Süßigkeiten und eine Erdbeertorte von Mutter. Auch einen Brief von Omi, ganz pünktlich, aber das ist natürlich Zufall.
Dann kam Hanneli, um mich abzuholen, und wir gingen zur Schule. In der Pause bewirtete ich Lehrer und Schüler mit Butterkeksen, dann ging es wieder an die Arbeit.
Ich kam erst um fünf Uhr nach Hause, weil ich zum Turnen gegangen war (obwohl ich nie mitmachen darf, da ich mir leicht Arme und Beine ausrenke) und für meine Klassenkameraden Volleyball als Geburtstagsspiel ausgesucht habe. Sanne Ledermann war schon da. Ilse Wagner, Hanneli Goslar und Jacqueline van Maarsen habe ich mitgebracht, die sind bei mir in der Klasse. Hanneli und Sanne waren früher meine besten Freundinnen, und wer uns zusammen sah, sagte immer: »Da laufen Anne, Hanne und Sanne.« Jacqueline van Maarsen habe ich erst auf dem Jüdischen Lyzeum kennen gelernt, sie ist jetzt meine beste Freundin. Ilse ist Hannelis beste Freundin, und Sanne geht in eine andere Schule und hat dort ihre Freundinnen.

Montag, 15. Juni 1942

Sonntagnachmittag war meine Geburtstagsfeier. Rin-tin-tin* hat meinen Klassenkameraden gut gefallen. Ich habe zwei Broschen bekommen, ein Lesezeichen und zwei Bücher. Der Club hat mir ein tolles Buch geschenkt, »Niederländische Sagen und Legenden«, aber sie haben mir aus Versehen den zweiten Band gegeben. Deshalb habe ich zwei andere Bücher gegen den ersten Band getauscht. Tante Helene hat noch ein Puzzle gebracht, Tante Stephanie eine Brosche und Tante Leny ein tolles Buch, nämlich »Daisys Ferien im Gebirge«.
Heute Morgen im Bad dachte ich darüber nach, wie herrlich es wäre, wenn ich so einen Hund wie Rin-tin-tin hätte. Ich würde ihn dann auch Rin-tin-tin nennen, und er würde in der Schule immer beim Pedell oder, bei schönem Wetter, im Fahrradunterstand sein.

* Rin-tin-tin hieß der Hund in einem bekannten Kinderfilm; A. d. Ü.

Ich möchte noch einiges von meiner Klasse und der Schule erzählen und will mit ein paar Schülern anfangen.
Betty Bloemendaal sieht ein bisschen ärmlich aus, ist es, glaube ich, auch. Sie ist in der Schule sehr gescheit. Aber das liegt daran, dass sie so fleißig ist, denn nun lässt die Gescheitheit schon was zu wünschen übrig. Sie ist ein ziemlich ruhiges Mädchen.
Jacqueline van Maarsen gilt als meine beste Freundin. Aber eine wirkliche Freundin habe ich noch nie gehabt. Bei Jopie dachte ich erst, sie könnte es werden, aber es ist schief gegangen.
D. Q. ist sehr nervös, vergisst alles mögliche und bekommt Strafarbeit um Strafarbeit. Sie ist sehr gutmütig, vor allem G. Z. gegenüber.
E. S. schwätzt so entsetzlich, dass es nicht mehr schön ist. Wenn sie einen etwas fragt, fasst sie einen immer an den Haaren oder Knöpfen an. Man sagt, dass E. mich nicht ausstehen kann. Aber das ist nicht schlimm, weil ich sie auch nicht sehr sympathisch finde.
Henny Mets ist fröhlich und nett, nur spricht sie sehr laut und ist, wenn sie auf der Straße spielt, sehr kindisch. Es ist sehr schade, dass sie eine Freundin hat, Beppy, die einen schlechten Einfluss auf sie hat, weil dieses Mädchen schrecklich schmutzig und schweinisch ist.
Über J. R. könnten ganze Romane geschrieben werden. Sie ist ein angeberisches, tuschelndes, ekliges, erwachsentuendes, hinterhältiges Mädchen. Sie hat Jopie eingewickelt, und das ist schade. Sie weint beim kleinsten Anlass und ist schrecklich zimperlich. Immer muss Fräulein J. Recht haben. Sie ist sehr reich und hat einen ganzen Schrank voll mit goldigen Kleidern, in denen sie aber viel zu alt aussieht. Das Mädchen bildet sich ein, sehr schön zu sein, aber sie ist gerade das Gegenteil. J. und ich können einander nicht ausstehen.
Ilse Wagner ist ein fröhliches und nettes Mädchen, aber sie ist sehr genau und kann stundenlang jammern. Ilse mag mich ziemlich gern. Sie ist auch sehr gescheit, aber faul.
Hanneli Goslar oder Lies, wie sie in der Schule genannt wird, ist ein bisschen eigenartig. Sie ist meist schüchtern und zu Hause sehr frech. Sie tratscht alles, was man ihr erzählt, an ihre Mutter weiter. Aber sie hat eine offene Meinung, und vor allem in der letzten Zeit schätze ich sie sehr.
Nannie v. Praag-Sigaar ist ein kleines, gescheites Mädchen. Ich finde sie ganz nett. Sie ist ziemlich klug. Viel ist über sie nicht zu sagen.

Eefje de Jong finde ich großartig. Sie ist erst zwölf Jahre alt, aber ganz und gar eine Dame. Sie tut, als wäre ich ein Baby. Und sie ist sehr hilfsbereit, deshalb mag ich sie auch.
G. Z. ist das schönste Mädchen in der Klasse. Sie hat ein liebes Gesicht, ist aber in der Schule ziemlich dumm. Ich glaube, dass sie sitzen bleibt, aber das sage ich natürlich nicht zu ihr.
(Nachtrag)
*Sie ist zu meiner großen Verwunderung doch nicht sitzen geblieben.*
Und am Schluss von uns zwölf Mädchen sitze ich, neben G. Z.
Über die Jungen lässt sich viel, aber auch wenig sagen.
Maurice Coster ist einer von meinen vielen Verehrern, aber er ist ein ziemlich unangenehmer Junge.
Sally Springer ist ein schrecklich schweinischer Junge, und es geht das Gerücht um, dass er gepaart hat. Trotzdem finde ich ihn toll, denn er ist sehr witzig.
Emiel Bonewit ist der Verehrer von G. Z., aber sie macht sich nicht viel daraus. Er ist ziemlich langweilig.
Rob Cohen war auch verliebt in mich, aber jetzt kann ich ihn nicht mehr ausstehen. Er ist heuchlerisch, verlogen, weinerlich, verrückt und unangenehm und bildet sich schrecklich viel ein.
Max van de Velde ist ein Bauernjunge aus Medemblik, aber ganz annehmbar, würde Margot sagen.
Herman Koopman ist auch arg schweinisch, genau wie Jopie de Beer, der ein richtiger Schürzenjäger ist.
Leo Blom ist der Busenfreund von Jopie de Beer und auch vom Schweinischsein angesteckt.
Albert de Mesquita kommt von der Montessorischule und hat eine Klasse übersprungen. Er ist sehr klug.
Leo Slager kommt von derselben Schule, ist aber nicht so klug.
Ru Stoppelmon ist ein kleiner, verrückter Junge aus Almelo, der erst später in die Klasse gekommen ist.
C. N. tut alles, was nicht erlaubt ist.
Jacques Kocernoot und Pam sitzen hinter uns, und wir lachen uns oft krank (G. und ich).
Harry Schaap ist der anständigste Junge aus unserer Klasse, er ist nett.
Werner Joseph auch, ist aber zu still und wirkt dadurch langweilig.

Edith Frank mit ihren Töchtern Anne (links) und Margot bei der Hauptwache in Frankfurt am Main, 1933.

Sam Salomon ist ein Rabauke aus der Gosse, ein Mistjunge. (Verehrer!)
Appie Riem ist ziemlich orthodox, aber auch ein Dreckskerl. Jetzt muss ich aufhören. Beim nächsten Mal habe ich wieder so viel in dich zu schreiben, d. h. dir zu erzählen. Tschüs! Ich finde dich so toll!

Samstag, 20. Juni 1942

Es ist für jemanden wie mich ein eigenartiges Gefühl, Tagebuch zu schreiben. Nicht nur, dass ich noch nie geschrieben habe, sondern ich denke auch, dass sich später keiner, weder ich noch ein anderer, für die Herzensergüsse eines dreizehnjährigen Schulmädchens interessieren wird. Aber darauf kommt es eigentlich nicht an, ich habe Lust zu schreiben und will mir vor allem alles Mögliche gründlich von der Seele reden.
Papier ist geduldiger als Menschen. Dieses Sprichwort fiel mir ein, als ich an einem meiner leicht-melancholischen Tage gelangweilt am Tisch saß, den Kopf auf den Händen, und vor Schlaffheit nicht wusste, ob ich weggehen oder lieber zu Hause bleiben sollte, und so schließlich sitzen blieb und weitergrübelte. In der Tat, Papier ist geduldig. Und weil ich nicht die Absicht habe, dieses kartonierte Heft mit dem hochtrabenden Namen »Tagebuch« jemals jemanden lesen zu lassen, es sei denn, ich würde irgendwann in meinem Leben »den« Freund oder »die« Freundin finden, ist es auch egal.
Nun bin ich bei dem Punkt angelangt, an dem die ganze Tagebuch-Idee angefangen hat: Ich habe keine Freundin.
Um noch deutlicher zu sein, muss hier eine Erklärung folgen, denn niemand kann verstehen, dass ein Mädchen von dreizehn ganz allein auf der Welt steht. Das ist auch nicht wahr. Ich habe liebe Eltern und eine Schwester von sechzehn, ich habe, alle zusammengezählt, mindestens dreißig Bekannte oder was man so Freundinnen nennt. Ich habe einen Haufen Anbeter, die mir alles von den Augen ablesen und sogar, wenn's sein muss, in der Klasse versuchen, mit Hilfe eines zerbrochenen Taschenspiegels einen Schimmer von mir aufzufangen. Ich habe Verwandte und ein gutes Zuhause. Nein, es fehlt mir offensichtlich nichts, außer »die« Freundin. Ich kann mit keinen von meinen Bekannten etwas anderes tun als Spaß machen, ich kann nur

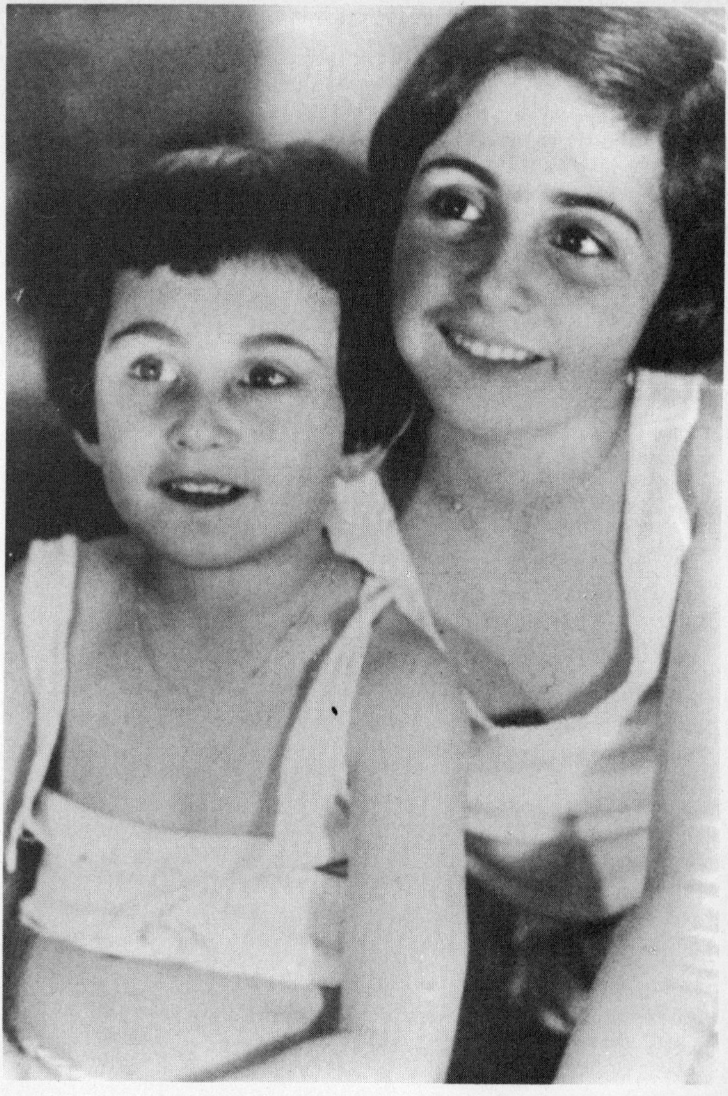

Anne (links) und Margot, 1933.

über alltägliche Dinge sprechen und werde nie intimer mit ihnen. Das ist der Haken. Vielleicht liegt dieser Mangel an Vertraulichkeit auch an mir. Jedenfalls ist es so, leider, und nicht zu ändern. Darum dieses Tagebuch.
Um nun die Vorstellung der ersehnten Freundin in meiner Phantasie noch zu steigern, will ich nicht einfach Tatsachen in mein Tagebuch schreiben wie alle andern, sondern ich will dieses Tagebuch die Freundin selbst sein lassen, und diese Freundin heißt *Kitty*.
Meine Geschichte! (Idiotisch, so etwas vergisst man nicht.)
Weil niemand das, was ich Kitty erzähle, verstehen würde, wenn ich so mit der Tür ins Haus falle, muss ich, wenn auch ungern, kurz meine Lebensgeschichte wiedergeben.
Mein Vater, der liebste Schatz von einem Vater, den ich je getroffen habe, heiratete erst mit 36 Jahren meine Mutter, die damals 25 war. Meine Schwester Margot wurde 1926 in Frankfurt am Main geboren, in Deutschland. Am 12. Juni 1929 folgte ich. Bis zu meinem vierten Lebensjahr wohnte ich in Frankfurt. Da wir Juden sind, ging dann mein Vater 1933 in die Niederlande. Er wurde Direktor der Niederländischen Opekta Gesellschaft zur Marmeladeherstellung. Meine Mutter, Edith Frank-Holländer, fuhr im September auch nach Holland, und Margot und ich gingen nach Aachen, wo unsere Großmutter wohnte. Margot ging im Dezember nach Holland und ich im Februar, wo ich als Geburtstagsgeschenk für Margot auf den Tisch gesetzt wurde.
Ich ging bald in den Kindergarten der Montessorischule. Dort blieb ich bis sechs, dann kam ich in die erste Klasse. In der 6. Klasse kam ich zu Frau Kuperus, der Direktorin. Am Ende des Schuljahres nahmen wir einen herzergreifenden Abschied voneinander und weinten beide, denn ich wurde am Jüdischen Lyzeum angenommen, in das Margot auch ging.
Unser Leben verlief nicht ohne Aufregung, da die übrige Familie in Deutschland nicht von Hitlers Judengesetzen verschont blieb. Nach den Pogromen 1938 flohen meine beiden Onkel, Brüder von Mutter, nach Amerika, und meine Großmutter kam zu uns. Sie war damals 73 Jahre alt.
Ab Mai 1940 ging es bergab mit den guten Zeiten: erst der Krieg, dann die Kapitulation, der Einmarsch der Deutschen, und das Elend

für uns Juden begann. Judengesetz folgte auf Judengesetz, und unsere Freiheit wurde sehr beschränkt. Juden müssen einen Judenstern tragen; Juden müssen ihre Fahrräder abgeben; Juden dürfen nicht mit der Straßenbahn fahren; Juden dürfen nicht mit einem Auto fahren, auch nicht mit einem privaten; Juden dürfen nur von 3–5 Uhr einkaufen; Juden dürfen nur zu einem jüdischen Frisör; Juden dürfen zwischen 8 Uhr abends und 6 Uhr morgens nicht auf die Straße; Juden dürfen sich nicht in Theatern, Kinos und an anderen dem Vergnügen dienenden Plätzen aufhalten; Juden dürfen nicht ins Schwimmbad, ebenso wenig auf Tennis-, Hockey- oder andere Sportplätze; Juden dürfen nicht rudern; Juden dürfen in der Öffentlichkeit keinerlei Sport treiben; Juden dürfen nach acht Uhr abends weder in ihrem eigenen Garten noch bei Bekannten sitzen; Juden dürfen nicht zu Christen ins Haus kommen; Juden müssen auf jüdische Schulen gehen und dergleichen mehr. So ging unser Leben weiter, und wir durften dies nicht und das nicht. Jacque sagt immer zu mir: »Ich traue mich nichts mehr zu machen, ich habe Angst, dass es nicht erlaubt ist.«
Im Sommer 1941 wurde Oma sehr krank. Sie musste operiert werden, und aus meinem Geburtstag wurde nicht viel. Im Sommer 1940 auch schon nicht, da war der Krieg in den Niederlanden gerade vorbei. Oma starb im Januar 1942. Niemand weiß, wie oft ich an sie denke und sie noch immer lieb habe. Dieser Geburtstag 1942 ist dann auch gefeiert worden, um alles nachzuholen, und Omas Kerze stand daneben.
Uns vieren geht es noch immer gut, und so bin ich dann bei dem heutigen Datum angelangt, an dem die feierliche Einweihung meines Tagebuchs beginnt, dem 20. Juni 1942.

Samstag, 20. Juni 1942

Liebe Kitty!
Dann fange ich gleich an. Es ist schön ruhig, Vater und Mutter sind ausgegangen, Margot ist mit ein paar jungen Leuten zu ihrer Freundin zum Pingpongspielen. Ich spiele in der letzten Zeit auch sehr viel, sogar so viel, dass wir fünf Mädchen einen Club gegründet haben. Der Club heißt »Der kleine Bär minus 2«. Ein verrückter Name, der

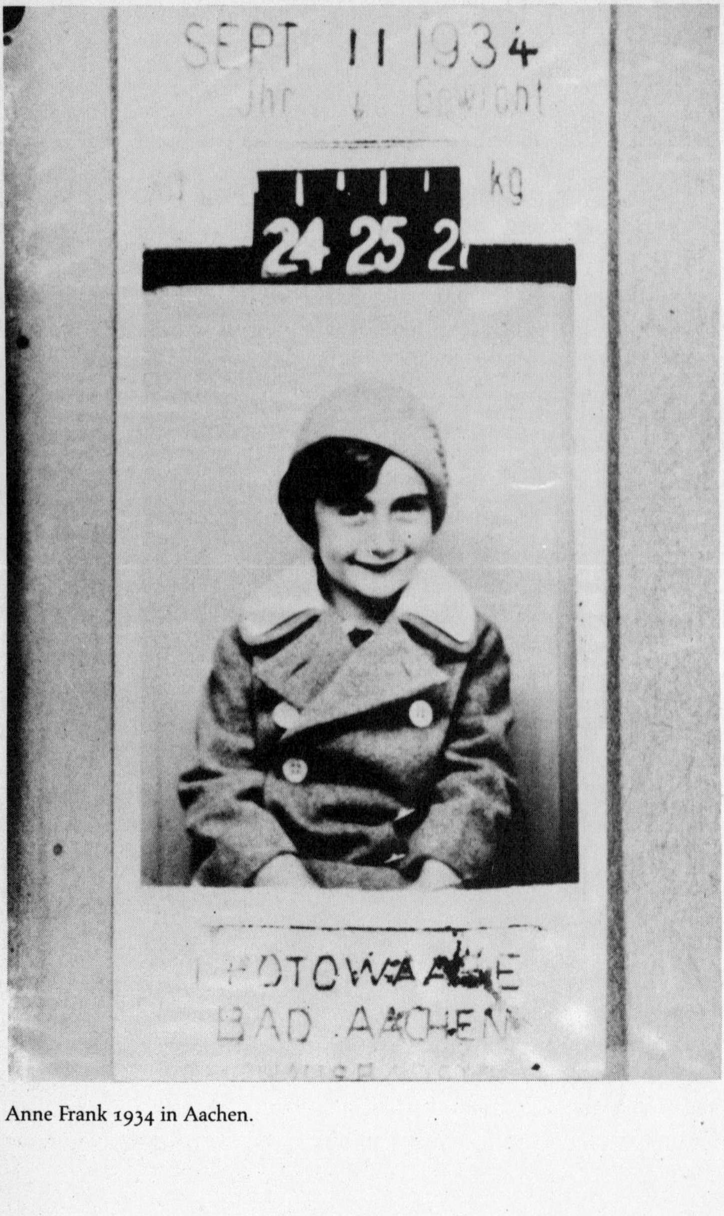


Anne Frank 1934 in Aachen.

auf einem Irrtum beruht. Wir wollten einen besonderen Namen und dachten wegen unserer fünf Mitglieder sofort an die Sterne, an den Kleinen Bären. Wir meinten, er hätte fünf Sterne, aber da haben wir uns geirrt, er hat sieben, genau wie der Große Bär. Daher das »minus zwei«. Ilse Wagner hat ein Pingpongspiel, und das große Esszimmer der Wagners steht uns immer zur Verfügung. Da wir Pingpongspielerinnen vor allem im Sommer gerne Eis essen und das Spielen warm macht, endet es meistens mit einem Ausflug zum nächsten Eisgeschäft, das für Juden erlaubt ist, die Oase oder das Delphi. Nach Geld oder Portemonnaie suchen wir überhaupt nicht mehr, denn in der Oase ist es meistens so voll, dass wir immer einige großzügige Herren aus unserem weiten Bekanntenkreis oder den einen oder anderen Verehrer finden, die uns mehr Eis anbieten, als wir in einer Woche essen können.
Ich nehme an, du bist ein bisschen erstaunt über die Tatsache, dass ich, so jung ich bin, über Verehrer spreche. Leider (in einigen Fällen auch nicht leider) scheint dieses Übel auf unserer Schule unvermeidbar zu sein. Sobald mich ein Junge fragt, ob er mit mir nach Hause radeln darf, und wir ein Gespräch anfangen, kann ich in neun von zehn Fällen damit rechnen, dass der betreffende Jüngling die Gewohnheit hat, sofort in Feuer und Flamme zu geraten, und mich nicht mehr aus den Augen lässt. Nach einiger Zeit legt sich die Verliebtheit wieder, vor allem, weil ich mir aus feurigen Blicken nicht viel mache und lustig weiterradle. Wenn es mir manchmal zu bunt wird, schlenkere ich ein bisschen mit dem Rad, die Tasche fällt runter, und der junge Mann muss anstandshalber absteigen. Wenn er mir die Tasche zurückgegeben hat, habe ich längst ein anderes Gesprächsthema angefangen. Das sind aber noch die Unschuldigen. Es gibt auch einige, die mir Kusshändchen zuwerfen oder versuchen, mich am Arm zu nehmen. Aber da sind sie bei mir an der falschen Adresse! Ich steige ab und weigere mich, weiter seine Gesellschaft in Anspruch zu nehmen. Oder ich spiele die Beleidigte und sage ihm klipp und klar, er könne nach Hause gehen.
So, der Grundstein für unsere Freundschaft ist gelegt. Bis morgen!

Deine Anne

Sonntag, 21. Juni 1942

Liebe Kitty!

Unsere ganze Klasse bibbert. Der Anlass ist natürlich die anstehende Lehrerkonferenz. Die halbe Klasse schließt Wetten über Versetzungen oder Sitzenbleiben ab. G. Z., meine Nachbarin, und ich lachen uns kaputt über unsere beiden Hintermänner, C. N. und Jacques Kocernoot, die schon ihr ganzes Ferienkapital verwettet haben. »Du wirst versetzt«, »von wegen«, »doch ...«, so geht es von morgens bis abends. Weder Gs flehende Blicke noch meine Wutausbrüche können die beiden zur Ruhe bringen. Meiner Meinung nach müsste ein Viertel der Klasse sitzen bleiben, solche Trottel sitzen hier drin. Aber Lehrer sind die launenhaftesten Menschen, die es gibt. Vielleicht sind sie ausnahmsweise auch mal launenhaft in der richtigen Richtung. Für meine Freundinnen und mich habe ich nicht so viel Angst, wir werden wohl durchkommen. Nur in Mathematik bin ich unsicher. Na ja, abwarten. Bis dahin sprechen wir uns gegenseitig Mut zu.

Ich komme mit allen Lehrern und Lehrerinnen ziemlich gut aus. Es sind insgesamt neun, sieben männliche und zwei weibliche. Herr Keesing, der alte Mathematiklehrer, war eine Zeit lang sehr böse auf mich, weil ich so viel schwätzte. Eine Ermahnung folgte der anderen, bis ich eine Strafarbeit bekam. Ich sollte einen Aufsatz über das Thema »Eine Schwatzliese« schreiben. Eine Schwatzliese, was kann man darüber schreiben? Aber ich machte mir erst noch keine Sorgen, steckte das Aufgabenheft in die Tasche und versuchte, mich ruhig zu verhalten.

Abends, als ich mit den anderen Aufgaben fertig war, entdeckte ich plötzlich die Eintragung für den Aufsatz. Mit dem Füllerende im Mund fing ich an, über das Thema nachzudenken. Einfach irgendetwas schreiben und die Worte so weit wie möglich auseinander ziehen, das kann jeder, aber einen schlagenden Beweis für die Notwendigkeit des Schwätzens zu finden, das war die Kunst. Ich dachte und dachte, und dann hatte ich plötzlich eine Idee. Ich schrieb die drei aufgegebenen Seiten und war zufrieden. Als Argument hatte ich angeführt, dass Reden weiblich sei, dass ich ja mein Bestes täte, mich zu bessern, aber ganz abgewöhnen könnte ich es mir wohl nie, da meine Mutter genauso viel redete wie ich, wenn nicht mehr, und dass an ererbten Eigenschaften nun mal wenig zu machen ist.

Herr Keesing musste über meine Argumente lachen. Aber als ich in der nächsten Stunde wieder schwätzte, folgte der zweite Aufsatz. Diesmal sollte es »Eine unverbesserliche Schwatzliese« sein. Auch der wurde abgeliefert, und zwei Stunden lang hatte Herr Keesing nichts zu klagen. In der dritten wurde es ihm jedoch wieder zu bunt. »Anne Frank, als Strafarbeit für Schwätzen einen Aufsatz mit dem Thema: ›Queck, queck, queck, sagte Fräulein Schnatterbeck.‹«
Die Klasse lachte schallend. Ich musste auch lachen, obwohl mein Erfindungsgeist auf dem Gebiet von Schwätzaufsätzen erschöpft war. Ich musste etwas anderes finden, etwas sehr Originelles. Meine Freundin Sanne, eine gute Dichterin, bot mir ihre Hilfe an, um den Aufsatz von vorn bis hinten in Reimen abzufassen. Ich jubelte. Keesing wollte mich mit diesem blödsinnigen Thema reinlegen, aber ich würde es ihm doppelt und dreifach heimzahlen.
Das Gedicht wurde fertig und war großartig. Es handelte von einer Mutter Ente und einem Vater Schwan mit drei kleinen Entchen, die wegen zu vielen Schnatterns von ihrem Vater totgebissen wurden. Zum Glück verstand Keesing Spaß. Er las das Gedicht samt Kommentaren in der Klasse vor, dann noch in anderen Klassen. Seitdem durfte ich schwätzen und bekam nie mehr eine Strafarbeit. Im Gegenteil, Keesing macht jetzt immer Witzchen. Deine Anne

Mittwoch, 24. Juni 1942

Liebe Kitty!
Es ist glühend heiß. Jeder schnauft und wird gebraten, und bei dieser Hitze muss ich jeden Weg zu Fuß gehen. Jetzt merke ich erst, wie angenehm eine Straßenbahn ist, vor allem eine offene. Aber dieser Genuss ist uns Juden nicht mehr beschieden, für uns sind Schusters Rappen gut genug. Gestern musste ich in der Mittagspause zum Zahnarzt in die Jan Luikenstraat. Von unserer Schule am Stadtgarten ist das ein langer Weg. Nachmittags schlief ich im Unterricht dann auch fast ein. Ein Glück, dass einem die Leute von selbst was zu trinken anbieten. Die Schwester beim Zahnarzt war wirklich eine herzliche Frau.
Das einzige Fahrzeug, das wir noch benützen dürfen, ist die Fähre. Der Fährmann an der Jozef-Israëls-Kade nahm uns sofort mit, als wir

ums Übersetzen baten. An den Holländern liegt es wirklich nicht, dass wir Juden es so schlecht haben.
Ich wünschte nur, dass ich nicht zur Schule müsste! Mein Fahrrad ist in den Osterferien gestohlen worden, und Mutters Rad hat Vater Christen zur Aufbewahrung gegeben. Aber zum Glück nähern sich die Ferien in Windeseile. Noch eine Woche, und das Leid ist vorbei.
Gestern Morgen habe ich was Nettes erlebt. Als ich am Fahrradabstellplatz vorbeikam, rief mich jemand. Ich schaute mich um und sah einen netten Jungen hinter mir stehen, den ich am vorhergehenden Abend bei Wilma getroffen hatte. Er ist ein Cousin um drei Ecken von ihr, und Wilma ist eine Bekannte. Ich fand sie erst sehr nett. Das ist sie ja auch, aber sie spricht den ganzen Tag über nichts anderes als über Jungen, und das wird langweilig. Der Junge kam ein bisschen schüchtern näher und stellte sich als Hello Silberberg vor. Ich war erstaunt und wusste nicht so recht, was er wollte. Aber das stellte sich schnell heraus. Er wollte meine Gesellschaft genießen und mich zur Schule begleiten. »Wenn du sowieso in dieselbe Richtung gehst, dann komme ich mit«, antwortete ich, und so gingen wir zusammen. Hello ist schon sechzehn und kann von allen möglichen Dingen gut erzählen.
Heute Morgen hat er wieder auf mich gewartet, und in Zukunft wird es wohl so bleiben.
Anne

Mittwoch, 1. Juli 1942

Liebe Kitty!
Bis heute hatte ich wirklich keine Zeit zum Schreiben. Donnerstag war ich den ganzen Nachmittag bei Bekannten, Freitag hatten wir Besuch, und so ging es weiter bis heute.
Hello und ich haben uns in dieser Woche gut kennen gelernt, er hat mir viel von sich erzählt. Er stammt aus Gelsenkirchen und ist hier in den Niederlanden bei seinen Großeltern. Seine Eltern sind in Belgien. Für ihn gibt es keine Möglichkeit, auch dorthin zu kommen. Hello hat ein Mädchen, Ursula. Ich kenne sie, sie ist ein Muster an Sanftmut und Langeweile. Nachdem er mich getroffen hat, hat Hello entdeckt, dass er an Ursuls Seite einschläft. Ich bin also eine Art

Wachhaltemittel! Ein Mensch weiß nie, wozu er noch einmal gebraucht wird.
Samstag hat Jacque bei mir geschlafen. Mittags war sie bei Hanneli, und ich habe mich tot gelangweilt.
Hello sollte abends zu mir kommen, aber gegen sechs rief er an. Ich war am Telefon, da sagte er: »Hier ist Helmuth Silberberg. Kann ich bitte mit Anne sprechen?«
»Ja, Hello, hier ist Anne.«
»Tag, Anne. Wie geht es dir?«
»Gut, danke.«
»Ich muss dir zu meinem Bedauern sagen, dass ich heute Abend nicht zu dir kommen kann, aber ich würde dich gerne kurz sprechen. Ist es in Ordnung, wenn ich in zehn Minuten vor deiner Tür bin?«
»Ja, in Ordnung. Tschüs!«
Hörer aufgelegt. Ich habe mich rasch umgezogen und mir meine Haare noch ein bisschen zurechtgemacht. Und dann hing ich nervös am Fenster. Endlich kam er. Wunder über Wunder bin ich nicht sofort die Treppe hinuntergesaust, sondern habe ruhig abgewartet, bis er geklingelt hat. Ich ging hinunter. Er fiel gleich mit der Tür ins Haus.
»Hör mal, Anne, meine Großmutter findet dich noch zu jung, um regelmäßigen Umgang mit dir zu haben. Sie meint, ich sollte zu Löwenbachs gehen. Aber du weißt vielleicht, dass ich nicht mehr mit Ursul gehe.«
»Nein, wieso? Habt ihr Streit gehabt?«
»Nein, im Gegenteil. Ich habe Ursul gesagt, dass wir doch nicht so gut miteinander auskommen und deshalb nicht mehr zusammen gehen sollten, aber dass sie auch weiterhin bei uns sehr willkommen wäre und ich hoffentlich bei ihnen auch. Ich dachte nämlich, dass sie mit anderen Jungen ginge, und habe sie auch danach behandelt. Aber das war überhaupt nicht wahr. Und nun sagte mein Onkel, ich müsste Ursul um Entschuldigung bitten. Aber das wollte ich natürlich nicht, und darum habe ich Schluss gemacht. Doch das war nur einer von vielen Gründen.
Meine Großmutter will nun, dass ich zu Ursul gehe und nicht zu dir. Aber der Meinung bin ich nicht und habe es auch nicht vor. Alte Leute haben manchmal sehr altmodische Ansichten, aber danach kann

ich mich nicht richten. Ich habe meine Großeltern zwar nötig, aber sie mich auch, in gewisser Weise. Mittwochs abends habe ich immer frei, weil meine Großeltern glauben, ich gehe zum Schnitzen, aber ich gehe zum Treffen der Zionistischen Partei. Das darf ich eigentlich nicht, weil meine Großeltern sehr gegen den Zionismus sind. Ich bin zwar auch nicht fanatisch, aber ich interessiere mich dafür. In der letzten Zeit ist dort allerdings so ein Durcheinander, dass ich vorhabe auszutreten. Deshalb gehe ich nächsten Mittwoch zum letzten Mal hin. Also habe ich mittwochs abends, samstags abends und sonntags nachmittags und so weiter Zeit.«

»Aber wenn deine Großeltern das nicht wollen, solltest du es nicht hinter ihrem Rücken tun.«

»Liebe lässt sich nun mal nicht zwingen.«

Dann kamen wir an der Buchhandlung Blankevoort vorbei, und da stand Peter Schiff mit zwei anderen Jungen. Es war seit langem das erste Mal, dass er mich grüßte, und ich freute mich wirklich sehr darüber.

Montagabend war Hello bei uns zu Hause, um Vater und Mutter kennen zu lernen. Ich hatte Torte und Süßigkeiten geholt. Tee und Kekse, alles gab's. Aber weder Hello noch ich hatten Lust, ruhig nebeneinander auf den Stühlen zu sitzen. Wir sind spazieren gegangen, und er lieferte mich erst um zehn nach acht zu Hause ab. Vater war sehr böse, fand das keine Art, dass ich zu spät heimkam. Ich musste versprechen, in Zukunft schon um zehn vor acht drinnen zu sein. Am kommenden Samstag bin ich bei Hello eingeladen.

Wilma hat mir erzählt, dass Hello neulich abends bei ihr war und sie ihn fragte: »Wen findest du netter, Ursul oder Anne?« Da hat er gesagt: »Das geht dich nichts an.«

Aber als er wegging (sie hatten den ganzen Abend nicht mehr miteinander gesprochen), sagte er: »Anne! Tschüs, und niemandem sagen!« Schwupp, war er zur Tür draußen.

Man merkt, dass Hello in mich verliebt ist, und ich finde es zur Abwechslung ganz schön. Margot würde sagen, Hello ist ein annehmbarer Junge, und das finde ich auch. Sogar mehr als das. Mutter lobt ihn auch über die Maßen. »Ein hübscher, höflicher und netter Junge.« Ich bin froh, dass er der Familie so gut gefällt, nur meinen Freundinnen nicht, die findet er sehr kindlich, und da hat er Recht.

Jacque zieht mich immer mit ihm auf. Ich bin wirklich nicht verliebt, oh nein, aber ich darf doch wohl Freunde haben. Niemand findet was dabei.
Mutter will immer wissen, wen ich später heiraten möchte. Aber sie rät bestimmt nie, dass es Peter Schiff ist, weil ich es, ohne mit der Wimper zu zucken, immer ableugne. Ich habe Peter so gern, wie ich noch nie jemanden gern gehabt habe. Und ich rede mir immer ein, dass Peter, nur um seine Gefühle für mich zu verbergen, mit anderen Mädchen geht. Vielleicht denkt er jetzt auch, dass Hello und ich ineinander verliebt sind. Aber das ist nicht wahr. Er ist nur ein Freund von mir, oder, wie Mutter es ausdrückt, ein Kavalier.

Deine Anne

Sonntag, 5. Juli 1942

Beste Kitty!
Die Versetzungsfeier am Freitag ist nach Wunsch verlaufen, mein Zeugnis ist gar nicht so schlecht. Ich habe ein Ungenügend in Algebra, zwei Sechsen*, zwei Achten und sonst alles Siebenen. Zu Hause haben sie sich gefreut. Aber meine Eltern sind in Notenangelegenheiten sowieso anders als andere Eltern. Sie haben sich nie etwas aus guten oder schlechten Zeugnissen gemacht und achten nur darauf, ob ich gesund bin, nicht zu frech und Spaß habe. Wenn diese drei Dinge in Ordnung sind, kommt alles andere von selbst.
Ich bin das Gegenteil, ich möchte nicht schlecht sein. Ich bin unter Vorbehalt ins Lyzeum aufgenommen worden, ich hätte eigentlich noch die siebte Klasse in der Montessorischule bleiben sollen. Aber als alle jüdischen Kinder in jüdische Schulen mussten, hat Herr Elte mich und Lies Goslar nach einigem Hin und Her unter Vorbehalt aufgenommen. Lies ist auch versetzt worden, aber mit einer schweren Nachprüfung in Geometrie.
Arme Lies, sie kann zu Hause fast nie richtig arbeiten. In ihrem Zimmer spielt den ganzen Tag ihre kleine Schwester, ein verwöhntes Baby von fast zwei Jahren. Wenn Gabi ihren Willen nicht bekommt, schreit sie, und wenn Lies sich dann nicht mit ihr beschäf-

* Zehn ist die beste Note, fünf bedeutet knapp ungenügend; A. d. Ü.

Margot Frank, 1940.

tigt, schreit Frau Goslar. Auf so eine Art kann Lies unmöglich richtig arbeiten, da helfen auch die zahllosen Nachhilfestunden nicht, die sie immer wieder bekommt. Bei Goslars ist das aber auch ein Haushalt! Die Eltern von Frau Goslar wohnen nebenan, essen aber bei der Familie. Dann gibt es noch ein Dienstmädchen, das Baby, Herrn Goslar, der immer zerstreut und abwesend ist, und Frau Goslar, immer nervös und gereizt, die wieder guter Hoffnung ist. In dieser Lotterwirtschaft ist Lies mit ihren beiden linken Händen so gut wie verloren.

Meine Schwester Margot hat auch ihr Zeugnis bekommen, ausgezeichnet, wie immer. Wenn es in der Schule cum laude gäbe, wäre sie sicher mit Auszeichnung versetzt worden. So ein kluges Köpfchen!

Vater ist in der letzten Zeit viel zu Hause, im Geschäft hat er nichts mehr verloren. Ein unangenehmes Gefühl muss das sein, wenn man sich so überflüssig fühlt. Herr Kleiman hat Opekta übernommen und Herr Kugler »Gies und Co.«, die Firma für (Ersatz-)Kräuter, die erst 1941 gegründet worden ist. Als wir vor ein paar Tagen um unseren Platz spazierten, fing Vater an, über Untertauchen zu sprechen. Er meinte, dass es sehr schwer für uns sein wird, ganz und gar abgeschnitten von der Welt zu leben. Ich fragte, warum er jetzt schon darüber sprach.

»Du weißt«, sagte er, »dass wir schon seit mehr als einem Jahr Kleider, Lebensmittel und Möbel zu anderen Leuten bringen. Wir wollen nicht, dass unser Besitz den Deutschen in die Hände fällt. Aber noch weniger wollen wir selbst geschnappt werden. Deshalb werden wir von uns aus weggehen und nicht warten, bis wir geholt werden.«

»Wann denn, Vater?« Der Ernst, mit dem Vater sprach, machte mir Angst.

»Mach dir keine Sorgen darüber, das regeln wir schon. Genieße dein unbeschwertes Leben, solange du es noch genießen kannst.«

Das war alles. Oh, lass die Erfüllung dieser Worte noch in weiter Ferne bleiben!

Gerade klingelt es, Hello kommt, ich höre auf! Deine Anne

Mittwoch, 8. Juli 1942

Liebe Kitty!

Zwischen Sonntagmorgen und jetzt scheinen Jahre zu liegen. Es ist so viel geschehen, als hätte sich plötzlich die Welt umgedreht. Aber, Kitty, du merkst, dass ich noch lebe, und das ist die Hauptsache, sagt Vater. Ja, in der Tat, ich lebe noch, aber frage nicht, wo und wie. Ich denke, dass du mich heute überhaupt nicht verstehst, deshalb werde ich einfach anfangen, dir zu erzählen, was am Sonntag geschehen ist.

Um 3 Uhr (Hello war eben weggegangen und wollte später zurückkommen) klingelte jemand an der Tür. Ich hatte es nicht gehört, da ich faul in einem Liegestuhl auf der Veranda in der Sonne lag und las. Kurz darauf erschien Margot ganz aufgeregt an der Küchentür. »Für Vater ist ein Aufruf von der SS gekommen«, flüsterte sie. »Mutter ist schon zu Herrn van Daan gegangen.« (Van Daan ist ein guter Bekannter und Teilhaber in Vaters Firma.)

Ich erschrak schrecklich. Ein Aufruf! Jeder weiß, was das bedeutet. Konzentrationslager und einsame Zellen sah ich vor mir auftauchen, und dahin sollten wir Vater ziehen lassen müssen? »Er geht natürlich nicht«, erklärte Margot, als wir im Zimmer saßen und auf Mutter warteten. »Mutter ist zu van Daan gegangen und fragt, ob wir schon morgen in unser Versteck umziehen können. Van Daans gehen mit. Wir sind dann zu siebt.«

Stille. Wir konnten nicht mehr sprechen. Der Gedanke an Vater, der, nichts Böses ahnend, einen Besuch im jüdischen Altersheim machte, das Warten auf Mutter, die Hitze, die Anspannung ... das alles ließ uns schweigen.

Plötzlich klingelte es wieder. »Das ist Hello«, sagte ich. Margot hielt mich zurück. »Nicht aufmachen!«

Aber das war überflüssig. Wir hörten Mutter und Herrn van Daan unten mit Hello reden. Dann kamen sie herein und schlossen die Tür hinter sich. Bei jedem Klingeln sollten Margot oder ich nun leise hinuntergehen, um zu sehen, ob es Vater war. Andere Leute ließen wir nicht rein. Margot und ich wurden aus dem Zimmer geschickt, van Daan wollte mit Mutter allein sprechen.

Als Margot und ich in unserem Schlafzimmer saßen, erzählte sie, dass der Aufruf nicht Vater betraf, sondern sie. Ich erschrak erneut

und begann zu weinen. Margot ist sechzehn. So junge Mädchen wollten sie wegschicken? Aber zum Glück würde sie nicht gehen, Mutter hatte es selbst gesagt. Und vermutlich hatte auch Vater das gemeint, als er mit mir über Verstecken gesprochen hatte.
Verstecken! Wo sollten wir uns verstecken? In der Stadt? Auf dem Land? In einem Haus, in einer Hütte? Wann? Wie? Wo? Das waren Fragen, die ich nicht stellen konnte und die mich doch nicht losließen.
Margot und ich fingen an, das Nötigste in unsere Schultaschen zu packen. Das Erste, was ich hineintat, war dieses gebundene Heft, danach Lockenwickler, Taschentücher, Schulbücher, einen Kamm, alte Briefe. Ich dachte ans Untertauchen und stopfte deshalb die unsinnigsten Sachen in die Tasche. Aber es tut mir nicht Leid, ich mache mir mehr aus Erinnerungen als aus Kleidern.
Um fünf Uhr kam Vater endlich nach Hause. Wir riefen Herrn Kleiman an und fragten, ob er noch an diesem Abend kommen könnte. Van Daan ging weg und holte Miep. Sie kam, packte einige Schuhe, Kleider, Mäntel, Unterwäsche und Strümpfe in eine Tasche und versprach, abends noch einmal zu kommen. Danach war es still in unserer Wohnung. Keiner von uns vieren wollte essen. Es war noch warm, und alles war sehr sonderbar.
Das große Zimmer oben war an Herrn Goldschmidt vermietet, einen geschiedenen Mann in den Dreißigern. Anscheinend hatte er an diesem Abend nichts vor, er hing bis zehn Uhr bei uns rum und war nicht wegzukriegen.
Um elf Uhr kamen Miep und Jan Gies. Miep ist seit 1933 bei Vater im Geschäft und eine gute Freundin geworden, ebenso ihr frisch gebackener Ehemann Jan. Wieder verschwanden Schuhe, Hosen, Bücher und Unterwäsche in Mieps Beutel und Jans tiefen Taschen. Um halb zwölf waren sie wieder gegangen.
Ich war todmüde, und obwohl ich wusste, dass es die letzte Nacht in meinem eigenen Bett sein würde, schlief ich sofort ein und wurde am nächsten Morgen um halb sechs von Mutter geweckt. Glücklicherweise war es nicht mehr so heiß wie am Sonntag; den ganzen Tag fiel ein warmer Regen. Wir zogen uns alle vier so dick an, als müssten wir in einem Eisschrank übernachten, und das nur, um noch ein paar Kleidungsstücke mehr mitzunehmen. Kein Jude in unserer Lage hät-

te gewagt, mit einem Koffer voller Kleider aus dem Haus zu gehen. Ich hatte zwei Hemden, drei Hosen, zwei Paar Strümpfe und ein Kleid an, darüber Rock, Mantel, Sommermantel, feste Schuhe, Mütze, Schal und noch viel mehr. Ich erstickte zu Hause schon fast, aber danach fragte niemand.
Margot stopfte ihre Schultasche voll mit Schulbüchern, holte ihr Rad und fuhr hinter Miep her in eine mir unbekannte Ferne. Ich wusste nämlich noch immer nicht, wo der geheimnisvolle Ort war, zu dem wir gehen würden.
Um halb acht schlossen auch wir die Tür hinter uns. Die Einzige, von der ich Abschied nehmen musste, war Moortje, meine kleine Katze, die ein gutes Heim bei den Nachbarn bekommen sollte, wie auf einem Briefchen an Herrn Goldschmidt stand.
Die aufgedeckten Betten, das Frühstückszeug auf dem Tisch, ein Pfund Fleisch für die Katze in der Küche, das alles erweckte den Eindruck, als wären wir Hals über Kopf weggegangen. Eindrücke konnten uns egal sein. Weg wollten wir, nur weg und sicher ankommen, sonst nichts.
Morgen mehr. Deine Anne

Donnerstag, 9. Juli 1942

Liebe Kitty!
So gingen wir dann im strömenden Regen, Vater, Mutter und ich, jeder mit einer Schul- und Einkaufstasche, bis obenhin voll gestopft mit den unterschiedlichsten Sachen. Die Arbeiter, die früh zu ihrer Arbeit gingen, schauten uns mitleidig nach. In ihren Gesichtern war deutlich das Bedauern zu lesen, dass sie uns keinerlei Fahrzeug anbieten konnten. Der auffallende gelbe Stern sprach für sich selbst.
Erst als wir auf der Straße waren, erzählten Vater und Mutter mir stückchenweise den ganzen Versteckplan. Schon monatelang hatten wir so viel Hausrat und Leibwäsche wie möglich aus dem Haus geschafft, und nun waren wir gerade so weit, dass wir am 16. Juli freiwillig untertauchen wollten. Durch diesen Aufruf war der Plan um zehn Tage vorverlegt, sodass wir uns mit weniger gut geordneten Räumen zufrieden geben mussten.
Das Versteck war in Vaters Bürogebäude. Für Außenstehende ist das

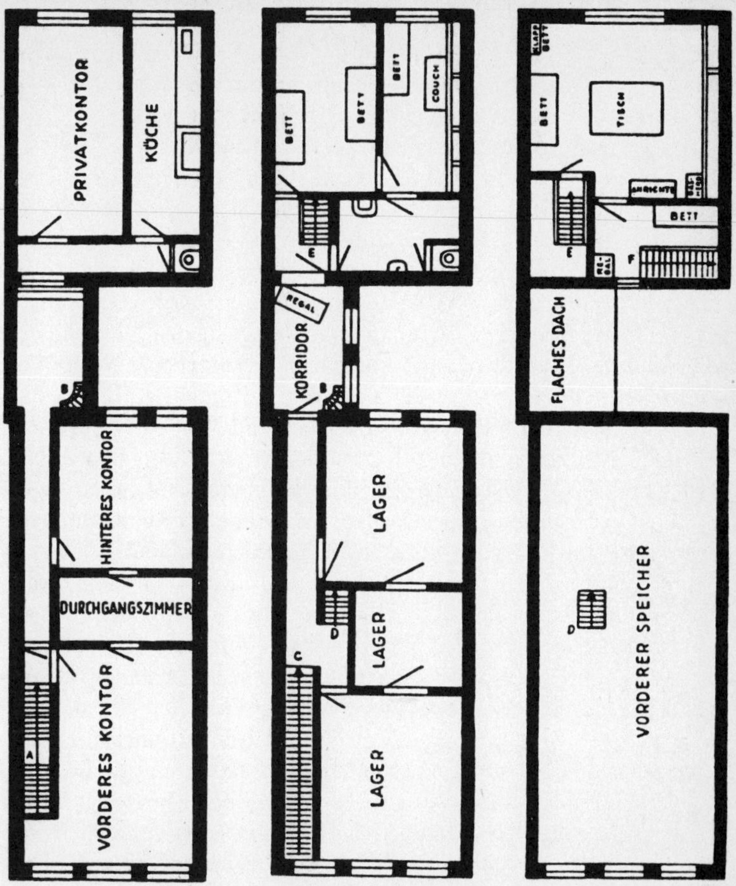


1. STOCKWERK 2. STOCKWERK 3. STOCKWERK

Aus: Das Tagebuch der Anne Frank (Fischer Taschenbuch Verlag, 1955, Bd. 77, S. 20).

ein bisschen schwer zu begreifen, darum werde ich es näher erklären. Vater hatte nicht viel Personal, Herrn Kugler, Herrn Kleiman und Miep, dann noch Bep Voskuijl, die 23-jährige Stenotypistin, die alle über unser Kommen informiert waren. Im Lager waren Herr Voskuijl, Beps Vater, und zwei Arbeiter, denen hatten wir nichts gesagt.
Das Gebäude sieht so aus: Im Parterre ist ein großes Magazin, das als Lager benutzt wird und wieder unterteilt ist in verschiedene Verschläge, zum Beispiel den Mahlraum, wo Zimt, Nelken und Pfeffersurrogat vermahlen werden, und den Vorratsraum. Neben der Lagertür befindet sich die normale Haustür, die durch eine Zwischentür zu einer Treppe führt. Oben an der Treppe erreicht man eine Tür mit Halbmattglas, auf der einmal mit schwarzen Buchstaben das Wort »Kontor« stand. Das ist das große vordere Büro, sehr groß, sehr hell, sehr voll. Tagsüber arbeiten da Bep, Miep und Herr Kleiman. Durch ein Durchgangszimmer mit Tresor, Garderobe und einem großen Vorratsschrank kommt man zu dem kleinen, ziemlich muffigen, dunklen Direktorenzimmer. Dort saßen früher Herr Kugler und Herr van Daan, nun nur noch Ersterer. Man kann auch vom Flur aus in Kuglers Zimmer gehen, durch eine Glastür, die zwar von innen, aber nicht ohne weiteres von außen zu öffnen ist. Von Kuglers Büro aus durch den langen, schmalen Flur, vorbei am Kohlenverschlag und vier Stufen hinauf, da ist das Prunkstück des ganzen Gebäudes, das Privatbüro. Vornehme, dunkle Möbel, Linoleum und Teppiche auf dem Boden, Radio, elegante Lampe, alles prima-prima. Daneben ist eine große, geräumige Küche mit Durchlauferhitzer und zwei Gaskochern. Dann noch ein Klo. Das ist der erste Stock. Vom unteren Flur führt eine normale Holztreppe nach oben. Dort ist ein kleiner Vorplatz, der Diele genannt wird. Rechts und links sind Türen, die linke führt zum Vorderhaus mit den Lagerräumen, dem Dachboden und dem Oberboden. Vom Vorderhaus aus führt auf der anderen Seite auch noch eine lange, übersteile, echt holländische Beinbrechtreppe zur zweiten Straßentür.
Rechts von der Diele liegt das »Hinterhaus«. Kein Mensch würde vermuten, dass hinter der einfachen, grau gestrichenen Tür so viele Zimmer versteckt sind. Vor der Tür ist eine Schwelle, und dann ist man drinnen. Direkt gegenüber der Eingangstür ist eine steile Treppe, links ein kleiner Flur und ein Raum, der Wohn- und Schlafzim-

mer der Familie Frank werden soll. Daneben ist noch ein kleineres Zimmer, das Schlaf- und Arbeitszimmer der beiden jungen Damen Frank. Rechts von der Treppe ist eine Kammer ohne Fenster mit einem Waschbecken und einem abgeschlossenen Klo und einer Tür in Margots und mein Zimmer. Wenn man die Treppe hinaufgeht und oben die Tür öffnet, ist man erstaunt, dass es in einem alten Grachtenhaus so einen hohen, hellen und geräumigen Raum gibt. In diesem Raum stehen ein Herd (das haben wir der Tatsache zu verdanken, dass hier früher Kuglers Laboratorium war) und ein Spülstein. Das ist also die Küche und gleichzeitig auch das Schlafzimmer des Ehepaares van Daan, allgemeines Wohnzimmer, Esszimmer und Arbeitszimmer. Ein sehr kleines Durchgangszimmerchen wird Peters Appartement werden. Dann, genau wie vorn, ein Dachboden und ein Oberboden. Siehst du, so habe ich dir unser ganzes schönes Hinterhaus vorgestellt!

Deine Anne

Freitag, 10. Juli 1942

Liebe Kitty!

Sehr wahrscheinlich habe ich dich mit meiner langatmigen Wohnungsbeschreibung ziemlich gelangweilt, aber ich finde es notwendig, dass du weißt, wo ich gelandet bin. Wie ich gelandet bin, wirst du aus den folgenden Briefen schon erfahren.

Nun die Fortsetzung meiner Geschichte, denn ich bin noch nicht fertig, das weißt du. Nachdem wir in der Prinsengracht 263 angekommen waren, führte uns Miep gleich durch den langen Flur und über die hölzerne Treppe direkt nach oben ins Hinterhaus. Sie schloss die Tür hinter uns, und wir waren allein. Margot war mit dem Rad viel schneller gewesen und hatte schon auf uns gewartet.

Unser Wohnzimmer und alle anderen Zimmer waren so voller Zeug, dass man es nicht beschreiben kann! Alle Kartons, die im Lauf der vergangenen Monate ins Büro geschickt worden waren, standen auf dem Boden und auf den Betten. Das kleine Zimmer war bis an die Decke mit Bettzeug voll gestopft. Wenn wir abends in ordentlich gemachten Betten schlafen wollten, mussten wir uns sofort dranmachen und den Kram aufräumen. Mutter und Margot waren nicht in der Lage, einen Finger zu rühren. Sie lagen auf den kahlen Bet-

ten, waren müde und schlapp und was weiß ich noch alles. Aber Vater und ich, die beiden Aufräumer der Familie, wollten sofort anfangen.
Wir räumten den ganzen Tag hindurch Schachteln aus und Schränke ein, hämmerten und werkten, bis wir abends todmüde in die sauberen Betten fielen. Den ganzen Tag haben wir kein warmes Essen bekommen, aber das störte uns nicht. Mutter und Margot waren zu müde und zu überspannt, um zu essen, Vater und ich hatten zu viel Arbeit.
Dienstagmorgens fingen wir dort an, wo wir am Montag aufgehört hatten. Bep und Miep kauften mit unseren Lebensmittelmarken ein, Vater reparierte die unzureichende Verdunklung, wir schrubbten den Küchenboden und waren wieder von morgens bis abends beschäftigt. Zeit, um über die große Veränderung nachzudenken, die in mein Leben gekommen war, hatte ich bis Mittwoch kaum. Dann fand ich zum ersten Mal seit unserer Ankunft im Hinterhaus Gelegenheit, dir die Ereignisse mitzuteilen und mir gleichzeitig darüber klar zu werden, was nun eigentlich mit mir passiert war und was noch passieren würde.

Deine Anne

Samstag, 11. Juli 1942

Liebe Kitty!
Vater, Mutter und Margot können sich noch immer nicht an das Geräusch der Westerturmglocke gewöhnen, die jede Viertelstunde angibt, wie spät es ist. Ich schon, mir hat es sofort gefallen, und besonders nachts ist es so etwas Vertrautes. Es wird dich vermutlich interessieren, wie es mir als Untergetauchter gefällt. Nun, ich kann dir nur sagen, dass ich es selbst noch nicht genau weiß. Ich glaube, ich werde mich in diesem Haus nie daheim fühlen, aber damit will ich überhaupt nicht sagen, dass ich es hier unangenehm finde. Ich fühle mich eher wie in einer sehr eigenartigen Pension, in der ich Ferien mache. Eine ziemlich verrückte Auffassung von Untertauchen, aber es ist nun mal nicht anders. Das Hinterhaus ist ein ideales Versteck. Obwohl es feucht und ein bisschen schief ist, wird man wohl in ganz Amsterdam, ja vielleicht in ganz Holland, kein so bequem eingerichtetes Versteck finden.
Unser Zimmer war mit seinen nackten Wänden bis jetzt noch sehr

kahl. Dank Vater, der meine ganze Postkarten- und Filmstarsammlung schon vorher mitgenommen hatte, habe ich mit Leimtopf und Pinsel die ganze Wand bestrichen und aus dem Zimmer ein einziges Bild gemacht. Es sieht viel fröhlicher aus. Wenn die van Daans kommen, werden wir aus dem Holz, das auf dem Dachboden liegt, ein paar Schränkchen und anderen netten Krimskrams machen.
Margot und Mutter haben sich wieder ein bisschen erholt. Gestern wollte Mutter zum ersten Mal Erbsensuppe kochen, aber als sie zum Schwätzen unten war, vergaß sie die Suppe. Die brannte so an, dass die Erbsen kohlschwarz und nicht mehr vom Topf loszukriegen waren.
Gestern Abend sind wir alle vier hinunter ins Privatbüro gegangen und haben den englischen Sender angestellt. Ich hatte solche Angst, dass es jemand hören könnte, dass ich Vater buchstäblich anflehte, wieder mit nach oben zu gehen. Mutter verstand meine Angst und ging mit. Auch sonst haben wir große Angst, dass die Nachbarn uns hören oder sehen könnten. Gleich am ersten Tag haben wir Vorhänge genäht. Eigentlich darf man nicht von Vorhängen sprechen, denn es sind nur Lappen, vollkommen unterschiedlich in Form, Qualität und Muster, die Vater und ich sehr unfachmännisch schief aneinander genäht haben. Mit Reißnägeln wurden diese Prunkstücke vor den Fenstern befestigt, um vor Ablauf unserer Untertauchzeit nie mehr herunterzukommen.
Rechts neben uns ist das Haus einer Firma aus Zaandam, links eine Möbeltischlerei. Diese Leute sind also nach der Arbeitszeit nicht in den Gebäuden, aber trotzdem könnten Geräusche durchdringen. Wir haben Margot deshalb auch verboten, nachts zu husten, obwohl sie eine schwere Erkältung erwischt hat, und geben ihr große Mengen Codein zu schlucken.
Ich freue mich sehr auf die Ankunft der van Daans, die auf Dienstag festgelegt ist. Es wird viel gemütlicher und auch weniger still sein. Diese Stille ist es nämlich, die mich abends und nachts so nervös macht, und ich würde viel darum geben, wenn jemand von unseren Beschützern hier schlafen würde.
Sonst ist es hier überhaupt nicht so schlimm, denn wir können selbst kochen und unten in Papis Büro Radio hören. Herr Kleiman, Miep und Bep haben uns sehr geholfen. Wir haben sogar schon Rhabarber,

Anne (rechts) und Spielkameradin Sanne am Merwedeplein, Amsterdam.

Erdbeeren und Kirschen gehabt, und ich glaube nicht, dass wir uns hier vorläufig langweilen werden. Zu lesen haben wir auch, und wir kaufen noch einen Haufen Spiele. Aus dem Fenster schauen oder hinausgehen dürfen wir natürlich nie. Tagsüber müssen wir auch immer sehr leise gehen und leise sprechen, denn im Lager dürfen sie uns nicht hören.
Gestern hatten wir viel Arbeit, wir mussten für das Büro zwei Körbe Kirschen entkernen, Herr Kugler wollte sie einmachen. Aus den Kirschenkisten machen wir Bücherregale.
Gerade werde ich gerufen! Deine Anne

*28. September 1942* (Nachtrag)
*Es beklemmt mich doch mehr, als ich sagen kann, dass wir niemals hinaus dürfen, und ich habe große Angst, dass wir entdeckt und dann erschossen werden. Das ist natürlich eine weniger angenehme Aussicht.*

Sonntag, 12. Juli 1942
Heute vor einem Monat waren sie alle so nett zu mir, weil ich Geburtstag hatte, aber nun fühle ich jeden Tag mehr, wie ich mich von Mutter und Margot entfremde. Ich habe heute hart gearbeitet, und alle haben mich ungeheuer gelobt, doch fünf Minuten später schimpften sie schon wieder mit mir.
Man kann deutlich den Unterschied sehen, wie sie mit Margot umgehen und mit mir. Margot hat zum Beispiel den Staubsauger kaputtgemacht, und deshalb hatten wir den ganzen Tag kein Licht. Mutter sagte: »Aber Margot, man sieht, dass du keine Arbeit gewöhnt bist, sonst hättest du gewusst, dass man einen Staubsauger nicht an der Schnur herauszieht.« Margot sagte irgendwas, und damit war die Geschichte erledigt.
Aber heute Mittag wollte ich etwas von Mutters Einkaufsliste abschreiben, weil ihre Schrift so undeutlich ist. Sie wollte das nicht und hielt mir sofort wieder eine gepfefferte Standpauke, in die sich die ganze Familie einmischte.
Ich passe nicht zu ihnen, das merke ich vor allem in der letzten Zeit

sehr deutlich. Sie sind so gefühlvoll miteinander, und das will ich lieber sein, wenn ich allein bin. Sie sagen, wie gemütlich wir vier es doch haben und dass wir so harmonisch zusammenpassen. Dass ich es ganz anders empfinde, daran denken sie keinen Augenblick.
Nur Papa versteht mich manchmal, ist aber meistens auf der Seite von Mutter und Margot. Ich kann es auch nicht ausstehen, wenn sie vor Fremden erzählen, dass ich geheult habe oder wie vernünftig ich bin, oder dass sie von Moortje anfangen. Das kann ich überhaupt nicht ertragen. Moortje ist mein weicher und schwacher Punkt. Ich vermisse sie jede Minute, und niemand weiß, wie oft ich an sie denke. Ich bekomme dann immer Tränen in die Augen. Moortje ist so lieb, und ich habe sie so gern, und ich mache schon Traumpläne, dass sie wieder zurückkommt.
Ich träume hier so schön. Aber die Wirklichkeit ist, dass wir hier sitzen müssen, bis der Krieg vorbei ist. Wir dürfen nie hinausgehen, und Besuch können wir nur von Miep, ihrem Mann Jan, Bep, Herrn Kugler und Herrn und Frau Kleiman bekommen, aber diese kommt nicht, sie findet es zu gefährlich.

*28. September 1942* (Nachtrag)

*Papi ist immer so lieb. Er versteht mich vollkommen, und ich würde gern mal vertraulich mit ihm reden, ohne dass ich sofort in Tränen ausbreche. Aber das scheint an meinem Alter zu liegen. Ich würde am liebsten immerfort schreiben, aber das wird viel zu langweilig.*
*Bis jetzt habe ich fast ausschließlich Gedanken in mein Buch geschrieben, aber zu hübschen Geschichten, die ich später mal vorlesen kann, ist es nie gekommen. Aber ich werde in Zukunft nicht oder weniger sentimental sein und mich mehr an die Wirklichkeit halten.*

Freitag, 14. August 1942

Beste Kitty!
Einen Monat lang habe ich dich im Stich gelassen, aber es passiert auch wirklich nicht so viel, um dir jeden Tag etwas Schönes zu erzählen. Van Daans sind am 13. Juli angekommen. Wir dachten, sie kämen erst am 14., aber weil die Deutschen immer mehr Aufrufe ver-

schickten, fanden sie es sicherer, lieber einen Tag zu früh als einen Tag zu spät umzuziehen.
Morgens um halb zehn (wir saßen noch beim Frühstück) kam Peter van Daan, ein ziemlich langweiliger und schüchterner Lulatsch, noch nicht sechzehn, von dessen Gesellschaft nicht viel zu erwarten ist. Frau und Herr van Daan kamen eine halbe Stunde später.
Frau van Daan hatte zu unserem großen Vergnügen einen Nachttopf in ihrer Hutschachtel. »Ohne Nachttopf fühle ich mich nirgends daheim«, erklärte sie, und der Topf bekam auch gleich seinen festen Platz unter der Bettcouch. Herr van Daan brachte keinen Topf mit, sondern hatte einen zusammenklappbaren Teetisch unter dem Arm.
Wir aßen am ersten Tag unseres Zusammenseins gemütlich miteinander, und nach drei Tagen hatten wir alle sieben das Gefühl, dass wir eine große Familie geworden waren. Selbstverständlich wussten die van Daans noch viel zu erzählen, sie hatten eine Woche länger in der Welt draußen verbracht. Unter anderem interessierte uns sehr, was mit unserer Wohnung und mit Herrn Goldschmidt passiert war.
Herr van Daan erzählte: »Montagmorgen um neun Uhr rief Goldschmidt an und fragte, ob ich mal schnell vorbeikommen könnte. Ich ging sofort hin und fand ihn in großer Aufregung vor. Er gab mir den Zettel zu lesen, den Sie zurückgelassen hatten, und wollte die Katze laut Anweisung zu den Nachbarn bringen, was ich sehr gut fand. Er hatte Angst vor einer Hausdurchsuchung, deshalb gingen wir durch alle Zimmer, deckten den Tisch ab und räumten ein bisschen auf. Plötzlich entdeckte ich auf Frau Franks Schreibtisch einen Zettel, auf dem eine Adresse in Maastricht stand. Obwohl ich wusste, dass Frau Frank ihn absichtlich hingelegt hatte, tat ich sehr erstaunt und erschrocken und bat Herrn Goldschmidt dringend, dieses Unglückspapierchen zu verbrennen. Die ganze Zeit blieb ich dabei, dass ich nichts von Ihrem Verschwinden wüsste. Aber nachdem ich den Zettel gesehen hatte, bekam ich eine gute Idee. ›Herr Goldschmidt‹, sagte ich, ›jetzt fällt mir auf einmal ein, was diese Adresse bedeuten kann. Ich erinnere mich genau, dass vor ungefähr einem halben Jahr ein hoher Offizier im Büro war, der sich als ein Jugendfreund von Herrn Frank erwies und versprach, ihm zu helfen, wenn es nötig sein würde, und der tatsächlich in Maastricht stationiert war. Ich nehme an, er hat Wort gehalten und die Franks auf irgendeine Art nach Belgien und

von dort in die Schweiz gebracht. Erzählen Sie das auch den Bekannten, die vielleicht nach den Franks fragen. Maastricht brauchen Sie dann natürlich nicht zu erwähnen.‹ Und damit ging ich weg. Die meisten Bekannten wissen es jetzt schon, denn ich habe meinerseits schon von verschiedenen Seiten diese Erklärung gehört.«
Wir fanden die Geschichte sehr witzig, lachten aber noch mehr über die Einbildungskraft der Leute. So hatte eine Familie vom Merwedeplein uns alle vier morgens auf dem Fahrrad vorbeikommen sehen, und eine andere Frau wusste sicher, dass wir mitten in der Nacht auf ein Militärauto geladen worden waren. Deine Anne

Freitag, 21. August 1942

Beste Kitty!
Unser Versteck ist nun erst ein richtiges Versteck geworden. Herr Kugler fand es nämlich besser, vor unsere Zugangstür einen Schrank zu stellen (weil viele Hausdurchsuchungen gemacht werden, um versteckte Fahrräder zu finden), aber natürlich einen Schrank, der drehbar ist und wie eine Tür aufgeht. Herr Voskuijl hat das Ding geschreinert. (Wir haben ihn inzwischen über die sieben Untergetauchten informiert, und er ist die Hilfsbereitschaft selbst.)
Wenn wir nach unten gehen wollen, müssen wir uns jetzt immer erst bücken und dann einen Sprung machen. Nach drei Tagen liefen wir alle mit Beulen an der Stirn herum, weil jeder sich an der niedrigen Tür stieß. Peter hat dann ein Tuch mit Holzwolle davor genagelt. Mal sehen, ob es hilft!
Lernen tue ich nicht viel, bis September mache ich Ferien. Danach will Vater mir Unterricht geben, doch erst müssen wir die neuen Schulbücher kaufen.
Viel Veränderung kommt in unser Leben hier nicht. Heute sind Peters Haare gewaschen worden, aber das ist nicht so etwas Besonderes. Herr van Daan und ich sind dauernd zerstritten. Mama tut immer, als ob ich ein Baby wäre, und das kann ich nicht ausstehen. Peter finde ich noch immer nicht netter. Er ist ein langweiliger Junge, faulenzt den ganzen Tag auf seinem Bett, tischlert mal ein bisschen und geht dann wieder dösen. Was für ein Dummkopf!
Mama hat mir heute Morgen wieder eine elende Predigt gehalten.

Peter van Pels.

Wir sind immer genau gegenteiliger Meinung. Papa ist ein Schatz, auch wenn er mal fünf Minuten böse auf mich ist.
Draußen ist schönes, warmes Wetter, und trotz allem nutzen wir das so weit wie möglich aus, indem wir uns auf dem Dachboden auf das Harmonikabett legen. Deine Anne

*21. September 1942* (Nachtrag)
*Herr van Daan ist in der letzten Zeit katzenfreundlich zu mir, ich lasse es mir ruhig gefallen.*

Mittwoch, 2. September 1942
Liebe Kitty!
Herr und Frau van Daan haben heftigen Streit gehabt. So etwas habe ich noch nie erlebt, da Vater und Mutter nicht daran denken würden, einander derartig anzuschreien. Der Anlass war so geringfügig, dass es nicht mal der Mühe wert war, ein einziges Wort darüber zu verlieren. Na ja, jeder nach seinem Geschmack.
Für Peter ist es natürlich unangenehm, er steht doch dazwischen. Aber er wird von niemand mehr ernst genommen, weil er schrecklich zimperlich und faul ist. Gestern war er ganz beunruhigt, weil er statt einer roten eine blaue Zunge bekommen hatte. Diese seltsame Erscheinung verschwand aber genauso schnell, wie sie gekommen war. Heute läuft er mit einem dicken Schal um den Hals herum, weil der steif ist. Ferner klagt der Herr über Hexenschuss. Schmerzen zwischen Herz, Niere und Lunge sind ihm auch nicht fremd. Er ist ein echter Hypochonder! (So heißt das doch, oder?)
Mutter und Frau van Daan vertragen sich nicht sehr gut. Anlässe für Unannehmlichkeiten gibt's genug. Als kleines Beispiel will ich dir erzählen, dass Frau van Daan jetzt aus dem gemeinsamen Wäscheschrank ihre Laken bis auf drei herausgeholt hat. Sie nimmt natürlich an, dass Mutters Wäsche für die ganze Familie verwendet werden kann. Sie wird schwer enttäuscht sein, wenn sie merkt, dass Mutter ihrem guten Beispiel gefolgt ist.
Außerdem hat sie eine Stinkwut, dass nicht unser Tischgeschirr im Gebrauch ist, sondern das ihre. Immer versucht sie herauszubekom-

men, wo wir unsere Teller hingetan haben. Sie sind näher als sie denkt, sie stehen in Kartons auf dem Dachboden hinter einem ganzen Haufen Reklamematerial von Opekta. Solange wir uns verstecken, sind die Teller unerreichbar, und das ist auch gut so! Mir passieren dauernd Missgeschicke. Gestern habe ich einen Suppenteller von Frau van Daans Geschirr kaputtgeschmissen.
»Oh«, rief sie wütend, »sei doch ein bisschen vorsichtiger! Das ist das Einzige, was ich noch habe.«
(Bitte berücksichtige, Kitty, dass die beiden Damen hier ein fürchterliches Niederländisch sprechen. Über die Herren wage ich nichts zu sagen, sie wären sehr beleidigt. Wenn du diese Haspelei hören könntest, würdest du laut lachen. Wir beachten es gar nicht mehr, verbessern nützt doch nichts. Ich werde aber, wenn ich über Mutter oder Frau van Daan schreibe, nicht ihre Originalsprache wiedergeben, sondern ordentliches Niederländisch.)
Letzte Woche hatten wir eine kleine Unterbrechung in unserem so eintönigen Leben, und das lag an einem Buch über Frauen und an Peter. Du musst nämlich wissen, dass Margot und Peter fast alle Bücher lesen dürfen, die Herr Kleiman für uns leiht. Aber dieses besondere Buch über ein Frauenthema wollten die Erwachsenen lieber nicht aus den Händen geben. Das stachelte Peters Neugier an. Was für verbotene Dinge würden wohl in dem Buch stehen? Heimlich nahm er es seiner Mutter weg, als sie unten am Reden war, und lief mit seiner Beute zum Oberboden. Zwei Tage ging das gut. Frau van Daan wusste längst, was er tat, verriet aber nichts, bis Herr van Daan dahinter kam. Er wurde böse, nahm Peter das Buch weg und dachte, dass die Sache damit erledigt wäre. Er hatte aber nicht mit der Neugier seines Sohnes gerechnet, der durch das energische Auftreten seines Vaters keineswegs aus der Fassung gebracht war. Er sann auf Möglichkeiten, dieses mehr als interessante Buch doch zu Ende zu lesen.
Frau van Daan hatte inzwischen Mutter gefragt, was sie von dieser Sache halte. Mutter fand das Buch nicht gut für Margot, aber in den meisten anderen sah sie nichts Schlimmes.
»Zwischen Margot und Peter ist ein großer Unterschied«, sagte Mutter. »Erstens ist Margot ein Mädchen, und Mädchen sind immer reifer als Jungen, zweitens hat Margot schon mehr ernste Bücher gele-

sen und sucht nicht nach Dingen, die für sie nicht mehr verboten sind, und drittens ist sie viel weiter entwickelt und verständiger, was auch ihre vier Jahre Oberschule mit sich bringen.«
Frau van Daan stimmte dem zu, fand es aber doch prinzipiell falsch, Jugendliche Erwachsenenbücher lesen zu lassen.
Inzwischen hatte Peter den richtigen Zeitpunkt gefunden, an dem niemand auf das Buch oder auf ihn achtete. Abends um halb acht, als die ganze Familie unten im Privatbüro Radio hörte, nahm er seinen Schatz mit hinauf zum Oberboden. Um halb neun hätte er wieder unten sein müssen, aber weil das Buch so spannend war, vergaß er die Zeit und kam gerade die Dachbodentreppe herunter, als sein Vater ins Zimmer kam. Was folgte, ist klar. Ein Klaps, ein Schlag, ein Ruck, das Buch lag auf dem Tisch, und Peter war auf dem Oberboden.
So standen die Dinge, als die Familie zum Essen kam. Peter blieb oben, niemand kümmerte sich um ihn, er sollte ohne Essen ins Bett. Wir setzten unsere Mahlzeit fort und plauderten fröhlich, als auf einmal ein durchdringendes Pfeifen zu uns drang. Wir legten die Gabeln hin und schauten uns mit bleichen und erschrockenen Gesichtern an. Dann hörten wir Peters Stimme, die durch das Ofenrohr rief: »Ich komme doch nicht hinunter!«
Herr van Daan sprang auf, seine Serviette fiel zu Boden, und mit einem feuerroten Kopf schrie er: »Jetzt ist es aber genug.«
Vater nahm ihn am Arm, da er Schlimmes befürchtete, und zusammen gingen die beiden Herren zum Dachboden. Nach viel Sträuben und Trampeln landete Peter in seinem Zimmer. Die Tür ging zu, und wir aßen weiter.
Frau van Daan wollte ein Butterbrot für ihr Sohnemännchen übrig lassen, aber Herr van Daan war unerbittlich. »Wenn er nicht sofort um Entschuldigung bittet, muss er auf dem Dachboden schlafen.«
Wir protestierten und fanden, ohne Essen zu bleiben sei schon Strafe genug. Und wenn er sich erkälten würde, könnte noch nicht mal ein Doktor vorbeikommen.
Peter bat nicht um Entschuldigung, er war schon wieder auf dem Oberboden. Herr van Daan kümmerte sich nicht mehr darum, bemerkte aber morgens, dass Peters Bett doch benutzt worden war. Um sieben Uhr war Peter schon wieder auf dem Dachboden, wurde aber

durch Vaters freundschaftliche Worte dazu gebracht, herunterzukommen.
Drei Tage mürrische Gesichter, hartnäckiges Schweigen, und alles lief wieder in gewohnten Gleisen. Deine Anne

Montag, 21. September 1942

Liebe Kitty!
Heute werde ich dir kurz die allgemeinen Neuigkeiten vom Hinterhaus erzählen. Über meiner Bettcouch ist ein Licht angebracht worden, damit ich nur an der Schnur zu ziehen brauche, wenn nachts geschossen wird. Im Augenblick geht das aber nicht, da unser Fenster Tag und Nacht spaltbreit geöffnet ist.
Die männlichen van Daans haben einen komfortablen, gebeizten Vorratsschrank geschreinert, mit richtigem Fliegengitter. Dieses glorreiche Ding stand bis jetzt in Peters Zimmer, ist nun aber wegen der größeren Frische auf den Dachboden gestellt worden. Jetzt gibt es stattdessen ein Brett. Ich habe Peter geraten, den Tisch dort hinzustellen, mit einer hübschen Decke, und das eine Schränkchen an die Wand zu hängen, wo jetzt der Tisch ist. Dann könnte es noch ein gemütliches Kämmerchen werden, auch wenn ich nicht gern da schlafen wollte.
Frau van Daan ist unausstehlich. Ständig bekomme ich von oben Standpauken, weil ich zu viel schwätze. Ich mache mir aus ihren Worten aber nichts! Mit Madame ist immer was anderes. Jetzt will sie die Töpfe nicht abwaschen. Wenn noch ein Restchen drin ist, tut sie das nicht in eine Glasschale, sondern lässt es lieber im Topf verderben. Und wenn Margot dann mittags beim Spülen viele Töpfe hat, sagt Madame auch noch: »Och, Margotchen, Margotchen, du hast aber viel zu tun!«
Herr Kleiman bringt jede zweite Woche ein paar Mädchenbücher für mich mit. Ich bin begeistert von der Joop-ter-Heul-Serie. Cissy van Marxfeldt gefällt mir im Allgemeinen besonders gut. »Eine Sommertorheit« habe ich schon viermal gelesen und muss noch immer über die komischen Situationen lachen.
Mit Vater bin ich jetzt damit beschäftigt, einen Stammbaum seiner Familie zu machen, und dabei erzählt er etwas von jedem.

Das Lernen hat angefangen. Ich mache viel für Französisch und pauke jeden Tag fünf unregelmäßige Verben. Aber ich habe bitter viel von dem, was ich in der Schule gelernt habe, vergessen. Peter hat seufzend seine Englischaufgaben wieder aufgenommen. Gerade sind einige Schulbücher angekommen. Einen umfangreichen Vorrat an Heften, Bleistiften, Radiergummis, Etiketten usw. habe ich von zu Hause mitgebracht. Pam (das ist Vaters Kosename) erhebt Anspruch auf Unterricht in Niederländisch. Ich finde das prima, sozusagen als Gegenleistung für seine Hilfe in Französisch und anderen Fächern. Aber die Schnitzer, die er macht, sind unglaublich!
Ich höre manchmal den Sender Oranje. Kürzlich sprach Prinz Bernhard. Ungefähr im Januar wird wieder ein Kind bei ihnen geboren werden, sagte er. Ich finde das schön. Hier verstehen sie nicht, dass ich so oranje-treu gesinnt bin.

Vor einigen Tagen sprachen wir darüber, dass ich noch viel lernen müsste, mit der Folge, dass ich mich am nächsten Tag gleich hart an die Arbeit gemacht habe. Ich habe wirklich keine Lust, mit vierzehn oder fünfzehn Jahren noch in der ersten Klasse* zu sitzen. Es kam auch zur Sprache, dass ich fast nichts lesen darf. Mutter liest gerade »Heeren, Vrouwen en Knechten«, das darf ich natürlich noch nicht lesen (Margot schon!), ich muss erst noch etwas weiter entwickelt sein, so wie meine begabte Schwester. Wir sprachen auch darüber, dass ich über Philosophie, Psychologie und Physiologie (diese Wörter habe ich erst mal nachgeschlagen) tatsächlich nichts weiß. Vielleicht bin ich im nächsten Jahr klüger!
Ich bin zu der erschreckenden Erkenntnis gekommen, dass ich nur ein Kleid mit langen Ärmeln und drei Strickjacken für den Winter habe. Vater hat erlaubt, dass ich mir einen Pullover aus weißer Schafwolle stricke. Die Wolle ist nicht sehr schön, die Wärme wird den Mangel wettmachen müssen. Wir haben noch einige Kleider bei anderen Leuten, aber die kann man erst nach dem Krieg zurückholen, falls sie dann noch da sind. Als ich neulich etwas über Frau van Daan an dich schrieb, kam sie gerade ins Zimmer. Klapp, Buch zu.

* Gemeint ist die erste Klasse einer weiterführenden Schule nach sechs Klassen Grundschule; A. d. Ü.

Annes Klasse an der Montessori-Schule.

»Na, Anne, darf ich nicht mal schauen?«
»Nein, Frau van Daan.«
»Nur die letzte Seite?«
»Nein, auch die nicht, Frau van Daan.«
Ich bekam einen Mordsschreck, denn gerade auf dieser Seite war sie schlecht weggekommen.
So passiert jeden Tag was, aber ich bin zu faul und zu müde, um alles aufzuschreiben.
Deine Anne

Freitag, 25. September 1942

Liebe Kitty!
Vater hat einen alten Bekannten, einen Herrn Dreher, einen Mann von siebzig, sehr schwerhörig, krank und arm. An seiner Seite als lästiges Anhängsel eine Frau, die siebenundzwanzig Jahre jünger ist, auch arm, aber vollgehängt mit echten und unechten Armbändern und Ringen, die noch aus früheren goldenen Zeiten übrig sind. Dieser Herr Dreher hat Vater schon ziemlich viel Mühe bereitet, und ich bewunderte Vater immer wegen der Engelsgeduld, mit der er dem bedauernswerten alten Herrchen am Telefon Rede und Antwort stand. Als wir noch zu Hause waren, hat Mutter oft vorgeschlagen, Vater sollte doch ein Grammophon vor das Telefon stellen, das alle drei Minuten »Ja, Herr Dreher« und »Nein, Herr Dreher« sagt, denn der alte Mann verstand sowieso nichts von Vaters ausführlichen Antworten.
Heute rief nun Herr Dreher im Büro an und fragte Herrn Kugler, ob er nicht kurz vorbeikommen könnte. Herr Kugler hatte keine Lust und wollte Miep schicken. Miep sagte telefonisch ab. Frau Dreher rief danach dreimal an. Und weil Miep angeblich ja den ganzen Nachmittag nicht da war, musste sie am Telefon Beps Stimme nachmachen. Unten im Büro und auch hier oben haben alle schrecklich gelacht. Jedes Mal, wenn jetzt das Telefon klingelt, sagt Bep: »Das ist Frau Dreher!« Woraufhin Miep sofort anfängt zu lachen und unhöflich kichernd den Leuten Auskunft gibt.
Wirklich, so eine verrückte Firma gibt es nicht noch einmal! Die Direktoren machen zusammen mit den Büromädchen den größten Spaß!

Ich gehe manchmal abends zu den van Daans, um mich ein bisschen zu unterhalten. Dann essen wir Mottenkekse mit Sirup (die Keksdose stand in einem Kleiderschrank, der eingemottet ist) und amüsieren uns. Neulich ging das Gespräch um Peter. Ich habe erzählt, dass Peter mir so oft über die Wange streichelt und ich das nicht mag. Auf echte Elternart fragten sie, ob ich Peter nicht ein bisschen gern haben könnte, er hätte mich bestimmt sehr gern. Ich dachte »Oje!«, und sagte »Oh nee!« Stell dir das vor! Dann sagte ich, dass Peter sich ein bisschen linkisch anstellt. Ich nehme an, er ist schüchtern. Das ist mit allen Jungen so, die noch nicht oft Umgang mit Mädchen gehabt haben.
Ich muss wirklich sagen, dass die Versteckkommission Hinterhaus (Abteilung Herren) sehr erfinderisch ist. Hör nur, was sie sich jetzt wieder ausgedacht haben! Sie wollen Herrn Broks, Vertreter der Opekta-Gesellschaft und illegaler Sachen-Verstecker, eine Nachricht von uns zukommen lassen! Sie tippen an einen Opekta-Kunden in Zeeuws-Vlaanderen einen Brief mit einer Anfrage, und zwar so, dass der Mann einen Zettel ausfüllen und mit dem beigelegten Umschlag zurückschicken muss. Die Adresse auf dem Umschlag schreibt Vater mit der Hand. Wenn dieser Umschlag zurückkommt, wird der Brief des Kunden herausgeholt und ein handgeschriebenes Lebenszeichen von Vater hineingesteckt. So wird Broks den Brief lesen, ohne misstrauisch zu werden. Sie haben ausgerechnet Zeeland gewählt, weil es dicht an der belgischen Grenze liegt und der Brief also einfach über die Grenze geschmuggelt worden sein kann. Außerdem darf dort niemand ohne besondere Genehmigung hin, und ein gewöhnlicher Vertreter wie Broks wird diese Genehmigung nicht bekommen.
Vater hat gestern Abend wieder einmal ein Theater aufgeführt. Ihm war schlecht vor Müdigkeit, und er torkelte ins Bett. Dort hatte er kalte Füße, und ich habe ihm meine Bettschuhe angezogen. Fünf Minuten später lagen sie doch wieder neben seinem Bett. Dann wollte er kein Licht haben und hat sich mit dem Kopf unter die Decke gelegt. Als das Licht ausgemacht wurde, kam er sehr vorsichtig zum Vorschein. Es war zu komisch. Dann sprachen wir darüber, dass Peter Margot »eine Tante« nennt, und auf einmal kam Papas Stimme aus der Tiefe: »Eine Kaffeetante.«
Mouschi, die Katze, wird immer lieber zu mir, aber ich habe immer noch ein bisschen Angst.

Deine Anne

Sonntag, 27. September 1942

Liebe Kitty!

Heute habe ich wieder eine so genannte »Diskussion« mit Mutter gehabt. Das Schlimme ist, ich breche immer sofort in Tränen aus, ich kann es nicht ändern. Papa ist immer lieb zu mir, und er versteht mich auch viel besser. Ach, ich kann Mutter in solchen Momenten nicht ausstehen, und ich bin für sie auch eine Fremde. Das sieht man gleich, sie weiß noch nicht mal, wie ich über die normalsten Dinge denke.

Wir sprachen über Dienstmädchen, dass man sie Haushaltshilfe nennen sollte und dass das nach dem Krieg sicher verlangt werden wird. Ich sah das nicht sofort ein. Und da sagte sie, dass ich so oft über »später« spreche und mich dann als große Dame aufspiele. Aber das ist überhaupt nicht wahr. Ich darf mir doch wirklich mal kleine Luftschlösser bauen, das ist doch nicht schlimm, das braucht man doch nicht so ernst zu nehmen. Papi verteidigt mich wenigstens, ohne ihn würde ich es hier bestimmt nicht aushalten.

Auch mit Margot verstehe ich mich nicht sehr gut. Obwohl es in unserer Familie nie so einen Ausbruch wie oben gibt, ist es doch längst nicht immer gemütlich. Ich habe eine ganz andere Natur als Margot und Mutter, sie sind so fremd für mich. Ich verstehe mich mit meinen Freundinnen besser als mit meiner eigenen Mutter. Das ist schade, gell!

Frau van Daan ist wieder eine Laus über die Leber gekrochen. Sie ist sehr launisch und schließt immer mehr von ihren Privatsachen weg. Schade, dass Mutter nicht jeden Van-Daan-Schwund mit einem Frank-Schwund beantwortet.

Manche Leute scheinen ein besonderes Vergnügen daran zu finden, nicht nur ihre eigenen Kinder zu erziehen, sondern auch die ihrer Bekannten, so sind auch die van Daans. An Margot ist nicht viel zu erziehen, sie ist von Natur aus die Gut-, Lieb- und Klugheit selbst. Aber ich trage ihren Anteil an Untugenden ausreichend mit. Mehr als einmal fliegen beim Essen ermahnende Worte und freche Antworten hin und her. Vater und Mutter verteidigen mich immer heftig, ohne sie könnte ich den Kampf nicht so ohne weiteres aufnehmen. Zwar ermahnen sie mich immer, weniger zu reden, mich in nichts einzumischen und bescheidener zu sein, aber das schaffe ich selten.

Wäre Vater nicht immer wieder so geduldig, hätte ich die Hoffnung schon längst aufgegeben, die Forderungen meiner Eltern zu erfüllen, dabei sind sie wirklich nicht zu hoch.
Wenn ich von einem Gemüse, das ich überhaupt nicht mag, wenig nehme und stattdessen Kartoffeln esse, kann vor allem Frau van Daan diese Verwöhntheit nicht ertragen. »Nimm noch etwas Gemüse, Anne, komm«, sagt sie dann gleich.
»Nein, danke«, antworte ich. »Mir reichen die Kartoffeln.«
»Gemüse ist sehr gesund, das sagt deine Mutter auch. Nimm noch was«, drängt sie dann, bis Vater eingreift und mir Recht gibt.
Dann fängt Frau van Daan an zu wettern und sagt: »Da hätten Sie mal bei uns zu Hause sein müssen, da wurden die Kinder wenigstens erzogen! Das ist doch keine Erziehung! Anne ist schrecklich verwöhnt, ich würde das nie zulassen. Wenn Anne meine Tochter wäre ...«
Damit beginnt und endet immer der ganze Wortschwall. »Wenn Anne meine Tochter wäre ...« Zum Glück bin ich das nicht.
Aber um auf das Erziehungsthema zurückzukommen: Gestern trat nach Frau van Daans letzten viel sagenden Worten eine Stille ein, und dann sagte Vater: »Ich finde, dass Anne sehr gut erzogen ist. Sie hat wenigstens schon so viel gelernt, dass sie auf Ihre langen Predigten keine Antwort mehr gibt. Und was das Gemüse betrifft, kann ich nichts anderes sagen als vice versa.«
Madame war geschlagen, und zwar gründlich. Das bezog sich natürlich auf sie, weil sie abends keine Bohnen und überhaupt keine Kohlsorten vertragen kann, denn dann lässt sie »Winde«. Das könnte ich auch sagen. Sie ist doch idiotisch, nicht wahr? Soll sie wenigstens über mich den Mund halten.
Es ist komisch zu sehen, wie schnell Frau van Daan rot wird. Ich nicht, bätsch! Und darüber ärgert sie sich insgeheim schrecklich.

Deine Anne

Montag, 28. September 1942

Liebe Kitty!
Mein Brief von gestern war noch lange nicht fertig, als ich mit dem Schreiben aufhören musste. Ich kann die Lust nicht unterdrücken, dir von einer anderen Unstimmigkeit zu erzählen. Doch bevor ich damit

anfange, noch dies: Ich finde es sehr seltsam, dass erwachsene Menschen so schnell, so viel und über alle möglichen Kleinigkeiten Streit anfangen. Bisher dachte ich immer, dass nur Kinder sich so zanken und dass sich das später legen würde. Natürlich gibt es schon mal Anlass für einen »richtigen« Streit, aber diese Wortgefechte hier sind nichts anderes als Zankereien. Sie gehören zur Tagesordnung, und ich müsste eigentlich schon daran gewöhnt sein. Das ist jedoch nicht der Fall und wird auch nicht der Fall sein, solange ich bei fast jeder Diskussion (dieses Wort wird hier statt Streit verwendet, ganz falsch natürlich, aber das wissen Deutsche eben nicht besser!) zur Sprache komme.

Nichts, aber auch gar nichts lassen sie an mir gelten. Mein Auftreten, mein Charakter, meine Manieren werden Stück für Stück von vorn bis hinten und von hinten bis vorn bequatscht und betratscht, und etwas, an das ich überhaupt nicht gewöhnt war, nämlich harte Worte und Geschrei an meine Adresse, soll ich jetzt laut befugter Seite wohlgemut schlucken. Das kann ich nicht! Ich denke nicht daran, diese Beleidigungen auf mir sitzen zu lassen. Ich werde ihnen schon zeigen, dass Anne Frank nicht von gestern ist! Sie werden sich noch wundern und ihre große Klappe halten, wenn ich ihnen klarmache, dass sie nicht mit meiner, sondern erst mal mit ihrer eigenen Erziehung beginnen müssen. Das ist eine Art aufzutreten! Einfach barbarisch! Ich bin jedes Mal wieder verblüfft von so viel Ungezogenheit und vor allem Dummheit (Frau van Daan). Aber sobald ich mich daran gewöhnt haben werde, und das wird schon bald sein, werde ich ihnen ihre Wörter ungesalzen zurückgeben, da werden sie anders reden! Bin ich denn wirklich so ungezogen, eigenwillig, störrisch, unbescheiden, dumm, faul usw., wie sie es oben behaupten? Na ja, ich weiß schon, dass ich viele Fehler und Mängel habe, aber sie übertreiben wirklich maßlos. Wenn du nur wüsstest, Kitty, wie ich manchmal bei diesen Schimpfkanonaden koche! Es wird wirklich nicht mehr lange dauern, bis meine angestaute Wut zum Ausbruch kommt.

Aber nun genug hierüber, ich habe dich lange genug mit meinen Streitereien gelangweilt. Doch ich kann es nicht lassen, eine hochinteressante Tischdiskussion muss ich dir noch erzählen.

Irgendwie kamen wir auf Pims weitgehende Bescheidenheit. Die ist

eine so feststehende Tatsache, dass selbst von den idiotischsten Leuten nicht daran gezweifelt werden kann. Plötzlich sagte Frau van Daan, die jedes Gespräch auf sich beziehen muss: »Ich bin auch sehr bescheiden, viel bescheidener als mein Mann!«
Hast du je im Leben so was gehört? Dieser Satz zeigt doch schon sehr deutlich ihre Bescheidenheit!
Herr van Daan fand es nötig, das »als mein Mann« näher zu erklären, und sagte ganz ruhig: »Ich will auch nicht bescheiden sein. Ich habe immer festgestellt, dass unbescheidene Leute es viel weiter bringen als bescheidene.« Und dann wandte er sich an mich: »Sei nur nicht bescheiden, Anne, damit kommt man wirklich nicht weiter.«
Mutter stimmte dieser Ansicht vollkommen bei. Aber wie gewöhnlich musste Frau van Daan zu diesem Erziehungsthema ihren Senf dazugeben. Diesmal wandte sie sich jedoch nicht an mich, sondern an mein Elternpaar, und sagte: »Sie haben eine seltsame Lebensanschauung, so etwas zu Anne zu sagen. In meiner Jugend war das ganz anders. Aber ich bin sicher, dass es jetzt auch noch anders ist, außer eben in Ihrer modernen Familie.«
Damit war Mutters mehrmals verteidigte moderne Erziehungsmethode gemeint. Frau van Daan war feuerrot vor Aufregung. Jemand, der rot wird, regt sich durch die Erhitzung immer mehr auf und hat das Spiel bald verloren.
Mutter, die nicht rot geworden war, wollte die Geschichte so schnell wie möglich vom Tisch haben und überlegte kurz, bevor sie antwortete: »Frau van Daan, auch ich finde tatsächlich, dass es im Leben viel besser ist, etwas weniger bescheiden zu sein. Mein Mann, Margot und Peter sind außergewöhnlich bescheiden. Ihr Mann, Anne, Sie und ich sind nicht unbescheiden, aber wir lassen uns auch nicht bei jeder Gelegenheit einfach zur Seite schieben.«
Frau van Daan: »Aber Frau Frank, ich verstehe Sie nicht! Ich bin wirklich außergewöhnlich bescheiden. Wie kommen Sie dazu, mich unbescheiden zu nennen?«
Mutter: »Sie sind sicher nicht unbescheiden, aber niemand würde Sie besonders bescheiden finden.«
Frau van Daan: »Ich würde gerne wissen wollen, worin ich unbescheiden bin! Wenn ich hier nicht für mich selbst sorgen würde,

müsste ich verhungern, ein anderer täte es bestimmt nicht. Aber deshalb bin ich wirklich genauso bescheiden wie Ihr Mann.«
Mutter konnte bei dieser albernen Selbstverteidigung nur lachen. Das irritierte Frau van Daan, die ihre Ausführungen noch mit einer langen Reihe prächtiger deutsch-niederländischer und niederländisch-deutscher Worte fortsetzte, bis die geborene Rednerin sich so in ihren eigenen Worten verhedderte, dass sie sich schließlich vom Stuhl erhob und aus dem Zimmer gehen wollte. Ihr Blick fiel auf mich. Das hättest du sehen müssen! Unglücklicherweise hatte ich in dem Moment, als sie uns den Rücken zeigte, mitleidig und ironisch mit dem Kopf geschüttelt, nicht mit Absicht, sondern ganz unwillkürlich, so intensiv hatte ich den Wortschwall verfolgt. Frau van Daan kehrte um und fing an zu keifen, laut, deutsch, gemein und unhöflich, genau wie ein dickes, rotes Fischweib. Es war ein Vergnügen, sie anzuschauen. Wenn ich zeichnen könnte, hätte ich sie am liebsten in dieser Haltung gezeichnet, so komisch war dieses kleine, verrückte, dumme Weib! Aber eines weiß ich jetzt: Man lernt die Menschen erst gut kennen, wenn man einmal richtigen Streit mit ihnen gehabt hat. Erst dann kann man ihren Charakter beurteilen!

Deine Anne

Dienstag, 29. September 1942

Liebe Kitty!
Versteckte erleben seltsame Sachen! Weil wir keine Badewanne haben, waschen wir uns in einem Waschzuber, und weil nur das Büro (damit meine ich immer das gesamte untere Stockwerk) warmes Wasser hat, nutzen wir alle sieben der Reihe nach diesen Vorteil aus. Weil wir nun aber auch so verschieden sind und einige sich mehr genieren als andere, hat sich jedes Familienmitglied einen anderen Badeplatz ausgesucht. Peter badet in der Küche, obwohl die Küche eine Glastür hat. Wenn er vorhat, ein Bad zu nehmen, teilt er jedem einzeln mit, dass wir in der nächsten halben Stunde nicht an der Küche vorbeigehen dürfen. Diese Maßnahme scheint ihm ausreichend. Herr van Daan badet ganz oben. Für ihn macht die Sicherheit des eigenen Zimmers die Unbequemlichkeit wett, das heiße Wasser die ganzen Treppen hochzutragen. Frau van Daan badet vorläufig überhaupt

nicht, sie wartet ab, welcher Platz der beste ist. Vater badet im Privatbüro, Mutter in der Küche hinter einem Ofenschirm, und Margot und ich haben das vordere Büro als Planschplatz gewählt. Samstagnachmittags sind dort die Vorhänge zugezogen. Dann reinigen wir uns im Dunkeln, und diejenige, die gerade nicht an der Reihe ist, schaut durch einen Spalt zwischen den Vorhängen aus dem Fenster und beobachtet die komischen Leute draußen.
Seit letzter Woche gefällt mir dieses Bad nicht mehr, und ich habe mich auf die Suche nach einem bequemeren Platz gemacht. Peter hat mich auf die Idee gebracht, meine Schüssel in die geräumige Bürotoilette zu stellen. Dort kann ich mich hinsetzen, Licht machen, die Tür abschließen, das Wasser ohne fremde Hilfe weggießen und bin sicher vor indiskreten Blicken. Am Sonntag habe ich mein schönes Badezimmer erstmals benutzt, und so verrückt es klingt, ich finde es besser als jeden anderen Platz.
Am Mittwoch war der Installateur im Haus, um unten die Rohre der Wasserleitung von der Bürotoilette auf den Flur zu verlegen. Diese Veränderung ist in Hinblick auf einen eventuellen kalten Winter gemacht worden, damit die Rohre nicht einfrieren. Der Installateurbesuch war für uns alles andere als angenehm. Nicht nur, dass wir tagsüber kein Wasser laufen lassen durften, wir durften natürlich auch nicht aufs Klo.
Es ist wohl sehr unfein, wenn ich dir erzähle, was wir getan haben, um dem Übel abzuhelfen. Aber ich bin nicht so prüde, über solche Dinge nicht zu sprechen. Vater und ich haben uns zu Beginn unseres Untertauchens einen improvisierten Nachttopf angeschafft, das bedeutet, wir haben aus Mangel an einem Topf ein Weckglas geopfert. Diese Weckgläser haben wir während des Installateurbesuchs ins Zimmer gestellt und unsere Bedürfnisse tagsüber aufbewahrt. Das fand ich lange nicht so eklig wie die Tatsache, dass ich den ganzen Tag stillsitzen musste und auch nicht reden durfte. Du kannst dir gar nicht vorstellen, wie schwer das dem Fräulein Quak-quak-quak gefallen ist. An normalen Tagen dürfen wir ja auch nur flüstern, aber überhaupt nicht zu sprechen und sich nicht zu bewegen, das ist noch zehnmal schlimmer. Mein Hintern war nach drei Tagen Sitzen plattgedrückt und ganz steif und tat weh. Abendgymnastik hat geholfen.

Deine Anne

Donnerstag, 1. Oktober 1942

Beste Kitty!

Gestern bin ich schrecklich erschrocken. Um acht Uhr klingelte es plötzlich ganz laut. Ich dachte natürlich, da käme jemand … Wer, kannst du dir wohl denken. Als aber alle behaupteten, es wären sicher Straßenjungen oder die Post gewesen, beruhigte ich mich.

Die Tage werden hier sehr still. Levinsohn, ein kleiner jüdischer Apotheker und Chemiker, arbeitet für Kugler in der Küche. Er kennt das ganze Haus sehr gut, und darum haben wir ständig Angst, dass es ihm einfallen könnte, auch mal das frühere Labor zu besichtigen. Wir sind so still wie Babymäuschen. Wer hätte vor drei Monaten angenommen, dass die Quecksilber-Anne stundenlang ruhig sitzen müsste und auch kann?

Am 29. September hatte Frau van Daan Geburtstag. Obwohl nicht groß gefeiert wurde, bekam sie doch Blumen und kleine Geschenke, und es gab gutes Essen. Rote Nelken von dem Herrn Gemahl scheinen bei der Familie Tradition zu sein.

Um noch kurz bei Frau van Daan zu bleiben: Eine Quelle ständigen Ärgers sind für mich ihre Flirtversuche mit Vater. Sie streicht ihm über Wange und Haare, zieht ihr Röckchen sehr hoch hinauf, sagt Dinge, die sie für witzig hält, und versucht so, Pims Aufmerksamkeit auf sich zu ziehen. Glücklicherweise findet Pim sie nicht schön und auch nicht nett und geht daher auf die Flirtereien nicht ein. Aber ich bin ziemlich eifersüchtig ausgefallen, wie du weißt, also kann ich das nicht haben. Mutter tut das doch auch nicht bei Herrn van Daan. Das habe ich ihr auch ins Gesicht gesagt.

Peter kann ab und zu recht witzig sein. Eine Vorliebe, die alle zum Lachen bringt, hat er jedenfalls mit mir gemeinsam, und zwar Verkleiden. Er in einem sehr engen Kleid seiner Mutter, ich in seinem Anzug, so erschienen wir, mit Hut und Mütze geschmückt. Die Erwachsenen bogen sich vor Lachen, und wir hatten nicht weniger Spaß.

Bep hat im Warenhaus neue Röcke für Margot und mich gekauft. Der Stoff ist schlecht, wie Jute, aus der Kartoffelsäcke gemacht werden. So ein Ding, das die Läden früher nicht zu verkaufen gewagt hätten, kostet jetzt 7,75 respektive 24 Gulden.

Noch etwas Schönes haben wir in Aussicht: Bep hat für Margot, Pe-

ter und mich schriftlichen Steno-Unterricht bestellt. Du wirst schon sehen, was für perfekte Stenographen wir nächstes Jahr sein werden. Ich finde es jedenfalls sehr wichtig, so eine Geheimschrift zu lernen.
Ich habe schreckliche Schmerzen in meinem Zeigefinger (von der linken Hand) und kann deshalb nicht bügeln, was für ein Glück!
Herr van Daan wollte lieber, dass ich mich neben ihn an den Tisch setze, denn Margot isst nicht mehr genug, meint er. Nun, ich finde so eine Veränderung auch ganz schön. Im Garten läuft immer ein kleines, schwarzes Kätzchen herum. Das erinnert mich so an mein Moortje, oh, dieser Schatz! Mama hat ständig was auszusetzen, vor allem bei Tisch, auch deshalb ist die Veränderung ganz schön. Jetzt hat Margot den Ärger damit, oder besser gesagt, keinen Ärger damit, denn über sie macht Mama nicht solche stacheligen Bemerkungen, über das vorbildliche Kind! Mit dem vorbildlichen Kind piesacke ich sie jetzt immer, das kann sie nicht ausstehen. Vielleicht gewöhnt sie es sich ab, es wird auch höchste Zeit.
Zum Schluss dieser Kuddelmuddelmitteilungen noch einen besonders komischen Witz, der von Herrn van Daan stammt:
Was macht 999 mal klick und einmal klack?
Ein Tausendfüßler mit einem Klumpfuß! Tschüs, deine Anne

Samstag, 3. Oktober 1942

Beste Kitty!
Gestern haben sie mich geneckt, weil ich mit Herrn van Daan zusammen auf dem Bett gelegen habe. »So früh schon, ein Skandal!«, und lauter solche Ausdrücke. Blöd natürlich. Ich würde nie mit Herrn van Daan schlafen wollen, in der allgemeinen Bedeutung natürlich.
Gestern gab es wieder einen Zusammenstoß, und Mutter hat sich schrecklich aufgespielt. Sie hat Papa alle meine Sünden erzählt und heftig angefangen zu weinen. Ich natürlich auch, und ich hatte sowieso schon schreckliche Kopfschmerzen. Ich habe Papi endlich gesagt, dass ich »ihn« viel lieber habe als Mutter. Daraufhin hat er gesagt, dass das schon wieder vorbeigehen würde, aber das glaube ich nicht. Mutter kann ich nun mal nicht ausstehen, und ich muss mich

mit Gewalt zwingen, sie nicht immer anzuschnauzen und ruhig zu bleiben. Ich könnte ihr glatt ins Gesicht schlagen. Ich weiß nicht, wie es kommt, dass ich eine so schreckliche Abneigung gegen sie habe. Papa hat gesagt, ich müsste ihr mal von selbst anbieten, ihr zu helfen, wenn sie sich nicht wohl fühlt oder Kopfschmerzen hat. Aber das tue ich nicht, weil ich sie nicht liebe, und dann fühle ich das nicht. Ich kann mir auch gut vorstellen, dass Mutter mal stirbt. Aber dass Papa mal stirbt, das könnte ich, glaube ich, nicht aushalten. Das ist sehr gemein von mir, aber so fühle ich es. Ich hoffe, dass Mutter dieses und alles andere niemals lesen wird.
In letzter Zeit darf ich etwas mehr Erwachsenenbücher lesen. Ich lese gerade »Evas Jugend« von Nico van Suchtelen. Den Unterschied zwischen Mädchenbüchern und diesem finde ich nicht so arg groß. Eva denkt, dass Kinder wie Äpfel an einem Baum wachsen und der Storch sie dort abpflückt, wenn sie reif sind, und sie den Müttern bringt. Aber die Katze ihrer Freundin hatte Junge bekommen, die kamen aus der Katze. Nun dachte Eva, dass die Katze, genau wie ein Huhn, Eier legt und sie ausbrütet. Auch Mütter, die ein Kind bekommen, würden ein paar Tage zuvor ins Schlafzimmer gehen und ein Ei legen, um es dann auszubrüten. Wenn das Kind dann da ist, sind die Mütter noch etwas schwach vom langen Hocken. Eva wollte nun auch ein Kind haben. Sie nahm einen Wollschal und legte ihn auf den Boden, da hinein sollte das Ei fallen. Dann kauerte sie sich hin, drückte und fing an zu gackern, aber es kam kein Ei. Endlich, nach sehr langem Sitzen, kam etwas heraus, aber kein Ei, sondern eine Wurst. Eva schämte sich sehr. Sie dachte, dass sie krank wäre. Witzig, nicht wahr? In »Evas Jugend« steht auch was darüber, dass Frauen ihre Körper auf der Straße verkaufen und dafür einen Haufen Geld verlangen. Ich würde mich totschämen vor so einem Mann. Außerdem steht drin, dass Eva ihre Periode bekommen hat. Danach sehne ich mich so sehr, dann bin ich wenigstens erwachsen. Papa mault schon wieder und droht, dass er mir mein Tagebuch wegnehmen wird. Oh, was für ein Schreck! Ich werde es in Zukunft verstecken!

Anne Frank

Mittwoch, 7. Oktober 1942

Ich stelle mir jetzt vor, dass ...
ich in die Schweiz gehe. Papa und ich schlafen in einem Zimmer, während das Zimmer der Jungen* mein Zimmer wird, wo ich sitze und meine Gäste empfange. Dort haben sie mir als Überraschung neue Möbel gekauft, Teetisch, Schreibtisch, Sessel und Diwan, einfach großartig. Nach ein paar Tagen gibt Papa mir 150 Gulden, umgerechnet natürlich, aber ich bleibe einfach bei Gulden, und sagt, dass ich mir dafür alles kaufen kann, nur für mich selbst, was ich für nötig halte. (Später soll ich dann jede Woche einen Gulden bekommen, dafür kann ich mir auch kaufen, was ich will.) Ich gehe mit Bernd los und kaufe:

3 Sommerhemden à 0,50 = 1,50
3 Sommerhosen à 0,50 = 1,50
3 Winterhemden à 0,75 = 2,25
3 Winterhosen à 0,75 = 2,25
2 Unterkleider à 0,50 = 1,00
2 Büstenhalter (kleinste Größe) à 0,50 = 1,00
5 Pyjamas à 1,00 = 5,00
1 Sommermorgenrock à 2,50 = 2,50
1 Wintermorgenrock à 3,00 = 3,00
2 Bettjäckchen à 0,75 = 1,50
1 kleines Kissen à 1,00 = 1,00
1 Paar Sommerpantoffeln à 1,00 = 1,00
1 Paar Winterpantoffeln à 1,50 = 1,50
1 Paar Sommerschuhe (Schule) à 1,50 = 1,50
1 Paar Sommerschuhe (gut) à 2,00 = 2,00
1 Paar Winterschuhe (Schule) à 2,50 = 2,50
1 Paar Winterschuhe (gut) à 3,00 = 3,00
2 Schürzen à 0,50 = 1,00
25 Taschentücher à 0,05 = 1,25
4 Paar Seidenstrümpfe à 0,75 = 3,00
4 Paar Kniestrümpfe à 0,50 = 2,00
4 Paar Socken à 0,25 = 1,00

* Gemeint sind ihre Cousins Bernhard und Stephan; A. d. Ü.

2 Paar dicke Socken à 1,00 = 2,00
3 Knäuel weiße Wolle (Hosen, Mütze) = 1,50
3 Knäuel blaue Wolle (Pullover, Rock) = 1,50
3 Knäuel farbige Wolle (Mütze, Schal) = 1,50
Schals, Gürtel, Krägen, Knöpfe = 1,25

Dann noch 2 Schulkleider (Sommer), 2 Schulkleider (Winter), 2 gute Kleider (Sommer), 2 gute Kleider (Winter), 1 Sommerrock, 1 guter Winterrock, 1 Schulwinterrock, 1 Regenmantel, 1 Sommermantel, 1 Wintermantel, 2 Hüte, 2 Mützen.

Das sind zusammen 108 Gulden.

2 Taschen, 1 Eiskostüm, 1 Paar Schlittschuhe mit Schuhen, 1 Schachtel (mit Puder, Fettcreme, Pudercreme, Abschminkcreme, Sonnenöl, Watte, Verbandsschachtel, Rouge, Lippenstift, Augenbrauenstift, Badesalz, Körperpuder, Eau de Cologne, Seife, Quaste).

Dann noch 4 Pullover à 1,50, 4 Blusen à 1,00, diverse Dinge à 10,00 und Bücher, Geschenke à 4,50.

Freitag, 9. Oktober 1942

Liebe Kitty!

Nichts als traurige und deprimierende Nachrichten habe ich heute. Unsere jüdischen Bekannten werden gleich gruppenweise festgenommen. Die Gestapo geht nicht im geringsten zart mit diesen Menschen um. Sie werden in Viehwagen nach Westerbork gebracht, dem großen Judenlager in Drente. Miep hat von jemandem erzählt, der aus Westerbork geflohen ist. Es muss dort schrecklich sein. Die Menschen bekommen fast nichts zu essen, geschweige denn zu trinken. Sie haben nur eine Stunde pro Tag Wasser und ein Klo und ein Waschbecken für ein paar tausend Menschen. Schlafen tun sie alle durcheinander, Männer und Frauen, und die letzteren und Kinder bekommen oft die Haare abgeschoren. Fliehen ist fast unmöglich. Die Menschen sind gebrandmarkt durch ihre kahl geschorenen Köpfe und viele auch durch ihr jüdisches Aussehen.

Wenn es in Holland schon so schlimm ist, wie muss es dann erst in Polen sein? Wir nehmen an, dass die meisten Menschen ermordet werden. Der englische Sender spricht von Vergasungen, vielleicht ist das noch die schnellste Methode zu sterben.

Ich bin völlig durcheinander. Miep erzählt all diese Gräuelgeschichten so ergreifend und ist selbst ganz aufgeregt dabei. Erst neulich saß zum Beispiel eine alte, lahme jüdische Frau vor ihrer Tür und musste auf die Gestapo warten, die weggegangen war, um ein Auto zu holen, um sie abzutransportieren. Die arme Alte hatte solche Angst vor der Schießerei auf die englischen Flugzeuge und auch vor den grellen, flitzenden Scheinwerfern. Trotzdem wagte Miep nicht, sie ins Haus zu holen, das würde niemand tun. Die Herren Deutschen sind nicht zimperlich mit ihren Strafen.
Auch Bep ist still. Ihr Freund muss nach Deutschland. Sie hat jedes Mal Angst, wenn die Flugzeuge über unsere Häuser fliegen, dass sie ihre Bombenlast von oft einer Million Kilo auf Bertus' Kopf fallen lassen. Witze wie: »Eine Million wird er wohl nicht bekommen« und »Eine einzige Bombe ist schon genug« finde ich nicht gerade angebracht. Bertus ist nicht der Einzige, der gehen muss, jeden Tag fahren Züge voll mit jungen Leuten weg. Manchen gelingt es, heimlich auszusteigen, wenn sie auf einem kleinen Bahnhof halten, und dann unterzutauchen. Einem kleinen Prozentsatz gelingt das vielleicht.
Ich bin noch nicht fertig mit meinem Trauergesang. Hast du schon mal was von Geiseln gehört? Das führen sie nun als neueste Strafmethode für Sabotage ein. Etwas Schrecklicheres kann man sich nicht vorstellen. Angesehene, unschuldige Bürger werden verhaftet und warten auf ihre Ermordung. Wird irgendwo sabotiert und der Täter nicht gefunden, stellt die Gestapo seelenruhig so fünf Geiseln an die Wand. Oft stehen die Todesmeldungen in der Zeitung. Ein »schicksalhaftes Unglück« wird dieses Verbrechen dann genannt.
Ein schönes Volk, die Deutschen, und da gehöre ich eigentlich auch noch dazu! Aber nein, Hitler hat uns längst staatenlos gemacht. Und im Übrigen gibt es keine größere Feindschaft auf dieser Welt als zwischen Deutschen und Juden. Deine Anne

Mittwoch, 14. Oktober 1942

Beste Kitty!
Ich habe schrecklich viel zu tun. Gestern habe ich ein Kapitel von »La belle Nivernaise« übersetzt und die Wörter aufgeschrieben. Dann eine Mistrechenaufgabe gemacht und noch drei Seiten französische

Sprachlehre übersetzt. Heute französische Sprachlehre und Geschichte. Ich denke nicht daran, jeden Tag solche Mistrechenaufgaben zu machen. Papa findet sie auch schrecklich, ich kann sie fast noch besser als er, aber in Wirklichkeit können wir sie alle beide nicht, sodass wir immer Margot holen müssen. Ich bin auch eifrig beim Stenographieren, das finde ich toll, ich bin am weitesten von uns dreien. Ich habe »De stormers« gelesen. Es war ganz nett, aber lange nicht so gut wie »Joop ter Heul«. Übrigens, in beiden Büchern kommen dieselben Wörter vor, klar, bei derselben Autorin. Cissy van Marxveldt schreibt wirklich toll. Bestimmt werde ich ihre Bücher meinen Kindern auch zu lesen geben.
Außerdem habe ich eine Menge Theaterstücke von Körner gelesen. Ich finde, dass der Mann schön schreibt. Zum Beispiel »Hedwig«, »Der Vetter aus Bremen«, »Die Gouvernante«, »Der grüne Domino« usw.
Mutter, Margot und ich sind wieder die besten Freundinnen, und das ist eigentlich viel angenehmer. Gestern Abend lagen Margot und ich zusammen in meinem Bett. Es war sehr eng, aber gerade deshalb witzig. Sie fragte, ob sie mal mein Tagebuch lesen dürfte. »Manche Stücke schon«, sagte ich und fragte nach ihrem. Das dürfte ich dann auch lesen.
So kamen wir auf die Zukunft, und ich fragte sie, was sie werden wollte. Aber das wollte sie nicht sagen, sie machte ein großes Geheimnis daraus. Ich habe mal so etwas aufgeschnappt wie Unterricht. Ich weiß natürlich nicht, ob das stimmt, aber ich vermute, dass es in diese Richtung geht. Eigentlich darf ich nicht so neugierig sein.
Heute Morgen lag ich auf Peters Bett, nachdem ich ihn erst verjagt hatte. Er war wütend auf mich, aber das kann mir herzlich wenig ausmachen. Er könnte ruhig mal etwas freundlicher zu mir sein, denn gestern Abend habe ich ihm noch einen Apfel geschenkt.
Ich habe Margot mal gefragt, ob sie mich sehr hässlich fände. Sie sagte, ich sähe witzig aus und hätte hübsche Augen. Ziemlich vage, findest du nicht auch?
Bis zum nächsten Mal! Anne Frank

P. S. heute Morgen sind wir wieder alle auf der Waage gewesen. Margot wiegt nun 120 Pfund, Mutter 124, Vater 141, Anne 87, Peter 134,

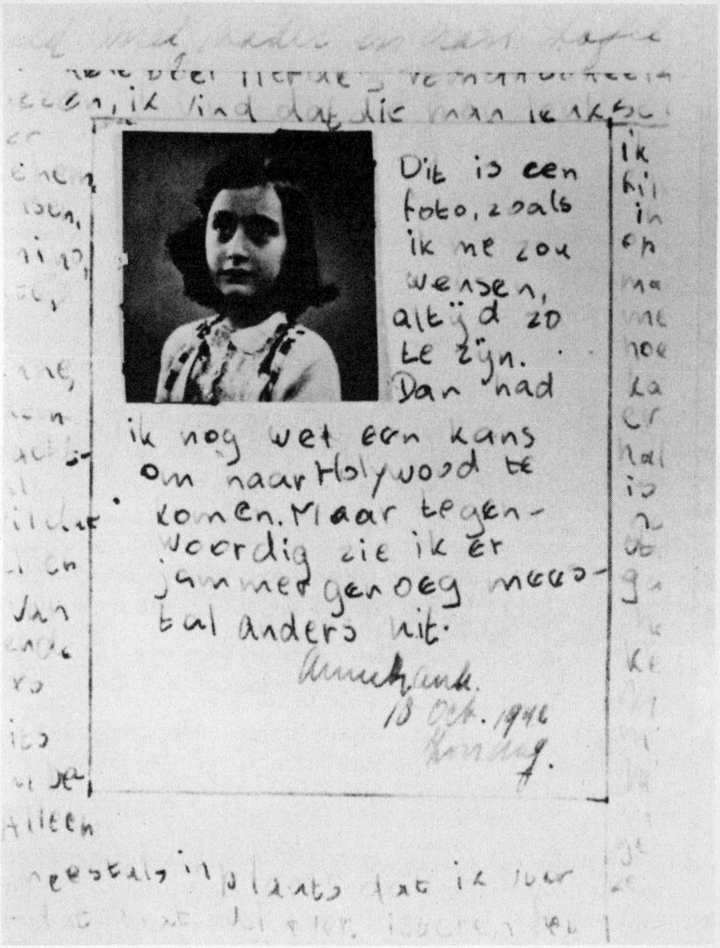
Dit is een
foto, zoals
ik me zou
wensen,
altÿd zo
te zÿn.
Dan had
ik nog wel een kans
om naar Holywood te
komen. Maar tegen-
woordig zie ik er
jammergenoeg meest-
tal anders uit.
Anne Frank.
18 Oct. 1942
Zondag.

Eine Seite aus dem Tagebuch, 18. Oktober 1942.

Frau van Daan 106, Herr van Daan 150. Ich habe in den drei Monaten, die ich hier bin, 17 Pfund zugenommen, enorm, gell?

Dienstag, 20. Oktober 1942

Liebe Kitty!

Meine Hand zittert noch, obwohl der Schreck, den wir hatten, schon zwei Stunden her ist. Du musst wissen, dass wir fünf Minimax-Feuerlöscher im Haus haben. Weil sie unten so gescheit sind, haben sie uns nicht gewarnt, dass der Zimmermann, oder wie der Bursche sonst heißt, die Geräte auffüllte. Deshalb waren wir überhaupt nicht leise, bis ich plötzlich draußen auf dem Treppenabsatz (gegenüber unserer Schranktür) Hammerschläge hörte. Ich dachte sofort an den Zimmermann und warnte Bep, die gerade beim Essen war, dass sie nicht nach unten gehen konnte. Vater und ich bezogen Posten hinter der Tür, um zu hören, wann der Mann weggehen würde. Nachdem er eine Viertelstunde gearbeitet hatte, legte er seinen Hammer und andere Werkzeuge auf unseren Schrank (so meinten wir!) und klopfte an unsere Tür. Wir wurden ganz weiß! Sollte er doch etwas gehört haben und nun dieses geheimnisvolle Ungetüm untersuchen wollen? Es schien so, denn das Klopfen, Ziehen, Schieben und Reißen hörte nicht auf.

Ich wurde fast ohnmächtig vor Angst, dass es dem wildfremden Mann doch gelingen könnte, unseren schönen Schlupfwinkel zu enttarnen. Ich dachte gerade, ich hätte die längste Zeit gelebt, da hörten wir die Stimme von Herrn Kleiman sagen: »Macht doch mal auf, ich bin es.«

Sofort machten wir auf. Was war passiert? Der Haken, mit dem der Schrank an der Tür festsitzt, hatte geklemmt, deshalb konnte uns niemand vor dem Zimmermann warnen. Der Mann war inzwischen nach unten gegangen, und Kleiman wollte Bep abholen, bekam aber den Drehschrank wieder nicht auf. Ich kann dir kaum sagen, wie erleichtert ich war. Der Mann, von dem ich meinte, dass er zu uns herein wollte, hatte in meiner Einbildung immer größere Formen angenommen. Zuletzt sah er aus wie ein Riese und war so ein Faschist, wie es keinen schlimmeren gibt. Gell, zum Glück ist es diesmal gut abgelaufen!

Am Montag hatten wir hier viel Spaß. Miep und Jan haben bei uns übernachtet. Margot und ich haben für die eine Nacht bei Vater und Mutter geschlafen, sodass das Ehepaar Gies unsere Plätze einnehmen konnte. Das Ehrenmenü schmeckte herrlich. Eine kleine Unterbrechung war, dass Vaters Lampe einen Kurzschluss verursachte und wir mit einem Schlag im Dunkeln saßen. Was tun? Neue Sicherungen waren zwar da, mussten aber ganz hinten im dunklen Lager eingeschraubt werden, und abends war das keine besonders hübsche Aufgabe. Trotzdem wagten es die Herren, und nach zehn Minuten konnten wir unsere Kerzenbeleuchtung wieder wegräumen.

Morgens war ich schon früh auf. Jan war schon angezogen. Er musste um halb neun weg, also saß er schon um acht Uhr oben und frühstückte. Miep zog sich gerade an und stand im Hemd da, als ich hereinkam. Sie hat genau solche wollenen Unterhosen wie ich fürs Fahrrad. Margot und ich zogen uns nun an und waren viel früher oben als gewöhnlich. Nach einem gemütlichen Frühstück ging Miep nach unten. Es goss, und sie war froh, dass sie heute nicht mit dem Fahrrad ins Büro zu fahren brauchte. Ich machte mit Papi die Betten, dann lernte ich fünf unregelmäßige Verben. Fleißig, nicht wahr?

Margot und Peter saßen in unserem Zimmer und lasen, und Mouschi saß bei Margot auf der Couch. Ich setzte mich nach meinen französischen Unregelmäßigkeiten auch dazu und las »Und ewig singen die Wälder«. Es ist ein sehr schönes, aber seltsames Buch, ich habe es fast ausgelesen.

Bep kommt nächste Woche auch mal auf Nachtbesuch!

Deine Anne

Donnerstag, 29. Oktober 1942

Liebste Kitty!

Ich bin ziemlich beunruhigt, Vater ist krank. Er hat hohes Fieber und roten Ausschlag, es scheinen die Masern zu sein. Stell dir vor, wir können nicht mal einen Doktor holen! Mutter lässt ihn kräftig schwitzen, vielleicht geht das Fieber davon runter.

Heute Morgen erzählte Miep, dass die Wohnung der van Daans nun

von den Deutschen entmöbelt worden ist. Wir haben es Frau van Daan noch nicht gesagt, sie ist ohnehin schon so »nervenmäßig« in der letzten Zeit, und wir haben keine Lust, uns das Gejammer über ihr schönes Service und die feinen Sesselchen anzuhören, die zu Hause geblieben sind. Wir haben doch auch fast alles, was schön war, im Stich lassen müssen, was hilft nun das Geklage?
Vater will nun, dass ich Bücher von bekannten deutschen Schriftstellern lese. Das Deutschlesen geht schon relativ flott. Nur flüstere ich meistens, statt dass ich für mich lese. Aber das wird wohl vorbeigehen. Vater hat Goethes und Schillers Dramen aus dem großen Bücherschrank geholt, er will mir nun jeden Abend etwas vorlesen. Mit »Don Carlos« haben wir schon angefangen.
Um Vaters gutem Vorbild zu folgen, hat Mutter mir ihr Gebetbuch in die Hand gedrückt. Anstandshalber habe ich ein paar Gebete in Deutsch gelesen. Ich finde es schon schön, aber es sagt mir nicht viel. Warum zwingt sie mich, so fromm-religiös zu tun?
Morgen wird der Ofen zum ersten Mal angemacht. Wir werden wohl ziemlich im Rauch sitzen, der Schornstein ist schon lange Zeit nicht gefegt worden. Hoffen wir, dass das Ding zieht!

Deine Anne

Montag, 2. November 1942

Beste Kitty!
Freitagabend war Bep bei uns. Es war ziemlich gemütlich, aber sie hat nicht gut geschlafen, weil sie Wein getrunken hatte. Sonst gibt es nichts Besonderes. Gestern hatte ich schlimme Kopfschmerzen und bin früh ins Bett gegangen. Margot ist wieder mal garstig.
Heute Morgen habe ich angefangen, für das Büro einen Karteikasten zu sortieren. Der war umgefallen und ganz durcheinander. Ich wurde schon bald wahnsinnig davon und fragte Margot und Peter, ob sie mir helfen wollten, aber die beiden waren zu faul. Da habe ich die Sachen auch weggeräumt. Ich bin doch nicht verrückt und mache das alleine!

Anne Frank

P. S. Ich habe noch vergessen, dir die wichtige Neuigkeit zu erzählen, dass ich wahrscheinlich bald meine Periode bekomme. Das merke ich an dem klebrigen Zeug in meiner Hose, und Mutter hat es mir vorausgesagt. Ich kann es kaum erwarten. Es scheint mir so wichtig! Nur schade, dass ich nun keine Damenbinden tragen kann, die bekommt man nicht mehr. Und die Stäbchen von Mama können nur Frauen tragen, die schon mal ein Kind gehabt haben.

*22. Januar 1944* (Nachtrag)

*Ich würde so etwas nun nicht mehr schreiben können.*
*Wenn ich jetzt, eineinhalb Jahre später, wieder in mein Tagebuch schaue, staune ich sehr, dass ich jemals ein so unverdorbener Backfisch gewesen bin. Unwillkürlich weiß ich, dass ich, wie sehr ich es auch wollte, nie mehr so sein kann. Die Launen und die Äußerungen über Margot, Mutter und Vater verstehe ich noch genauso gut, als ob ich sie gestern geschrieben hätte. Aber dass ich so ungeniert über andere Dinge geschrieben habe, kann ich mir nicht mehr vorstellen.*
*Ich schäme mich wirklich, wenn ich die Seiten lese, die von Themen handeln, die ich mir gerne schöner vorstelle. Ich habe es so unfein hingeschrieben. Aber nun genug davon.*
*Was ich sehr gut verstehe, sind das Heimweh und die Sehnsucht nach Moortje. Oft bewusst, aber noch viel öfter unbewusst, hatte ich die ganze Zeit, die ich hier war und bin, ein Verlangen nach Vertrauen, Liebe und Zärtlichkeit. Dieses Verlangen ist manchmal stärker und manchmal schwächer, aber es ist immer da.*

Donnerstag, 5. November 1942

Beste Kitty!
Die Engländer haben nun endlich in Afrika ein paar Erfolge, also sind die Herren sehr fröhlich, und wir haben heute Morgen Kaffee und Tee getrunken. Sonst nichts Besonderes.
Ich habe in dieser Woche sehr viel gelesen und wenig gearbeitet. So muss man es tun, so wird man sicher weiterkommen!
Mutter und ich kommen in der letzten Zeit wieder besser miteinander aus, aber vertraulich sind wir <u>nie</u>. Und Vater hat was, was er nicht sagen will. Aber er ist ein Schatz, wie immer.
Seit ein paar Tagen ist der Ofen an, und das ganze Zimmer ist voller

Rauch. Ich halte doch mehr von Zentralheizung, und ich werde wohl nicht die Einzige sein. Margot kann ich nur als Miststück bezeichnen, das mich Tag und Nacht schrecklich reizt. Anne Frank

Samstag, 7. November 1942

Liebe Kitty!

Mutter ist schrecklich nervös, und das ist für mich immer sehr gefährlich. Sollte es Zufall sein, dass Vater und Mutter Margot nie ausschimpfen und ich immer alles abbekomme? Gestern Abend zum Beispiel: Margot las ein Buch, in dem prächtige Zeichnungen waren. Sie stand auf und legte das Buch zur Seite, um es später weiterzulesen. Ich hatte gerade nichts zu tun, nahm das Buch und betrachtete die Bilder. Margot kam zurück, sah »ihr« Buch in meiner Hand, bekam eine Falte in die Stirn und verlangte es böse zurück. Ich wollte es nur noch kurz weiterbetrachten. Margot wurde immer böser. Mutter mischte sich mit den Worten ein: »Das Buch liest Margot, gib es ihr also.«

Vater kam ins Zimmer, wusste nicht mal, um was es ging, sah, dass Margot etwas angetan wurde, und fuhr mich an: »Ich würde dich mal sehen wollen, wenn Margot in deinem Buch herumblättern würde!«

Ich gab sofort nach, legte das Buch hin und ging, ihrer Meinung nach beleidigt, aus dem Zimmer. Doch ich war weder beleidigt noch böse, wohl aber traurig.

Es war nicht richtig von Vater, dass er geurteilt hat, ohne die Streitfrage zu kennen. Ich hätte das Buch Margot von selbst zurückgegeben, und dazu noch viel schneller, wenn Vater und Mutter sich nicht eingemischt und Margot in Schutz genommen hätten, als würde ihr das größte Unrecht geschehen.

Dass Mutter sich für Margot einsetzt, versteht sich von selbst, die beiden setzen sich immer füreinander ein. Ich bin daran so gewöhnt, dass ich völlig gleichgültig gegen Mutters Standpauken und Margots gereizte Launen geworden bin. Ich liebe sie nur deshalb, weil sie nun einmal Mutter und Margot sind, als Menschen können sie mir gestohlen bleiben. Bei Vater ist das was anderes. Wenn er Margot vorzieht, alle ihre Taten gutheißt, sie lobt und mit ihr zärtlich ist, dann nagt etwas in mir. Denn Vater ist mein Alles, er ist mein großes Vorbild, und ich liebe niemanden auf der Welt außer Vater. Er ist sich nicht bewusst, dass er mit Margot anders umgeht als mit mir. Margot ist nun mal die Klügste, die Liebste, die Schönste und die Beste. Aber ein bisschen Recht habe ich doch auch darauf, ernst genommen zu werden. Ich war immer der Clown und der Taugenichts der Familie, musste immer für alle Taten doppelt büßen, einmal durch die Standpauken und einmal durch meine eigene Verzweiflung. Die oberflächlichen Zärtlichkeiten befriedigen mich nicht mehr, ebenso wenig die so genannten ernsthaften Gespräche. Ich verlange etwas von Vater, was er mir nicht geben kann. Ich bin nicht neidisch auf Margot, war es nie. Ich begehre weder ihre Klugheit noch ihre Schönheit. Ich würde nur so gerne Vaters echte Liebe fühlen, nicht nur als sein Kind, sondern als Anne-als-sie-selbst.

Ich klammere mich an Vater, weil ich jeden Tag verächtlicher auf Mutter hinunterschaue und er der Einzige ist, der in mir noch ein Restchen Familiengefühl aufrechterhält. Vater versteht nicht, dass ich mich manchmal über Mutter aussprechen muss. Er will nicht über sie reden, vermeidet alles, was sich auf Mutters Fehler bezieht.

Und doch liegt mir Mutter mit all ihren Mängeln am schwersten auf dem Herzen. Ich weiß nicht, wie ich mich beherrschen soll. Ich kann ihr nicht ihre Schlampigkeit, ihren Sarkasmus und ihre Härte unter die Nase reiben, kann jedoch auch nicht immer die Schuld bei mir finden.

Ich bin das genaue Gegenteil von ihr, und deshalb prallen wir natürlich aufeinander. Ich urteile nicht über Mutters Charakter, denn darüber kann ich nicht urteilen, ich betrachte sie nur als Mutter. Für mich ist sie eben keine Mutter. Ich selbst muss meine Mutter sein. Ich habe mich von ihnen abgesondert, laviere mich alleine durch und werde später schon sehen, wo ich lande. Es liegt alles daran, dass ich eine genaue Vorstellung in mir habe, wie eine Mutter und eine Frau sein soll, und nichts davon finde ich in ihr, der ich den Namen Mutter geben muss.

Ich nehme mir immer vor, nicht mehr auf Mutters falsche Beispiele zu achten, ich will nur ihre guten Seiten sehen, und was ich bei ihr

nicht finde, bei mir selbst suchen. Aber das gelingt mir nicht. Besonders schlimm ist es, dass weder Vater noch Mutter erkennen, dass sie mir gegenüber ihren Verpflichtungen nicht nachkommen und dass ich sie dafür verurteile. Kann eigentlich jemand seine Kinder voll und ganz zufrieden stellen?
Manchmal glaube ich, dass Gott mich auf die Probe stellen will, jetzt und auch später. Muss ich ein guter Mensch werden, ohne Vorbilder und ohne Reden, damit ich später besonders stark werde?
Wer außer mir wird später alle diese Briefe lesen? Wer außer mir wird mich trösten? Ich habe so oft Trost nötig. Ich bin so häufig nicht stark genug und versage öfter, als dass ich den Anforderungen genüge. Ich weiß es und versuche immer wieder, jeden Tag aufs Neue, mich zu bessern.
Ich werde unterschiedlich behandelt. Den einen Tag ist Anne so vernünftig und darf alles wissen, am nächsten höre ich wieder, dass Anne noch ein kleines, dummes Schaf ist, das nichts weiß und nur glaubt, Wunder was aus Büchern gelernt zu haben! Ich bin nicht mehr das Baby und das Hätschelkind, das immer ausgelacht werden darf. Ich habe meine eigenen Ideale, Vorstellungen und Pläne, aber ich kann sie noch nicht in Worte fassen.
Ach, mir kommt so viel hoch, wenn ich abends allein bin, auch tagsüber, wenn ich die Leute aushalten muss, die mir zum Hals heraushängen oder meine Absichten immer verkehrt auffassen. Letztlich komme ich deshalb immer wieder auf mein Tagebuch zurück, das ist mein Anfang und mein Ende, denn Kitty ist immer geduldig. Ich verspreche ihr, dass ich trotz allem durchhalten werde, mir meinen eigenen Weg suche und meine Tränen hinunterschlucke. Ich würde nur so gern auch mal einen Erfolg sehen und ein einziges Mal von jemandem ermutigt werden, der mich lieb hat.
Verurteile mich nicht, sondern betrachte mich als jemanden, dem es auch mal zu viel wird!

Deine Anne

Montag, 9. November 1942

Liebe Kitty!
Gestern hatte Peter Geburtstag, er ist sechzehn geworden. Um acht bin ich schon nach oben gegangen und habe mit Peter die Geschenke

betrachtet. Er hat unter anderem das Börsenspiel bekommen, einen Rasierapparat und ein Feuerzeug. Nicht dass er so viel raucht, überhaupt nicht, nur für die Eleganz.
Die größte Überraschung brachte Herr van Daan um ein Uhr mit der Nachricht, dass die Engländer in Tunis, Casablanca, Algier und Oran gelandet wären.
»Das ist der Anfang vom Ende«, sagten alle.
Aber Churchill, der englische Premierminister, der wahrscheinlich in England auch diesen Ausspruch gehört hatte, sagte: »Diese Landung ist ein wichtiger Schritt, doch darf man nicht glauben, dass dies der Anfang vom Ende sei. Ich sage eher, dass es das Ende vom Anfang bedeutet.«
Merkst du den Unterschied? Grund für Optimismus gibt es aber doch. Stalingrad, die russische Stadt, wird nun auch schon seit drei Monaten verteidigt und ist immer noch nicht den Deutschen in die Hände gefallen.
Ich werde dir doch auch mal was von unserer Lebensmittelversorgung erzählen müssen. (Du musst wissen, dass die oben richtige Leckermäuler sind!)
Unser Brot liefert ein sehr netter Bäcker, ein Bekannter von Kleiman. Wir bekommen natürlich nicht so viel, wie wir zu Hause hatten, aber es ist ausreichend. Lebensmittelkarten werden illegal eingekauft. Der Preis dafür steigt ständig, erst 27 Gulden, jetzt schon 33. Und das nur für ein Blatt bedrucktes Papier!
Um außer unseren hundert Konservenbüchsen noch etwas Haltbares im Haus zu haben, haben wir 270 Pfund Hülsenfrüchte gekauft. Nicht nur für uns allein, auch das Büro wurde einberechnet. Die Säcke mit den Hülsenfrüchten hingen an Haken in unserem kleinen Flur hinter der Verstecktür. Durch das schwere Gewicht sind ein paar Nähte an den Säcken aufgegangen. Wir beschlossen dann doch, den Wintervorrat lieber auf den Dachboden zu bringen, und vertrauten Peter das Hochschleppen an. Fünf von sechs Säcken waren schon heil oben angekommen, und Peter war gerade dabei, Nummer sechs hochzuschleppen, als die untere Naht des Sackes riss und ein Regen – nein, ein Hagel! – von braunen Bohnen durch die Luft und die Treppe hinunterflog. In dem Sack waren ungefähr 50 Pfund, es war dann auch ein Höllenlärm! Unten dachten sie schon, dass sie

das alte Haus samt Inhalt auf den Kopf bekämen. Peter erschrak, dann musste er aber schrecklich lachen, als er mich unten an der Treppe stehen sah, wie eine Insel in Bohnenwellen, so war ich umringt von den braunen Dingern, die mir bis zum Knöchel reichten. Schnell machten wir uns ans Aufsammeln. Aber Bohnen sind so glatt und klein, dass sie in alle möglichen und unmöglichen Ecken und Löcher rollen. Jedes Mal, wenn jetzt jemand die Treppe hinaufgeht, bückt er sich und liefert dann eine Hand voll Bohnen bei Frau van Daan ab.
Fast hätte ich vergessen zu vermelden, dass Vaters Krankheit wieder ganz vorbei ist. Deine Anne

P. S. Gerade kommt die Nachricht durch das Radio, dass Algier gefallen ist. Marokko, Casablanca und Oran sind schon in englischen Händen. Jetzt wird noch auf Tunis gewartet.

Dienstag, 10. November 1942

Liebe Kitty!
Großartige Neuigkeiten, wir wollen einen achten Untertaucher aufnehmen!
Ja, wirklich, wir sind immer der Meinung gewesen, dass es hier noch genug Platz und Essen für eine achte Person gibt. Wir hatten nur Angst, Kugler und Kleiman noch mehr zu belasten. Als nun die Gräuelberichte wegen der Juden immer schlimmer wurden, hat Vater mal bei den beiden entscheidenden Personen vorgefühlt, und sie fanden die Idee ausgezeichnet. »Die Gefahr ist für sieben genauso groß wie für acht«, sagten sie völlig zu Recht. Als dieser Punkt geregelt war, sind wir in Gedanken unseren Bekanntenkreis durchgegangen, um einen allein stehenden Menschen zu finden, der gut zu unserer Versteckfamilie passen würde. Es war nicht schwer, so jemanden zu finden. Nachdem Vater alle Verwandten der van Daans abgelehnt hatte, fiel unsere Wahl auf einen Zahnarzt namens Alfred Dussel. Er lebt mit einer viel jüngeren und netten Christin zusammen, mit der er wahrscheinlich nicht verheiratet ist, aber das ist nebensächlich. Er gilt als ruhig und höflich, und nach der flüchtigen Bekanntschaft zu urteilen, schien er sowohl uns als

auch den van Daans sympathisch. Miep kennt ihn auch, sodass sie alles regeln kann. Wenn er kommt, muss er in meinem Zimmer schlafen. Margot bekommt dann das Harmonikabett* als Lagerstatt.
Wir werden ihn fragen, ob er etwas mitbringen kann, um hohle Backenzähne zu füllen.

Deine Anne

Donnerstag, 12. November 1942

Liebe Kitty!
Miep hat uns erzählt, dass sie bei Dr. Dussel gewesen ist. Dussel fragte Miep gleich, als sie ins Zimmer kam, ob sie nicht einen Versteckplatz für ihn wüsste. Er war sehr froh, als sie ihm sagte, dass sie etwas für ihn hätte und dass er so schnell wie möglich hingehen müsste, am besten schon am Samstag. Er hatte Bedenken, er müsste seine Kartei noch in Ordnung bringen, zwei Patienten behandeln und die Kasse machen. Mit diesem Bericht kam Miep heute zu uns. Wir fanden es nicht gut, noch so lange zu warten. Diese Vorbereitungen erfordern Erklärungen an etliche Leute, die wir lieber raushalten würden. Miep sollte fragen, ob er nicht doch am Samstag kommen würde. Er sagte Nein und wird nun am Montag kommen.
Ich finde es verrückt, dass er nicht sofort auf jeden Vorschlag eingeht. Wenn er auf der Straße mitgenommen wird, kann er weder der Kartei noch den Patienten nützen. Warum dann der Aufschub? Ich persönlich finde es dumm von Vater, dass er nachgegeben hat.
Sonst nichts Neues.

Deine Anne

Dienstag, 17. November 1942

Liebe Kitty!
Dussel ist angekommen. Es hat alles gut geklappt. Miep hatte zu ihm gesagt, er müsse um elf Uhr an einer bestimmten Stelle vor dem Postamt sein, dort würde ihn ein Herr abholen. Dussel stand an dem verabredeten Platz, pünktlich, Herr Kleiman ging auf ihn zu und sagte, dass der genannte Herr noch nicht kommen könne und ob er so

* Margot zog nach Dussels Ankunft ins Zimmer der Eltern; A. d. Ü.

lange zu Miep ins Büro kommen wolle. Kleiman stieg in die Straßenbahn und fuhr zurück ins Büro, und Dussel ging denselben Weg zu Fuß.
Um zehn Minuten vor halb zwölf klopfte Dussel an die Bürotür. Miep ließ ihn seinen Mantel ausziehen, sodass der Stern nicht zu sehen war, und brachte ihn ins Privatbüro. Dort kümmerte sich Kleiman um ihn, bis die Putzfrau weg war. Unter dem Vorwand, dass das Privatbüro nicht länger frei sei, ging Miep mit Dussel nach oben, öffnete den Drehschrank und stieg vor den Augen des verblüfften Mannes hinein.
Wir sieben saßen oben um den Tisch und erwarteten mit Kaffee und Kognak unseren Mitverstecker. Miep führte ihn erst in unser Wohnzimmer. Er erkannte sofort unsere Möbel, dachte aber nicht im Entferntesten daran, dass wir uns über seinem Kopf befänden. Als Miep ihm das erzählte, fiel er fast in Ohnmacht vor Staunen. Aber zum Glück ließ Miep ihm nicht lange Zeit und brachte ihn nach oben. Dussel ließ sich auf einen Stuhl fallen und starrte uns alle eine Weile sprachlos an, als wollte er die genaue Wahrheit von unseren Gesichtern ablesen. Dann stotterte er: »Aber... nein ... aber sind Sie denn nicht in Belgien? Ist der Offizier nicht gekommen? Das Auto? Die Flucht ... ist sie nicht geglückt?«
Wir erklärten ihm die ganze Sache, dass wir das Märchen von dem Militär und dem Auto extra ausgestreut hatten, um die Leute und die Deutschen, die vielleicht nach uns suchen würden, auf die falsche Spur zu locken. Dussel war sprachlos über so viel Erfindungsgeist und konnte sich nur immer wieder erstaunt umschauen, als er unser hyperpraktisches und schönes Hinterhäuschen näher beschnüffelte. Wir aßen zusammen, dann schlief er ein bisschen, trank dann Tee mit uns, ordnete sein bisschen Zeug, das Miep bereits vorher gebracht hatte, und fühlte sich schon ziemlich heimisch. Vor allem, als er die folgende getippte Hinterhausordnung (Fabrikat van Daan) in die Hände bekam.

PROSPEKT UND LEITFADEN VOM HINTERHAUS
Spezielle Einrichtung für die vorübergehende Unterkunft von Juden und ihresgleichen.
*Während des ganzen Jahres geöffnet.*

Schöne, ruhige, waldfreie Umgebung im Herzen von Amsterdam. Keine privaten Nachbarn. Zu erreichen mit den Straßenbahnlinien 13 und 17, ferner auch mit Auto oder Fahrrad. In bestimmten Fällen, in denen die Deutschen die Benutzung dieser Transportmittel nicht erlauben, auch zu Fuß. Möblierte und unmöblierte Wohnungen und Zimmer ständig verfügbar, mit oder ohne Pension.
*Miete:* gratis.
*Diätküche,* fettfrei.
*Fließendes Wasser* im Badezimmer (leider keine Wanne) und an diversen Innen- und Außenwänden. Herrliche Feuerstellen.
*Geräumige Lagerplätze* für Güter aller Art. Zwei große, moderne Panzerschränke.
*Eigene Radiozentrale* mit direkter Verbindung nach London, New York, Tel-Aviv und vielen anderen Stationen. Dieser Apparat steht allen Bewohnern ab sechs Uhr abends zur Verfügung, wobei es keine verbotenen Sender gibt, unter einer Bedingung, dass nur ausnahmsweise deutsche Sender gehört werden dürfen, z. B. klassische Musik u. Ä. Es ist strengstens verboten, deutsche Nachrichten zu hören (egal, woher sie gesendet werden) und sie zu verbreiten.
*Ruhezeiten:* 10 Uhr abends bis 7.30 Uhr morgens, sonntags 10.15 Uhr. Unter besonderen Umständen werden auch tagsüber Ruhestunden abgehalten, je nach Anweisung der Direktion. Ruhestunden müssen im Interesse der allgemeinen Sicherheit unbedingt eingehalten werden!!!
*Freizeit:* Fällt bis auf weiteres aus (sofern außer Haus).
*Gebrauch der Sprache:* Es wird zu allen Zeiten gefordert, leise zu sprechen. Erlaubt sind alle Kultursprachen, also kein Deutsch.
*Lektüre und Entspannung:* Es dürfen keine deutschen Bücher gelesen werden, ausgenommen wissenschaftliche und klassische, alle anderen sind frei.
*Gymnastik:* Täglich.
*Gesang:* Ausschließlich leise und nach 6 Uhr abends.
*Film:* nach Abmachung.
*Unterricht:* In Stenographie jede Woche eine schriftliche Lektion. In Englisch, Französisch, Mathematik und Geschichte jederzeit. Bezahlung durch Gegenunterricht, z. B. Niederländisch.
*Spezielle Abteilung für kleine Haustiere* mit guter Versorgung.

Anne (rechts) und Freundin Sanne am Merwedeplein, Amsterdam.

(Ausgenommen Ungeziefer, für das eine besondere Genehmigung erforderlich ist ...)
*Mahlzeiten:*
Frühstück: täglich morgens um 9 Uhr, Sonn- und Feiertage ca. 11.30 Uhr.
Mittagessen: zum Teil ausgedehnt. 1.15 Uhr bis 1.45 Uhr.
Abendessen: kalt und/oder warm, keine feste Zeit, abhängig vom Nachrichtendienst.
*Verpflichtungen gegenüber der Versorgungskolonne:* Bereitschaft, jederzeit bei Büroarbeiten zu helfen.
*Baden:* Sonntags ab 9 Uhr steht der Zuber allen Hausgenossen zur Verfügung. Gebadet wird in der Toilette, in der Küche, im Privatbüro oder im vorderen Büro, ganz nach Wunsch.
*Starke Getränke:* nur gegen ärztliches Attest.
Ende. Deine Anne

Donnerstag, 19. Nov. 1942

Liebe Kitty!
Wie wir alle annahmen, ist Dussel ein sehr netter Mann. Er war natürlich einverstanden, das Zimmer mit mir zu teilen. Ich bin, ehrlich gesagt, nicht so erfreut darüber, dass ein Fremder meine Sachen benutzt, aber für die gute Sache muss man was übrig haben, und ich bringe dieses kleine Opfer dann auch gern. »Wenn wir jemanden retten können, ist alles andere Nebensache«, sagte Vater, und damit hat er vollkommen Recht.
Dussel hat mich am ersten Tag, als er hier war, gleich über alles ausgefragt, so z. B., wann die Putzfrau kommt, wann die Badezimmerzeiten sind, wann man auf die Toilette gehen darf. Du wirst lachen, aber das alles ist in einem Versteck gar nicht so einfach. Wir dürfen tagsüber nicht so viele Umstände machen, dass sie uns unten hören, und wenn eine Extraperson unten ist, z. B. die Putzfrau, müssen wir extra vorsichtig sein. Ich erklärte Dussel alles sehr genau, aber etwas erstaunt mich dabei sehr, dass er so schwer von Begriff ist. Alles fragt er doppelt und behält es auch dann noch nicht. Vielleicht geht das vorbei, und er ist nur wegen der Überraschung so durcheinander. Ansonsten geht es prima.

Dussel hat uns viel von der Außenwelt erzählt, die wir nun schon so lange vermissen. Es ist traurig, was er alles gewusst hat. Zahllose Freunde und Bekannte sind weg, zu einem schrecklichen Ziel. Abend für Abend fahren die grünen oder grauen Militärfahrzeuge vorbei, und an jeder Tür wird geklingelt und gefragt, ob da auch Juden wohnen. Wenn ja, muss die ganze Familie sofort mit, wenn nicht, gehen sie weiter. Niemand kann seinem Schicksal entkommen, wenn er sich nicht versteckt. Sie gehen auch oft mit Listen herum und klingeln nur dort, wo sie wissen, dass sie eine reiche Beute finden. Kopfgeld wird oft bezahlt, pro Kopf soundsoviel. Es ist wirklich wie bei den Sklavenjagden, die es früher gab. Aber es ist kein Witz, dafür ist es viel zu dramatisch. Ich sehe abends oft die Reihen guter, unschuldiger Menschen vor mir, mit weinenden Kindern! Immer nur laufen müssen, kommandiert von ein paar Kerlen, geschlagen und gepeinigt, bis sie fast zusammenbrechen. Niemand wird geschont. Alte, Kinder, Babys, schwangere Frauen, Kranke ... alles, alles geht mit in dem Zug zum Tod.

Wie gut haben wir es hier, wie gut und ruhig. Wir brauchten uns aus dem ganzen Elend nichts zu machen, wenn wir nicht so viel Angst um all jene hätten, die uns teuer sind und denen wir nicht helfen können. Ich fühle mich schlecht, weil ich in einem warmen Bett liege, während meine liebsten Freundinnen irgendwo draußen niedergeworfen werden oder zusammenbrechen.

Ich bekomme selbst Angst, wenn ich an alle denke, mit denen ich mich draußen immer so eng verbunden fühlte und die nun den Händen der brutalsten Henker ausgeliefert sind, die es jemals gegeben hat.

Und das alles, weil sie Juden sind. Deine Anne

Freitag, 20. November 1942

Liebe Kitty!

Wir wissen nicht, wie wir uns verhalten sollen. Bis jetzt ist von den Berichten über die Juden nie viel zu uns durchgedrungen, und wir haben es vorgezogen, so heiter wie möglich zu bleiben. Wenn Miep ab und zu mal etwas über das schreckliche Los eines Bekannten erzählte, fingen Mutter oder Frau van Daan immer an zu weinen, sodass Miep lieber gar nichts mehr sagte. Aber Dussel wurde sofort mit Fragen bestürmt, und die Geschichten, die er erzählte, waren so grauenhaft und barbarisch, dass es nicht zu einem Ohr rein und zum anderen wieder rausgeht. Trotzdem werden wir, wenn die Berichte ein bisschen gesackt sind, wohl wieder Witze machen und uns necken. Es hilft uns und denen da draußen nicht, wenn wir so bedrückt bleiben, wie wir es im Augenblick sind, und was hat es für einen Sinn, aus dem Hinterhaus ein melancholisches Hinterhaus zu machen?

Bei allem, was ich tue, muss ich an die anderen denken, die weg sind. Und wenn ich wegen etwas lachen muss, höre ich erschrocken wieder auf und denke mir, dass es eine Schande ist, so fröhlich zu sein. Aber muss ich denn den ganzen Tag weinen? Nein, das kann ich nicht, und sie wird wohl auch wieder vorbeigehen, diese Niedergeschlagenheit.

Zu all diesem Traurigen kommt noch etwas anderes, das persönlicher Art ist und neben dem eben erzählten Elend ins Nichts verschwindet. Trotzdem muss ich dir erzählen, dass ich mich in der letzten Zeit immer verlassener fühle. Um mich herum ist eine große Leere. Früher dachte ich darüber nie nach, Vergnügungen und Freundinnen erfüllten mein Denken. Nun denke ich oft über unglückliche Dinge oder mich selbst nach. Und ich bin schließlich zu der Überzeugung gekommen, dass Vater, wie lieb er auch ist, mir doch nicht meine frühere Welt ersetzen kann. Mutter und Margot zählen in meinen Gefühlen schon lange nicht mehr mit.

Aber warum falle ich dir mit solchen dummen Dingen zur Last? Ich bin so schrecklich undankbar, Kitty, ich weiß es ja. Aber mir wird oft schwindlig, wenn ich zu viel abbekomme und dann noch an all das andere Schlimme denken muss! Deine Anne

Samstag, 28. November 1942

Liebe Kitty!

Wir haben zu viel Licht verbraucht und unsere Elektrizitätsration überschritten. Die Folge: übertriebene Sparsamkeit und eine drohende Abschaltung. Vierzehn Tage kein Licht, hübsch, gell? Aber wer weiß, vielleicht geht es ja gut! Ab vier oder halb fünf Uhr ist es zu

dunkel, um zu lesen. Wir verkürzen uns die Zeit mit allerlei verrückten Sachen. Rätsel aufgeben, Gymnastik im Dunkeln machen, Englisch oder Französisch sprechen, Bücher kritisieren – das alles langweilt auf die Dauer. Gestern Abend habe ich etwas Neues entdeckt, und zwar: mit einem scharfen Fernglas in die erleuchteten Zimmer der hinteren Nachbarn zu spähen. Tagsüber dürfen die Vorhänge niemals einen einzigen Zentimeter zur Seite geschoben werden, aber wenn es dunkel ist, kann das nicht schaden.
Ich wusste früher nie, dass Nachbarn so interessante Menschen sein können, jedenfalls unsere. Einige habe ich bei der Mahlzeit angetroffen, bei einer Familie wurde ein Film vorgeführt, und der Zahnarzt gegenüber hatte eine alte, ängstliche Dame in Behandlung.
Herr Dussel, der Mann, von dem immer gesagt wurde, dass er hervorragend mit Kindern zurechtkäme und sie auch gern hätte, entpuppt sich als der altmodischste Erzieher und Prediger von ellenlangen Manierenreihen. Da ich das seltene Glück (!) habe, mit dem hochedelwohlerzogenen Herrn mein leider sehr enges Zimmer teilen zu dürfen, und da ich allgemein als die am schlechtesten Erzogene der drei Jugendlichen gelte, habe ich ziemlich zu tun, um den allzu häufig wiederholten Standpauken und Ermahnungen zu entgehen und mich taub zu stellen. Das alles würde noch gehen, wenn der Herr nicht auch noch ein großer Petzer wäre und sich ausgerechnet Mutter als Beschwerdestelle ausgesucht hätte. Wenn ich von ihm gerade den Wind von vorn abbekommen habe, setzt Mutter noch eins drauf, und ich kriege also den Wind von hinten, und wenn ich dann noch besonders großes Glück habe, ruft Frau van Daan mich fünf Minuten später zur Verantwortung, und der Wind bläst von oben!
Wirklich, glaube ja nicht, dass es einfach ist, der unerzogene Mittelpunkt einer Versteckerfamilie zu sein, bei der sich jeder ständig in alles einmischt. Abends im Bett, wenn ich über meine vielen Sünden und angedichteten Mängel nachdenke, komme ich so durcheinander durch die große Zahl der Dinge, die betrachtet werden müssen, dass ich entweder lache oder weine, je nach meiner inneren Verfassung. Und dann schlafe ich mit dem verrückten Gefühl ein, anders sein zu wollen als zu sein oder anders zu sein als zu wollen oder vielleicht auch anders zu tun als zu wollen oder zu sein.

Lieber Himmel, jetzt bringe ich auch dich noch durcheinander. Verzeih mir, aber durchstreichen mag ich nicht, und Papier wegwerfen ist in Zeiten großer Papierknappheit verboten. Also kann ich dir nur raten, den vorhergehenden Satz nicht noch einmal durchzulesen und dich vor allem nicht hineinzuvertiefen, denn du kommst da doch nicht raus!

Deine Anne

Montag, 7. Dezember 1942

Liebe Kitty!

Chanukka und Nikolaus fielen dieses Jahr fast zusammen, der Unterschied war nur ein Tag. Für Chanukka haben wir nicht viele Umstände gemacht, ein paar hübsche Sächelchen hin und her und dann die Kerzen. Da ein Mangel an Kerzen herrscht, wurden sie nur zehn Minuten angezündet, aber wenn das Lied nicht fehlt, ist das auch ganz gut. Herr van Daan hatte einen Leuchter aus Holz gemacht, sodass das auch geregelt ist.

Der Nikolausabend am Samstag war viel schöner. Bep und Miep hatten uns sehr neugierig gemacht und schon die ganze Zeit immer mit Vater geflüstert, sodass wir irgendwelche Vorbereitungen wohl vermutet hatten. Und wirklich, um acht Uhr gingen wir alle die Treppe hinunter, durch den stockdunklen Flur (mir schauderte, und ich wünschte mich schon wieder heil und sicher oben!) zu dem Durchgangszimmer. Dort konnten wir Licht anmachen, weil dieser Raum keine Fenster hat. Vater machte den großen Schrank auf.

»Oh, wie hübsch!«, riefen wir alle.

In der Ecke stand ein großer Korb, mit Nikolauspapier geschmückt, und ganz oben war eine Maske vom Schwarzen Piet befestigt.

Schnell nahmen wir den Korb mit nach oben. Es war für jeden ein schönes Geschenk mit einem passenden Vers drin. Nikolausverse wirst du wohl kennen, darum werde ich sie dir auch nicht schreiben.

Ich bekam eine Puppe aus Brotteig, Vater Buchstützen und so weiter. Es war jedenfalls alles schön ausgedacht, und da wir alle acht noch nie in unserem Leben Nikolaus gefeiert haben, war diese Premiere gut gelungen.

Deine Anne

P. S. Für unsere Freunde unten hatten wir natürlich auch was, alles noch aus den früheren guten Zeiten, und bei Miep und Bep ist Geld außerdem immer passend.
Heute haben wir gehört, dass Herr Voskuijl den Aschenbecher für Herrn van Daan, den Bilderrahmen für Dussel und die Buchstützen für Vater selbst gemacht hat. Wie jemand so kunstvolle Sachen mit der Hand machen kann, ist mir ein Rätsel!

Donnerstag, 10. Dezember 1942

Liebe Kitty!
Herr van Daan kommt aus dem Wurst-, Fleisch- und Gewürzhandel. In der Firma wurde er wegen seiner Gewürzkenntnisse angestellt, doch nun zeigt er sich von der wurstigen Seite, was uns keineswegs unangenehm ist.
Wir hatten viel Fleisch bestellt (illegal natürlich!) und wollten es einmachen, falls wir noch schwere Zeiten durchmachen müssten. Er wollte Bratwurst, Geldersche Wurst und Mettwurst machen. Es war ein schöner Anblick, wie erst die Fleischstücke durch den Wolf gedreht wurden, zwei- oder dreimal, dann alle Zutaten in die Fleischmasse gemengt und die schließlich mit Hilfe einer Tülle in Därme gefüllt wurde. Die Bratwurst aßen wir mittags sofort zum Sauerkraut auf, aber die Geldersche Wurst, die zum Aufheben bestimmt war, musste erst gut trocknen, und dafür wurde sie an eine Stange gehängt, die mit zwei Schnüren an der Decke hing. Jeder, der in das Zimmer kam und die aufgehängten Würste erblickte, fing an zu lachen. Es war ein äußerst drolliger Anblick.
Im Zimmer herrschte ein heilloses Durcheinander. Herr van Daan hatte eine Schürze seiner Frau umgebunden und war in seiner ganzen Dicke (er sah viel dicker aus, als er ist) mit dem Fleisch beschäftigt. Mit seinen blutigen Händen, dem roten Kopf und der bekleckerten Schürze sah er aus wie ein richtiger Metzger. Frau van Daan tat alles gleichzeitig: Niederländisch aus einem Buch lernen, die Suppe rühren, nach dem Fleisch schauen und über ihre gebrochene obere Rippe seufzen und klagen. Das kommt davon, wenn ältere (!) Damen solche äußerst idiotischen Gymnastikübungen machen, um ihren dicken Hintern wieder loszuwerden!

Dussel hat ein entzündetes Auge und betupfte es am Herd mit Kamillentee. Pim saß auf einem Stuhl in dem Sonnenstrahl, der durch das Fenster kam, und wurde von der einen Seite zur anderen geschoben. Dabei hatte er sicher wieder Rheumaschmerzen, denn er saß ziemlich krumm und mit einem verstörten Gesicht da und schaute Herrn van Daan auf die Finger. Er sah aus wie ein alter Invalide aus einem Diakonissenheim. Peter tobte mit der Katze Mouschi im Zimmer herum, Mutter, Margot und ich pellten Kartoffeln. Aber schließlich arbeiteten wir alle nicht besonders gut, weil wir van Daan zuschauten.

Dussel hat seine Zahnarztpraxis eröffnet. Ich werde dir zum Spaß erzählen, wie die erste Behandlung abgelaufen ist.
Mutter bügelte, und Frau van Daan, die Erste, die dran glauben musste, setzte sich mitten im Zimmer auf einen Stuhl. Dussel fing wichtigtuerisch an, seine Instrumente auszupacken, bat um Eau de Cologne als Desinfektionsmittel und um Vaseline als Wachsersatz. Dann schaute er Frau van Daan in den Mund, berührte einen Schneidezahn und einen Backenzahn, wobei Frau van Daan sich jedes Mal krümmte, als ob sie vor Schmerzen verginge, und unzusammenhängende Töne ausstieß. Nach einer langen Untersuchung (für Frau van Daan wenigstens, denn es dauerte nicht länger als zwei Minuten) fing Dussel an, ein Loch auszukratzen. Aber daran war nicht zu denken! Frau van Daan schlug wild mit Armen und Beinen um sich, sodass Dussel irgendwann den Kratzer losließ und ... dieser in Frau van Daans Zahn stecken blieb. Da war erst recht der Teufel los! Frau van Daan schlug um sich, weinte (soweit das möglich ist mit so einem Instrument im Mund), versuchte den Kratzer aus dem Mund zu bekommen und stieß ihn bei alledem noch fester hinein. Herr Dussel betrachtete das Schauspiel völlig ungerührt, die Hände in die Seiten gestemmt. Der Rest der Zuschauer lachte unbändig. Das war natürlich gemein, denn ich bin sicher, dass ich noch viel lauter geschrien hätte. Nach vielem Drehen, Treten, Schreien und Rufen hatte Frau van Daan den Kratzer endlich heraus, und Herr Dussel setzte seine Arbeit fort, als wäre nichts passiert. Er tat dies so rasch, dass Frau van Daan keine Zeit hatte, noch einmal anzufangen. Aber er hatte auch so viel Hilfe wie noch

nie in seinem Leben. Herr van Daan und ich assistierten gut. Das Ganze sah aus wie auf einem Bild aus dem Mittelalter mit dem Titel »Quacksalber bei der Arbeit«. Die Patientin hatte jedoch nicht so viel Geduld, sie musste auf »ihre« Suppe und »ihr« Essen aufpassen!

Eines ist sicher, Frau van Daan lässt sich so schnell nicht mehr behandeln!

Deine Anne

Sonntag, 13. Dezember 1942

Liebe Kitty!

Ich sitze sehr gemütlich im vorderen Büro und schaue durch einen Spalt zwischen den schweren Vorhängen hinaus. Hier ist es dämmrig, aber noch hell genug, um dir zu schreiben.

Es ist ein sehr seltsamer Anblick, wenn ich mir die Leute draußen betrachte. Es sieht aus, als hätten sie es alle schrecklich eilig und würden fast über ihre eigenen Füße stolpern. Die Radfahrer – dieses Tempo ist kaum mitzuhalten! Ich kann nicht mal sehen, was für ein Individuum auf dem Vehikel sitzt. Die Menschen hier in der Nachbarschaft sehen nicht sehr anziehend aus, und vor allem die Kinder sind so schmutzig, dass man sie nicht mal mit der Zange anfassen möchte, richtige Gossenkinder mit Rotznasen, und ihren Dialekt kann ich kaum verstehen.

Gestern Nachmittag haben Margot und ich hier gebadet, und da sagte ich: »Wenn wir nun mal die Kinder, die hier vorbeilaufen, Stück für Stück mit einer Angel heraufholen würden, sie ins Bad stopfen, ihre Wäsche waschen und flicken und sie dann wieder laufen ließen, dann ...«

»Würden sie morgen wieder genauso schmutzig und zerrissen aussehen wie vorher«, antwortete Margot.

Aber was fasele ich hier herum, es gibt noch andere Dinge zu sehen, Autos, Schiffe und den Regen. Ich höre die Straßenbahn und die Kinder und amüsiere mich.

Unsere Gedanken haben genauso wenig Abwechslung wie wir selbst. Wie bei einem Karussell dreht sich alles von den Juden zum Essen, vom Essen zur Politik. Apropos Juden, gestern habe ich, als wäre es ein Weltwunder, durch den Vorhang zwei Juden gesehen. Das war ein

seltsames Gefühl, als hätte ich die Menschen verraten und würde nun heimlich ihr Unglück betrachten.
Direkt gegenüber liegt ein Hausboot, auf dem ein Schiffer mit Frau und Kindern lebt. Der Mann hat einen kleinen Kläffer, den wir nur vom Bellen kennen und von seinem Schwanz, den man sieht, wenn er am Bootsrand entlangläuft.
Bah, jetzt hat es angefangen zu regnen, und die meisten Leute haben sich unter ihren Schirmen versteckt. Ich sehe nur noch Regenmäntel und manchmal einen bemützten Hinterkopf. Eigentlich brauche ich auch nicht mehr zu sehen. So allmählich kenne ich die Frauen auswendig, aufgeschwemmt von zu viel Kartoffeln, mit einem roten oder grünen Mantel und abgetretenen Absätzen, einer Tasche am Arm und mit einem grimmigen oder gutmütigen Gesicht, je nach der Laune ihres Mannes.

Deine Anne

Dienstag, 22. Dezember 1942

Liebe Kitty!
Das Hinterhaus hat mit Freude vernommen, dass jeder zu Weihnachten ein viertel Pfund Butter extra bekommt. In der Zeitung steht zwar ein halbes Pfund, aber das gilt nur für die glücklichen Sterblichen, die ihre Lebensmittelkarten vom Staat bekommen, nicht für untergetauchte Juden, die, weil der Preis so hoch ist, nur vier statt acht Karten illegal kaufen können. Wir wollen alle etwas backen mit dieser Butter. Ich habe heute Morgen Plätzchen und zwei Torten gemacht. Oben gibt es viel Arbeit, und Mutter hat verboten, dass ich lerne oder lese, bevor die ganze Hausarbeit erledigt ist.
Frau van Daan liegt mit ihrer gequetschten Rippe im Bett, klagt den ganzen Tag, lässt sich ständig neue Verbände anlegen und ist mit nichts zufrieden. Ich werde froh sein, wenn sie wieder auf ihren beiden Beinen steht und ihren Kram selbst macht. Denn das muss man sagen, sie ist außergewöhnlich fleißig und ordentlich, und solange sie sich körperlich und geistig in einem guten Zustand befindet, auch fröhlich.
Als ob ich tagsüber nicht schon genug »pst, pst« zu hören bekomme, weil ich immer zu viel Lärm mache, ist mein Herr Zimmergenosse

nun auf die Idee gekommen, mir auch nachts wiederholt »pst, pst« zuzurufen. Ich dürfte mich, wenn es nach ihm ginge, noch nicht mal umdrehen. Ich denke nicht daran, das zu beachten, und das nächste Mal rufe ich einfach auch »pst«.
Er wird von Tag zu Tag unangenehmer und egoistischer. Von den freigiebig versprochenen Plätzchen habe ich nach der ersten Woche kein Stück mehr gesehen. Vor allem sonntags macht er mich wütend, wenn er so früh das Licht anmacht und mit seinen zehn Minuten Gymnastik anfängt.
Mir armen Geplagten kommt es wie Stunden vor, denn die Stühle, mit denen mein Bett verlängert ist, schieben sich ständig unter meinem schläfrigen Kopf hin und her. Nachdem er mit ein paar heftigen Armschwüngen seine Gelenkigkeitsübungen beendet hat, beginnt der Herr mit seiner Toilette. Die Unterhose hängt am Haken, also erst dorthin, dann wieder zurück. Die Krawatte liegt auf dem Tisch, also wieder schiebend und stoßend an meinen Stühlen vorbei und auf die gleiche Art zurück.
Aber ich will dich nicht mit Gejammer über alte, unangenehme Herren aufhalten, es wird doch nicht besser davon. Und alle meine Rachepläne (Birnen ausschrauben, Tür abschließen, Kleider verstecken) muss ich um des lieben Friedens willen leider unterlassen.
Ach, ich werde ja so vernünftig! Alles muss hier mit Vernunft geschehen, lernen, zuhören, Mund halten, helfen, lieb sein, nachgeben und was weiß ich noch alles! Ich habe Angst, dass ich meinen Vorrat an Vernunft, der ohnehin nicht besonders groß ist, viel zu schnell verbrauche und für die Nachkriegszeit nichts mehr übrig behalte.

Deine Anne

Mittwoch, 13. Januar 1943

Liebe Kitty!
Heute Morgen war ich wieder ganz verstört und konnte nicht ordentlich arbeiten.
Wir haben eine neue Beschäftigung, nämlich Päckchen mit Bratensoße (in Pulverform) abfüllen. Diese Bratensoße ist ein Fabrikat der Firma Gies & Co. Herr Kugler kann keine Abfüller finden, und wenn wir es machen, ist es auch viel billiger. Es ist eine Arbeit, wie sie von

Leuten im Gefängnis gemacht werden muss. Sie ist seltsam langweilig, und man wird ganz schwindlig und albern davon.
Draußen ist es schrecklich. Tag und Nacht werden die armen Menschen weggeschleppt, sie haben nichts anderes bei sich als einen Rucksack und etwas Geld. Diese Besitztümer werden ihnen unterwegs auch noch abgenommen. Die Familien werden auseinander gerissen, Männer, Frauen und Kinder werden getrennt. Kinder, die von der Schule nach Hause kommen, finden ihre Eltern nicht mehr. Frauen, die Einkäufe machen, finden bei ihrer Heimkehr die Wohnung versiegelt, ihre Familie verschwunden. Die niederländischen Christen haben auch schon Angst, ihre Söhne werden nach Deutschland geschickt. Jeder fürchtet sich. Und jede Nacht fliegen Hunderte von Flugzeugen über die Niederlande zu deutschen Städten und pflügen dort die Erde mit ihren Bomben, und jede Stunde fallen in Russland und Afrika Hunderte, sogar Tausende Menschen. Niemand kann sich raushalten, der ganze Erdball führt Krieg, und obwohl es mit den Alliierten besser geht, ist ein Ende noch nicht abzusehen.
Und wir, wir haben es gut, besser als Millionen anderer Menschen. Wir sitzen sicher und ruhig und essen sozusagen unser Geld auf. Wir sind so egoistisch, dass wir über »nach dem Krieg« sprechen, uns über neue Kleider und Schuhe freuen, während wir eigentlich jeden Cent sparen müssten, um nach dem Krieg anderen Menschen zu helfen, zu retten, was noch zu retten ist.
Die Kinder hier laufen in dünnen Blusen und mit Holzschuhen an den Füßen herum, kein Mantel, keine Mütze, keine Strümpfe und niemand, der ihnen hilft. Sie haben nichts im Bauch, sondern kauen an einer Mohrrübe herum. Sie gehen aus ihrer kalten Wohnung auf die kalte Straße und kommen in der Schule in eine noch kältere Klasse. Ja, es ist sogar so weit mit Holland gekommen, dass viele Kinder auf der Straße die Vorübergehenden anhalten und um ein Stück Brot bitten.
Stundenlang könnte ich dir über das Elend, das der Krieg mit sich bringt, erzählen, aber das macht mich nur noch bedrückter. Es bleibt uns nichts anderes übrig, als so ruhig wie nur möglich das Ende dieser Misere abzuwarten. Die Juden warten, die Christen warten, der ganze Erdball wartet, und viele warten auf ihren Tod.

Deine Anne

Samstag, 30. Januar 1943

Liebe Kitty!

Ich dampfe vor Wut und darf es nicht zeigen. Ich würde am liebsten mit den Füßen aufstampfen, schreien, Mutter gründlich durchschütteln, weinen und was weiß ich noch alles wegen der bösen Worte, der spöttischen Blicke, der Beschuldigungen, die mich jeden Tag aufs Neue treffen wie Pfeile von einem straff gespannten Bogen und die so schwer aus meinem Körper zu ziehen sind. Ich möchte Mutter, Margot, van Daan, Dussel und auch Vater anschreien: »Lasst mich in Ruhe! Lasst mich endlich mal eine Nacht schlafen, ohne dass mein Kissen nass von Tränen ist, meine Augen brennen und Schmerzen in meinem Kopf hämmern! Lasst mich weg, weg von allem, am liebsten weg von der Welt!« Aber ich kann es nicht. Ich kann ihnen meine Verzweiflung nicht zeigen. Ich kann sie keinen Blick auf die Wunden werfen lassen, die sie mir zufügen. Ich würde das Mitleid und den gutmütigen Spott nicht aushalten, auch dann noch würde ich schreien müssen!

Jeder findet mich übertrieben, wenn ich was sage, lächerlich, wenn ich schweige, frech, wenn ich eine Antwort gebe, gerissen, wenn ich eine gute Idee habe, faul, wenn ich müde bin, egoistisch, wenn ich einen Bissen zu viel esse, dumm, feige, berechnend usw. usw. Den ganzen Tag höre ich nichts anderes, als dass ich ein unausstehlicher Fratz bin. Und obwohl ich darüber lache und tue, als wäre es mir egal, macht es mir sehr wohl etwas aus, würde ich Gott bitten wollen, mir eine andere Natur zu geben, die nicht alle Leute gegen mich in Harnisch bringt.

Aber das geht nicht, meine Natur ist mir gegeben, und ich kann nicht schlecht sein, ich fühle es. Ich gebe mir mehr Mühe, es allen recht zu machen, als sie auch nur im Entferntesten vermuten. Wenn ich oben bin, versuche ich zu lachen, weil ich ihnen meinen Kummer nicht zeigen will.

Mehr als einmal habe ich Mutter nach einer Reihe ungerechter Verweise an den Kopf geworfen: »Es ist mir egal, was du sagst. Ziehe deine Hände ruhig ganz von mir ab, ich bin doch ein hoffnungsloser Fall.« Dann bekam ich natürlich zu hören, ich sei frech, wurde zwei Tage ein bisschen ignoriert, und dann war auf einmal wieder alles vergessen, und ich wurde behandelt wie jeder andere.

Mir ist es aber unmöglich, den einen Tag katzenfreundlich zu sein und ihnen am folgenden Tag meinen Hass ins Gesicht zu schleudern. Ich wähle lieber den goldenen Mittelweg, der gar nicht vergoldet ist, und halte meinen Mund über das, was ich denke, und versuche, ihnen gegenüber einmal genauso verächtlich zu werden, wie sie zu mir sind. Ach, wenn ich das nur könnte! Deine Anne

Freitag, 5. Februar 1943

Liebe Kitty!

Obwohl ich dir lange nichts mehr von den Streitereien geschrieben habe, hat sich daran doch nichts geändert. Herr Dussel nahm anfangs die schnell vergessenen Auseinandersetzungen noch sehr ernst, aber nun gewöhnt er sich daran und versucht nicht mehr, zu vermitteln.

Margot und Peter sind überhaupt nicht das, was man »jung« nennt, beide sind so langweilig und still. Ich steche schrecklich dagegen ab und bekomme immer wieder zu hören: »Margot und Peter tun das auch nicht. Schau mal, deine liebe Schwester!« Grässlich finde ich das.

Ich gebe auch gerne zu, dass ich ganz und gar nicht wie Margot werden will. Sie ist mir viel zu lasch und gleichgültig, lässt sich von jedem überreden und gibt in allem nach. Ich will einen kräftigeren Geist! Aber solche Theorien behalte ich für mich, sie würden mich schrecklich auslachen, wenn ich mit dieser Verteidigung ankäme.

Bei Tisch ist die Stimmung meistens gespannt. Zum Glück werden manche Ausbrüche wegen der Suppen-Esser zurückgehalten. Die Suppen-Esser sind alle, die von unten kommen, um einen Teller Suppe zu kriegen.

Heute Mittag sprach Herr van Daan wieder darüber, dass Margot zu wenig isst. »Sicher wegen der schlanken Linie«, sagte er spöttisch.

Mutter, die immer für Margot eintritt, sagte laut: »Ich kann Ihr dummes Geschwätz nicht mehr hören.«

Frau van Daan wurde feuerrot, er schaute vor sich hin und schwieg.

Oft lachen wir auch über irgendetwas. Erst kürzlich kramte Frau van Daan so herrlichen Blödsinn hervor. Sie erzählte von früher, wie gut sie mit ihrem Vater zurechtkam und wie viel sie geflirtet hat. »Und wissen Sie«, fuhr sie fort, »wenn ein Herr ein bisschen handgreiflich

wird, hat mein Vater gesagt, dann musst du zu ihm sagen: ›Mein Herr, ich bin eine Dame!‹ Dann weiß er schon, was du meinst.« Wir brachen in Lachen aus wie über einen guten Witz.
Auch Peter, so still er meistens ist, gibt uns manchmal Grund zu Fröhlichkeit. Er hat das Pech, versessen auf Fremdwörter zu sein, deren Bedeutung er aber oft nicht kennt. An einem Nachmittag durften wir nicht auf die Toilette gehen, weil im Büro Besuch war. Peter musste aber sehr dringend, zog die Spülung jedoch nicht. Um uns nun vor dem wenig angenehmen Geruch zu warnen, befestigte er einen Zettel an der Tür: »S. V. P. Gas.« Er hatte natürlich gemeint »Vorsicht, Gas«, fand aber S. V. P. * vornehmer. Dass es »bitte« bedeutet, davon hatte er keine blasse Ahnung. Deine Anne

Samstag, 27. Februar 1943

Liebe Kitty!
Pim erwartet jeden Tag die Invasion. Churchill hat eine Lungenentzündung gehabt, aber es geht ihm langsam besser. Gandhi, der indische Freiheitskämpfer, hält seinen soundsovielten Hungerstreik.
Frau van Daan behauptet, sie sei eine Fatalistin. Aber wer hat am meisten Angst, wenn geschossen wird? Niemand anderes als Petronella!
Jan hat den Hirtenbrief der Bischöfe an die Menschen in der Kirche für uns mitgebracht. Er war sehr schön und ermutigend geschrieben. »Bleibt nicht ruhig, Niederländer! Jeder kämpfe mit seinen eigenen Waffen für die Freiheit von Land, Volk und Religion! Helft, gebt, zögert nicht!« Das verkünden sie einfach von der Kanzel! Ob es hilft? Unseren Glaubensbrüdern bestimmt nicht.
Stell dir vor, was uns nun wieder passiert ist! Der Besitzer dieses Gebäudes hat, ohne Kugler und Kleiman zu informieren, das Haus verkauft. Eines Morgens kam der neue Hausbesitzer mit einem Architekten, um das Haus zu besichtigen. Zum Glück war Herr Kleiman da, der den Herren alles gezeigt hat, bis auf unser Hinterhäuschen. Er hatte angeblich den Schlüssel von der Zwischentür zu Hause vergessen. Der neue Hausbesitzer fragte nicht weiter.

* S'il vous plait; A. d. Ü.

Wenn er nur nicht zurückkommt und doch das Hinterhaus sehen will, dann sieht es schlecht für uns aus!
Vater hat für Margot und mich einen Karteikasten leer gemacht und Kärtchen hineingetan, die auf einer Seite noch unbeschrieben sind. Das wird unsere Bücherkartei. Wir schreiben nämlich beide auf, welche Bücher wir gelesen haben, von wem sie geschrieben wurden und das Datum. Ich habe gerade wieder was gelernt, »Bordell« und »Kokotte«. Dafür habe ich mir ein besonderes Heft angelegt.
Neue Butter- oder Margarineverteilung! Jeder bekommt sein Stückchen Aufstrich auf den Teller. Aber die Verteilung läuft sehr ungerecht. Van Daans, die immer das Frühstück machen, geben sich selbst anderthalbmal so viel wie uns. Meine Eltern haben viel zu viel Angst vor Streit, um was dazu zu sagen. Schade, ich finde, dass man es solchen Leuten immer mit gleicher Münze zurückzahlen muss.

Deine Anne

Donnerstag, 4. März 1943

Liebe Kitty!
Frau van Daan hat einen neuen Namen, wir nennen sie Mrs. Beaverbrook. Was das bedeutet, verstehst du natürlich nicht, ich werde es dir erzählen: Im englischen Sender spricht nämlich oft ein Mr. Beaverbrook über die viel zu laschen Bombardierungen auf Deutschland. Frau van Daan widerspricht sonst jedem, sogar Churchill und dem Nachrichtendienst, aber mit Herrn Beaverbrook ist sie geradezu rührend einig. Wir hielten es darum für das Beste, dass sie Herrn Beaverbrook heiratet. Und weil sie sich deshalb geschmeichelt fühlte, heißt sie fortan Mrs. Beaverbrook.
Wir bekommen einen neuen Lagerarbeiter, der alte muss nach Deutschland. Das ist schlimm, aber für uns ganz gut, weil ein neuer das Haus nicht kennt. Wir haben vor den Lagerarbeitern noch immer Angst.
Gandhi isst wieder.
Der Schwarzhandel funktioniert hervorragend. Wir könnten uns rund und fett essen, wenn wir Geld hätten, um die unmöglichen Preise zu bezahlen. Unser Gemüsehändler kauft Kartoffeln bei der deutschen Wehrmacht und bringt sie in Säcken ins Privatbüro. Er weiß,

dass wir uns hier verstecken, und kommt deshalb auch immer in der Mittagspause, wenn die Lagerarbeiter weg sind.
Wir können nicht atmen, ohne zu niesen und zu husten, so viel Pfeffer wird durch die Mühlen gedreht. Jeder, der heraufkommt, begrüßt uns mit »hatschi«. Frau van Daan behauptet, dass sie nicht hinuntergehen kann, sie würde krank, wenn sie noch mehr Pfeffer riecht.
Ich finde Vaters Firma überhaupt nicht schön. Nichts als Geliermittel oder scharfer Pfeffer. Wenn man schon mit Lebensmitteln handelt, dann sollte es doch auch was zum Naschen geben!
Heute Morgen habe ich wieder ein donnerndes Gewitter von Worten über mich ergehen lassen müssen. Es blitzte nur so von unfreundlichen Ausdrücken, dass meine Ohren gellten von den vielen »Anne-schlecht« und »Van-Daan-gut«. Zum Donnerwetter!

Deine Anne

Mittwoch, 10. März 1943

Liebe Kitty!
Gestern Abend hatten wir Kurzschluss, und außerdem ballerten sie unaufhörlich. Ich habe meine Angst vor Schießereien und Flugzeugen noch nicht abgelegt und liege fast jede Nacht bei Vater im Bett, um Trost zu suchen. Das ist vielleicht sehr kindisch, aber du müsstest das mal mitmachen! Man kann sein eigenes Wort nicht mehr verstehen, so donnern die Kanonen. Mrs. Beaverbrook, die Fatalistin, fing fast an zu weinen und sprach mit einem sehr beklommenen Stimmchen: »Oh, es ist so unangenehm! Oh, sie schießen so laut!« Das heißt doch nur: Ich habe solche Angst!
Bei Kerzenlicht kam es mir nicht so schlimm vor wie in der Dunkelheit. Ich zitterte, als ob ich Fieber hätte, und flehte Vater an, die Kerze wieder anzumachen. Er war unerbittlich, das Licht blieb aus. Plötzlich schossen Maschinengewehre, das ist noch zehnmal schlimmer als Kanonen. Mutter sprang aus dem Bett und steckte zu Pims großem Ärger die Kerze an. Ihre resolute Antwort auf sein Murren war: »Anne ist doch kein alter Soldat!« Damit basta!
Habe ich dir schon von Frau van Daans anderen Ängsten erzählt? Ich glaube nicht. Damit du über alle Hinterhausabenteuer informiert bist, musst du auch das wissen. Frau van Daan hörte eines Nachts

Diebe auf dem Dachboden. Sie vernahm richtige laute Schritte und hatte solche Angst, dass sie ihren Mann weckte. Genau in diesem Augenblick verschwanden die Diebe und der Lärm, und Herr van Daan hörte nur noch das Klopfen des ängstlichen Herzens der Fatalistin.
»Ach, Putti (Herrn van Daans Kosename), sie haben sicher die Würste und alle Hülsenfrüchte mitgenommen. Und Peter! Oh, ob Peter wohl noch in seinem Bett liegt?«
»Peter haben sie bestimmt nicht gestohlen. Hab keine Angst und lass mich schlafen!«
Doch daraus wurde nichts. Frau van Daan schlief vor lauter Angst nicht mehr ein.
Ein paar Nächte später wurde die ganze obere Familie wieder von dem gespenstischen Lärm geweckt. Peter ging mit einer Taschenlampe auf den Dachboden, und rrrrt, was lief da weg? Ein Haufen großer Ratten! Als wir wussten, wer die Diebe waren, haben wir Mouschi auf dem Dachboden schlafen lassen, und die ungebetenen Gäste sind nicht mehr zurückgekommen – wenigstens nicht nachts.
Vor einigen Tagen ging Peter abends zum Oberboden (es war erst halb acht und noch hell), um ein paar alte Zeitungen zu holen. Um die Treppe hinunterzuklettern, musste er sich gut an der Luke festhalten.
Ohne hinzuschauen, legte er seine Hand hin … und fiel fast vor Schreck und Schmerz die Treppe hinunter. Er hatte seine Hand auf eine Ratte gelegt, die ihn fest in den Arm biss. Das Blut lief durch seinen Pyjama, und er war so weiß wie ein Handtuch, als er mit weichen Knien zu uns kam. Kein Wunder, eine große Ratte zu streicheln ist nicht sehr angenehm, und dann noch obendrein ein Biss, das ist schrecklich.
Deine Anne

Freitag, 12. März 1943

Liebe Kitty!
Darf ich dir vorstellen: Mama Frank, Vorkämpferin der Kinder! Extra Butter für die Jugendlichen, moderne Jugendprobleme, in allem setzt sich Mutter für die Jugend ein und bekommt nach einer Portion Streit fast immer ihren Willen.
Ein Glas eingemachte Zunge ist verdorben. Eine Galamahlzeit für Mouschi und Moffi.

Moffi kennst du noch nicht, aber sie ist schon in der Firma gewesen, bevor wir uns hier versteckten. Sie ist die Lager- und Bürokatze und hält die Ratten vom Lager fern. Auch ihr politischer Name* ist leicht zu erklären. Eine Zeit lang hatte die Firma zwei Katzen, eine für das Lager und eine für den Dachboden. Manchmal trafen sich die beiden, was immer zu heftigen Kämpfen führte. Die Lagerkatze war immer diejenige, die angriff, während das Dachbodentier am Ende doch den Sieg errang. Genau wie in der Politik. Also wurde die Lagerkatze die Deutsche oder Moffi genannt, und die Dachbodenkatze der Engländer oder Tommy. Tommy ist später abgeschafft worden, und Moffi dient uns allen zur Unterhaltung, wenn wir hinuntergehen.
Wir haben so viele braune und weiße Bohnen gegessen, dass ich sie nicht mehr sehen kann. Wenn ich nur daran denke, wird mir schlecht.

Die abendliche Brotverteilung ist ganz eingestellt worden.
Papi hat gerade gesagt, dass er schlechte Laune hat. Er hat wieder so traurige Augen, der Ärmste!
Ich bin einfach süchtig nach dem Buch »De klop op de deur« von Ina Boudier-Bakker. Dieser Familienroman ist außerordentlich gut geschrieben. Nur was drumherum ist über Krieg, Schriftsteller oder Emanzipation der Frau, ist nicht so gut. Ehrlich gesagt, es interessiert mich nicht so sehr.
Schreckliche Bombenangriffe auf Deutschland.
Herr van Daan ist schlecht gelaunt. Der Anlass: Zigarettenknappheit.
Die Diskussion über die Frage, ob die Dosen aufgegessen werden oder nicht, ist zu unseren Gunsten ausgegangen.
Ich kann keine Schuhe mehr anziehen, außer hohen Skischuhen, die im Haus sehr unpraktisch sind. Ein paar Strohsandalen für 6,50 Gulden konnte ich nur eine Woche tragen, dann versagten sie den Dienst. Vielleicht treibt Miep im Schwarzhandel was auf.
Ich muss jetzt noch Vaters Haare schneiden. Pim behauptet, dass er nach dem Krieg nie mehr einen anderen Frisör nimmt, so gut erledige ich meine Arbeit. Wenn ich nur nicht so oft sein Ohr mitschneiden würde!

Deine Anne

* Mof. pl. Moffen: Name für Deutsche; A. d. Ü.

Donnerstag, 18. März 1943

Liebste Kitty!
Die Türkei ist im Krieg. Große Aufregung. Warten mit Spannung auf die Nachrichten im Radio.

Freitag, 19. März 1943

Liebe Kitty!
Die Enttäuschung ist der Freude schon nach einer Stunde gefolgt und hat letztere überholt. Die Türkei ist doch nicht im Krieg, der dortige Minister sprach lediglich von einer baldigen Aufhebung der Neutralität. Ein Zeitungsverkäufer auf dem Dam schrie: »Türkei auf der Seite Englands!« Auf diese Art wurden ihm die Zeitungen aus der Hand gerissen, und das erfreuliche Gerücht hat auch uns erreicht.
Die Tausendguldenscheine werden für ungültig erklärt. Das ist ein großer Schlag für alle Schwarzhändler und dergleichen Leute, aber noch mehr für andere Besitzer von schwarzem Geld oder für Untergetauchte. Man muss, wenn man einen Tausendguldenschein wechseln will, genau nachweisen, wie man ihn bekommen hat. Steuern dürfen allerdings noch damit bezahlt werden, doch auch das läuft nächste Woche ab. Gleichzeitig verfallen die Fünfhundertguldenscheine. Gies & Co. hatte noch schwarzes Geld in Tausendguldenscheinen, sie haben für eine ganze Zeit die Steuern im Voraus bezahlt, auf diese Art war alles legal.
Dussel hat eine Tretbohrmaschine bekommen, und ich werde wohl bald einer ernsthaften Kontrolle unterzogen.
Dussel gehorcht den Versteckregeln überhaupt nicht. Er schreibt nicht nur Briefe an seine Frau, sondern führt auch eine rege Korrespondenz mit diversen anderen Leuten und lässt Margot, die Hinterhauslehrerin für Niederländisch, die Briefe korrigieren. Vater hat ihm streng verboten, damit weiterzumachen. Margots Korrigieren hat aufgehört, aber ich persönlich glaube, dass er das Schreiben wohl bald wieder aufnehmen wird.
Der Führer aller Germanen hat vor verwundeten Soldaten gesprochen. Es war traurig anzuhören. Die Fragen und Antworten waren ungefähr so:

»Heinrich Scheppel ist mein Name.«
»Wo verwundet?«
»Bei Stalingrad.«
»Was verwundet?«
»Zwei abgefrorene Füße und ein Gelenkbruch am linken Arm.«
Genau so gab das Radio dieses schreckliche Marionettentheater an uns weiter. Die Verwundeten schienen noch stolz auf ihre Verwundung zu sein, je mehr, umso besser! Einer brachte vor Rührung, weil er seinem Führer die Hand reichen durfte (falls er diese noch hatte), fast kein Wort heraus.
Ich habe Dussels Duftseife auf den Boden fallen lassen und bin draufgetreten, und jetzt ist ein ganzes Stück rausgebrochen. Ich habe Vater um einen Schadensersatz für ihn gebeten, weil Dussel nur ein Stück Seife im Monat bekommt. Deine Anne

Donnerstag, 25. März 1943

Liebe Kitty!
Mutter, Vater, Margot und ich saßen gestern Abend sehr gemütlich zusammen. Auf einmal kam Peter herein und flüsterte Vater etwas ins Ohr. Ich hörte was von »eine Tonne umgefallen im Lager« und »jemand an der Tür rütteln«.
Margot hatte es auch verstanden, versuchte aber, mich ein bisschen zu beruhigen, denn ich war natürlich gleich kreideweiß und nervös. Wir drei warteten, Vater war inzwischen mit Peter hinuntergegangen. Keine zwei Minuten später kam Frau van Daan vom Radiohören herauf und sagte, Pim hätte sie gebeten, das Radio auszumachen und leise hinaufzugehen. Aber wie es so ist, wenn man besonders leise sein will, dann krachen die Stufen einer alten Treppe doppelt so laut. Wieder fünf Minuten danach kamen Peter und Pim, weiß bis an die Nasenspitzen, und erzählten uns ihre Widrigkeiten.
Sie hatten sich unten an die Treppe gesetzt und gewartet, ohne Resultat. Aber plötzlich hörten sie auf einmal zwei harte Schläge, als würden hier im Haus zwei Türen zugeschlagen. Pim war mit einem Satz oben, Peter warnte erst noch Dussel, der umständlich und geräuschvoll endlich auch oben landete. Nun ging es auf Strümpfen eine Etage höher, zur Familie van Daan. Herr van Daan war sehr er-

kältet und lag schon im Bett, deshalb scharten wir uns um sein Lager und tauschten flüsternd unsere Vermutungen aus. Immer wieder, wenn Herr van Daan laut hustete, bekamen seine Frau und ich fast Krämpfe vor Angst. Das ging so lange, bis einer von uns die glänzende Idee hatte, ihm Codein zu geben. Der Husten ließ dann sofort nach.

Wieder warteten und warteten wir, aber nichts war zu hören. Nun nahmen wir eigentlich alle an, dass die Diebe weggelaufen waren, als sie Schritte in dem sonst so stillen Haus gehört hatten. Das Unglück wollte, dass unten am Radio noch der englische Sender eingestellt war und unsere Stühle auch noch ordentlich drumherum standen. Falls die Tür aufgebrochen wäre und der Luftschutzwart das sehen und der Polizei Bescheid sagen würde, könnte das sehr unangenehme Folgen für uns haben. Also stand Herr van Daan auf, zog Hose und Jacke an, setzte einen Hut auf und ging sehr vorsichtig hinter Vater die Treppe hinunter, gefolgt von Peter, der zur Sicherheit mit einem schweren Hammer bewaffnet war. Die Damen oben (mich und Margot eingeschlossen) warteten mit Spannung, bis fünf Minuten später die Herren wieder oben erschienen und sagten, dass im Haus alles ruhig sei. Wir machten aus, dass wir kein Wasser laufen lassen und im Klo nicht die Spülung ziehen würden. Aber da die Aufregung fast allen Hausgenossen auf den Magen geschlagen war, kannst du dir vorstellen, was für ein Gestank dort herrschte, nachdem wir einer nach dem anderen unser Geschäft erledigt hatten.

Wenn so etwas passiert, kommt immer alles Mögliche zusammen. So auch jetzt. Erstens spielte die Westerturmglocke nicht mehr, die mir immer so ein beruhigendes Gefühl gab, und dann war Herr Voskuijl am Abend vorher früher weggegangen, und wir wussten nicht genau, ob Bep den Schlüssel noch bekommen und vielleicht vergessen hatte, die Tür abzuschließen.

Aber jetzt kam es darauf nicht an, es war noch immer Abend, und wir waren noch sehr unsicher, obwohl wir uns inzwischen doch etwas beruhigt hatten, weil wir von Viertel nach acht, als der Dieb unser Haus unsicher gemacht hatte, bis halb elf nichts mehr gehört hatten. Bei genauerer Überlegung kam es uns dann auch sehr unwahrscheinlich vor, dass ein Dieb so früh am Abend, wenn noch Leute auf der Straße

sein können, eine Tür aufgebrochen hätte. Außerdem kam einer von uns auf den Gedanken, dass der Lagermeister von den Nachbarn, der Firma Keg, vielleicht noch an der Arbeit gewesen war, denn in der Aufregung und bei unseren dünnen Wänden konnte man sich leicht bei den Geräuschen irren, und in solchen heiklen Augenblicken spielt auch die Aufregung eine große Rolle.
Wir gingen also ins Bett, aber der Schlaf wollte nicht bei allen kommen. Vater, Mutter und Herr Dussel wachten oft auf, und auch ich kann (mit ein bisschen Übertreibung) ruhig sagen, dass ich kein Auge zugemacht habe. Heute Morgen sind die Herren hinuntergegangen und haben an der Haustür gezogen, ob sie noch abgeschlossen wäre. Alles war in Ordnung!
Die Ereignisse, die alles andere als angenehm waren, wurden natürlich lang und breit dem gesamten Büro erzählt, denn hinterher kann man leicht lachen, und nur Bep hat uns ernst genommen.

Deine Anne

P. S. Das Klo war heute Morgen verstopft, und Vater hat alle Erdbeerrezepte (unser gegenwärtiges Klopapier) samt einigen Kilo Kot mit einem langen, hölzernen Stock aus der Toilette stochern müssen. Der Stock wurde später verbrannt.

Samstag, 27. März 1943

Liebe Kitty!
Der Stenokurs ist zu Ende, wir fangen nun an, Geschwindigkeit zu üben. Was werden wir klug! Ich will dir noch etwas von meinen »Tagtotschlagefächern« erzählen (ich nenne sie so, weil wir nichts anderes tun, als die Tage so schnell wie möglich vorbeigehen zu lassen, damit das Ende der Untertauchzeit schnell näher kommt): Ich bin versessen auf Mythologie, am meisten auf griechische und römische Götter. Hier glauben alle, dass es nur eine vorübergehende Neigung ist, sie haben noch nie von einem Backfisch gehört, der Götter hoch schätzt. Nun, dann bin ich der Erste!
Herr van Daan ist erkältet, oder besser gesagt: er hat ein bisschen Halskratzen. Er macht ein gewaltiges Getöse darum. Gurgeln mit Kamillentee, Gaumen pinseln mit Myrrhentinktur, Balsam auf

Anne (zweite von links) mit Freundinnen an ihrem 10. Geburtstag, 1939.

Brust, Nase, Zähne und Zunge, und dann auch noch schlechte Laune!

Rauter, irgendein hoher Deutscher, hat eine Rede gehalten. »Alle Juden müssen bis zum 1. Juli die germanischen Länder verlassen haben. Vom 1. April bis 1. Mai wird die Provinz Utrecht gesäubert (als wären es Kakerlaken!), vom 1. Mai bis 1. Juni die Provinzen Nord- und Südholland.« Wie eine Herde armes, krankes und verwahrlostes Vieh werden die armen Menschen zu ihren schmutzigen Schlachtplätzen geführt. Aber lass mich lieber schweigen, ich bekomme nur Albträume von meinen eigenen Gedanken.

Noch eine tolle Neuigkeit ist, dass die deutsche Abteilung des Arbeitsamts durch Sabotage in Brand gesteckt worden ist. Einige Tage danach folgte das Standesamt. Männer in deutschen Polizeiuniformen haben die Wachtposten geknebelt und dafür gesorgt, dass somit wichtige Unterlagen futsch sind.

Deine Anne

Donnerstag, 1. April 1943

Liebe Kitty!

Ich bin wirklich nicht in Scherzstimmung (siehe Datum), ganz im Gegenteil. Heute kann ich ruhig das Sprichwort anführen: Ein Unglück kommt selten allein.

Erstens hat unser Aufheiterer, Herr Kleiman, gestern eine starke Magenblutung bekommen und muss mindestens drei Wochen das Bett hüten. Du musst wissen, dass er oft an Magenblutungen leidet, gegen die kein Kraut gewachsen zu sein scheint. Zweitens: Bep hat Grippe. Drittens geht Herr Voskuijl nächste Woche ins Krankenhaus. Er hat wahrscheinlich ein Magengeschwür und muss operiert werden. Und viertens kamen die Direktoren der Pomesinwerke aus Frankfurt, um die neuen Opekta-Lieferungen zu besprechen. Alle Punkte zu dieser Besprechung hatte Vater mit Kleiman diskutiert, und Kugler konnte in der Eile nicht mehr so gut informiert werden.

Die Frankfurter Herren kamen, und Vater zitterte schon im Voraus wegen des Ablaufs der Besprechung. »Wenn ich doch nur dabei sein könnte«, rief er. »Wäre ich doch bloß unten!«

»Dann leg dein Ohr auf den Fußboden! Die Herren kommen doch ins Privatbüro, da kannst du alles hören.«

Vaters Gesicht hellte sich auf, und gestern um halb elf nahmen Pim und Margot (zwei Paar Ohren hören mehr als eines) ihre Stellung auf dem Fußboden ein. Die Besprechung war am Vormittag noch nicht beendet, aber nachmittags war Vater nicht mehr in der Lage, die Lauschaktion fortzusetzen. Er war wie gerädert durch die ungewohnte und unbequeme Haltung. Ich nahm seinen Platz ein, als wir um halb drei Stimmen im Flur hörten. Margot leistete mir Gesellschaft. Das Gespräch war teilweise so weitschweifig und langweilig, dass ich plötzlich auf dem harten, kalten Linoleumboden eingeschlafen war. Margot wagte nicht, mich anzufassen, aus Angst, sie könnten uns unten hören. Und rufen ging erst recht nicht. Ich schlief eine gute halbe Stunde, wachte dann erschrocken auf und hatte alles von der wichtigen Besprechung vergessen. Zum Glück hatte Margot besser aufgepasst.

Freitag, 2. April 1943

Liebe Kitty!
Ach, ich habe wieder etwas Schreckliches in meinem Sündenregister stehen. Gestern Abend lag ich im Bett und wartete, dass Vater zum Beten und Gutenachtsagen kommen würde, als Mutter ins Zimmer kam, sich auf mein Bett setzte und sehr bescheiden sagte: »Anne, Papi kommt noch nicht. Sollen wir nicht mal zusammen beten?«
»Nein, Mansa«, antwortete ich.
Mutter stand auf, blieb neben meinem Bett stehen, ging dann langsam zur Tür. Plötzlich drehte sie sich um und sagte mit einem verzerrten Gesicht: »Ich will nicht böse auf dich sein. Liebe lässt sich nicht erzwingen.« Ein paar Tränen liefen über ihr Gesicht, als sie zur Tür hinausging.
Ich blieb still liegen und fand es sofort gemein von mir, dass ich sie so rüde von mir gestoßen hatte. Aber ich wusste auch, dass ich nichts anderes antworten konnte. Ich konnte nicht so heucheln und gegen meinen Willen mit ihr beten. Es ging einfach nicht. Ich hatte Mitleid mit ihr, sehr viel Mitleid. Zum ersten Mal in meinem Leben habe ich gemerkt, dass meine kühle Haltung sie nicht gleichgültig lässt. Ich habe den Kummer auf ihrem Gesicht gesehen, als sie sagte, dass Liebe sich nicht zwingen lässt. Es ist hart, die Wahrheit zu sagen, und

doch ist es die Wahrheit, dass sie mich selbst von sich gestoßen hat, dass sie mich selbst durch ihre taktlosen Bemerkungen für jede Liebe von ihrer Seite abgestumpft hat, durch ihre rohen Scherze über Dinge, die ich nicht witzig finde. So wie sich in mir jedes Mal alles zusammenkrampft, wenn sie mir harte Worte sagt, so krampfte sich ihr Herz zusammen, als sie merkte, dass die Liebe zwischen uns wirklich verschwunden ist.
Sie hat die halbe Nacht geweint und die ganze Nacht nicht gut geschlafen. Vater schaut mich nicht an, und wenn er es doch tut, lese ich in seinen Augen die Worte: »Wie konntest du so gemein sein, wie wagst du es, Mutter solchen Kummer zu bereiten!«
Alle erwarten, dass ich mich entschuldige. Aber das ist eine Sache, für die ich mich nicht entschuldigen kann, weil ich etwas gesagt habe, was wahr ist und was Mutter früher oder später doch wissen muss. Ich scheine und bin gleichgültig gegenüber Mutters Tränen und Vaters Blicken, weil sie beide zum ersten Mal fühlen, was ich unaufhörlich merke. Ich kann nur Mitleid haben mit Mutter, die selbst ihre Haltung wieder finden muss. Ich für meinen Teil schweige und bin kühl und werde auch weiterhin vor der Wahrheit nicht zurückschrecken, weil sie umso schwerer zu ertragen ist, je länger sie verschoben wird.

Deine Anne

Dienstag, 27. April 1943

Liebe Kitty!
Das ganze Haus dröhnt vor Streit. Mutter und ich, van Daan und Papa, Mutter und Frau van Daan, jeder ist böse auf jeden. Eine nette Atmosphäre, gell? Annes übliches Sündenregister kam in seinem vollen Umfang neu aufs Tapet.
Vergangenen Samstag kamen die ausländischen Herren wieder zu Besuch. Sie sind bis sechs Uhr geblieben, und wir saßen alle oben und wagten nicht, uns zu rühren. Wenn sonst niemand im Haus ist oder in der Nachbarschaft niemand arbeitet, hört man im Privatbüro jeden Schritt von oben. Ich hatte wieder das Sitzfieber. So lange mucksmäuschenstill zu sitzen, ist wirklich nicht erfreulich.
Herr Voskuijl liegt schon im Krankenhaus, Herr Kleiman ist wieder im Büro, die Magenblutungen waren schneller gestillt als sonst. Er

hat erzählt, dass das Standesamt bei dem Brand neulich noch mal zusätzlich von den Feuerwehrleuten zugerichtet worden ist, die, statt das Feuer zu löschen, den ganzen Kram unter Wasser gesetzt haben. Macht mir Spaß!
Das Carlton-Hotel ist kaputt, zwei englische Flugzeuge mit einer großen Ladung Brandbomben an Bord sind genau auf dieses »Offiziersheim« gefallen. Die ganze Ecke Vijzelstraat-Singel ist abgebrannt.
Die Luftangriffe auf deutsche Städte werden von Tag zu Tag stärker. Wir haben keine Nacht mehr Ruhe. Ich habe schwarze Ringe unter den Augen durch den Mangel an Schlaf.
Unser Essen ist miserabel. Frühstück mit trockenem Brot und Kaffee-Ersatz. Mittagessen schon seit vierzehn Tagen: Spinat oder Salat. Zwanzig Zentimeter lange Kartoffeln schmecken süß und faul. Wer abmagern will, logiere im Hinterhaus! Oben klagen sie Stein und Bein, wir finden es nicht so tragisch.
Alle Männer, die 1940 gekämpft haben oder mobilisiert waren, sind aufgerufen worden, um in Kriegsgefangenenlagern für den Führer zu arbeiten. Sicher eine Vorsichtsmaßnahme für den Fall der Invasion.

Deine Anne

Samstag, 1. Mai 1943

Liebe Kitty!
Dussel hatte Geburtstag. Zuvor hat er getan, als ob er nichts davon wissen wollte, aber als Miep mit einer großen Einkaufstasche kam, die vor Päckchen überquoll, war er so aufgeregt wie ein kleines Kind. Seine Charlotte hat ihm Eier, Butter, Kekse, Limonade, Brot, Kognak, Kräuterkuchen, Blumen, Orangen, Schokolade, Bücher und Briefpapier geschickt. Er baute einen Geburtstagstisch auf und stellte ihn nicht weniger als drei Tage zur Schau, dieser alte Blödian!
Du musst nicht glauben, dass er Hunger leidet. Wir haben in seinem Schrank Brot, Käse, Marmelade und Eier gefunden. Es ist mehr als ein Skandal, dass er, den wir hier so liebevoll aufgenommen haben, nur um ihn vor dem Untergang zu retten, sich hinter unserem Rücken den Bauch voll stopft und uns nichts abgibt. Wir haben doch auch alles mit ihm geteilt! Noch schlimmer finden wir aber, dass er

auch gegenüber Kleiman, Voskuijl und Bep so kleinlich ist, sie bekommen nichts von ihm. Die Orangen, die Kleiman so nötig für seinen kranken Magen braucht, findet Dussel für seinen eigenen Magen noch gesünder.
Heute Nacht habe ich viermal alle meine Besitztümer einpacken müssen, so laut haben sie draußen geballert. Heute habe ich ein Köfferchen gepackt und die notwendigsten Fluchtgegenstände hineingestopft. Aber Mutter sagte ganz richtig: »Wohin willst du denn flüchten?«
Ganz Holland wird gestraft, weil so viele Arbeiter streiken. Deshalb ist der Ausnahmezustand ausgerufen worden, und jeder bekommt eine Buttermarke weniger. So straft man ungezogene Kinder!
Heute Abend habe ich Mutter die Haare gewaschen. Das ist in diesen Zeiten gar nicht so einfach. Wir müssen uns mit klebriger grüner Seife behelfen, weil es kein Schampoo gibt, und außerdem kann Mans ihre Haare nicht richtig auskämmen, denn unser Familienkamm hat nicht mehr als zehn Zähne.

Deine Anne

Sonntag, 2. Mai 1943

Wenn ich manchmal darüber nachdenke, wie wir hier leben, komme ich meistens zu dem Schluss, dass wir es hier im Vergleich zu den anderen Juden, die sich nicht verstecken, wie im Paradies haben. Aber später, wenn wieder alles normal ist, werde ich mich doch wundern, wie wir, die wir es zu Hause sehr ordentlich hatten, so, ja, man kann wohl sagen, heruntergekommen sind. Heruntergekommen, was die Manieren betrifft. Wir haben zum Beispiel schon seit unserer Ankunft eine Wachstuchdecke auf dem Tisch, die durch den häufigen Gebrauch nicht mehr zu den saubersten gehört. Ich versuche zwar oft, sie noch etwas herzurichten, aber mit einem Abwaschlappen, der mehr Loch ist als Lappen und ebenfalls vor dem Verstecken – vor langer Zeit also – mal neu war, kann man auch mit noch so viel Schrubben mit dem Tisch keinen Staat mehr machen. Van Daans schlafen schon den ganzen Winter auf einem Flanelltuch, das man hier nicht waschen kann, weil das Seifenpulver, das man auf Marken bekommt, viel zu knapp und außerdem viel zu schlecht ist. Vater läuft mit einer ausgefransten Hose herum, und auch seine Krawatte zeigt Ver-

Das Haus in der Prinsengracht 263.

schleiß. Mamas Korsett ist heute aus Altersschwäche zusammengebrochen und nicht mehr zu reparieren, während Margot mit einem um zwei Nummern zu kleinen Büstenhalter herumläuft. Mutter und Margot sind den ganzen Winter mit zusammen drei Hemden ausgekommen, und die meinen sind so klein, dass sie mir noch nicht mal bis zum Bauch reichen. Das sind zwar alles Dinge, über die man hinwegsehen kann, aber trotzdem überlege ich manchmal mit Schrecken: Wie können wir, die wir von meiner Unterhose bis zu Vaters Rasierpinsel nur verschlissenes Zeug haben, später wieder zu unserem Vorkriegsstand zurückkommen?

Sonntag, 2. Mai 1943

Die Hinterhausansichten über den Krieg

*Herr van Daan:* Der ehrenwerte Herr hat nach unser aller Meinung viel Durchblick in der Politik. Aber er sagt uns doch voraus, dass wir uns noch bis Ende 43 hier aufhalten müssen. Das ist zwar sehr lange, wird aber trotzdem auszuhalten sein. Doch wer gibt uns die Zusicherung, dass dieser Krieg, der jedem nur Leid und Kummer bereitet, dann vorbei sein wird? Und wer kann uns versprechen, dass bis dahin weder mit uns noch mit unseren Helfern nicht längst was passiert ist? Doch niemand! Und darum leben wir auch jeden Tag in Anspannung. Einer Anspannung von Erwartung und Hoffnung, aber auch von Angst, wenn man im Haus oder draußen Geräusche hört, wenn geschossen wird oder wenn neue »Bekanntmachungen« in der Zeitung stehen. Es könnte auch jeden Tag passieren, dass einige von unseren Helfern sich selbst hier verstecken müssen. Untertauchen ist ein ganz normales Wort geworden. Wie viele Menschen werden sich wohl verstecken? Im Verhältnis natürlich nicht viel, aber trotzdem werden wir später bestimmt staunen, wie viele gute Menschen es in den Niederlanden gegeben hat, die Juden oder auch geflohene Christen mit oder ohne Geld zu sich genommen haben. Es ist auch unglaublich, von wie vielen Leuten man hört, die einen falschen Personalausweis haben.

*Frau van Daan:* Als diese schöne Dame (nur ihrer eigenen Meinung nach) hörte, dass es nicht mehr so schwierig ist wie früher, an einen falschen Personalausweis zu kommen, schlug sie sofort vor, für uns

alle welche machen zu lassen. Als ob das nichts wäre und das Geld bei Vater und Herrn van Daan auf dem Rücken wächst!
Während Frau van Daan immer größeren Unsinn behauptet, geht Putti oft in die Luft. Das kann er auch leicht, denn den einen Tag sagt seine Kerli: »Ich lasse mich später taufen!« Und am nächsten Tag heißt es: »Ich wollte schon immer nach Jerusalem, denn ich fühle mich nur unter Juden heimisch.«
Pim ist ein großer Optimist, aber er kann immer einen Grund dafür angeben.
*Herr Dussel* denkt ins Blaue hinein, und wenn jemand seiner Hoheit widerspricht, dann kommt er schlecht weg. Ich glaube, bei Herrn Alfred Dussel zu Hause ist alles, was er sagt, Gesetz. Aber Anne Frank paßt solches ganz und gar nicht!
Was die anderen Mitglieder des Hinterhauses über den Krieg denken, ist nicht interessant. Nur diese vier zählen in der Politik, eigentlich nur zwei, aber Madame van Daan und Herr Dussel zählen sich auch dazu.

Dienstag, 18. Mai 1943

Liebe Kit!
Ich war Zuschauerin bei einem schweren Luftgefecht zwischen deutschen und englischen Fliegern. Ein paar Alliierte mussten leider Gottes aus ihren brennenden Maschinen springen. Unser Milchmann, der in Halfweg wohnt, hat am Straßenrand vier Kanadier sitzen sehen, von denen einer fließend Holländisch sprach. Er bat den Milchmann um Feuer für eine Zigarette und erzählte, dass die Besatzung der Maschine aus sechs Personen bestanden hätte. Der Pilot war verbrannt, und der fünfte Mann hatte sich irgendwo versteckt. Die grüne Polizei hat die vier kerngesunden Männer später abholen lassen. Wie ist es möglich, dass man nach einem so gewaltigen Fallschirmabsprung noch so bei Sinnen ist!
Obwohl es so warm ist, müssen wir jeden zweiten Tag unsere Öfen anmachen, um Gemüseabfälle und Schmutz zu verbrennen. In den Mülleimer können wir nichts werfen, weil wir immer mit den Lagerarbeitern rechnen müssen. Wie leicht verrät man sich durch eine kleine Unvorsichtigkeit!

Alle Studenten sollen auf einer Liste unterschreiben, dass sie »mit allen Deutschen sympathisieren und der neuen Ordnung gut gesonnen« sind. Achtzig Prozent haben ihr Gewissen und ihre Überzeugung nicht verleugnet, doch die Folgen sind nicht ausgeblieben. Alle Studenten, die nicht unterzeichnet haben, müssen nach Deutschland in ein Arbeitslager. Was bleibt von der niederländischen Jugend noch übrig, wenn alle in Deutschland hart arbeiten müssen?

Wegen der lauten Schießerei hat Mutter heute Nacht das Fenster geschlossen. Ich war in Pims Bett. Plötzlich sprang über unserem Kopf Frau van Daan aus ihrem Bett, wie von Mouschi gebissen, und gleich darauf hörten wir einen lauten Schlag. Es klang, als sei eine Brandbombe direkt neben meinem Bett eingeschlagen. Ich schrie: »Licht! Licht!«

Pim knipste die Lampe an, und ich erwartete, das Zimmer würde in wenigen Minuten lichterloh brennen. Nichts geschah. Wir rannten hinauf, um zu sehen, was dort los war. Herr und Frau van Daan hatten durch das offene Fenster eine rötliche Glut gesehen. Herr van Daan glaubte, dass es in der Nachbarschaft brannte, und Frau van Daan dachte, dass unser Haus bereits Feuer gefangen hätte. Bei dem Schlag, der folgte, stand die Dame schon auf ihren zitternden Beinen. Dussel blieb oben und rauchte eine Zigarette, wir legten uns wieder in unsere Betten. Es war noch keine Viertelstunde vergangen, da begann die Schießerei erneut. Frau van Daan stand sofort auf und ging die Treppe hinunter in Dussels Zimmer, um dort den Schutz zu finden, der ihr bei ihrem Ehegatten offenbar nicht beschert war. Dussel empfing sie mit den Worten: »Komm in mein Bett, mein Kind!«

Was uns in schallendes Gelächter ausbrechen ließ! Das Kanonenfeuer konnte uns nichts mehr anhaben, unsere Angst war wie weggefegt.

Deine Anne

Sonntag, 13. Juni 1943

Liebe Kitty!

Mein Geburtstagsvers von Vater ist zu schön, als dass ich dir dieses Gedicht vorenthalten kann.

Da Pim in Deutsch dichtete, musste Margot sich ans Übersetzen machen. Urteile selbst, ob sie ihre freiwillige Aufgabe prima erledigt hat. Nach der üblichen kurzen Zusammenfassung der Jahresereignisse folgt:

Als Jüngste von allen und doch nicht mehr klein
Hast du es nicht leicht; ein jeder will sein
Ein bisschen dein Lehrer, dir oft zur Pein!
»Wir haben Erfahrung! – Nimm's von mir an.«
»Wir haben so was schon öfter getan
Und wissen besser, was einer kann oder mag.«
Ja, ja, so geht es seit Jahr und Tag.
Die eignen Fehler wiegen nicht schwer,
Doch die der anderen umso mehr.
Oft wirst du ermahnt, musst vieles hören,
Gar manches wird dich sicher stören.
Doch können nicht immer dir Recht wir geben.
Nachgiebig muss man sein im Leben.
Und um des lieben Friedens willen
Schluckt manches man wie bittre Pillen.
Das Lebensjahr, das nun beendet,
Hast du sehr nützlich angewendet,
Durch Lernen, Arbeit und viel Lesen
Ist's doch nie »langweilig« gewesen.
Und nun zur Kleidung: Ich höre dich fragen:
Was kann ich eigentlich noch tragen?
Mein Kleid, mein Rock, alles zu kurz,
Mein Hemd nur noch ein Lendenschurz.
Und dann die Schuhe, es ist nicht zu sagen,
Wie viele Schmerzen mich da plagen.
Ja, wächst man auch zehn Zentimeter,
Passt nichts mehr, das versteht ein jeder!

Bei dem Stück zum Thema Essen ist Margot keine Übersetzung mit Reimen gelungen, deshalb lasse ich es hier ganz weg. Findest du meinen Vers nicht schön?
Ich bin sehr verwöhnt worden und habe sehr schöne Sachen bekom-

men. U. a. ein dickes Buch über mein Lieblingsthema, die Mythologie von Hellas und Rom. Auch über einen Mangel an Süßigkeiten kann ich nicht klagen, alle haben ihre letzten Vorräte angegriffen. Als Benjamin der Untertauchfamilie bin ich wirklich mit viel mehr beschenkt worden, als mir zusteht. Deine Anne

Dienstag, 15. Juni 1943

Liebe Kitty!

Es ist eine Menge passiert, aber ich denke oft, dass all mein uninteressantes Geschwätz dich langweilt und du froh bist, wenn du nicht so viele Briefe bekommst. Darum werde ich dir auch nur kurz berichten.

Herr Voskuijl ist nicht an seinem Magengeschwür operiert worden. Als sie ihn auf dem Operationstisch hatten und sein Magen offen war, sahen die Ärzte, dass er Krebs hat, der schon so weit gewachsen war, dass es nichts mehr zu operieren gab. Sie haben die Wunde also nur wieder geschlossen, ihn drei Wochen lang im Bett behalten, ihm gut zu essen gegeben und ihn dann nach Hause geschickt. Aber sie haben eine unverzeihliche Dummheit begangen, nämlich dem armen Mann genau gesagt, wie es um ihn steht. Er kann nicht mehr arbeiten, sitzt zu Hause, umringt von seinen acht Kindern, und grübelt über seinen nahen Tod nach. Er tut mir schrecklich Leid, und ich finde es schlimm, dass wir nicht hinaus können, sonst würde ich ihn bestimmt oft besuchen, um ihn abzulenken. Für uns ist es ein Unglück, dass der gute Voskuijl uns nicht mehr über alles auf dem Laufenden hält, was im Lager passiert und was man so hört. Er war unsere beste Hilfe, was die Vorsicht betrifft, wir vermissen ihn sehr.

Nächsten Monat sind wir an der Reihe, wir müssen unser Radio abliefern. Kleiman hat zu Hause ein illegales Baby-Gerät, das wir als Ersatz für unseren großen Philips bekommen sollen. Es ist ja schade, dass der schöne Apparat abgeliefert werden muss. Aber ein Haus, in dem Leute untergetaucht sind, darf sich auf keinen Fall die Regierung mutwillig auf den Hals laden. Das kleine Radio stellen wir dann natürlich bei uns oben hin. Zu illegalen Juden und illegalem Geld passt auch ein illegales Radio ganz gut. Alle Leute versuchen, einen alten Apparat statt ihrer »Bleib-tapfer-Quelle« abzuliefern. Es ist wirklich wahr, wenn die Berichte von draußen immer schlimmer werden, hilft das Radio mit seiner Wunderstimme, dass wir den Mut nicht verlieren und jedes Mal wieder sagen: »Kopf hoch! Tapfer bleiben! Es kommen auch wieder bessere Zeiten!«

Deine Anne

Sonntag, 11. Juli 1943

Liebe Kitty!
Um zum soundsovielten Mal auf das Erziehungsthema zurückzukommen, muss ich dir sagen, dass ich mir sehr viel Mühe gebe, hilfsbereit, freundlich und lieb zu sein und alles so zu machen, dass aus dem Beanstandungsregen ein Nieselregen wird. Es ist verflixt schwer, sich Menschen gegenüber, die man nicht ausstehen kann, vorbildlich zu benehmen, während man doch nichts davon so meint. Aber ich sehe wirklich, dass ich weiter komme, wenn ich ein bisschen heuchle, statt meine alte Gewohnheit beizubehalten und jedem geradeheraus meine Meinung zu sagen (obwohl nie jemand nach meiner Meinung fragt oder Wert darauf legt). Natürlich falle ich sehr oft aus der Rolle und kann mir bei Ungerechtigkeiten die Wut nicht verbeißen, sodass wieder vier Wochen lang über das frechste Mädchen der Welt hergezogen wird. Findest du nicht auch, dass ich manchmal zu bedauern bin? Es ist nur gut, dass ich nicht nörglerisch bin, sonst würde ich versauern und meine gute Laune verlieren. Meistens nehme ich die Standpauken von der humorvollen Seite, aber das kann ich besser, wenn jemand anderes sein Fell vollbekommt, als wenn ich selbst die Gelackmeierte bin.
Außerdem habe ich beschlossen (es hat langes Nachdenken gekostet), Steno erst mal sausen zu lassen. Erstens, um meinen anderen Fächern noch mehr Zeit widmen zu können, und zweitens wegen meiner Augen. Eine elende Misere: Ich bin sehr kurzsichtig geworden und müsste längst eine Brille haben. (Buh, wie eulenhaft werde ich aussehen!) Aber du weißt ja, Versteckte …
Gestern sprach das ganze Haus von nichts anderem als von Annes Augen, weil Mutter vorgeschlagen hatte, Frau Kleiman mit mir zum Augenarzt zu schicken. Bei dieser Mitteilung wurde mir einen Moment ganz schwindlig, denn das ist auch keine Kleinigkeit. Auf die

Straße! Stell dir vor, auf die Straße! Zuerst bekam ich eine Todesangst, später war ich froh. Aber so einfach ging das nicht, denn nicht alle Instanzen, die über einen solchen Schritt zu beschließen haben, waren so schnell damit einverstanden. Alle Schwierigkeiten und Risiken mussten erwogen werden, obwohl sich Miep direkt mit mir auf den Weg machen wollte. Ich holte schon meinen grauen Mantel aus dem Schrank, aber der war so klein, dass er aussah, als gehörte er einer jüngeren Schwester von mir. Der Saum war aufgegangen, und zuknöpfen ließ er sich auch nicht mehr. Ich bin wirklich neugierig, was passiert. Aber ich glaube nicht, dass der Plan ausgeführt werden wird, denn inzwischen sind die Engländer auf Sizilien gelandet, und Vater ist wieder auf ein »baldiges Ende« eingestellt.
Bep gibt Margot und mir viel Büroarbeit, das finden wir beide wichtig, und ihr hilft es. Korrespondenz ablegen und Verkaufsbuch führen kann jeder, aber wir tun es besonders sorgfältig.
Miep schleppt sich ab wie ein Packesel. Fast jeden Tag treibt sie irgendwo Gemüse auf und bringt es in großen Einkaufstaschen auf dem Fahrrad mit. Sie ist es auch, die jeden Samstag fünf Bücher aus der Bibliothek bringt. Sehnsüchtig warten wir immer auf den Samstag, weil dann die Bücher kommen, wie kleine Kinder auf ein Geschenk. Normale Leute können nicht wissen, was Bücher für einen Eingeschlossenen bedeuten. Lesen, Lernen und Radio hören sind unsere einzige Ablenkung.

Deine Anne

Dienstag, 13. Juli 1943

Das beste Tischchen

Gestern Nachmittag hatte ich mit Vaters Erlaubnis Dussel gefragt, ob er bitte damit einverstanden sein wolle (doch sehr höflich), dass ich zweimal in der Woche unseren Tisch nachmittags von vier bis halb sechs benutzen dürfe. Von halb drei bis vier Uhr sitze ich jeden Tag dort, während Dussel schläft, und sonst sind das Zimmer und der Tisch verbotenes Gebiet. Drinnen, in unserem allgemeinen Zimmer, ist nachmittags viel zu viel los, da kann man nicht arbeiten. Im Übrigen sitzt Vater nachmittags auch gern am Schreibtisch und arbeitet.
Der Grund war berechtigt und die Frage nur reine Höflichkeit. Was

glaubst du nun, was der hochgelehrte Herr Dussel antwortete? »Nein.« Glattweg und nur »Nein«!
Ich war empört und ließ mich nicht einfach so abweisen, fragte ihn also nach den Gründen seines Neins. Aber da habe ich Pech gehabt. Er legte sofort los: »Ich muss auch arbeiten. Wenn ich nachmittags nicht arbeiten kann, bleibt mir überhaupt keine Zeit mehr übrig. Ich muss mein Pensum erledigen, sonst habe ich ganz umsonst damit angefangen. Du arbeitest doch nicht ernsthaft. Die Mythologie, was ist das schon für eine Arbeit! Stricken und Lesen ist auch keine Arbeit! Ich bin und bleibe an dem Tisch.«
Meine Antwort war: »Herr Dussel, ich arbeite sehr wohl ernsthaft. Ich kann drinnen nachmittags nicht arbeiten und bitte Sie freundlich, noch mal über meine Bitte nachzudenken.«
Mit diesen Worten drehte sich die beleidigte Anne um und tat, als wäre der hochgelehrte Doktor Luft. Ich kochte vor Wut, fand Dussel schrecklich unhöflich (und das war er auch!) und mich sehr freundlich.
Abends, als ich Pim erwischte, erzählte ich ihm, wie die Sache abgelaufen war, und besprach mit ihm, was ich nun weiter tun sollte. Denn aufgeben wollte ich nicht, und ich wollte die Angelegenheit lieber allein erledigen. Pim erklärte mir so ungefähr, wie ich die Sache anpacken sollte, ermahnte mich aber, lieber bis zum nächsten Tag zu warten, weil ich so aufgeregt war.
Diesen letzten Rat schlug ich in den Wind und wartete Dussel abends nach dem Spülen ab. Pim saß im Zimmer neben uns, und das gab mir große Ruhe.
»Herr Dussel«, fing ich an, »ich glaube, dass Sie es nicht der Mühe wert fanden, die Sache genauer zu betrachten, und ersuche Sie, es doch zu tun.«
Mit seinem freundlichsten Lächeln bemerkte Dussel daraufhin: »Ich bin immer und jederzeit bereit, über diese inzwischen erledigte Sache zu sprechen.«
Ich fuhr mit dem Gespräch fort, wobei Dussel mich ständig unterbrach: »Wir haben am Anfang, als Sie hierher kamen, abgemacht, dass dieses Zimmer uns beiden gemeinsam gehören soll. Wenn die Aufteilung gerecht wäre, müssten Sie den Vormittag und ich den ganzen Nachmittag bekommen. Aber das verlange ich noch nicht

mal, und mir scheint, dann sind zwei Nachmittage in der Woche doch wohl berechtigt.«
Bei diesen Worten sprang Dussel hoch, als hätte ihn jemand mit der Nadel gestochen. »Über Recht hast du hier überhaupt nicht zu sprechen. Wo soll ich denn bleiben? Ich werde Herrn van Daan fragen, ob er auf dem Dachboden einen Verschlag für mich baut, dort kann ich dann sitzen. Ich kann ja auch nirgends mal ruhig arbeiten. Mit dir hat ein Mensch auch immer nur Streit. Wenn deine Schwester Margot, die doch mehr Grund dazu hat, mit dieser Bitte zu mir käme, würde es mir nicht einfallen, sie ihr abzuschlagen, aber du …«
Und dann folgte wieder das von der Mythologie und dem Stricken, und Anne war wiederum beleidigt. Ich zeigte es jedoch nicht und ließ Dussel aussprechen. »Aber mit dir kann man ja nicht reden, du bist eine schändliche Egoistin. Wenn du nur deinen Willen durchsetzen kannst, dann können alle anderen sehen, wo sie bleiben. So ein Kind habe ich noch nie erlebt! Aber letzten Endes werde ich doch genötigt sein, dir deinen Willen zu lassen, denn sonst bekomme ich später zu hören, Anne Frank ist durch das Examen gefallen, weil Herr Dussel ihr den Tisch nicht überlassen wollte.«
So ging es weiter und immer weiter. Zuletzt wurde eine solche Flut daraus, dass ich fast nicht mehr mitkam. Den einen Augenblick dachte ich: Ich schlage ihm direkt aufs Maul, dass er mit seinen Lügen gegen die Wand fliegt! Und im nächsten Augenblick sagte ich mir: Bleib ruhig, dieser Kerl ist es nicht wert, dass du dich so über ihn aufregst.
Endlich hatte sich Herr Dussel ausgetobt und ging mit einem Gesicht, auf dem sowohl Wut als auch Triumph zu lesen waren, und mit seinem Mantel voller Esswaren aus dem Zimmer.
Ich rannte zu Vater und erzählte ihm die ganze Geschichte, soweit er sie nicht mitbekommen hatte. Pim beschloss, noch am selben Abend mit Dussel zu sprechen, und so geschah es. Sie redeten mehr als eine halbe Stunde miteinander. Erst ging es darum, ob Anne an dem Tisch sitzen solle oder nicht. Vater erinnerte Dussel daran, dass sie schon einmal über dieses Thema gesprochen hätten und dass er damals Dussel Recht gegeben hätte, um den Älteren der Jüngeren gegenüber nicht ins Unrecht zu setzen, aber berechtigt habe er es damals schon nicht gefunden. Dussel meinte, dass ich nicht sprechen dürfe, als wäre

Das drehbare Bücherregal, das den Zugang zum Hinterhaus verbarg.

er ein Eindringling und nähme alles in Beschlag. Aber dem widersprach Vater entschieden, denn er hatte selbst gehört, dass ich darüber kein Wort gesagt hatte. So ging es hin und her, Vater verteidigte meinen angeblichen Egoismus und meine Pfuscharbeit, und Dussel maulte.
Endlich musste Dussel dann doch nachgeben, und ich bekam an zwei Nachmittagen in der Woche die Gelegenheit, ungestört zu arbeiten. Dussel sah sehr betreten aus, sprach zwei Tage nicht mit mir und musste sich dann von fünf bis halb sechs doch noch an den Tisch setzen. Kindisch, natürlich.
Jemand, der schon 54 Jahre alt ist und noch so pedantisch und kleinlich, ist von der Natur so gemacht und gewöhnt sich das auch nie mehr ab.

Freitag, 16. Juli 1943

Liebe Kitty!
Schon wieder ein Einbruch, aber diesmal ein echter! Heute Morgen ging Peter wie gewöhnlich um sieben Uhr zum Lager und sah sofort, dass sowohl die Lager- als auch die Straßentür offen standen. Er berichtete das sofort Pim, der im Privatbüro das Radio auf den deutschen Sender zurückdrehte und die Tür schloss. Zusammen gingen sie dann nach oben. Das normale Kommando in solchen Fällen »Nicht waschen, still sein, um acht Uhr fix und fertig dasitzen, nicht zum Klo gehen!«, wurde wie gewöhnlich genau befolgt. Wir waren alle acht froh, dass wir nachts so gut geschlafen und nichts gehört hatten. Ein wenig waren wir empört, als sich den ganzen Morgen niemand um uns kümmerte und Herr Kleiman uns bis halb zwölf warten ließ. Er erzählte, dass die Einbrecher die Außentür mit einem Stemmeisen eingestoßen und die Lagertür aufgebrochen hatten. Im Lager gab es jedoch nicht viel zu stehlen, und deshalb versuchten die Diebe ihr Glück eben eine Etage höher. Sie haben zwei Geldkassetten mit vierzig Gulden und Scheckbücher gestohlen und, was am schlimmsten ist, unsere ganzen Marken für die Zuckerzuteilung von 150 kg. Es wird nicht leicht sein, neue Marken zu besorgen.
Herr Kugler denkt, dass dieser Einbrecher zur selben Gilde gehört

wie derjenige, der vor sechs Wochen hier war und an allen drei Türen (1 Lagertür, 2 Haustüren) versucht hat, hereinzukommen, dem es damals aber nicht gelungen war.
Der Fall hat wieder etwas Aufregung verursacht, aber ohne das scheint das Hinterhaus nicht auszukommen. Wir waren natürlich froh, dass die Schreibmaschinen und die Kasse sicher in unserem Kleiderschrank verwahrt waren. Deine Anne

P. S. Landung auf Sizilien. Wieder ein Schritt näher zum ...

Montag, 19. Juli 1943

Liebe Kitty!
Am Sonntag ist Amsterdam-Nord sehr schwer bombardiert worden. Die Verwüstung muss entsetzlich sein, ganze Straßen liegen in Schutt, und es wird noch lange dauern, bis alle Verschütteten ausgegraben sind. Bis jetzt gibt es 200 Tote und unzählige Verwundete, die Krankenhäuser sind übervoll. Man hört von Kindern, die verloren in den schwelenden Ruinen nach ihren toten Eltern suchen. Es überläuft mich immer noch kalt, wenn ich an das dumpfe, dröhnende Grollen in der Ferne denke, das für uns das Zeichen der nahenden Vernichtung war.

Freitag, 23. Juli 1943

Bep kann im Moment wieder Hefte bekommen, vor allem Journale und Hauptbücher, nützlich für Margot, meine buchhaltende Schwester. Andere Hefte gibt es auch zu kaufen, aber frage nicht, was für welche und für wie lange noch. Hefte haben zur Zeit die Aufschrift »Markenfrei erhältlich«. Genau wie alles andere, was noch »markenfrei« ist, sind sie unter aller Kritik. So ein Heft besteht aus zwölf Seiten grauem, schief- und engliniertem Papier. Margot überlegt, ob sie einen Fernkurs in Schönschreiben belegen soll. Ich habe ihr zugeraten. Mutter will aber auf keinen Fall, dass ich auch mitmache, wegen meiner Augen. Ich finde das dumm. Ob ich nun das mache oder etwas anderes, das bleibt sich doch gleich.
Da du noch nie einen Krieg mitgemacht hast, Kitty, und du trotz all

meiner Briefe doch wenig vom Verstecken weißt, will ich dir zum Spaß mal erzählen, was der erste Wunsch von uns acht ist, wenn wir wieder mal hinauskommen.

Margot und Herr van Daan wünschen sich am meisten ein heißes Bad, bis zum Rand gefüllt, und wollen darin mehr als eine halbe Stunde bleiben. Frau van Daan will am liebsten sofort Torten essen. Dussel kennt nichts als seine Charlotte, und Mutter ihre Tasse Kaffee. Vater geht zu Voskuijls, Peter in die Stadt und ins Kino, und ich würde vor lauter Seligkeit nicht wissen, wo anfangen.

Am meisten sehne ich mich nach unserer eigenen Wohnung, nach freier Bewegung und endlich wieder nach Hilfe bei der Arbeit, also nach der Schule!

Bep hat uns Obst angeboten, aber es kostet ein kleines Vermögen. Trauben 5 Gulden pro Kilo, Stachelbeeren 1,40 Gulden, ein Pfirsich 40 Cent, ein Kilo Melonen 1,50 Gulden. Und dann steht jeden Tag mit Riesenbuchstaben in der Zeitung: »Preistreiberei ist Wucher!«

Montag, 26. Juli 1943

Beste Kitty!

Gestern war ein stürmischer Tag, und wir sind noch immer aufgeregt. Eigentlich kannst du fragen, welcher Tag bei uns ohne Aufregung vorbeigeht.

Morgens beim Frühstück gab es zum ersten Mal Voralarm, aber das stört uns nicht, weil es bedeutet, dass die Flugzeuge an der Küste sind. Nach dem Frühstück habe ich mich eine Stunde hingelegt, denn ich hatte starke Kopfschmerzen, und dann ging ich hinunter ins Büro. Es war ungefähr zwei Uhr. Um halb drei war Margot mit ihrer Büroarbeit fertig. Sie hatte ihren Kram noch nicht wieder weggeräumt, als die Sirenen heulten, daher ging ich mit ihr hinauf. Es war höchste Zeit, denn fünf Minuten später fing die Schießerei an, so laut, dass wir uns in den Flur stellten. Das Haus dröhnte, und die Bomben fielen. Ich drückte meine Fluchttasche an mich, mehr, um mich an etwas festzuhalten, als um zu flüchten, denn wir können ja doch nicht weg. Im Notfall ist für uns die Straße genauso lebensgefährlich wie eine Bombardierung. Nach einer halben Stunde kamen weniger Flugzeuge, aber die Geschäftigkeit im Haus nahm zu. Peter

kam von seinem Beobachtungsposten auf dem vorderen Dachboden herunter, Dussel war im vorderen Büro, Frau van Daan fühlte sich im Privatbüro sicher, Herr van Daan hatte vom Oberboden aus zugeschaut, und wir in der Diele zerstreuten uns auch, um die Rauchsäulen zu sehen, die über dem IJ* aufstiegen. Bald roch es überall nach Brand, und draußen sah es aus, als ob ein dicker Nebel über der Stadt hinge.
Ein so großer Brand ist kein schöner Anblick, aber wir waren froh, dass wir es mal wieder glücklich hinter uns hatten, und begaben uns an unsere jeweiligen Tätigkeiten.
Abends beim Essen: Luftalarm! Wir hatten ein leckeres Essen, aber der Appetit verging mir schon allein bei dem Geräusch. Es passierte jedoch nichts, und eine Dreiviertelstunde später war die Gefahr vorbei. Als der Abwasch an die Reihe kam: Luftalarm, Schießen, fürchterlich viele Flugzeuge. Oje, zweimal an einem Tag, das ist sehr viel, dachten wir. Aber es half nichts, wieder regnete es Bomben, diesmal auf der anderen Seite, auf Schiphol, laut Bericht der Engländer. Die Flugzeuge tauchten, stiegen, es sauste in der Luft, und es war sehr unheimlich. Jeden Augenblick dachte ich, jetzt stürzt er ab, das war's dann.
Ich versichere dir, dass ich meine Beine noch nicht gerade halten konnte, als ich um neun Uhr ins Bett ging. Punkt zwölf wurde ich wach: Flugzeuge! Dussel zog sich gerade aus. Ich kümmerte mich nicht darum, ich sprang beim ersten Schuss hellwach aus dem Bett. Bis ein Uhr war ich drüben, um halb zwei im Bett, um zwei wieder bei Vater, und sie flogen immer und immer noch. Dann wurde kein Schuss mehr abgegeben, und ich konnte zurück. Um halb drei bin ich eingeschlafen.
Sieben Uhr. Mit einem Schlag saß ich aufrecht im Bett. Van Daan war bei Vater. Einbrecher, war mein erster Gedanke. »Alles«, hörte ich van Daan sagen und dachte, dass alles gestohlen worden sei. Aber nein, es war ein herrlicher Bericht, so schön, wie wir ihn seit Monaten, vielleicht noch nie in all den Kriegsjahren, gehört haben. Mussolini ist abgetreten, der Kaiserkönig von Italien hat die Regierung übernommen.

* Hafen von Amsterdam; A. d. Ü.

Wir jubelten. Nach all dem Schrecklichen von gestern endlich wieder was Gutes, und ... Hoffnung! Hoffnung auf das Ende! Hoffnung auf den Frieden!
Kugler ist eben vorbeigekommen und hat erzählt, dass Fokker schwer heimgesucht worden ist. Auch heute Morgen hatten wir wieder Luftalarm, mit Flugzeugen, die über uns hinwegflogen, und noch einmal Voralarm. Ich ersticke in Alarmen, bin nicht ausgeschlafen und habe keine Lust zu arbeiten. Aber jetzt hält uns die Spannung um Italien wach, und die Hoffnung auf das Ende des Jahres ... Deine Anne

Donnerstag, 29. Juli 1943

Liebe Kitty!
Frau van Daan, Dussel und ich waren mit dem Abwasch beschäftigt, und ich war, was selten vorkommt und ihnen auffallen musste, außergewöhnlich still. Um Fragen vorzubeugen, suchte ich also schnell nach einem ziemlich neutralen Thema und hielt das Buch »Henri van de Overkant« für geeignet. Aber ich hatte mich verrechnet. Wenn ich von Frau van Daan nichts aufs Dach kriege, dann ist es Herr Dussel. Es lief auf Folgendes hinaus: Herr Dussel hatte uns dieses Buch als etwas ganz Besonderes empfohlen, Margot und ich fanden es jedoch alles andere als hervorragend. Der Junge war zwar gut beschrieben, aber der Rest ... Darüber schweige ich lieber. Etwas Derartiges brachte ich beim Abwaschen aufs Tapet, und dann bekam ich es ab, aber dick!
»Wie kannst du die Psyche eines Mannes begreifen? Die von einem Kind, das ist nicht so schwierig(!). Du bist viel zu jung für ein solches Buch. Ein Zwanzigjähriger könnte es kaum erfassen.« (Warum hat er mir und Margot dieses Buch dann so empfohlen?)
Nun fuhren Dussel und Frau van Daan gemeinsam fort: »Du weißt viel zu viel von Dingen, die für dich nicht geeignet sind, du bist völlig falsch erzogen. Später, wenn du älter bist, hast du an nichts mehr Vergnügen, dann sagst du: Das habe ich vor zwanzig Jahren schon in Büchern gelesen. Du musst dich schon beeilen, wenn du noch einen Mann bekommen oder dich verlieben willst, du bist bestimmt von allem enttäuscht. In der Theorie weißt du alles, nur die Praxis fehlt dir noch!«

Wer könnte sich meine Situation nicht vorstellen? Ich wunderte mich, dass ich ruhig antworten konnte. »Sie denken vielleicht, dass ich falsch erzogen bin, aber diese Meinung teilt nicht jeder!«
Sicher ist es gute Erziehung, wenn sie mich gegen meine Eltern aufhetzen! Denn das tun sie oft. Und einem Mädchen in meinem Alter nichts über bestimmte Dinge zu erzählen, ist wohl auch hervorragend. Die Ergebnisse einer solchen Erziehung sieht man nur allzu deutlich.
Ich hätte den beiden, die mich so lächerlich machten, in diesem Moment ins Gesicht schlagen können. Ich war außer mir vor Wut und würde die Tage zählen (wenn ich wüsste, wo aufhören), bis ich diese Menschen los bin.
Sie ist schon ein Exemplar, diese Frau van Daan! An ihr sollte man sich ein Beispiel nehmen ... aber ein schlechtes Beispiel! Frau van Daan ist bekannt als unbescheiden, egoistisch, schlau, berechnend und mit nichts zufrieden. Eitelkeit und Koketterie kommen noch dazu. Sie ist, daran ist nichts zu rütteln, eine ausgesprochen unangenehme Person. Ganze Bände könnte ich über sie füllen, und wer weiß, vielleicht komme ich noch dazu. Einen schönen Firnis auf der Oberfläche kann sich jeder zulegen. Frau van Daan ist freundlich zu Fremden, vor allem zu Männern, und deshalb täuscht man sich, wenn man sie erst kurz kennt.
Mutter findet sie zu dumm, um ein Wort darüber zu verlieren, Margot zu unwichtig, Pim zu hässlich (buchstäblich und im übertragenen Sinn), und ich bin nach langer Beobachtung, denn ich bin nie voreingenommen, zu dem Schluss gekommen, dass sie dies alles ist – und noch viel mehr. Sie hat so viele schlechte Eigenschaften, warum sollte ich dann mit einer davon anfangen? Deine Anne

P. S. Die Leser mögen zur Kenntnis nehmen, dass, als diese Geschichte geschrieben wurde, die Wut der Schreiberin noch nicht abgekühlt war.

Dienstag, 3. August 1943

Liebe Kitty!

Mit der Politik geht es ausgezeichnet. In Italien ist die faschistische Partei verboten worden. An vielen Stellen kämpft das Volk gegen die Faschisten, auch Soldaten nehmen an dem Kampf teil. Wie kann so ein Land noch weiter Krieg mit England führen?

Unser schönes Radio ist letzte Woche weggebracht worden. Dussel war sehr böse, dass Kugler es zum festgelegten Datum abgeliefert hat. Dussel sinkt in meiner Achtung immer tiefer, er ist schon unter Null. Was er auch sagt über Politik, Geschichte, Erdkunde oder andere Themen, es ist so ein Unsinn, dass ich es fast nicht zu wiederholen wage. Hitler verschwindet in der Geschichte. Der Hafen von Rotterdam ist größer als der von Hamburg. Die Engländer sind Idioten, weil sie im Augenblick Italien nicht kurz und klein bombardieren usw. usw.

Eine dritte Bombardierung hat stattgefunden, und ich habe die Zähne aufeinander gebissen und mich in Mut geübt.

Frau van Daan, die immer sagt »Lass sie nur kommen« oder »Besser ein Ende mit Schrecken als gar kein Ende« ist nun die Feigste von uns allen. Heute Morgen hat sie gebebt wie ein Rohrstängel und brach sogar in Tränen aus. Ihr Mann, mit dem sie nach einer Woche Streit gerade wieder Frieden geschlossen hatte, tröstete sie. Ich wurde fast sentimental bei diesem Anblick.

Dass Katzenhaltung nicht nur Vorteile bringt, hat Mouschi uns eindeutig bewiesen. Das ganze Haus ist voller Flöhe, und die Plage nimmt mit jedem Tag zu. Herr Kleiman hat gelben Puder in alle Ecken gestreut, den Flöhen macht das aber nichts aus. Wir werden schon ganz nervös. Immer meint man, etwas auf Armen, Beinen oder anderen Körperteilen herumkrabbeln zu fühlen, und dauernd verrenkt sich jemand, um etwas auf Bein oder Hals zu entdecken. Nun rächt sich die geringe körperliche Bewegung: Wir sind viel zu steif geworden, um den Nacken richtig zu drehen. Wirkliche Gymnastik haben wir schon längst aufgegeben. Deine Anne

Mittwoch, 4. August 1943

Liebe Kitty!

Du weißt nun, nachdem wir seit gut einem Jahr Hinterhäusler sind, schon einiges über unser Leben, aber vollständig kann ich dich doch nicht informieren. Es ist alles so anders als in normalen Zeiten und bei normalen Leuten. Um dir einen genaueren Einblick in unser Leben zu ermöglichen, werde ich jetzt ab und zu einen Teil unseres normalen Tagesablaufs beschreiben. Heute fange ich mit dem Abend und der Nacht an.

Abends um neun Uhr fängt im Hinterhaus der Rummel mit dem Ins-Bett-Gehen an, und es ist tatsächlich immer ein Rummel. Stühle werden geschoben, Betten herausgeholt, Decken aufgefaltet, und nichts bleibt, wo es tagsüber zu sein hat. Ich schlafe auf der kleinen Couch, die noch nicht mal 1,50 Meter lang ist. Also müssen Stühle als Verlängerung dienen. Plumeau, Laken, Kissen, Decken – alles wird aus Dussels Bett geholt, wo es tagsüber untergebracht ist.

Von drüben hört man ein schreckliches Knarren von Margots Bett à la Harmonika. Wieder Couchdecken und Kissen, um die hölzernen Latten ein bisschen bequemer zu machen. Oben scheint es zu gewittern, es ist aber nur das Bett von Frau van Daan. Das wird nämlich ans Fenster geschoben, damit Ihre Hoheit im rosa Bettjäckchen etwas frische Luft in die kleinen Nasenlöcher bekommt.

Neun Uhr: Nach Peter betrete ich das Badezimmer, wo dann eine gründliche Wäsche folgt. Nicht selten passiert es (nur in den heißen Monaten, Wochen oder Tagen), dass ein kleiner Floh im Waschwasser treibt. Dann Zähne putzen, Haare locken, Nägel pflegen, der Wattebausch mit Wasserstoff (um schwarze Schnurrbarthaare zu bleichen), und das alles in einer knappen halben Stunde.

Halb zehn: Schnell den Bademantel angezogen. Die Seife in der einen Hand, Nachttopf, Haarnadeln, Hose, Lockenwickler und Watte in der anderen, eile ich aus dem Badezimmer, meistens noch zurückgerufen wegen der Haare, die in zierlichen, aber für den nachfolgenden Wäscher nicht angenehmen Bögen das Waschbecken verunzieren.

Zehn Uhr: Verdunklung vor, gute Nacht! Eine gute Viertelstunde lang noch das Knarren von Betten und das Seufzen von kaputten Federn, dann ist alles still. Wenigstens dann, wenn die oben keinen Streit im Bett haben.

Halb zwölf: Die Zimmertür quietscht. Ein dünner Lichtstreifen fällt ins Zimmer. Das Knarren von Schuhen, ein großer Mantel, noch größer als der Mann, der in ihm steckt … Dussel kommt von seiner nächtlichen Arbeit in Kuglers Büro zurück. Zehn Minuten lang Schlurfen auf dem Boden, das Rascheln von Papier (von den Esswaren, die er versteckt), ein Bett wird gemacht. Dann verschwindet die Gestalt wieder, und man hört nur von Zeit zu Zeit aus der Toilette ein verdächtiges Geräusch.

Ungefähr drei Uhr: Ich muss aufstehen, um ein kleines Geschäft in die Blechdose unter meinem Bett zu verrichten, unter die vorsichtshalber noch eine Gummimatte gelegt worden ist, falls das Ding leckt. Wenn das nötig ist, halte ich immer die Luft an, denn es plätschert in die Dose wie ein Bach von einem Berg. Dann kommt die Dose wieder an ihren Platz, und die Gestalt in dem weißen Nachthemd, das Margot jeden Abend den Ausruf entlockt »Oh, dieses unsittliche Nachthemd«, steigt wieder ins Bett. Eine knappe Viertelstunde liegt dann die gewisse Person und horcht auf die nächtlichen Geräusche. Zuerst, ob unten vielleicht ein Dieb sein könnte, dann auf die Geräusche von den diversen Betten, oben, nebenan und im Zimmer, denen man meistens entnehmen kann, ob die verschiedenen Hausgenossen schlafen oder halb wach die Nacht verbringen. Letzteres ist nicht angenehm, vor allem, wenn es um ein Familienmitglied namens Dr. D. geht. Erst höre ich ein Geräusch, als ob ein Fisch nach Luft schnappt. Das wiederholt sich ungefähr zehnmal, dann werden umständlich die Lippen befeuchtet oder man hört kleine Schmatzgeräusche, gefolgt von einem langdauernden Hin- und Herdrehen im Bett und dem Verschieben von Kissen. Fünf Minuten herrscht vollkommene Ruhe, dann wiederholt sich der Ablauf der Ereignisse mindestens noch dreimal, bis sich der Doktor wieder für eine Weile in den Schlaf gelullt hat.

Es kann auch vorkommen, dass irgendwann nachts zwischen eins und vier geschossen wird. Ich bin mir dessen kaum bewusst, da stehe ich aus Gewohnheit neben meinem Bett. Manchmal bin ich auch so in Träume versunken, dass ich an französische unregelmäßige Verben oder einen kleinen Streit oben denke und erst dann merke, dass geschossen wird und ich ruhig im Zimmer geblieben bin. Aber meistens passiert, was ich oben gesagt habe. Schnell ein Kissen und ein

Taschentuch geschnappt, Bademantel und Pantoffeln angezogen und zu Vater gerannt, genau so, wie Margot es in dem Geburtstagsgedicht beschrieben hat:

»Des Nachts, beim allerersten Krach
Steht gleich danach in unsrem Gemach
Ein kleines Mädchen, lieb und nett
Mit flehendem Blick an Vaters Bett.«

Im großen Bett angelangt, ist der ärgste Schreck schon vorbei, außer wenn das Schießen sehr laut ist.

Viertel vor sieben: Rrrrrr ... Der Wecker, der zu jeder Stunde des Tages, ob man es braucht oder nicht, loslegen kann. Knack ... peng, Frau van Daan hat ihn ausgemacht. Krach ... Herr van Daan ist aufgestanden. Wasser aufstellen, dann flugs ins Badezimmer.

Viertel nach sieben: Die Tür knarrt wieder. Dussel kann ins Badezimmer gehen. Endlich allein, entferne ich die Verdunklung, und der neue Tag im Hinterhaus hat begonnen. Deine Anne

Donnerstag, 5. August 1943

Heute nehmen wir mal die Mittagspause dran.

Es ist halb eins. Der ganze Haufen atmet auf. Nun sind van Maaren, der Mann mit der dunklen Vergangenheit, und de Kok nach Hause gegangen. Oben hört man das Stampfen des Staubsaugers auf dem schönen und einzigen Teppich von Frau van Daan. Margot nimmt ein paar Bücher unter den Arm und geht zum Unterricht für »lernbehinderte Kinder«, denn so wirkt Dussel. Pim setzt sich mit seinem ewigen Dickens in eine ruhige Ecke. Mutter eilt eine Etage höher, um der eifrigen Hausfrau zu helfen, und ich gehe ins Badezimmer, um dieses – gleichzeitig mit mir selbst – etwas zu verschönern.

Viertel vor eins: Nach und nach tröpfeln alle ein. Erst Herr Gies, dann Kleiman oder Kugler, Bep und manchmal für kurze Zeit auch Miep.

Ein Uhr: Alle sitzen um das kleine Radio und lauschen gespannt dem BBC, und das sind die einzigen Minuten, in denen sich die Mitglieder des Hinterhauses nicht gegenseitig ins Wort fallen, denn da spricht jemand, dem sogar Herr van Daan nicht widersprechen kann.

Viertel nach eins: Das große Austeilen. Jeder von unten bekommt eine Tasse Suppe, und wenn es mal Nachtisch gibt, auch davon etwas. Zufrieden setzt sich Herr Gies auf die Couch oder lehnt sich an den Schreibtisch, die Zeitung und die Tasse und meistens auch die Katze neben sich. Wenn eines von den dreien fehlt, hört er nicht auf zu protestieren. Kleiman erzählt die letzten Neuigkeiten aus der Stadt, dafür ist er tatsächlich eine hervorragende Quelle. Kugler kommt holterdiepolter die Treppe herauf. Ein kurzes und kräftiges Klopfen an der Tür, und er kommt händereibend herein, je nach Stimmung gut gelaunt und geschäftig oder schlecht gelaunt und still.
Viertel vor zwei: Die Esser erheben sich, und jeder geht wieder seiner Beschäftigung nach. Margot und Mutter machen den Abwasch, Herr und Frau van Daan legen sich auf die Couch, Peter geht auf den Dachboden, Vater auf die Couch, Dussel auch, und Anne macht sich an die Arbeit.
Nun folgt die ruhigste Stunde. Wenn alle schlafen, wird niemand gestört. Dussel träumt von leckerem Essen, das sieht man seinem Gesicht an. Aber ich betrachte es nicht lange, denn die Zeit rennt, und um vier Uhr steht der pedantische Doktor schon mit der Uhr in der Hand da, weil ich eine Minute zu spät den Tisch für ihn räume.

Deine Anne

Samstag, 7. August 1943

Liebe Kitty!
Ich habe vor ein paar Wochen angefangen, eine Geschichte zu schreiben, etwas, das ganz ausgedacht ist, und es macht mir so viel Freude, dass sich meine Federkinder schon stapeln.

Deine Anne

Montag, 9. August 1943

Liebe Kitty!
Diesmal die Fortsetzung des Tagesablaufs im Hinterhaus. Nach der Mittagspause ist der Mittagstisch an der Reihe.
Herr van Daan: Er eröffnet den Reigen. Er wird als Erster bedient, nimmt beträchtlich viel von allem, wenn es ihm schmeckt. Er redet meistens mit, gibt immer seine Meinung zum Besten, und wenn er

das getan hat, gibt es nichts mehr daran zu rütteln. Wenn jemand das wagt, dann hat er es in sich. Ach, er kann einen anfauchen wie eine Katze! Ich möchte das lieber nicht erleben. Wer es einmal mitgemacht hat, hütet sich vor dem zweiten Mal. Er hat die einzig richtige Meinung, er weiß über alles das meiste. Na gut, er hat einen gescheiten Kopf, aber die Selbstgefälligkeit dieses Herrn hat ein hohes Maß erreicht.

Die gnädige Frau: Eigentlich sollte ich besser schweigen. An manchen Tagen, vor allem, wenn sie schlecht gelaunt ist, schaut man ihr Gesicht besser nicht an. Genau genommen ist sie an allen Diskussionen schuld. Nicht das Objekt! Oh nein, jeder hütet sich davor, sie anzugreifen, aber man könnte sie die Anstifterin nennen. Hetzen, das ist ihre liebste Beschäftigung. Hetzen gegen Frau Frank und Anne. Gegen Margot und Herrn Frank geht Hetzen nicht so leicht.

Aber nun zu Tisch. Frau van Daan kommt nicht zu kurz, auch wenn sie das manchmal denkt. Die kleinsten Kartoffeln, die leckersten Häppchen, das Zarteste von allem heraussuchen, das ist Madames Parole. Die anderen kommen schon noch an die Reihe, wenn ich erst das Beste habe. (Genau das, was sie von Anne Frank denkt.) Das andere ist Reden. Hauptsache, es hört jemand zu, ob es denjenigen interessiert oder nicht, darauf kommt es offenbar nicht an. Sie denkt sicher, was Frau van Daan interessiert, interessiert jeden. Kokett lächeln, tun, als wüsste man von allem etwas, jedem einen guten Rat geben und jeden bemuttern, das muss doch einen guten Eindruck machen. Aber schaut man genauer hin, geht der Lack ab. Fleißig, *eins,* fröhlich, *zwei,* kokett, *drei,* und manchmal ein hübsches Lärvchen. Das ist Petronella van Daan.

Der dritte Tischgenosse: Man hört nicht viel von ihm. Der junge Herr van Daan ist meistens still und unauffällig. Was den Appetit betrifft: ein Danaidenfass, es wird niemals voll, und nach der kräftigsten Mahlzeit behauptet er seelenruhig, dass er bestimmt noch mal das Doppelte essen könnte.

Nummer 4 ist Margot!: Isst wie ein Mäuschen, redet überhaupt nicht. Das Einzige, was bei ihr reingeht, ist Gemüse oder Obst. »Verwöhnt« ist das Urteil von Herrn und Frau van Daan. »Zu wenig frische Luft und Sport« ist unsere Meinung.

Daneben Mama: Appetit gut, redet eifrig. Niemand kommt bei ihr,

wie bei Frau van Daan, auf den Gedanken: Das ist die Hausfrau. Worin der Unterschied liegt? Nun, Frau van Daan kocht, und Mutter spült und putzt.
Nummer 6 und 7: Über Vater und mich werde ich nicht viel sagen. Ersterer ist der Bescheidenste am Tisch. Er schaut immer erst, ob die anderen schon haben. Er braucht nichts, die besten Sachen sind für die Kinder. Er ist ein Vorbild an Güte, und neben ihm sitzt das Nervenbündel vom Hinterhaus!
Dussel: Nimmt, schaut nicht, isst, redet nicht. Und wenn schon geredet werden muss, dann um Himmels willen nur über Essen, das führt nicht zu Streit, nur zu Aufschneiderei. Enorme Portionen passen in ihn, und »nein« sagt er nie, nicht bei den guten Sachen und auch nicht oft bei schlechten.
Die Hose bis zur Brust hochgezogen, eine rote Jacke, schwarze Lackpantoffeln und eine Hornbrille. So kann man ihn am Arbeitstisch sehen, ewig arbeitend, ohne Fortschritte, nur unterbrochen vom Mittagsschläfchen, dem Essen und (seinem Lieblingsort) dem Klo. Drei-, vier-, fünfmal am Tag steht jemand ungeduldig vor der Klotür und verkneift es sich, hüpft von einem Bein aufs andere und kann es kaum mehr halten. Stört er sich daran? Nicht doch! Von Viertel nach sieben bis halb acht, von halb eins bis eins, von zwei bis Viertel nach zwei, von vier bis Viertel nach vier, von sechs bis Viertel nach sechs und von halb zwölf bis zwölf Uhr nachts, danach kann man sich richten, das sind seine festen »Sitzungen«. Davon wird nicht abgewichen, und er lässt sich auch nicht durch die flehende Stimme vor der Tür stören, die vor einem schnell nahenden Unheil warnt.
Nummer 9 ist kein Hinterhaus-Familienmitglied, aber doch Haus- und Tischgenossin. Bep hat einen gesunden Appetit. Sie lässt nichts stehen, ist nicht wählerisch. Mit allem kann man sie erfreuen, und das gerade erfreut uns. Fröhlich und gut gelaunt, willig und gutmütig, das sind ihre Kennzeichen.

Dienstag, 10. August 1943

Liebe Kitty!

Eine neue Idee! Ich rede bei Tisch mehr mit mir selbst als mit den anderen. Das ist in zweierlei Hinsicht günstig. Erstens sind alle froh, wenn ich nicht ununterbrochen quatsche, und zweitens brauche ich mich über die Meinung anderer Leute nicht zu ärgern. Meine eigene Meinung finde ich nicht blöd, die anderen tun das aber, also kann ich sie genauso gut für mich behalten. Ebenso mache ich es, wenn ich etwas essen muss, was ich überhaupt nicht ausstehen kann. Ich stelle den Teller vor mich und bilde mir ein, es sei etwas sehr Leckeres, schaue möglichst wenig hin, und ehe ich mich versehe, ist es aufgegessen. Morgens beim Aufstehen – auch etwas, was nicht angenehm ist – springe ich aus dem Bett, denke mir »du legst dich gleich wieder gemütlich rein«, laufe zum Fenster, mache die Verdunklung weg, schnüffle so lange an dem Spalt, bis ich ein bisschen frische Luft spüre, und bin hellwach. Das Bett wird so schnell wie möglich auseinander gelegt, dann ist die Verführung weg. Weißt du, wie Mutter so etwas nennt? Eine Lebenskünstlerin. Findest du das Wort nicht auch witzig?

Seit einer Woche sind wir alle ein bisschen durcheinander mit der Zeit, weil anscheinend unsere liebe und teure Westerturmglocke weggeholt worden ist, für irgendeine Fabrik, und wir wissen seither weder bei Tag noch bei Nacht genau, wie spät es ist. Ich hoffe, man wird etwas finden, was der Nachbarschaft die Glocke wenigstens ein bisschen ersetzt, ein zinnernes, kupfernes oder was weiß ich für ein Ding.

Wo ich auch bin, unten oder oben oder wo auch immer, jeder schaut mir bewundernd auf die Füße, an denen ein paar außergewöhnlich schöne Schuhe (für diese Zeit!) prangen. Miep hat sie für 27,50 Gulden ergattert. Weinrot, Peau de Suède und mit einem ziemlich hohen Blockabsatz. Ich gehe wie auf Stelzen und sehe noch größer aus, als ich ohnehin schon bin.

Gestern hatte ich einen Unglückstag. Ich stach mich mit dem hinteren Ende einer dicken Nadel in den rechten Daumen. Die Folge war, dass Margot an meiner Stelle die Kartoffeln schälen musste (das Gute beim Schlechten) und ich krakelig schrieb. Dann rannte ich mit dem Kopf gegen die Schranktür, fiel fast rückwärts um, be-

kam einen Rüffel wegen des Lärms, den ich wieder gemacht hatte, durfte den Wasserhahn nicht aufdrehen, um meine Stirn zu betupfen, und laufe nun mit einer Riesenbeule über dem rechten Auge herum. Zu allem Unglück blieb ich mit meinem rechten kleinen Zeh im Stift vom Staubsauger hängen. Es blutete und tat weh, aber ich hatte so viel mit meinen anderen Leiden zu tun, dass dieses Wehwehchen dagegen ins Nichts versank. Dumm genug, denn nun laufe ich mit einem infizierten Zeh und Zugsalbe, Verbandmull und Heftpflaster herum und kann meine großartigen Schuhe nicht anziehen.
Dussel hat uns zum soundsovielten Mal in Lebensgefahr gebracht. Miep brachte wahrhaftig ein verbotenes Buch für ihn mit, eine Schmähschrift über Mussolini. Unterwegs wurde sie von einem SS-Motorrad angefahren. Sie verlor die Nerven, schrie »Elende Schufte!«, und fuhr weiter. Ich will lieber nicht daran denken, was passiert wäre, wenn sie mit zum Büro gemusst hätte!

Deine Anne

Die Pflicht des Tages in der Gemeinschaft: Kartoffelschälen!
Der eine holt das Zeitungspapier, der zweite die Messer (und behält natürlich das beste für sich selbst), der dritte die Kartoffeln, der vierte das Wasser.
Herr Dussel fängt an. Er schält nicht immer gut, dafür aber ohne Pause, schaut kurz nach links und rechts, ob jeder es auch ja auf die gleiche Art tut wie er. Nein!
»Anne, schau mal, ich nehme das Messer so in die Hand, schäle von oben nach unten! Nein, so nicht, sondern so!«
»Ich finde es anders bequemer, Herr Dussel«, bemerke ich schüchtern.
»Aber das ist doch die beste Art, du kannst es mir glauben. Mir kann es natürlich egal sein, du musst es selbst wissen.«
Wir schälen wieder weiter. Ich schaue verstohlen zu meinem Nachbarn hinüber. Der schüttelt gedankenverloren den Kopf (sicher über mich), schweigt aber.
Ich schäle weiter, schaue dann kurz zur anderen Seite, wo Vater sitzt. Für Vater ist Kartoffelschälen nicht einfach eine Tätigkeit, sondern eine Präzisionsarbeit. Wenn er liest, hat er eine tiefe Falte am Hinter-

kopf, wenn er aber hilft, Kartoffeln, Bohnen oder anderes Gemüse vorzubereiten, dann scheint überhaupt gar nichts zu ihm durchzudringen, dann hat er sein Kartoffelgesicht. Und nie wird er eine weniger gut geschälte Kartoffel abliefern, das gibt es einfach nicht, wenn er so ein Gesicht macht.
Ich arbeite weiter, schaue kurz auf und weiß genug. Frau van Daan versucht, ob sie Dussels Aufmerksamkeit auf sich ziehen kann. Erst schaut sie zu ihm hin, und Dussel tut, als ob er nichts merkt. Dann zwinkert sie ihm zu, Dussel arbeitet weiter. Dann lacht sie, Dussel schaut nicht hoch. Jetzt lacht Mutter auch, Dussel macht sich nichts daraus. Frau van Daan hat nichts erreicht, nun muss sie es also anders anfangen. Kurze Stille, dann kommt: »Putti, nimm doch eine Schürze vor! Morgen muss ich auch wieder die Flecken an deinem Anzug sauber machen.«
»Ich mache mich nicht schmutzig.«
Wieder einen Moment Stille, dann: »Putti, warum setzt du dich nicht hin?«
»Ich stehe gut so, ich stehe lieber.« Pause.
»Putti, schau, du spritzt schon.«
»Ja, Mami, ich passe schon auf.«
Frau van Daan sucht ein anderes Thema. »Sag, Putti, warum bombardieren die Engländer jetzt nicht?«
»Weil das Wetter zu schlecht ist, Kerli.«
»Aber gestern war das Wetter doch schön, und sie sind auch nicht geflogen.«
»Reden wir nicht darüber.«
»Warum? Darüber kann man doch reden und seine Meinung sagen.«
»Nein!«
»Warum denn nicht?«
»Sei jetzt mal still, Mamichen.«
»Herr Frank gibt seiner Frau doch auch immer Antwort.«
Herr van Daan kämpft, das ist seine empfindliche Stelle, das kann er nicht aushalten, und Frau van Daan fängt wieder an: »Die Invasion kommt doch nie!«
Herr van Daan wird weiß. Als Frau van Daan das merkt, wird sie rot, fährt aber trotzdem fort: »Die Engländer leisten nichts!«

Die Bombe platzt. »Jetzt halt mal deinen Mund, zum Donnerwetter noch mal!«
Mutter kann sich das Lachen kaum verbeißen, ich schaue stur vor mich hin.
So etwas wiederholt sich fast jeden Tag, wenn sie nicht gerade einen schlimmen Streit gehabt haben. Dann halten sowohl Herr van Daan als auch seine Frau den Mund.
Ich muss noch ein paar Kartoffeln holen und gehe zum Dachboden. Dort ist Peter damit beschäftigt, die Katze zu entflöhen. Er schaut hoch, die Katze merkt es, wupp … weg ist sie, durch das offene Fenster in die Dachrinne.
Peter flucht, ich lache und verschwinde.

Die Freiheit im Hinterhaus
Halb sechs: Bep kommt herauf, um uns die Abendfreiheit zu schenken. Jetzt kommt sofort Schwung in den Betrieb. Ich gehe erst mit Bep nach oben, wo sie meistens unseren Nachtisch vom Abendessen im Voraus bekommt.
Bep sitzt noch nicht richtig, da fängt Frau van Daan schon an, ihre Wünsche aufzuzählen. »Ach, Bep, ich habe noch einen Wunsch …«
Bep zwinkert mir zu. Frau van Daan lässt keine Gelegenheit aus, um jedem, der nach oben kommt, ihre Wünsche mitzuteilen. Das ist sicher einer der Gründe, dass sie alle nicht gern hinaufgehen.
Viertel vor sechs: Bep geht. Ich gehe zwei Stockwerke tiefer. Erst in die Küche, dann ins Privatbüro, dann in den Kohlenverschlag, um für Mouschi das Mäusetürchen aufzumachen.
Nachdem ich mich überall umgeschaut habe, lande ich in Kuglers Zimmer. Dort sucht van Daan in allen Schubladen und Mappen nach der Tagespost. Peter holt die Lagerschlüssel und Moffi, Pim schleppt die Schreibmaschinen nach oben, Margot sucht sich einen ruhigen Platz für ihre Büroarbeit, Frau van Daan setzt einen Kessel Wasser auf den Gasherd, und Mutter kommt mit einem Topf Kartoffeln die Treppe herunter. Jeder weiß, welche Arbeit er zu tun hat.
Schon bald kommt Peter vom Lager zurück. Die erste Frage gilt dem Brot: Es ist vergessen worden. Er macht sich so klein wie möglich, kriecht auf allen vieren durch das vordere Büro zum Stahlschrank, nimmt das Brot und verschwindet. Das heißt, er will verschwinden,

denn bevor er kapiert, was geschieht, ist Mouschi über ihn hinweggesprungen und hat sich unter dem Schreibtisch verkrochen.
Peter sucht in allen Ecken. Hach, dort ist die Katze! Wieder kriecht er in das Büro hinein und zieht das Tier am Schwanz. Mouschi faucht.
Peter seufzt. Was hat er erreicht? Mouschi sitzt nun direkt am Fenster und leckt sich, sehr zufrieden damit, dass sie Peter entkommen ist. Jetzt hält er als letztes Lockmittel der Katze ein Stück Brot hin. Jawohl, sie folgt ihm, und die Tür schließt sich.
Ich habe alles durch den Türspalt beobachtet.
Herr van Daan ist böse, schmeißt mit der Tür. Margot und ich schauen uns an und denken das Gleiche: Er hat sich bestimmt wieder über irgendeine Dummheit von Kugler aufgeregt und denkt jetzt nicht an unsere Nachbarn.
Da hört man wieder Schritte im Flur. Dussel kommt herein, geht in Besitzerhaltung zum Fenster, atmet tief – und hustet, niest, keucht! Er hat Pech gehabt, das war Pfeffer. Nun setzt er seinen Weg zum vorderen Büro fort. Die Vorhänge sind offen, das bedeutet, dass er sich kein Briefpapier holen kann. Mit mürrischem Gesicht verschwindet er.
Margot und ich werfen uns einen Blick zu. »Morgen bekommt seine Liebste ein Blatt weniger«, sagt sie. Ich nicke zustimmend.
Auf der Treppe hört man noch Elefantengetrampel. Das ist Dussel, der auf seinem geliebten Ort Trost sucht.
Wir arbeiten weiter. Tik, tik, tik … Dreimal klopfen, Essenszeit!

<u>Wenn die Uhr halb neune schlägt …</u>
Margot und Mutter sind nervös. »Pst, Vater! Still, Otto! Pst, Pim! Es ist halb neun. Komm jetzt her, du kannst kein Wasser mehr laufen lassen. Geh leise!« Das sind die diversen Ausrufe für Vater im Badezimmer. Schlag halb neun muss er im Zimmer sein. Kein Tröpfchen Wasser, kein Klo, nicht herumlaufen, alles still! Wenn im Büro noch niemand ist, kann man im Lager alles hören.
Oben wird um zehn vor halb neun die Tür geöffnet und kurz danach dreimal auf den Fußboden geklopft. Der Brei für Anne. Ich steige hinauf und hole das Hundeschüsselchen.
Unten angekommen, geht alles schnell-schnell. Haare kämmen, Plätscherdose ausgießen, Bett auf seinen Platz. Still! Die Uhr schlägt.

Frau van Daan wechselt die Schuhe und schlurft auf Badeschlappen durch das Zimmer, Herr Charlie Chaplin auch auf Schlappen, und alles ist ruhig.
Nun ist die ideale Familienszenerie vollkommen. Ich möchte lesen oder lernen, Margot auch, ebenso Vater und Mutter. Vater sitzt (natürlich mit Dickens und Wörterbuch) auf dem Rand seines ausgeleierten Quietschbettes, auf dem noch nicht mal anständige Matratzen liegen. Zwei aufeinander gelegte Keilkissen tun's auch. »Muss ich nicht haben, es geht auch ohne.«
Einmal am Lesen, schaut er nicht auf oder um, lacht ab und zu, gibt sich schreckliche Mühe, Mutter eine Geschichte aufzudrängen.
»Ich habe jetzt keine Zeit.«
Einen Moment sieht er enttäuscht aus, dann liest er weiter. Kurz darauf, wenn wieder etwas Schönes und Typisches kommt, versucht er es wieder: »Das musst du lesen, Mutter!«
Mutter sitzt auf dem Klappbett, liest, näht, strickt oder lernt, was eben an der Reihe ist. Auf einmal fällt ihr etwas ein. Schnell sagt sie: »Anne, du weißt doch ...«, oder: »Margot, schreib mal eben auf ...«
Nach einer Weile ist wieder Ruhe eingekehrt. Plötzlich schlägt Margot mit einem Knall ihr Buch zu. Vater zieht die Augenbrauen zu einem witzigen Bogen, seine Lesefalte bildet sich aufs Neue, und er ist wieder vertieft. Mutter fängt an, mit Margot zu schwätzen, ich werde neugierig, höre auch zu. Pim wird in das Gespräch hineingezogen ...
Neun Uhr! Frühstück!

Freitag, 10. September 1943

Liebe Kitty!
Jedes Mal, wenn ich an dich schreibe, ist wieder etwas Besonderes passiert, aber meistens sind es mehr unangenehme als angenehme Dinge. Jetzt jedoch ist es etwas Schönes.
Am Mittwochabend, dem 8. September, saßen wir um sieben Uhr am Radio, und das Erste, was wir hörten, war folgendes: »Here follows the best news of the whole war: Italy has capitulated.« Italien hat bedingungslos kapituliert! Um Viertel nach acht fing der Sender Oranje an:

»Hörer, vor eineinviertel Stunden, gerade als ich mit der Chronik des Tages fertig war, traf die herrliche Nachricht von der Kapitulation Italiens hier ein. Ich kann Ihnen sagen, dass ich noch nie meine Papiere mit so viel Befriedigung in den Papierkorb geworfen habe wie heute!«
God save the King, die amerikanische Hymne und die russische Internationale wurden gespielt. Wie immer war der Sender Oranje herzerfrischend und doch nicht zu optimistisch.
Die Engländer sind in Neapel gelandet. Norditalien ist von den Deutschen besetzt. Am Freitag, dem 3. September, war der Waffenstillstand schon unterzeichnet, genau an dem Tag, als die Engländer in Italien gelandet sind. Die Deutschen fluchen und wettern in allen Zeitungen über den Verrat Badoglios und des italienischen Königs.
Aber wir haben auch Sorgen, es geht um Herrn Kleiman. Du weißt, wir haben ihn alle sehr gern. Obwohl er immer krank ist, viele Schmerzen hat und nicht viel essen und herumgehen darf, ist er immer fröhlich und bewundernswert tapfer. »Wenn Herr Kleiman hereinkommt, geht die Sonne auf«, sagte Mutter gerade neulich, und damit hat sie Recht.
Nun muss er für eine unangenehme Darmoperation ins Krankenhaus, für mindestens vier Wochen. Du hättest sehen sollen, wie er von uns Abschied genommen hat. Als würde er einkaufen gehen, so normal.

Deine Anne

Donnerstag, 16. September 1943

Liebe Kitty!
Hier wird das Verhältnis untereinander immer schlechter, je länger es dauert. Bei Tisch wagt niemand, den Mund aufzumachen (außer, um einen Bissen hineinzuschieben), denn was man sagt, wird entweder übel genommen oder verkehrt verstanden. Herr Voskuijl kommt manchmal zu Besuch. Leider geht es ihm sehr schlecht. Er macht es seiner Familie auch nicht einfacher, weil er immer mit der Vorstellung herumläuft: Was kann es mir noch ausmachen, ich sterbe sowieso bald! Ich kann mir die Stimmung bei Voskuijls zu Hause gut vorstellen, wenn ich mir überlege, wie gereizt hier schon alle sind.
Ich schlucke jeden Tag Baldriantabletten, gegen Angst und Depres-

sion, aber das verhütet doch nicht, dass meine Stimmung am Tag darauf noch miserabler ist. Einmal richtig und laut zu lachen, das würde mehr helfen als zehn Baldriantabletten. Aber das Lachen haben wir fast verlernt. Manchmal habe ich Angst, dass ich vor lauter Ernst ein starres Gesicht und Falten um den Mund bekommen werde. Mit den anderen ist es auch nicht besser, alle erwarten mit bangen Gefühlen den großen Brocken, der vor uns liegt, den Winter.

Noch etwas trägt nicht zu unserer Erheiterung bei, der Lagerarbeiter van Maaren ist misstrauisch geworden, was das Hintergebäude betrifft. Es muss jemandem, der ein bisschen Gehirn hat, wohl auffallen, dass Miep sagt, sie geht ins Laboratorium, Bep ins Archiv, Kleiman zum Opekta-Vorrat. Und Kugler behauptet, das Hinterhaus gehöre nicht zu dem Gebäude, sondern zum Nachbarhaus.

Es könnte uns egal sein, was Herr van Maaren von der Sache hält, wenn er nicht als unzuverlässig bekannt und sehr neugierig wäre, sodass er sich nicht mit ein paar leeren Worten abspeisen lässt.

Eines Tages wollte Kugler mal besonders vorsichtig sein, zog zehn Minuten vor halb eins seinen Mantel an und ging zur Drogerie um die Ecke. Keine fünf Minuten später war er wieder zurück, schlich wie ein Dieb über die Treppe und kam zu uns. Um Viertel nach eins wollte er wieder gehen, traf aber auf dem Treppenabsatz Bep, die ihn warnte, dass van Maaren im Büro säße. Kugler machte rechtsum kehrt und saß bis halb zwei bei uns. Dann nahm er seine Schuhe in die Hand und ging auf Strümpfen (trotz seiner Erkältung) zur Tür des vorderen Dachbodens, balancierte Stufe um Stufe die Treppe hinunter, um jedes Knarren zu vermeiden, und kam nach einer Viertelstunde von der Straßenseite ins Büro.

Bep, die van Maaren inzwischen losgeworden war, kam, um Herrn Kugler bei uns abzuholen, aber der war schon längst weg, der war inzwischen noch in Strümpfen auf der Treppe. Was werden die Leute auf der Straße wohl gedacht haben, als der Direktor seine Schuhe draußen wieder anzog? Hach, der Direktor in Socken!

Deine Anne

Mittwoch, 29. September 1943

Liebe Kitty!

Frau van Daan hat Geburtstag. Wir haben ihr außer einer Käse-, Fleisch- und Brotmarke nur noch ein Glas Marmelade geschenkt. Von ihrem Mann, Dussel und vom Büro hat sie auch ausschließlich Blumen oder Esswaren bekommen. So sind die Zeiten nun einmal!

Bep hat in dieser Woche einen halben Nervenzusammenbruch bekommen, so oft wurde sie geschickt. Zehnmal am Tag bekam sie Aufträge, immer wurde darauf gedrängt, dass sie etwas schnell holen müsse, dass sie noch einmal gehen müsse oder dass sie es falsch gemacht habe. Wenn man dann bedenkt, dass sie auch unten im Büro ihre Arbeit erledigen muss, Kleiman krank ist, Miep zu Hause ist mit einer Erkältung und sie selbst sich den Knöchel verstaucht hat, Liebeskummer und zu Hause einen murrenden Vater hat, dann kann man sich vorstellen, dass sie weder aus noch ein weiß. Wir haben sie getröstet und gesagt, sie müsse nur ein paar Mal energisch sagen, dass sie keine Zeit hätte, dann würde die Einkaufsliste bestimmt von alleine kleiner werden.

Am Samstag spielte sich hier ein Drama ab, das in seiner Heftigkeit noch nicht seinesgleichen hatte. Es begann mit van Maaren und endete mit einem allgemeinen Streit und Geschluchze. Dussel hat sich bei Mutter darüber beklagt, dass er wie ein Ausgestoßener behandelt würde, dass niemand von uns freundlich zu ihm sei und dass er uns doch gar nichts getan habe und noch eine Reihe süßlicher Schmeicheleien, auf die Mutter diesmal zum Glück nicht reinfiel. Sie sagte ihm, dass er alle sehr enttäuscht und uns mehr als einmal Anlass zu Ärger gegeben hätte. Dussel versprach das Blaue vom Himmel herunter, aber wie immer ist bisher nichts dabei herausgekommen.

Mit van Daans geht es schief, ich sehe es kommen! Vater ist wütend, weil sie uns betrügen, sie unterschlagen Fleisch und Ähnliches. Oh, welch ein Ausbruch schwebt wieder über unseren Köpfen? Wenn ich nur nicht in all diese Scharmützel verwickelt wäre, wenn ich nur weg gehen könnte! Sie machen uns noch verrückt! Deine Anne

Sonntag, 17. Oktober 1943

Liebe Kitty!

Kleiman ist wieder zurück, was für ein Glück! Er sieht noch ein bisschen blass aus, aber geht doch wohlgemut los, um für van Daan Kleidungsstücke zu verkaufen.

Es ist sehr unangenehm, dass das Geld der van Daans radikal zu Ende ist. Seine letzten hundert Gulden hat er im Lager verloren, was uns auch Schwierigkeiten gemacht hat. Wie können an einem Montagmorgen hundert Gulden ins Lager geraten sein? Alles Anlässe für Argwohn. Inzwischen sind die hundert Gulden gestohlen worden. Wer ist der Dieb?

Aber ich sprach über Geldmangel. Frau van Daan will von ihrem Stoß Mäntel, Kleider und Schuhen nichts missen, der Anzug von Herrn van Daan lässt sich schwer verkaufen, und Peters Fahrrad ist von der Besichtigung zurück, niemand wollte es haben. Das Ende vom Lied ist nicht in Sicht. Frau van Daan wird wohl doch ihren Pelzmantel hergeben müssen. Ihr Standpunkt, dass die Firma für unseren Unterhalt aufkommen muss, stimmt wohl nicht. Oben haben sie deswegen wieder einen Mordskrach hinter sich und sind in die Versöhnungsphase mit »Ach, lieber Putti« und »Süße Kerli« eingetreten.

Mir ist ganz schwindlig von all den Schimpfworten, die im letzten Monat durch dieses ehrbare Haus geflogen sind. Vater geht mit zusammengepressten Lippen herum, und wenn jemand ihn anspricht, schaut er so erschrocken hoch, als hätte er Angst, wieder eine schwierige Aufgabe lösen zu müssen. Mutter hat vor Aufregung rote Flecken auf den Backen, Margot klagt über Kopfschmerzen, Dussel kann nicht schlafen, Frau van Daan jammert den ganzen Tag, und ich selbst bin ganz aus der Fassung. Ehrlich gesagt, ich vergesse ab und zu, mit wem wir Streit haben und mit wem die Versöhnung bereits stattgefunden hat.

Das Einzige, was mich ablenkt, ist Lernen, und das tue ich viel.

Deine Anne

Freitag, 29. Oktober 1943

Liebste Kitty!

Herr Kleiman ist wieder nicht da, sein Magen lässt ihm keine Ruhe. Er weiß selbst noch nicht, ob die Blutung schon aufgehört hat. Er war zum ersten Mal wirklich down, als er uns erzählt hat, dass er sich nicht gut fühle, und nach Hause ging.

Hier gab es wieder laute Streitereien zwischen Herrn van Daan und seiner Frau. Das kam so: Ihr Geld ist alle. Sie wollten einen Wintermantel und einen Anzug von Herrn van Daan verkaufen, aber dafür war niemand zu finden. Er wollte einen viel zu hohen Preis dafür haben.

Eines Tages, es ist schon eine Weile her, sprach Kleiman über einen befreundeten Kürschner. Dadurch kam Herr van Daan auf die Idee, den Pelzmantel seiner Frau zu verkaufen. Es ist ein Pelzmantel aus Kaninchenfell und siebzehn Jahre getragen. Frau van Daan bekam 325 Gulden dafür, das ist enorm viel. Frau van Daan wollte das Geld behalten, um dafür nach dem Krieg neue Kleider zu kaufen. Es war eine ganz schön harte Nuss, bis Herr van Daan ihr klargemacht hatte, dass das Geld dringend für den Haushalt benötigt wurde.

Das Gekreische, Geweine, Gestampfe und Geschimpfe kannst du dir unmöglich vorstellen. Es war beängstigend. Meine Familie stand mit angehaltenem Atem unten an der Treppe, bereit, die Kämpfenden notfalls auseinander zu halten. All das Keifen, das Weinen und die Nervosität sind so aufregend und anstrengend, dass ich abends weinend ins Bett falle und dem Himmel danke, dass ich mal eine halbe Stunde für mich allein habe.

Mir selbst geht es ganz gut, außer dass ich überhaupt keinen Appetit habe. Immer wieder höre ich: »Was siehst du aber schlecht aus!« Ich muss sagen, dass sie sich große Mühe geben, mich ein bisschen bei Kräften zu halten. Traubenzucker, Lebertran, Hefetabletten und Kalk sollen helfen. Meine Nerven gehen oft mit mir durch, vor allem sonntags fühle ich mich elend. Dann ist die Stimmung im Haus drückend, schläfrig und bleiern. Draußen hört man keinen Vogel singen, eine tödliche und bedrückende Stille liegt über allem. Diese Schwere hängt sich an mir fest, als würde sie mich in die Tiefe ziehen. Vater, Mutter und Margot lassen mich dann oft gleichgültig. Ich irre von einem Zimmer zum anderen, die Treppe hinunter und wieder hinauf, und habe ein Gefühl wie ein Singvogel, dem die Flügel mit harter Hand ausgerissen worden sind und der in vollkommener Dunkelheit gegen die Stäbe seines engen Käfigs fliegt. »Nach draußen, Luft und Lachen!«, schreit es in mir. Ich antworte nicht mal mehr, lege mich auf die Couch und schlafe, um die Zeit, die Stille und auch die schreckliche Angst abzukürzen, denn abzutöten sind sie nicht.

Deine Anne

Mittwoch, 3. November 1943

Liebe Kitty!

Um uns etwas Abwechslung und Fortbildung zu verschaffen, hat Vater den Prospekt des Leidener Lehrinstituts angefordert. Margot hat das dicke Buch schon dreimal durchgeschaut, ohne dass sie etwas nach ihrem Geschmack oder ihrer Geldbörse fand. Vater entschied sich schneller, er wollte eine Probelektion »Grundkurs Latein« bestellen. Gesagt, getan. Die Lektion kam, Margot machte sich begeistert an die Arbeit, und der Kurs, egal wie teuer, wurde genommen. Für mich ist er viel zu schwer, obwohl ich sehr gerne Latein lernen würde.

Damit ich auch etwas Neues anfangen kann, bat Vater Kleiman um eine Kinderbibel, damit ich endlich auch etwas vom Neuen Testament erfahre.

»Willst du Anne zu Chanukka etwa eine Bibel schenken?«, fragte Margot etwas entsetzt.

»Ja ... eh, ich denke, dass Nikolaus eine passendere Gelegenheit ist«, antwortete Vater.

Jesus zu Chanukka, das passt nun mal nicht.

Weil der Staubsauger kaputt ist, muss ich jeden Abend den Teppich mit einer alten Bürste ausbürsten. Fenster zu, Licht an, Ofen auch, und dann los, mit einem Handbesen über den Fußboden. Das kann nicht gut gehen, dachte ich mir schon beim ersten Mal, das muss zu Klagen führen. Und jawohl, Mutter bekam Kopfschmerzen von den dicken Staubwolken, die im Zimmer herumwirbelten, Margots neues lateinisches Wörterbuch war vom Schmutz bedeckt, und Pim murrte, dass sich der Boden überhaupt nicht verändert hätte. Gestank als Dank, nennt man das.

Die neue Hinterhaus-Regelung ist, dass der Ofen sonntags um halb acht angemacht wird statt um halb sechs Uhr morgens. Ich finde das gefährlich. Was werden wohl die Nachbarn über unseren rauchenden Schornstein denken?
Dasselbe ist mit den Vorhängen. Von Anfang unserer Versteckzeit an sind sie festgesteckt. Manchmal bekommt aber einer der Herren oder Damen eine Anwandlung und muss mal schnell hinausschauen. Ein Sturm von Vorwürfen ist die Folge. Die Antwort: »Das sieht man doch nicht.« Damit beginnt und endet jede Unvorsichtigkeit. Das sieht man nicht, das hört man nicht, darauf achtet niemand. Das ist leicht gesagt, aber ob es der Wahrheit entspricht?
Die Streitereien haben sich zur Zeit etwas gelegt, nur Dussel hat noch Krach mit van Daans. Wenn er über Frau van Daan spricht, sagt er nur »die dumme Kuh« oder »das alte Kalb«, und sie wiederum betitelt den unfehlbaren studierten Herrn als »alte Jungfer« oder »alten Junggesellen, der sich ewig auf den Schlips getreten fühlt« und so weiter.
Der Topf wirft dem Kessel vor, dass er schwarz aussieht!

Deine Anne

Montagabend, 8. November 1943

Liebe Kitty!
Wenn du meinen Stapel Briefe hintereinander durchlesen könntest, würde dir sicher auffallen, in was für unterschiedlichen Stimmungen sie geschrieben sind. Ich finde es selbst schlimm, dass ich hier im Hinterhaus so sehr von Stimmungen abhängig bin. Übrigens nicht ich alleine, wir sind es alle. Wenn ich ein Buch lese, das mich beeindruckt, muss ich erst in mir selbst gründlich Ordnung machen, bevor ich mich wieder unter die Leute begebe, sonst würden die anderen denken, ich wäre ein bisschen komisch im Kopf. Im Augenblick habe ich wieder eine Periode, in der ich niedergeschlagen bin, wie du wohl merken wirst. Ich kann dir wirklich nicht sagen, warum, aber ich glaube, dass es meine Feigheit ist, gegen die ich immer wieder stoße.
Heute Abend, als Bep noch hier war, klingelte es lang, laut und durchdringend. Ich wurde sofort weiß, bekam Bauchweh und Herzklopfen, und das alles vor Angst!

Abends im Bett sehe ich mich allein in einem Kerker, ohne Vater und Mutter. Manchmal irre ich auf der Straße herum, oder unser Hinterhaus steht in Brand, oder sie kommen uns nachts holen, und ich lege mich vor Verzweiflung unters Bett. Ich sehe alles so, als würde ich es am eigenen Leib erleben. Und dann noch das Gefühl, das alles könnte sofort passieren!

Miep sagt oft, dass sie uns beneidet, weil wir hier Ruhe haben. Das kann schon stimmen, aber an unsere Angst denkt sie sicher nicht.

Ich kann mir überhaupt nicht vorstellen, dass die Welt für uns je wieder normal wird. Ich spreche zwar über »nach dem Krieg«, aber dann ist es, als spräche ich über ein Luftschloss, etwas, das niemals Wirklichkeit werden kann.

Ich sehe uns acht im Hinterhaus, als wären wir ein Stück blauer Himmel, umringt von schwarzen, schwarzen Regenwolken. Das runde Fleckchen, auf dem wir stehen, ist noch sicher, aber die Wolken rücken immer näher, und der Ring, der uns von der nahenden Gefahr trennt, wird immer enger. Jetzt sind wir schon so dicht von Gefahr und Dunkelheit umgeben, dass wir in der verzweifelten Suche nach Rettung aneinander stoßen. Wir schauen alle nach unten, wo die Menschen gegeneinander kämpfen, wir schauen nach oben, wo es ruhig und schön ist, und wir sind abgeschnitten durch die düstere Masse, die uns nicht nach unten und nicht nach oben gehen lässt, sondern vor uns steht wie eine undurchdringliche Mauer, die uns zerschmettern will, aber noch nicht kann. Ich kann nichts anderes tun, als zu rufen und zu flehen: »O Ring, Ring, werde weiter und öffne dich für uns!«

Deine Anne

Donnerstag, 11. November 1943

Liebe Kitty!

Ich habe einen passenden Titel für dieses Kapitel:

Ode an meinen Füllhalter
»In memoriam«

Mein Füllhalter war mir immer ein kostbarer Besitz. Ich schätzte ihn sehr, vor allem wegen seiner dicken Feder, denn ich kann nur mit dicken Federn wirklich schön schreiben. Er hat ein sehr langes und

Schulfoto der elfjährigen Anne.

interessantes Füllerleben geführt, von dem ich hier kurz erzählen möchte.
Als ich neun Jahre alt war, kam mein Füller in einem Päckchen (in Watte gewickelt) als »Muster ohne Wert« den ganzen Weg von Aachen, dem Wohnort meiner Großmutter, der gütigen Geberin. Ich lag mit Grippe im Bett, und der Februarwind heulte ums Haus. Der glorreiche Füller lag in einem roten Lederetui und wurde gleich am ersten Tag allen Freundinnen gezeigt. Ich, Anne Frank, die stolze Besitzerin eines Füllhalters!
Als ich zehn Jahre alt war, durfte der Füller mit in die Schule, und die Lehrerin erlaubte wahrhaftig, dass ich damit schrieb. Als ich elf war, musste mein Schatz jedoch wieder weggepackt werden, da die Lehrerin der sechsten Klasse nur Schulfedern und Tintenfass erlaubte. Als ich mit zwölf ins Jüdische Lyzeum ging, bekam mein Füller ein neues Etui, in das auch noch ein Bleistift passte und das außerdem viel echter aussah, weil es einen Reißverschluss hatte. Mit dreizehn ging der Füller mit mir ins Hinterhaus und begleitete mich durch zahllose Tagebücher und Hefte. Als ich vierzehn Jahre alt war, endete auch das letzte Jahr, das mein Füller mit mir verbrachte …
Es war am Freitagnachmittag nach fünf Uhr, dass ich aus meinem Zimmer kam und mich an den Tisch setzen wollte, um zu schreiben, als ich grob zur Seite geschoben wurde und für Margot und Vater Platz machen musste, die Latein übten. Der Füller blieb unbenutzt auf dem Tisch liegen, seine Besitzerin nahm seufzend mit einer kleinen Tischecke vorlieb und fing an, Bohnen zu reiben. »Bohnen reiben« bedeutet hier, verschimmelte braune Bohnen wieder sauber zu machen. Um Viertel vor sechs fegte ich den Boden und warf den Schmutz zusammen mit den schlechten Bohnen auf einer Zeitung in den Ofen. Eine gewaltige Flamme schlug heraus, und ich fand es großartig, dass sich das Feuer auf diese Art wieder erholt hatte.
Ruhe war wieder eingekehrt, die Lateiner abgezogen, und ich setzte mich an den Tisch, um meine geplante Schreibarbeit aufzunehmen. Aber wo ich auch suchte, mein Füller war nirgends zu entdecken. Ich suchte noch einmal, Margot suchte, Mutter suchte, Vater suchte, Dussel suchte, aber das Ding war spurlos verschwunden.
»Vielleicht ist er in den Ofen gefallen, zusammen mit den Bohnen!«, meinte Margot.

»Aber nein!«, antwortete ich.
Als jedoch mein Füllhalter auch abends noch nicht zum Vorschein kommen wollte, nahmen wir alle an, dass er verbrannt war, umso mehr, da Zelluloid so gut brennt. Und wirklich, diese traurige Annahme bestätigte sich, als Vater am nächsten Morgen beim Ofen-Saubermachen den Klip, mit dem man den Füller feststeckt, mitten in einem Aschehaufen fand. Von der goldenen Feder war nichts mehr zu entdecken. »Sicher festgebacken an irgendeinem Stein«, meinte Vater.
Ein Trost ist mir geblieben, wenn auch ein magerer. Mein Füllhalter ist eingeäschert worden, genau, was ich später auch will.

Deine Anne

Mittwoch, 17. November 1943

Liebe Kitty!
Hauserschütternde Ereignisse sind im Gang. Bei Bep daheim herrscht Diphtherie, deshalb darf sie sechs Wochen lang nicht mit uns in Berührung kommen. Das ist sehr unangenehm, sowohl wegen des Essens als auch wegen der Einkäufe, ganz zu schweigen von der mangelnden Geselligkeit. Kleiman liegt noch immer und hat schon drei Wochen lang nichts anderes als Milch und dünnen Brei gegessen. Kugler hat unheimlich viel zu tun.
Margots lateinische Übungen werden eingeschickt und von einem Lehrer korrigiert zurückgeschickt. Margot schreibt unter Beps Namen. Der Lehrer ist sehr nett und obendrein witzig. Sicher ist er froh, dass er eine so gescheite Schülerin bekommen hat.
Dussel ist ganz durcheinander. Keiner von uns weiß, warum. Es hat damit angefangen, dass er oben den Mund zusammenkniff und weder mit Herrn van Daan noch mit Frau van Daan ein Wort sprach. Das fiel jedem auf, und als es ein paar Tage anhielt, nutzte Mutter eine Gelegenheit und warnte ihn vor Frau van Daan, die ihm tatsächlich viele Unannehmlichkeiten bereiten könnte. Dussel sagte, Herr van Daan habe mit dem Schweigen angefangen, deshalb habe er auch nicht vor, das seine zu brechen. Nun musst du wissen, dass gestern der 16. November war, der Tag, an dem er ein Jahr im Hinterhaus ist. Mutter bekam aus diesem Anlass einen Blumentopf ge-

schenkt, aber Frau van Daan, die schon Wochen zuvor mehrmals auf dieses Datum angespielt und gemeint hatte, dass Dussel etwas spendieren müsste, bekam nichts. Statt seine Dankbarkeit für die uneigennützige Aufnahme zu äußern, sprach er überhaupt nicht. Und als ich ihn am Morgen des Sechzehnten fragte, ob ich ihm gratulieren oder kondolieren solle, antwortete er, dass ihm alles recht sei. Mutter, die in der schönen Rolle als Friedensstifterin fungieren wollte, kam auch keinen Schritt weiter mit ihm, und der Zustand änderte sich nicht.
Es ist keine Übertreibung, wenn ich sage, dass in Dussels Gehirn ein Bindeglied fehlt. Wir machen uns oft insgeheim lustig, dass er kein Gedächtnis hat, keine Meinung und kein Urteil, und so manches Mal lachen wir darüber, wenn er Berichte, die er eben gehört hat, völlig verkehrt weitererzählt und alles durcheinander stottert.
Für jeden Vorwurf und für jede Beschuldigung hat er viele schöne Versprechungen, von denen aber nicht eine ausgeführt wird.

»Der Mann hat einen großen Geist
und ist so klein von Taten!« Deine Anne

Samstag, 27. November 1943

Liebe Kitty!
Gestern vor dem Einschlafen stand mir plötzlich Hanneli vor den Augen.
Ich sah sie vor mir, in Lumpen gekleidet, mit einem eingefallenen und abgemagerten Gesicht. Ihre Augen waren sehr groß, und sie sah mich so traurig und vorwurfsvoll an, dass ich in ihren Augen lesen konnte: »O Anne, warum hast du mich verlassen? Hilf, o hilf mir, rette mich aus dieser Hölle!«
Und ich kann ihr nicht helfen. Ich kann nur zuschauen, wie andere Menschen leiden und sterben. Ich muss untätig dasitzen und kann Gott nur bitten, sie zu uns zurückzuführen. Ausgerechnet Hanneli sah ich, niemand anderen, und ich verstand es. Ich habe sie falsch beurteilt, war noch zu sehr Kind, um ihre Schwierigkeiten zu begreifen. Sie hing an ihrer Freundin, und für sie sah es aus, als wollte ich sie ihr wegnehmen. Wie muss sich die Ärmste gefühlt haben! Ich weiß es, ich kenne dieses Gefühl selbst so gut!

Manchmal, wie ein Blitz, erkannte ich etwas von ihrem Leben und ging dann, egoistisch, sofort wieder in meinen eigenen Vergnügungen und Schwierigkeiten auf.
Es war gemein, wie ich mit ihr umgegangen bin, und jetzt schaute sie mich mit ihrem blassen Gesicht und ihren flehenden Augen so hilflos an. Könnte ich ihr bloß helfen! O Gott, dass ich hier alles habe, was ich mir wünschen kann, und dass sie vom Schicksal so hart angefasst worden ist! Sie war mindestens so fromm wie ich, sie wollte auch das Gute. Warum wurde ich dann auserwählt, um zu leben, und sie musste womöglich sterben? Welcher Unterschied war zwischen uns? Warum sind wir jetzt so weit voneinander entfernt?
Ehrlich gesagt, ich habe sie monatelang, ja ein Jahr, fast vergessen. Nicht ganz, aber doch nicht so, dass ich sie in all ihrem Elend vor mir sah.
Ach, Hanneli, ich hoffe, dass ich dich bei uns aufnehmen kann, wenn du das Ende des Krieges erlebst, um etwas von dem Unrecht an dir gutzumachen, das ich dir angetan habe.
Aber wenn ich wieder im Stande bin, ihr zu helfen, hat sie meine Hilfe nicht mehr so nötig wie jetzt. Ob sie manchmal an mich denkt? Und was sie dann wohl fühlt?
Lieber Gott, hilf ihr, dass sie wenigstens nicht allein ist. Wenn du ihr nur sagen könntest, dass ich mit Liebe und Mitleid an sie denke, es würde sie vielleicht in ihrem Durchhaltevermögen stärken.
Ich darf nicht weiter denken, denn ich komme nicht davon los. Ich sehe immer wieder ihre großen Augen, die mich nicht loslassen. Hat Hanneli wirklich den Glauben in sich selbst? Hat sie ihn nicht von außen aufgedrängt bekommen? Ich weiß es nicht, nie habe ich mir die Mühe gemacht, sie danach zu fragen.
Hanneli, Hanneli, könnte ich dich bloß wegholen von dem Ort, an dem du jetzt bist, könnte ich dich an allem teilhaben lassen, was ich genieße! Es ist zu spät, ich kann nicht mehr helfen und nicht mehr gutmachen, was ich falsch gemacht habe. Aber ich werde sie niemals vergessen und immer für sie beten! Deine Anne

Montag, 6. Dezember 1943

Liebe Kitty!

Als Nikolaus näher kam, dachten wir alle unwillkürlich an den schön hergerichteten Korb vom vergangenen Jahr. Vor allem mir kam es langweilig vor, Nikolaus dieses Jahr zu übergehen. Ich dachte lange nach, bis ich etwas gefunden hatte, etwas zum Lachen. Pim wurde zu Rate gezogen, und vor einer Woche gingen wir an die Arbeit, um für alle acht ein Gedicht zu machen.

Sonntagabend um Viertel nach acht erschienen wir oben mit dem großen Wäschekorb zwischen uns, der mit Figuren und Bändern aus rosa und blauem Durchschlagpapier geschmückt war. Über dem Korb lag ein großes Stück braunes Packpapier, auf dem ein Zettel befestigt war. Alle waren ziemlich erstaunt.

Ich nahm den Zettel von dem Packpapier und las:

Prolog:
Nikolaus ist auch dieses Jahr gekommen,
Sogar das Hinterhaus hat es vernommen.
Leider können wir's nicht so schön begehen,
wie es vergangenes Jahr geschehen.
Damals, so denken wir heute zurück,
glaubten wir alle an unser Glück.
Und dachten, dass in diesem Jahr frei
Sankt Nikolaus zu feiern sei.
Doch wollen wir des Tags gedenken.
Weil's aber nichts mehr gibt zum Schenken,
so müssen wir was andres tun:
Ein jeder schaue in seinen Schuh'n.

Ein schallendes Gelächter folgte, als jeder Eigentümer seinen Schuh aus dem Korb holte. In dem Schuh befand sich ein kleines Päckchen, in Packpapier gewickelt, mit dem Namen des Besitzers und einem Vers.

Mittwoch, 22. Dezember 1943

Liebe Kitty!

Eine hartnäckige Grippe hat mich gehindert, dir eher als heute zu schreiben. Es ist ein Elend, wenn man hier krank ist. Wenn ich husten musste, kroch ich eins-zwei-drei unter die Decke und versuchte, so geräuschlos wie möglich meine Kehle zu beruhigen, was meistens zur Folge hatte, dass das Kribbeln gar nicht mehr wegging und Milch mit Honig, Zucker oder Pastillen notwendig war. Wenn ich an die Kuren denke, die sie mich haben machen lassen, wird mir schwindlig. Schwitzen, Umschläge, feuchte Brustwickel, trockene Brustwickel, heiße Getränke, Gurgeln, Pinseln, Stilliegen, Heizkissen, Wärmflaschen, Zitronenwasser und dabei alle zwei Stunden das Thermometer. Kann man auf so eine Art eigentlich gesund werden?

Am schlimmsten fand ich aber, als Herr Dussel angefangen hat, den Doktor zu spielen, und seinen Pomadenkopf auf meine nackte Brust legte, um die Geräusche da drinnen abzuhören. Nicht nur, dass mich seine Haare schrecklich gekitzelt haben, ich genierte mich auch, obwohl er vor dreißig Jahren studiert und den Doktortitel hat. Was hat sich dieser Kerl an mein Herz zu legen? Er ist doch nicht mein Geliebter! Übrigens, was da drin gesund oder nicht gesund ist, hört er ohnehin nicht. Seine Ohren müssten erst ausgespült werden, er scheint nämlich beängstigend schwerhörig zu werden. Aber genug mit der Krankheit. Ich fühle mich wieder pudelwohl, bin einen Zentimeter gewachsen, habe zwei Pfund zugenommen und bin blass und lernlustig.

Ausnahmsweise ist das Einvernehmen hier gut, niemand hat Streit. Aber es wird wohl nicht lange dauern, wir haben einen solchen Hausfrieden bestimmt ein halbes Jahr nicht gehabt.

Bep ist noch immer von uns getrennt, aber bald wird ihre kleine Schwester wohl bazillenfrei sein.

Zu Weihnachten gibt es extra Öl, Süßigkeiten und Sirup. Zu Chanukka hat Herr Dussel Frau van Daan und Mutter eine Torte geschenkt. Miep hat sie auf Dussels Ersuchen gebacken. Bei all der Arbeit musste sie auch das noch tun. Margot und ich haben eine Brosche bekommen, aus einem Centstück gemacht und schön glänzend. Es lässt sich kaum beschreiben, wie prächtig!

Für Miep und Bep habe ich auch etwas zu Weihnachten. Ich habe seit

ungefähr einem Monat den Zucker zum Brei gespart und Kleiman hat zu Weihnachten Fondant davon machen lassen.
Das Wetter ist trüb, der Ofen stinkt, das Essen drückt schwer auf aller Magen, was von allen Seiten donnernde Geräusche verursacht.
Kriegsstillstand, Miststimmung. Deine Anne

Freitag, 24. Dezember 1943

Beste Kitty!
Ich habe dir schon öfter geschrieben, dass wir hier alle so unter Stimmungen leiden, und ich glaube, dass das vor allem in der letzten Zeit bei mir stark zunimmt.
»Himmelhoch jauchzend, zu Tode betrübt« ist da bestimmt zutreffend. »Himmelhoch jauchzend« bin ich, wenn ich daran denke, wie gut wir es hier noch haben im Vergleich zu all den anderen jüdischen Kindern. Und »zu Tode betrübt« überfällt mich zum Beispiel, wenn Frau Kleiman hier gewesen ist und von Jopies Hockeyclub, von Kanufahrten, Theateraufführungen und Teetrinken mit Freunden erzählt hat.
Ich glaube nicht, dass ich eifersüchtig auf Jopie bin. Aber ich bekomme dann so eine heftige Sehnsucht, auch mal wieder Spaß zu machen und zu lachen, bis ich Bauchweh habe. Vor allem jetzt im Winter, mit den freien Weihnachts- und Neujahrstagen, da sitzen wir hier wie Ausgestoßene. Und doch dürfte ich diese Worte nicht aufschreiben, weil ich dann undankbar erscheine. Aber ich kann nicht alles für mich behalten und führe noch einmal meine Anfangsworte an: »Papier ist geduldig.«
Wenn jemand gerade von draußen hereinkommt, mit dem Wind in den Kleidern und der Kälte im Gesicht, dann würde ich am liebsten meinen Kopf unter die Decke stecken, um nicht zu denken: »Wann ist es uns wieder mal vergönnt, Luft zu riechen?« Und obwohl ich meinen Kopf nicht unter der Decke verstecken darf, mich im Gegenteil aufrecht und stark halten muss, kommen die Gedanken doch, nicht nur einmal, sondern viele Male, unzählige Male.
Glaub mir, wenn man eineinhalb Jahre eingeschlossen sitzt, kann es einem an manchen Tagen mal zu viel werden, ob es nun berechtigt oder undankbar ist. Gefühle lassen sich nicht zur Seite schieben. Rad-

fahren, tanzen, pfeifen, die Welt sehen, mich jung fühlen, wissen, dass ich frei bin – danach sehne ich mich. Und doch darf ich es nicht zeigen. Denn stell dir vor, wenn wir alle acht anfingen, uns zu beklagen oder unzufriedene Gesichter zu machen, wohin sollte das führen?
Manchmal überlege ich mir: »Kann mich wohl irgendjemand verstehen, über die Undankbarkeit hinwegsehen, hinwegsehen über Jude oder nicht Jude, und nur den Backfisch in mir sehen, der so ein großes Bedürfnis nach ausgelassenem Vergnügen hat?« Ich weiß es nicht, und ich könnte auch nie, mit niemandem, darüber sprechen, denn ich würde bestimmt sofort anfangen zu weinen. Weinen kann so eine Erleichterung bringen, wenn man nur einen Menschen hat, bei dem man weinen kann. Trotz allem, trotz aller Theorien und Bemühungen, vermisse ich jeden Tag und jede Stunde die Mutter, die mich versteht. Und deshalb denke ich bei allem, was ich tue und was ich schreibe, dass ich später für meine Kinder die Mutter sein will, wie ich sie mir vorstelle. Die Mams, die nicht alles so ernst nimmt, was dahingesagt wird, und doch ernst nimmt, was von mir kommt. Ich merke, ich kann es nicht beschreiben, aber das Wort »Mams« sagt schon alles. Weißt du, was ich für einen Ausweg gefunden habe, um doch so etwas wie Mams zu meiner Mutter zu sagen? Ich nenne sie oft Mansa, und davon kommt Mans. Es ist sozusagen die unvollkommene Mams, die ich so gerne noch mit einem Strich am »n« ehren möchte. Zum Glück begreift Mans das nicht, denn sie wäre sehr unglücklich darüber.
Nun ist es genug, mein »zu Tode betrübt« ist beim Schreiben ein bisschen vorbeigegangen! Deine Anne

In diesen Tagen, an Weihnachten, muss ich immer wieder an Pim denken und an das, was er mir vergangenes Jahr erzählt hat. Vergangenes Jahr, als ich die Bedeutung seiner Worte nicht so verstand, wie ich sie jetzt verstehe. Wenn er doch noch einmal sprechen würde, vielleicht würde ich ihm dann zeigen können, dass ich ihn verstehe.
Ich glaube, dass Pim darüber gesprochen hat, weil er, der so viele »Herzensgeheimnisse« von anderen weiß, sich auch mal aussprechen musste. Denn Pim sagt sonst nie etwas über sich selbst, und ich glaube nicht, dass Margot vermutet, was Pim hat durchmachen müssen. Der arme Pim! Er kann mir nicht weismachen, dass er sie vergessen

hat. Nie wird er das vergessen. Er ist nachgiebig geworden, denn auch er sieht Mutters Fehler. Ich hoffe, dass ich ihm ein bisschen ähnlich werde, ohne dass ich das auch durchmachen muss! Anne

Montag, 27. Dezember 1943

Freitagabend habe ich zum ersten Mal in meinem Leben etwas zu Weihnachten bekommen. Die Mädchen, Kleiman und Kugler hatten wieder eine herrliche Überraschung vorbereitet. Miep hat einen wunderbaren Weihnachtskuchen gebacken, auf dem »Friede 1944« stand. Bep hat ein Pfund Butterkekse in Vorkriegsqualität besorgt.
Für Peter, Margot und mich gab es eine Flasche Joghurt und für die Erwachsenen je eine Flasche Bier. Alles war wieder so hübsch eingepackt, mit Bildchen auf den verschiedenen Paketen. Ansonsten sind die Weihnachtstage schnell vorbeigegangen. Anne

Mittwoch, 29. Dezember 1943

Gestern Abend war ich wieder sehr traurig. Oma und Hanneli kamen mir vor Augen. Oma – die liebe Oma, wie wenig haben wir verstanden, was sie gelitten hat. Wie lieb war sie immer wieder zu uns, wie viel Interesse brachte sie allem entgegen, was uns betraf. Und dabei bewahrte sie stets sorgfältig das schreckliche Geheimnis, das sie mit sich trug.*
Wie treu und gut war Oma immer, nie hätte sie einen von uns im Stich gelassen. Was auch war, wie ungezogen ich auch war, Oma entschuldigte mich immer. Oma, hast du mich geliebt oder hast du mich auch nicht verstanden? Ich weiß es nicht. Wie einsam muss Oma gewesen sein, wie einsam, obwohl wir da waren. Ein Mensch kann einsam sein, trotz der Liebe von vielen, denn für niemanden ist er der »Liebste«.
Und Hanneli? Lebt sie noch? Was tut sie? O Gott, beschütze sie und bringe sie zu uns zurück. Hanneli, an dir sehe ich immer, wie mein Schicksal auch hätte sein können, immer sehe ich mich an deiner Stelle.

* Die Großmutter war schwer krank; A. d. Ü.

Warum bin ich denn so oft traurig wegen dem, was hier passiert? Müsste ich nicht immer froh, zufrieden und glücklich sein, außer wenn ich an sie und ihre Schicksalsgenossen denke? Ich bin selbstsüchtig und feige. Warum träume und denke ich immer die schlimmsten Dinge und würde vor Angst am liebsten schreien? Weil ich doch noch, trotz allem, Gott nicht genügend vertraue. Er hat mir so viel gegeben, was ich sicher noch nicht verdient habe, und doch tue ich jeden Tag so viel Falsches!
Man könnte weinen, wenn man an seinen Nächsten denkt, man könnte eigentlich den ganzen Tag weinen. Aber man kann nur beten, dass Gott ein Wunder geschehen lässt und einige von ihnen verschont. Ich hoffe, dass ich das ausreichend tue! Anne

Donnerstag, 30. Dezember 1943

Liebe Kitty!
Hier ist nach den letzten heftigen Streitereien alles wieder gut geworden, sowohl zwischen uns, Dussel und oben, als auch zwischen Herrn und Frau van Daan. Aber jetzt brauen sich wieder dicke Unwetterwolken zusammen, und zwar wegen Essen. Frau van Daan kam auf die unselige Idee, morgens weniger Bratkartoffeln zu machen und sie lieber aufzuheben. Mutter und Dussel und wir auch waren damit nicht einverstanden. Nun haben wir auch die Kartoffeln aufgeteilt. Aber jetzt geht es mit dem Fett ungerecht zu, und Mutter muss wieder einen Riegel vorschieben. Wenn das alles ein einigermaßen interessantes Ende nimmt, werde ich dir darüber bestimmt noch schreiben. Im Lauf der letzten Zeit haben wir nun geteilt: das Fleisch (sie fett, wir ohne Fett); sie Suppe, wir keine Suppe; die Kartoffeln (sie geschält, wir gepellt). Getrennt einkaufen, und jetzt auch noch die Bratkartoffeln.
Wären wir nur schon wieder ganz geteilt! Deine Anne

P. S. Bep hat für mich eine Ansichtskarte von der ganzen Königlichen Familie abziehen lassen. Juliane sieht darauf sehr jung aus, ebenso die Königin. Die drei Mädchen sind goldig. Ich fand das riesig nett von Bep, du nicht?

Sonntag, 2. Januar 1944

Liebe Kitty!

Als ich heute Morgen nichts zu tun hatte, blätterte ich mal in meinem Tagebuch und stieß mehrmals auf Briefe, die das Thema »Mutter« in so heftigen Worten behandelten, dass ich darüber erschrak und mich fragte: »Anne, bist du das, die über Hass gesprochen hat? O Anne, wie konntest du das?«

Ich blieb mit dem offenen Buch in der Hand sitzen und dachte darüber nach, wie es kam, dass ich so randvoll mit Wut und wirklich so voller Hass war, dass ich dir das alles anvertrauen musste. Ich habe versucht, die Anne von vor einem Jahr zu verstehen und zu entschuldigen, denn mein Gewissen ist nicht rein, solange ich dich mit diesen Beschuldigungen sitzen lasse, ohne dir nun hinterher zu erklären, wie ich so wurde. Ich litt (und leide) an Stimmungen, die mich (bildlich) mit dem Kopf unter Wasser hielten und mich die Dinge nur subjektiv sehen ließen. Ich habe nicht versucht, ruhig über die Worte der Gegenpartei nachzudenken und bei meinen Handlungen an den zu denken, den ich mit meinem aufbrausenden Temperament beleidigt oder traurig gemacht habe.

Ich habe mich in mir selbst versteckt, nur mich selbst betrachtet und alle meine Freude, meinen Spott und meine Traurigkeit ungestört in mein Tagebuch geschrieben. Dieses Tagebuch hat für mich bereits einen Wert, weil es oft ein Memoirenbuch geworden ist. Aber über viele Seiten könnte ich schon das Wort »Vorbei« setzen.

Ich war wütend auf Mutter (bin es noch oft). Sie verstand mich nicht, das ist wahr, aber ich verstand sie auch nicht. Da sie mich liebte, war sie zärtlich. Aber sie ist durch mich auch in viele unangenehme Situationen gebracht worden und wurde dadurch und durch viele andere traurige Umstände nervös und gereizt. Es ist gut zu verstehen, dass sie mich anschnauzte.

Ich nahm das viel zu ernst, war beleidigt, frech und unangenehm zu ihr, was sie ihrerseits wieder bekümmerte. Es war also eigentlich ein Hin und Her von Unannehmlichkeiten und Verdruss. Angenehm war es für uns beide sicher nicht, aber es geht vorbei. Dass ich dies nicht einsehen wollte und viel Mitleid mit mir selbst hatte, ist ebenfalls verständlich.

Diese zu heftigen Sätze sind lauter Äußerungen von Wut, die ich im

normalen Leben mit ein paar Mal Aufstampfen in meinem Zimmer, hinter verschlossener Tür, oder mit Schimpfen hinter Mutters Rücken ausgelebt hätte.
Die Zeit, in der ich Mutter unter Tränen verurteilt habe, ist vorbei. Ich bin klüger geworden, und Mutters Nerven haben sich etwas beruhigt. Ich halte meistens den Mund, wenn ich mich ärgere, und sie tut das auch. Deshalb geht es uns augenscheinlich viel besser. Denn Mutter so richtig lieben, mit der anhänglichen Liebe eines Kindes, das kann ich nicht.
Ich beruhige mein Gewissen jetzt einfach mit dem Gedanken, dass Schimpfworte besser auf dem Papier stehen, als dass Mutter sie in ihrem Herzen tragen muss. Deine Anne

Donnerstag, 6. Januar 1944

Liebe Kitty!
Heute muss ich dir zwei Dinge bekennen, die ziemlich viel Zeit in Anspruch nehmen werden, die ich aber unbedingt irgendjemandem erzählen muss. Das tue ich natürlich am besten bei dir, denn ich bin sicher, dass du immer und unter allen Umständen schweigen wirst.
Das Erste geht um Mutter. Du weißt, dass ich oft über sie geklagt habe und mir dann doch immer wieder Mühe gab, nett zu ihr zu sein. Plötzlich ist mir klar geworden, was ihr fehlt. Mutter hat uns selbst gesagt, dass sie uns mehr als Freundinnen denn als Töchter betrachtet. Das ist natürlich ganz schön, aber trotzdem kann eine Freundin nicht die Mutter ersetzen. Ich habe das Bedürfnis, mir meine Mutter als Vorbild zu nehmen und sie zu achten. Meistens ist sie auch ein Beispiel für mich, aber eben umgekehrt, wie ich es nicht machen soll. Ich habe das Gefühl, dass Margot über das alles ganz anders denkt und es nie begreifen würde. Und Vater weicht allen Gesprächen aus, bei denen es um Mutter gehen könnte.
Eine Mutter stelle ich mir als eine Frau vor, die vor allem viel Takt an den Tag legt, besonders für Kinder in unserem Alter. Nicht wie Mansa, die mich laut auslacht, wenn ich wegen etwas weine, nicht wegen Schmerzen, sondern wegen anderer Dinge.
Eine Sache, sie mag vielleicht unbedeutend erscheinen, habe ich ihr nie vergeben. Es war an einem Tag, als ich zum Zahnarzt musste.

Mutter und Margot gingen mit und waren einverstanden, dass ich mein Fahrrad mitnahm. Als wir beim Zahnarzt fertig waren und wieder vor der Tür standen, sagten Margot und Mutter ganz fröhlich, sie gingen nun in die Stadt, um etwas anzuschauen oder zu kaufen, ich weiß es nicht mehr so genau. Ich wollte natürlich mit, aber das durfte ich nicht, weil ich mein Fahrrad dabeihatte. Vor Wut sprangen mir Tränen in die Augen, und Margot und Mutter fingen laut an zu lachen. Da wurde ich so wütend, dass ich ihnen auf der Straße die Zunge rausstreckte, als zufällig gerade ein kleines Frauchen vorbeikam und mich ganz erschrocken anschaute. Ich fuhr mit dem Fahrrad nach Hause und habe noch lange geweint. Seltsam, dass bei den unzähligen Wunden, die Mutter mir zugefügt hat, ausgerechnet diese immer noch anfängt zu brennen, wenn ich daran denke, wie wütend ich damals war.
Das Zweite fällt mir sehr schwer, dir zu erzählen, denn es geht um mich selbst. Ich bin nicht prüde, Kitty, aber wenn die anderen so oft im Detail darüber sprechen, was sie auf der Toilette erledigen, habe ich doch das Gefühl, dass ich mich mit meinem ganzen Körper dagegen wehre.
Gestern habe ich nun einen Artikel von Sis Heyster gelesen, über das Erröten. Sie spricht darin so, als meinte sie mich persönlich. Obwohl ich nicht so schnell rot werde, passen aber die anderen Dinge genau. Sie sagt so ungefähr, dass ein Mädchen in der Zeit der Pubertät still wird und anfängt, über die Wunder nachzudenken, die in ihrem Körper passieren. Auch ich habe das, und deshalb fange ich in der letzten Zeit an, mich zu genieren. Vor Margot, Mutter und Vater. Margot hingegen, die sonst viel schüchterner ist als ich, geniert sich überhaupt nicht.
Ich finde es so sonderbar, was da mit mir passiert, und nicht nur das, was äußerlich an meinem Körper zu sehen ist, sondern das, was sich innen vollzieht. Gerade weil ich über mich und vor allem über so etwas nie mit anderen spreche, spreche ich mit mir selbst darüber. Immer, wenn ich meine Periode habe (das war erst dreimal), habe ich das Gefühl, dass ich trotz der Schmerzen, des Unangenehmen und Ekligen ein süßes Geheimnis in mir trage. Deshalb, auch wenn es mir nur Schwierigkeiten macht, freue ich mich in gewisser Hinsicht immer wieder auf diese Zeit, in der ich es wieder fühle.

Sis Heyster schreibt auch noch, dass junge Mädchen in diesen Jahren nicht sehr selbstsicher sind und erst entdecken, dass sie selbst ein Mensch mit Ideen, Gedanken und Gewohnheiten sind. Ich habe, da ich schon mit kaum dreizehn Jahren hierher gekommen bin, früher damit angefangen, über mich nachzudenken, und früher gewusst, dass ich ein eigenständiger Mensch bin. Manchmal bekomme ich abends im Bett das heftige Bedürfnis, meine Brüste zu betasten und zu hören, wie ruhig und sicher mein Herz schlägt.
Unbewusst habe ich solche Gefühle schon gehabt, bevor ich hierher kam. Ich weiß, dass ich einmal, als ich abends bei Jacque schlief, mich nicht mehr halten konnte, so neugierig war ich auf ihren Körper, den sie immer vor mir versteckt gehalten und den ich nie gesehen hatte. Ich fragte sie, ob wir als Beweis unserer Freundschaft uns gegenseitig die Brüste befühlen sollten. Jacque lehnte das ab. Ich hatte auch ein schreckliches Bedürfnis, sie zu küssen, und habe das auch getan. Ich gerate jedes Mal in Ekstase, wenn ich eine nackte Frauengestalt sehe, zum Beispiel in dem Buch über Kunstgeschichte eine Venus. Manchmal finde ich das so wunderbar und schön, dass ich an mich halten muss, dass ich die Tränen nicht laufen lasse.
Hätte ich nur eine Freundin!

Donnerstag, 6. Januar 1944

Liebe Kitty!
Mein Verlangen, mit jemandem zu sprechen, wurde so groß, dass es mir irgendwie in den Kopf kam, Peter dafür auszuwählen. Wenn ich manchmal in Peters Zimmerchen kam, bei Licht, fand ich es dort immer sehr gemütlich, aber weil er so bescheiden ist und nie jemanden, der lästig wird, vor die Tür setzt, traute ich mich nie, länger zu bleiben. Ich hatte Angst, dass er mich schrecklich langweilig finden könnte. Ich suchte nach einer Gelegenheit, unauffällig in seinem Zimmer zu bleiben und ihn am Reden zu halten, und diese Gelegenheit ergab sich gestern. Peter hat nämlich plötzlich eine Manie für Kreuzworträtsel entwickelt und tut nichts anderes mehr, als den ganzen Tag zu raten. Ich half ihm dabei, und schon bald saßen wir uns an seinem Tisch gegenüber, er auf dem Stuhl, ich auf der Couch.

Mir wurde ganz seltsam zumute, als ich in seine dunkelblauen Augen schaute und sah, wie verlegen er bei dem ungewohnten Besuch war. Ich konnte an allem sein Inneres ablesen, ich sah in seinem Gesicht noch die Hilflosigkeit und die Unsicherheit, wie er sich verhalten sollte, und gleichzeitig einen Hauch vom Bewusstsein seiner Männlichkeit. Ich sah seine Verlegenheit und wurde ganz weich von innen. Ich hätte ihn gerne gebeten: Erzähl mir was von dir. Schau doch über die verhängnisvolle Schwatzhaftigkeit hinweg! Ich merkte jedoch, dass solche Fragen leichter vorzubereiten als auszuführen sind.
Der Abend ging vorbei, und nichts passierte, außer dass ich ihm von dem Erröten erzählte. Natürlich nicht das, was ich hier aufgeschrieben habe, sondern dass er mit den Jahren bestimmt sicherer werden würde.
Abends im Bett musste ich weinen, weinen, und doch durfte es niemand hören. Ich fand die Vorstellung, dass ich um Peters Gunst flehen sollte, einfach abstoßend. Man tut eine Menge, um seine Wünsche zu befriedigen, das siehst du an mir. Denn ich nahm mir vor, mich öfter zu Peter zu setzen und ihn auf irgendeine Art zum Sprechen zu bringen.
Du musst nicht meinen, dass ich in Peter verliebt bin, davon ist keine Rede. Wenn die van Daans statt eines Sohnes eine Tochter hier gehabt hätten, würde ich auch versucht haben, mit ihr Freundschaft zu schließen.
Heute Morgen wurde ich fünf vor sieben wach und wusste gleich ganz genau, was ich geträumt hatte. Ich saß auf einem Stuhl, und mir gegenüber saß Peter … Schiff. Wir blätterten in einem Buch mit Illustrationen von Mary Bos. So deutlich war mein Traum, dass ich mich teilweise noch an die Zeichnungen erinnere. Aber das war nicht alles, der Traum ging weiter. Auf einmal trafen Peters Augen die meinen, und lange schaute ich in diese schönen, samtbraunen Augen. Dann sagte Peter sehr leise: »Wenn ich das gewusst hätte, wäre ich schon längst zu dir gekommen.« Brüsk drehte ich mich um, denn die Rührung wurde mir zu stark. Und dann fühlte ich eine weiche, o so kühle und wohl tuende Wange an meiner, und alles war so gut, so gut …
An dieser Stelle wachte ich auf, während ich noch seine Wange an

meiner fühlte und seine braunen Augen tief in mein Herz schauten, so tief, dass er darin gelesen hatte, wie sehr ich ihn geliebt habe und ihn noch liebe. Wieder sprangen mir die Tränen in die Augen, und ich war so traurig, weil ich ihn wieder verloren hatte, aber gleichzeitig doch froh, weil ich wusste, dass Peter noch immer mein Auserwählter ist.
Seltsam, dass ich hier oft so deutliche Traumbilder habe. Erst sah ich Omi* eines Nachts so klar, dass mir ihre Haut wie aus dickem, weichem Faltensamt vorkam. Dann erschien mir Oma als Schutzengel, danach Hanneli, die für mich das Symbol des Elends meiner Freunde und aller Juden ist. Wenn ich also für sie bete, bete ich für alle Juden und alle armen Menschen.
Und nun Peter, mein lieber Peter. Noch nie habe ich ihn so deutlich gesehen. Ich brauche kein Foto von ihm, ich sehe ihn so gut, so gut.

Freitag, 7. Januar 1944

Liebe Kitty!
Dummkopf, der ich bin! Ich habe überhaupt nicht daran gedacht, dass ich dir die Geschichte meiner großen Liebe nie erzählt habe.
Als ich noch sehr klein war, noch im Kindergarten, war meine Sympathie auf Sally Kimmel gefallen. Er hatte keinen Vater mehr und wohnte mit seiner Mutter bei einer Tante. Ein Vetter von Sally, Appy, war ein hübscher, schlanker, dunkler Junge, der später aussah wie ein Filmstar und der immer mehr Bewunderung erweckte als der kleine humorvolle Moppel Sally. Eine Zeit lang waren wir viel zusammen, aber ansonsten blieb meine Liebe unerwidert, bis mir Peter über den Weg lief und ich von einer heftigen Kinderverliebtheit gepackt wurde. Er mochte mich ebenso gerne, und einen Sommer lang waren wir unzertrennlich. Ich sehe uns noch in Gedanken Hand in Hand auf der Straße gehen, er in einem weißen Baumwollanzug, ich in einem kurzen Sommerkleid. Am Ende der großen Ferien kam er in die erste Klasse der Oberschule, ich in die sechste Klasse der Primarschule. Er holte mich von der Schule ab, und umgekehrt holte ich ihn ab.

* Omi ist die Großmutter mütterlicherseits, Oma die Mutter des Vaters; A. d. Ü.

Peter war ein Bild von einem Jungen, groß, hübsch, schlank, mit einem ernsten, ruhigen und intelligenten Gesicht. Er hatte dunkle Haare und wunderschöne braune Augen, rotbraune Backen und eine spitze Nase. Besonders verrückt war ich nach seinem Lachen, dann sah er so lausbubenhaft und frech aus.
In den großen Ferien war ich nicht da, und als ich zurückkam, fand ich Peter nicht mehr an seiner alten Adresse. Er war inzwischen umgezogen und wohnte mit einem viel älteren Jungen zusammen. Der machte ihn anscheinend darauf aufmerksam, dass ich noch ein kindischer Knirps war, und Peter verließ mich. Ich liebte ihn so sehr, dass ich die Wahrheit nicht sehen wollte, bis mir schließlich bewusst wurde, dass ich als mannstoll verschrien würde, wenn ich ihm noch länger nachliefe.
Die Jahre gingen vorbei, Peter verkehrte mit Mädchen seines eigenen Alters und dachte nicht mehr daran, mich zu grüßen. Ich kam ins Jüdische Lyzeum, und viele Jungen aus unserer Klasse verliebten sich in mich. Ich fand das schön, fühlte mich geschmeichelt, aber es berührte mich nicht weiter. Noch später war Hello verrückt nach mir, aber wie gesagt, ich habe mich nie mehr verliebt.
Es gibt ein Sprichwort: »Die Zeit heilt alle Wunden.« So ging es auch bei mir. Ich bildete mir ein, dass ich Peter vergessen hätte und ihn überhaupt nicht mehr nett fände. Die Erinnerung an ihn lebte jedoch so stark fort, dass ich mir manchmal eingestand, dass ich eifersüchtig auf die anderen Mädchen war und ihn deshalb nicht mehr nett fand. Heute Morgen habe ich gemerkt, dass sich nichts geändert hat. Im Gegenteil, während ich älter und reifer wurde, wuchs meine Liebe in mir mit. Jetzt kann ich verstehen, dass Peter mich damals zu kindlich fand, und doch tat es mir weh, dass er mich so schnell vergessen hatte. Ich habe sein Gesicht so deutlich vor mir gesehen und weiß jetzt, dass niemand anders so fest in mir verhaftet bleiben kann.
Heute bin ich dann auch völlig verwirrt. Als Vater mir heute Morgen einen Kuss gab, hätte ich am liebsten geschrien: »Oh, wärest du bloß Peter!« Bei allem denke ich an ihn und wiederhole den ganzen Tag heimlich für mich: »O Petel, lieber, lieber Petel …«
Was kann mir helfen? Ich muss einfach weiterleben und Gott bitten, dass er mir, wenn ich hier rauskomme, Peter über den Weg führt

und der in meinen Augen meine Gefühle liest und sagt: »O Anne, wenn ich das gewusst hätte, wäre ich schon längst zu dir gekommen.«
Vater sagte einmal zu mir, als wir über Sexualität sprachen, dass ich dieses Verlangen noch nicht verstehen könnte. Ich wusste aber immer, dass ich es verstand, und nun verstehe ich es ganz. Nichts ist mir so teuer wie er, mein Petel.

Ich habe im Spiegel mein Gesicht gesehen, und das sieht so anders aus als sonst. Meine Augen sind so klar und tief, meine Wangen sind, was seit Wochen nicht der Fall war, rosig gefärbt, mein Mund ist viel weicher. Ich sehe aus, als wäre ich glücklich, und doch ist so etwas Trauriges in meinem Ausdruck, das Lächeln verschwindet sofort wieder von meinen Lippen. Ich bin nicht glücklich, denn ich kann mir denken, dass Petels Gedanken nicht bei mir sind. Und doch, ich fühle immer wieder seine Augen auf mich gerichtet und seine kühle, weiche Wange an meiner …
O Petel, Petel, wie komme ich wieder von deinem Bild los? Ist jeder andere an deiner Stelle nicht ein armseliger Ersatz? Ich liebe dich so sehr, dass die Liebe nicht länger in meinem Herzen wachsen konnte, sondern zum Vorschein kommen musste und sich mir plötzlich in so gewaltigem Umfang offenbarte.
Vor einer Woche, noch vor einem Tag, würde ich, wenn du mich gefragt hättest: Welchen von deinen Bekannten findest du am besten geeignet, um ihn zu heiraten?, geantwortet haben: »Sally, denn bei ihm ist es gut, ruhig und sicher.« Jetzt würde ich schreien: »Petel, denn ihn liebe ich mit meinem ganzen Herzen, mit meiner ganzen Seele in vollkommener Hingabe!« Außer einem – er darf mich nur im Gesicht berühren, weiter nicht.
In Gedanken saß ich heute Morgen mit Petel auf dem vorderen Dachboden, auf dem Holz vor dem Fenster, und nach einem kurzen Gespräch fingen wir beide an zu weinen. Und später fühlte ich seinen Mund und seine herrliche Wange! O Petel, komm zu mir, denke an mich, mein lieber Petel!

Mittwoch, 12. Januar 1944

Liebe Kitty!

Seit vierzehn Tagen ist Bep nun wieder bei uns, obwohl ihre Schwester erst nächste Woche wieder zur Schule darf. Sie selbst lag zwei Tage mit einer heftigen Erkältung im Bett. Auch Miep und Jan konnten zwei Tage nicht kommen, sie hatten sich den Magen verdorben.

Ich habe im Augenblick Tanz- und Ballettanwandlungen und übe jeden Abend fleißig. Aus einem helllila Spitzenunterrock von Mansa habe ich mir ein hypermodernes Tanzkleid hergestellt. Oben ist ein Band durchgezogen, das über der Brust schließt, und ein Band aus rosa geripptter Seide vollendet das Ganze. Allerdings habe ich vergeblich versucht, aus meinen Turnschuhen Ballettschuhe zu machen.

Meine steifen Gliedmaßen sind auf dem besten Weg, wieder so geschmeidig zu werden wie früher. Eine tolle Übung finde ich: auf dem Boden sitzen, mit jeder Hand eine Ferse halten und dann die Beine in die Höhe heben. Ich muss jedoch ein Kissen als Unterlage verwenden, sonst wird mein armes Steißbein zu sehr misshandelt.

Hier lesen sie ein Buch mit dem Titel »Wolkenloser Morgen«. Mutter fand es außerordentlich gut, weil viele Probleme Jugendlicher darin beschrieben werden. Ein bisschen ironisch dachte ich mir: »Kümmere du dich erst mal um deine eigenen Jugendlichen.«

Ich glaube, Mutter denkt, dass Margot und ich das beste Verhältnis zu unseren Eltern haben, das es nur gibt, und dass niemand sich mehr mit dem Leben seiner Kinder beschäftigt als sie. Dabei hat sie bestimmt nur Margot im Auge, denn ich glaube, dass die solche Probleme und Gedanken wie ich nie hat. Ich will Mutter gar nicht auf die Idee bringen, dass es in einem ihrer Sprösslinge ganz anders aussieht, als sie sich das vorstellt. Sie wäre völlig verblüfft und wüsste doch nicht, wie sie die Sache anders anpacken sollte. Den Kummer, der für sie daraus folgen würde, will ich ihr ersparen, vor allem, weil ich weiß, dass es für mich doch dasselbe bleiben würde. Mutter fühlt wohl, dass Margot sie viel lieber hat als ich, aber sie denkt, dass das nur vorübergehend ist.

Margot ist so lieb geworden, sie scheint mir ganz anders zu sein als früher. Sie ist längst nicht mehr so schnippisch und wird nun eine wirkliche Freundin. Sie sieht nicht mehr den kleinen Knirps in mir, mit dem man nicht zu rechnen braucht.

Anne auf dem Dach des Hauses im Merwedeplein, 1940.

Es ist ein seltsames Phänomen, dass ich mich manchmal wie mit den Augen eines anderen sehe. Ich betrachte mir die Angelegenheit einer gewissen Anne Frank und blättere seelenruhig in meinem eigenen Lebensbuch, als wäre es das einer Fremden.
Früher, zu Hause, als ich noch nicht so viel nachdachte, hatte ich zuweilen das Gefühl, dass ich nicht zu Mansa, Pim und Margot gehörte und immer eine Außenseiterin bleiben würde. Manchmal spielte ich dann vielleicht ein halbes Jahr lang die Rolle eines Waisenkindes, bis ich mir selbst vorwarf, dass ich nur durch meine eigene Schuld die Leidende spielte, wo ich es doch immer so gut hatte. Dann folgte eine Periode, in der ich mich zwang, freundlich zu sein. Jeden Morgen, wenn jemand die Treppe herabkam, hoffte ich, dass es Mutter sein würde, die käme, um mir guten Morgen zu sagen. Ich begrüßte sie sehr lieb, weil ich mich wirklich darüber freute, dass sie mich so lieb anschaute. Dann schnauzte sie mich wegen irgendeiner Bemerkung an, und ich ging ganz entmutigt zur Schule. Auf dem Heimweg entschuldigte ich sie dann, dachte, dass sie Sorgen hatte, kam fröhlich nach Hause und redete drauflos, bis sich das Gleiche wie morgens wiederholte und ich mit einem nachdenklichen Gesicht wieder ging. Manchmal nahm ich mir auch vor, böse zu bleiben. Aber aus der Schule heimgekommen, hatte ich so viele Neuigkeiten, dass ich mein Vorhaben schon längst vergessen hatte und Mutter unter allen Umständen ein offenes Ohr für meine Erlebnisse haben musste. Bis wieder die Zeit kam, wo ich morgens nicht mehr auf die Schritte von der Treppe horchte, mich einsam fühlte und abends mein Kissen mit Tränen übergoss.
Hier ist alles viel schlimmer geworden, du weißt es ja. Aber jetzt hat Gott mir eine Hilfe geschickt: Peter. Ich fasse schnell an meinen Anhänger, drücke einen Kuss darauf und denke: »Was kann mir der ganze Kram ausmachen! Petel gehört zu mir, und niemand weiß davon!«
Auf diese Art kann ich jedes Anschnauzen überwinden.
Wer hier wohl ahnt, was alles in einer Backfischseele vorgeht?

Samstag, 15. Januar 1944

Liebste Kitty!

Es hat keinen Zweck, dass ich dir immer wieder bis in die kleinsten Einzelheiten unsere Streitereien und Auseinandersetzungen beschreibe. Es genügt, wenn ich dir erzähle, dass wir jetzt viele Dinge wie Fett und Fleisch getrennt haben und unsere eigenen Bratkartoffeln machen. Seit einiger Zeit essen wir etwas Roggenbrot extra, weil wir um vier Uhr schon sehnsüchtig auf das Essen warten und unsere knurrenden Mägen es fast nicht aushalten.

Mutters Geburtstag nähert sich. Sie hat von Kugler zusätzlich Zucker bekommen, ein Anlass für Eifersucht, weil zu Frau van Daans Geburtstag die Bewirtung ausgefallen war. Aber wozu könnte es gut sein, dich weiter mit harten Worten, Heulausbrüchen und giftigen Gesprächen zu langweilen. Wenn du nur weißt, dass sie uns noch mehr langweilen!

Mutter hat den vorläufig unerfüllbaren Wunsch geäußert, Herrn van Daans Gesicht mal vierzehn Tage nicht sehen zu müssen.

Ich frage mich, ob man mit allen Menschen, mit denen man so lange zusammenwohnt, auf die Dauer Streit bekommt. Oder haben wir vielleicht nur großes Pech gehabt? Wenn Dussel am Tisch von einer halben Schüssel Soße ein Viertel wegnimmt und alle anderen seelenruhig ihr Essen ohne Soße essen lässt, dann ist mir der Appetit vergangen. Dann würde ich am liebsten aufspringen und ihn vom Stuhl und aus der Tür hinaus stoßen.

Ist die Mehrheit der Menschen so egoistisch und knauserig? Ich finde es ganz gut, dass ich hier ein bisschen Menschenkenntnis bekommen habe, aber nun reicht's. Peter sagt das auch.

Der Krieg stört sich nicht an unseren Streitereien, an unserer Sehnsucht nach Freiheit und Luft, und darum müssen wir versuchen, das Beste aus unserem Aufenthalt hier zu machen.

Ich predige, aber ich glaube, wenn wir noch lange hier bleiben, werde ich eine ausgetrocknete Bohnenstange. Und ich würde so gerne noch ein richtiger Backfisch sein!

Deine Anne

Mittwochabend, 19. Januar 1944

Liebe Kitty!

Ich (schon wieder dieser Fehler!) weiß nicht, was es ist, aber ich merke immer wieder, dass ich nach meinem Traum verändert bin. Nebenbei bemerkt, heute Nacht träumte ich wieder von Peter und sah seine durchdringenden Augen, aber dieser Traum war nicht so schön und auch nicht so klar wie der vorige.

Du weißt, dass ich früher, was Vater betraf, immer eifersüchtig auf Margot war. Davon ist nichts mehr zu merken. Es tut mir zwar noch weh, wenn Vater nervös ist und mich ungerecht behandelt, aber ich denke: »Ich kann es euch eigentlich nicht übel nehmen, dass ihr so seid. Ihr redet viel über die Gedanken von Kindern und Jugendlichen, aber ihr habt ja keine Ahnung.« Ich sehne mich nach mehr als Vaters Küssen, nach mehr als seinen Liebkosungen. Bin ich nicht schrecklich, dass ich mich immer mit mir selbst beschäftige? Muss ich, die ich gut und lieb sein will, ihnen nicht erst mal verzeihen? Ich vergebe Mutter ja, aber ich kann mich fast nicht beherrschen, wenn sie so sarkastisch ist und mich immer wieder auslacht.

Ich weiß, ich bin noch lange nicht so, wie ich sein muss. Werde ich jemals so werden?

Anne Frank

P. S. Vater fragte, ob ich dir von der Torte erzählt habe. Mutter hat nämlich an ihrem Geburtstag eine richtige Vorkriegstorte vom Büro bekommen, mit Mokka. Sie war wirklich toll. Aber ich habe im Augenblick so wenig Platz in meinen Gedanken für solche Sachen.

Samstag, 22. Januar 1944

Liebe Kitty!

Kannst du mir vielleicht erzählen, wie es kommt, dass alle Menschen ihr Inneres so ängstlich verbergen? Wie kommt es, dass ich mich in Gesellschaft immer ganz anders verhalte, als ich mich verhalten sollte? Warum vertraut der eine dem anderen so wenig? Ich weiß, es wird einen Grund dafür geben, aber manchmal finde ich es sehr schlimm, dass man nirgends, selbst bei den Menschen, die einem am nächsten stehen, ein wenig Vertraulichkeit findet.

Es kommt mir vor, als wäre ich seit meinem Traum älter geworden,

eine eigenständigere Person. Du wirst auch erstaunt sein, wenn ich dir sage, dass sogar van Daans jetzt eine andere Position bei mir einnehmen. Ich betrachte auf einmal all die Diskussionen und so weiter nicht mehr von unserem voreingenommenen Standpunkt aus. Warum bin ich so verändert? Ja, siehst du, ich dachte plötzlich daran, dass unsere Beziehung ganz anders gewesen wäre, wenn Mutter anders wäre, eine richtige Mams. Es stimmt natürlich, dass Frau van Daan alles andere als ein feiner Mensch ist. Trotzdem denke ich, dass die Hälfte aller Streitereien hätte vermieden werden können, wenn Mutter im Umgang und bei jedem scharfen Gespräch nicht so unmöglich wäre. Frau van Daan hat nämlich eine Sonnenseite, und die ist, dass man mit ihr reden kann. Trotz allem Egoismus, aller Raffgier und Rückständigkeit kann man sie leicht zum Nachgeben bewegen, wenn man sie nicht reizt und widerborstig macht. Bis zum nächsten Anlass funktioniert dieses Mittel nicht, aber wenn man geduldig ist, kann man immer wieder versuchen, wie weit man damit kommt.
All die Fragen über unsere Erziehung, die Verwöhnerei, das Essen, alles, alles, alles hätte einen anderen Verlauf genommen, wenn man offen und freundschaftlich geblieben wäre und nicht immer nur die schlechten Seiten gesehen hätte.
Ich weiß genau, was du jetzt sagen würdest, Kitty: »Aber Anne, kommen diese Worte wirklich von dir? Von dir, die so viele harte Worte von oben hören musste? Von dir, die all das Unrecht kennt, das geschehen ist?«
Ja, sie kommen von mir. Ich möchte alles neu erforschen und dabei nicht nach dem Sprichwort vorgehen: »Wie die Alten sungen, so zwitschern auch die Jungen.« Ich will die van Daans beobachten und sehen, was wahr und was übertrieben ist. Wenn ich dann eine Enttäuschung erlebe, kann ich ja wieder mit Vater und Mutter am selben Strick ziehen. Und wenn nicht, nun, dann werde ich versuchen, sie von ihren falschen Vorstellungen abzubringen. Auch wenn mir das nicht gelingt, halte ich an meiner eigenen Meinung und meinem Urteil fest. Ich werde jetzt jede Gelegenheit ergreifen, um offen mit Frau van Daan über viele Streitpunkte zu sprechen, und keine Angst haben, neutral meine Meinung zu sagen, auch wenn sie mich für einen Naseweis hält.

Was gegen meine eigene Familie verstößt, das muss ich wohl verschweigen, aber ab heute gehört Tratschen, was mich betrifft, der Vergangenheit an, obwohl das nicht bedeutet, dass ich nachlasse, sie zu verteidigen, gegen wen auch immer.
Bisher glaubte ich felsenfest, dass alle Schuld an den Streitereien bei den van Daans liegt, aber ein großer Teil lag sicher auch an uns. Wir hatten schon Recht, was die Themen anging, aber von vernünftigen Menschen (zu denen wir uns rechnen!) kann man doch etwas mehr Einsicht beim Umgang mit Menschen erwarten.
Ich hoffe, dass ich ein Tüpfelchen von jener Einsicht bekommen habe und die Gelegenheit finden werde, sie gut anzuwenden.

Deine Anne

Montag, 24. Januar 1944

Liebe Kitty!
Mir ist etwas passiert (oder eigentlich kann ich von passieren nicht sprechen), was ich selbst ganz verrückt finde.
Früher wurde zu Hause und in der Schule über Geschlechtsfragen entweder geheimnisvoll oder Ekel erregend gesprochen. Worte, die sich darauf bezogen, wurden geflüstert, und wenn jemand etwas nicht wusste, wurde er ausgelacht. Ich fand das seltsam und dachte oft: »Warum spricht man über diese Dinge immer so geheimnisvoll oder hässlich?« Aber weil doch nichts daran zu ändern war, hielt ich so weit wie möglich den Mund oder bat meine Freundinnen um Auskunft.
Als ich über vieles Bescheid wusste, sagte Mutter einmal: »Anne, ich gebe dir einen guten Rat, sprich über dieses Thema nie mit Jungen und gib keine Antwort, wenn sie damit anfangen.«
Ich weiß meine Antwort noch ganz genau, ich sagte: »Nein, natürlich nicht, was stellst du dir vor!« Und dabei ist es geblieben.
In der ersten Zeit im Versteck sprach Vater häufig von Dingen, die ich lieber von Mutter gehört hätte, und den Rest erfuhr ich aus Büchern oder Gesprächen.
Peter van Daan war in dieser Hinsicht nie so unangenehm wie die Jungen in der Schule, am Anfang vielleicht schon mal, aber niemals, um mich herauszufordern. Frau van Daan hat mal gesagt, dass sie nie

mit Peter über diese Dinge gesprochen hat, ihr Mann auch nicht. Offensichtlich wusste sie nicht einmal, wie und über was Peter informiert war.
Gestern nun, als Margot, Peter und ich beim Kartoffelschälen waren, kam das Gespräch auf Moffi, die Katze. »Wir wissen noch immer nicht, welches Geschlecht Moffi hat, gell?«, fragte ich.
»Doch, schon«, antwortete Peter. »Es ist ein Kater.«
Ich fing an zu lachen. »Ein schöner Kater, der in anderen Umständen ist.«
Peter und Margot lachten mit. Vor zwei Monaten hatte Peter nämlich gesagt, es würde nicht mehr lange dauern und Moffi bekäme Kinder, ihr Bauch wurde so erstaunlich dick. Der dicke Bauch kam aber, wie sich herausstellte, von den vielen gestohlenen Leckerbissen, denn die Kinderchen wuchsen nicht, geschweige denn, dass sie geboren wurden.
Peter musste sich nun doch verteidigen. »Du kannst selbst mitkommen und ihn betrachten. Als ich mal mit ihm gebalgt habe, habe ich ganz genau gesehen, dass er ein Kater ist.«
Ich konnte meine Neugier nicht zurückhalten und ging mit ins Lager. Moffi hatte jedoch keine Sprechstunde und war nirgends zu entdecken. Wir warteten eine Weile, fingen an zu frieren und stiegen die Treppe wieder hinauf.
Später am Nachmittag hörte ich, dass Peter wieder hinunterging. Ich nahm meinen ganzen Mut zusammen und ging allein durch das stille Haus hinunter ins Lager. Peter spielte mit Moffi auf dem Packtisch und wollte Moffi gerade auf die Waage setzen, um sein Gewicht zu kontrollieren.
»Hallo, willst du mal sehen?« Er machte keine langen Vorbereitungen, hob das Tier hoch, drehte es auf den Rücken, hielt sehr geschickt Kopf und Pfoten fest, und der Unterricht begann. »Das ist das männliche Geschlechtsteil, das sind ein paar lose Härchen, und das ist der Hintern.«
Die Katze machte nochmals eine halbe Umdrehung und stand wieder auf ihren weißen Socken.
Jeden anderen Jungen, der mir so »das männliche Geschlechtsteil« gezeigt hätte, hätte ich nicht mehr angeschaut. Aber Peter sprach ganz seelenruhig über das sonst so peinliche Thema und hatte über-

haupt keine Hintergedanken, sodass ich mich schließlich beruhigte und auch normal wurde. Wir spielten mit Moffi, amüsierten uns gut, tratschten miteinander und schlenderten schließlich durch das Lager zur Tür.
»Bist du dabei gewesen, als Mouschi kastriert wurde?«, fragte ich.
»Ja, sicher, das geht sehr schnell. Das Tier wird natürlich betäubt.«
»Holen sie da was raus?«
»Nein, der Doktor knipst einfach den Samenleiter durch. Man kann von außen nichts sehen.«
Ich sammelte Mut, denn so einfach ging es bei mir doch nicht. »Peter, Geschlechtsteile haben doch bei Männchen und Weibchen verschiedene Namen.«
»Das weiß ich.«
»Bei Weibchen heißt es Vagina, soviel ich weiß, bei Männchen weiß ich es nicht mehr.«
»Ja.«
»Ach ja«, sagte ich wieder. »Wie soll man diese Worte auch wissen, meist trifft man sie durch Zufall.«
»Warum? Ich frage sie oben. Meine Eltern wissen das besser als ich und haben auch mehr Erfahrung.«
Wir standen schon auf der Treppe, und ich hielt den Mund.
Ja, wirklich, so einfach hätte ich nie mit einem Mädchen darüber gesprochen. Ich bin auch sicher, dass Mutter nicht dieses gemeint hat, als sie mich vor den Jungen warnte.
Trotzdem war ich den ganzen Tag ein bisschen durcheinander, wenn ich an unser Gespräch zurückdachte, es kam mir doch seltsam vor. Aber in einem Punkt bin ich wenigstens klüger geworden: Es gibt auch junge Menschen, sogar vom anderen Geschlecht, die ungezwungen und ohne Witze darüber sprechen können.
Ob Peter wirklich seine Eltern fragt? Ist er wirklich so, wie er sich gestern gezeigt hat?
Ach, was weiß ich davon?!!! Deine Anne

Freitag, 28. Januar 1944

Liebe Kitty!

In der letzten Zeit habe ich eine starke Vorliebe für Stammbäume und genealogische Tabellen von königlichen Häusern. Wenn man einmal mit Suchen anfängt, muss man immer weiter in der Vergangenheit graben und kommt zu immer interessanteren Entdeckungen. Obwohl ich außerordentlich eifrig bin, was meine Lehrfächer angeht, schon ziemlich gut dem Home-Service vom englischen Sender folgen kann, widme ich doch viele Sonntage dem Aussuchen und Sortieren meiner großen Filmstarsammlung, die einen respektablen Umfang angenommen hat. Herr Kugler macht mir jeden Montag eine Freude, wenn er mir die »Cinema & Theater« mitbringt. Obwohl das von den unmondänen Hausgenossen oft als Geldverschwendung bezeichnet wird, sind sie dann jedes Mal wieder erstaunt über die Genauigkeit, mit der ich nach einem Jahr noch präzise die Mitwirkenden eines bestimmten Films angeben kann. Bep, die oft ihre freien Tage mit ihrem Freund im Kino verbringt, teilt mir den Titel des geplanten Films samstags mit, und ich rassle ihr sowohl die Hauptdarsteller als auch die Kritik herunter. Es ist noch nicht lange her, da sagte Mans, dass ich später nicht ins Kino zu gehen bräuchte, weil ich Inhalt, Besetzung und Kritiken bereits im Kopf hätte.

Wenn ich mal mit einer neuen Frisur angesegelt komme, schauen mich alle mit missbilligenden Gesichtern an, und bestimmt fragt einer, welche Filmschauspielerin denn diese Frisur auf ihrem Kopf prangen hat. Wenn ich antworte, dass sie eine eigene Erfindung ist, glauben sie mir immer nur halb. Was die Frisur betrifft, die hält nicht länger als eine halbe Stunde, dann bin ich die abweisenden Urteile so leid, dass ich ins Badezimmer renne und schnell meine normale Lockenfrisur wieder herstelle.

Deine Anne

Freitag, 28. Januar 1944

Liebe Kitty!

Heute Morgen habe ich mich gefragt, ob du dir nicht vorkommst wie eine Kuh, die alle alten Neuigkeiten immer wiederkäuen muss und, von der einseitigen Ernährung gelangweilt, schließlich laut

gähnt und sich im Stillen wünscht, dass Anne mal was Neues auftreibt.
Leider, ich weiß, das Alte ist langweilig für dich, aber stell dir mal vor, wie gelangweilt ich von den alten, immer wieder aufgewärmten Geschichten werde. Wenn es bei einem Tischgespräch nicht um Politik oder herrliche Mahlzeiten geht, nun, dann rücken Mutter oder Frau van Daan bloß wieder mit längst schon erzählten Geschichten aus ihrer Jugendzeit heraus. Oder Dussel schwafelt über den reichhaltigen Kleiderschrank seiner Frau, über schöne Rennpferde, lecke Ruderboote, von Jungen, die mit vier Jahren schwimmen können, von Muskelkater und von ängstlichen Patienten. Wenn einer von den acht seinen Mund aufmacht, können die anderen sieben seine angefangene Geschichte fertig machen. Die Pointe eines jeden Witzes wissen wir schon im Voraus, und der Erzähler lacht alleine darüber. Die diversen Milchmänner, Lebensmittelhändler und Metzger der Exhausfrauen sehen wir in unserer Einbildung schon mit einem Bart, so oft sind sie bei Tisch in den Himmel gehoben oder fertig gemacht worden. Es ist unmöglich, dass etwas noch jung und frisch ist, wenn es im Hinterhaus zur Sprache kommt.
Das wäre ja noch zu ertragen, wenn die Erwachsenen nicht die Angewohnheit hätten, Geschichten, die Kleiman, Jan oder Miep zum Besten geben, zehnmal nachzuerzählen und sie jedes Mal mit eigenen Erfindungen auszuschmücken, sodass ich mich oft unterm Tisch in den Arm kneifen muss, damit ich dem begeisterten Erzähler nicht den richtigen Weg zeige. Kleine Kinder wie Anne dürfen Erwachsene unter keinen Umständen verbessern, egal, welche Schnitzer sie auch machen oder welche Unwahrheiten oder Erfindungen sie sich aus den Fingern saugen.
Ein Thema, über das Kleiman und Jan oft reden, ist Verstecken oder Untertauchen. Sie wissen, dass wir ebenso mitleiden, wenn Versteckte gefangen werden, wie wir uns mitfreuen, wenn Gefangene befreit werden.
Untertauchen und Verstecken sind jetzt so normale Begriffe wie früher Papas Pantoffeln, die vor dem Ofen stehen mussten. Es gibt viele Organisationen wie »Freie Niederlande«. Sie fälschen Personalausweise, geben Untergetauchten Geld, treiben Verstecke auf, beschaffen untergetauchten christlichen jungen Männern Arbeit, und es ist

erstaunlich, wie oft, wie nobel und wie uneigennützig diese Arbeit verrichtet wird und wie die Leute unter Einsatz ihres Lebens anderen helfen und andere retten.
Das beste Beispiel dafür sind doch wohl unsere Helfer, die uns bis jetzt durchgebracht haben und uns hoffentlich noch ans sichere Ufer bringen. Sonst müssten sie das Schicksal all derer teilen, die gesucht werden. Nie haben wir von ihnen ein Wort gehört, das auf die Last hinweist, die wir doch sicher für sie sind. Niemals klagt einer, dass wir ihnen zu viel Mühe machen. Jeden Tag kommen sie herauf, sprechen mit den Herren über Geschäft und Politik, mit den Damen über Essen und die Beschwerden der Kriegszeit, mit den Kindern über Bücher und Zeitungen. Sie machen, soweit es geht, ein fröhliches Gesicht, bringen Blumen und Geschenke zu Geburts- und Festtagen, stehen immer und überall für uns bereit. Das ist etwas, was wir nie vergessen dürfen. Andere zeigen Heldenmut im Krieg oder gegenüber den Deutschen, aber unsere Helfer beweisen ihren Heldenmut in ihrer Fröhlichkeit und Liebe.

Die verrücktesten Geschichten machen die Runde, und die meisten sind wirklich passiert. Kleiman erzählte zum Beispiel diese Woche, dass in Gelderland zwei Fußballmannschaften gegeneinander gespielt haben. Die eine bestand ausschließlich aus Untergetauchten, die zweite aus Feldjägern. In Hilversum werden neue Stammkarten ausgeteilt. Damit die vielen Versteckten auch welche bekommen (Lebensmittelkarten sind ausschließlich auf Stammkarten oder für 60 Gulden je Stück erhältlich), haben Beamte der Zuteilungsstelle alle Untergetauchten aus der Umgebung zu einer bestimmten Zeit bestellt, um ihre Ausweise abzuholen.
Man muss aber sehr vorsichtig sein, dass solche Kunststückchen den Moffen nicht zu Ohren kommen. Deine Anne

Sonntag, 30. Januar 1944

Liebste Kit!
Wir sind wieder an einem Sonntag angelangt. Ich finde Sonntage zwar nicht mehr so schlimm wie früher, aber immer noch langweilig genug.

Im Lager bin ich noch nicht gewesen, vielleicht klappt es später. Gestern bin ich ganz allein im Dunkeln hinuntergegangen. Ich stand oben an der Treppe, deutsche Flugzeuge flogen hin und her, und ich wusste, dass ich ein Mensch-für-sich-selbst bin, der nicht mit der Hilfe anderer rechnen darf. Meine Angst war verschwunden. Ich sah hinauf zum Himmel und vertraute auf Gott.
Ich habe ein schreckliches Bedürfnis, allein zu sein. Vater merkt, dass ich anders bin als sonst, aber ich kann ihm auch nichts erzählen. Am liebsten würde ich immer nur sagen: »Lass mich in Ruhe, lass mich allein!«
Wer weiß, vielleicht werde ich noch einmal mehr allein gelassen, als mir lieb ist! Anne Frank

Donnerstag, 3. Februar 1944

Liebe Kitty!
Die Invasionsstimmung im Land steigt mit jedem Tag. Wenn du hier wärest, wärest du sicher genauso beeindruckt wie ich von all diesen Vorbereitungen, aber andererseits würdest du uns auch auslachen, weil wir uns so aufregen, und vielleicht umsonst!
Alle Zeitungen sind voll von der Invasion. Sie machen die Leute ganz verrückt, weil sie schreiben: »Falls die Engländer in den Niederlanden landen, werden die deutschen Machthaber alle Mittel einsetzen, das Land zu verteidigen, es notfalls auch unter Wasser setzen.« Dazu sind Karten veröffentlicht worden, in denen die Teile der Niederlande, die unter Wasser gesetzt werden können, schraffiert sind. Da große Teile von Amsterdam dazugehören, war die erste Frage, was zu tun ist, wenn das Wasser einen Meter hoch in den Straßen steht. Auf diese schwierige Frage kamen von allen Seiten die verschiedensten Antworten.
»Weil Radfahren oder zu Fuß gehen ausgeschlossen sind, werden wir eben durch das Wasser waten müssen, wenn es zum Stillstand gekommen ist.«
»Nicht doch, man muss versuchen zu schwimmen. Wir ziehen uns alle eine Bademütze und einen Badeanzug an und schwimmen soviel wie möglich unter Wasser, dann sieht niemand, dass wir Juden sind.«

»Was für ein Geschwätz! Ich sehe die Damen schon schwimmen, wenn die Ratten sie in die Beine beißen!« (Das war natürlich ein Mann! Mal sehen, wer am lautesten schreit!)
»Wir werden nicht aus dem Haus können. Das Lager ist so wacklig, das fällt bestimmt gleich zusammen, wenn das Wasser strömt.«
»Hört mal, Leute, Spaß beiseite. Wir müssen versuchen, ein kleines Boot zu bekommen.«
»Wozu ist das nötig? Ich weiß etwas viel Besseres. Wir nehmen jeder eine Milchzuckerkiste vom vorderen Dachboden und rudern mit einem Kochlöffel.«
»Ich gehe auf Stelzen, das konnte ich in meiner Jugend primissima.«
»Jan Gies hat das nicht nötig. Der nimmt seine Frau auf den Rücken, dann hat Miep Stelzen.«
Nun weißt du es schon so ungefähr, nicht wahr, Kitty? Dieses Gerede ist ja ganz witzig, aber die Wahrheit wird anders aussehen.
Die zweite Invasionsfrage konnte nicht ausbleiben. Was tun, wenn die Deutschen Amsterdam evakuieren?
»Mitgehen, uns so gut wie möglich vermummen.«
»Auf keinen Fall auf die Straße! Das Einzige ist hier bleiben. Die Deutschen sind im Stande, die ganze Bevölkerung immer weiterzutreiben, bis sie in Deutschland sterben.«
»Ja, natürlich, wir bleiben hier. Hier ist es am sichersten. Wir werden versuchen, Kleiman zu überreden, dass er mit seiner Familie herkommt und hier wohnt. Wir werden uns einen Sack Holzwolle besorgen, dann können wir auf dem Boden schlafen. Miep und Kleiman sollen jetzt schon Decken herbringen. Wir werden zu unseren 60 Pfund noch Korn dazubestellen. Jan soll versuchen, Hülsenfrüchte zu bekommen. Wir haben jetzt ungefähr 60 Pfund Bohnen und 10 Pfund Erbsen im Haus. Und vergesst die 50 Dosen Gemüse nicht.«
»Mutter, zähl mal die anderen Dosen.«
»10 Dosen Fisch, 40 Dosen Milch, 10 Kilo Milchpulver, 3 Flaschen Öl, 4 Weckgläser Butter, 4 Weckgläser Fleisch, 2 Korbflaschen Erdbeeren, 2 Flaschen Himbeeren-Johannisbeeren, 20 Flaschen Tomaten, 10 Pfund Haferflocken, 8 Pfund Reis. Das ist alles.«
Unser Vorrat ist recht erfreulich. Aber wenn man bedenkt, dass wir dann zusätzlich Besuch füttern müssen und jede Woche etwas davon

verbraucht wird, dann scheint er größer, als er ist. Kohlen und Brennholz sind genug im Haus, auch Kerzen.
»Wir wollen uns Brustsäckchen nähen, um, wenn nötig, all unser Geld mitzunehmen.«
»Wir werden Listen erstellen, was bei einer Flucht mitgenommen werden muss, und jetzt schon Rucksäcke packen.«
»Wenn es soweit ist, stellen wir zwei Wachtposten auf, einen auf den vorderen und einen auf den hinteren Oberboden.«
»Sagt, was fangen wir mit so viel Esswaren an, wenn wir kein Wasser, kein Gas und keinen Strom kriegen?«
»Dann müssen wir auf dem Ofen kochen. Wasser filtern und abkochen. Wir werden große Korbflaschen sauber machen und Wasser darin aufheben. Ferner haben wir als Wasserreservoir noch drei Weckkessel und eine Waschschüssel.«
»Wir haben außerdem noch eineinhalb Zentner Winterkartoffeln im Gewürzraum stehen.«
Dieses Gerede höre ich den ganzen Tag. Invasion vorne, Invasion hinten. Dispute über Hungern, Sterben, Bomben, Feuerspritzen, Schlafsäcke, Judenausweise, Giftgase und so weiter. Alles nicht erheiternd.
Ein Beispiel für diese unzweideutigen Warnungen unserer Herren ist das folgende Gespräch mit Jan:
Hinterhaus: »Wir haben Angst, dass die Deutschen bei einem Rückzug die ganze Bevölkerung mitnehmen.«
Jan: »Das ist doch nicht möglich. Dafür haben sie keine Züge.«
Hinterhaus: »Züge? Denken Sie, dass sie die Zivilisten auch noch in Züge setzen? Keine Rede! Schusters Rappen können sie benützen.« (Per pedes apostolorum, sagt Dussel immer.)
Jan: »Das glaube ich nicht. Sie sehen alles durch eine viel zu schwarze Brille. Was sollten sie für ein Interesse daran haben, alle Zivilisten wegzutreiben?«
Hinterhaus: »Wissen Sie nicht, dass Goebbels gesagt hat: Wenn wir abtreten müssen, schlagen wir in allen besetzten Gebieten hinter uns die Tür zu.«
Jan: »Sie haben schon so viel gesagt.«
Hinterhaus: »Glauben Sie, dass die Deutschen für so eine Tat zu edel oder zu menschenfreundlich sind? Die denken: Wenn wir unterge-

hen müssen, dann sollen alle Menschen innerhalb unseres Machtbereichs auch untergehen.«
Jan: »Sie können mir viel erzählen, ich glaube kein Wort davon!«
Hinterhaus: »Es ist immer dasselbe Lied. Niemand will die Gefahr sehen, bevor er sie nicht am eigenen Leib spürt.«
Jan: »Sie wissen es doch auch nicht mit Sicherheit. Sie nehmen es auch nur an.«
Hinterhaus: »Wir haben das alles doch selbst mitgemacht, erst in Deutschland und dann hier. Und was passiert in Russland?«
Jan: »Die Juden müssen Sie mal außer Betracht lassen. Ich glaube, dass niemand weiß, was in Russland los ist. Die Engländer und die Russen werden aus Propagandagründen übertreiben, genau wie die Deutschen.«
Hinterhaus: »Davon kann nicht die Rede sein. Der englische Sender hat immer die Wahrheit gesagt. Und angenommen, dass die Berichte zehn Prozent übertrieben sind, dann sind die Tatsachen noch schlimm genug. Sie können nicht leugnen, dass in Polen viele Millionen Menschen mir nichts, dir nichts hingemordet und vergast werden.«
Die weiteren Gespräche werde ich dir ersparen. Ich bin ganz ruhig und mache mir nichts aus der ganzen Aufregung. Ich bin jetzt so weit, dass es mir nicht mehr viel ausmachen kann, ob ich sterbe oder am Leben bleibe. Die Welt wird sich auch ohne mich weiterdrehen, und ich kann mich gegen die Ereignisse doch nicht wehren. Ich lasse es darauf ankommen und tue nichts als lernen und auf ein gutes Ende hoffen.

Deine Anne

Dienstag, 8. Februar 1944

Beste Kitty!
Wie ich mich fühle, könnte ich dir nicht sagen. Den einen Augenblick sehne ich mich nach Ruhe, den anderen wieder nach etwas Fröhlichkeit. Lachen sind wir hier nicht mehr gewöhnt, so richtig lachen, bis man nicht mehr kann.
Heute Morgen hatte ich einen »Lachanfall«, du weißt schon, wie man ihn manchmal in der Schule hat. Margot und ich kicherten wie richtige Backfische.

Gestern Abend hatte ich wieder was mit Mutter. Margot rollte sich in ihre Wolldecke, sprang aber plötzlich wieder aus dem Bett und untersuchte die Decke gründlich. Eine Stecknadel war drin. Mutter hatte einen Flicken in die Decke gesetzt. Vater schüttelte den Kopf und sprach über Mutters Schlampigkeit. Schon bald kam Mutter aus dem Badezimmer, und ich sagte zum Spaß: »Du bist eine echte Rabenmutter!«

Sie fragte natürlich, warum, und wir erzählten ihr von der Stecknadel.

Sie machte sofort ein hochmütiges Gesicht und sagte zu mir: »Ausgerechnet du musst etwas über Schlamperei sagen! Wenn du nähst, ist der ganze Boden mit Stecknadeln übersät. Und hier, schau mal, hier liegt wieder das Nageletui. Das räumst du auch nie auf.«

Ich sagte, ich hätte es nicht benutzt, und Margot sprang ein, denn sie war die Schuldige.

Mutter redete noch eine Weile über Schlampigkeit zu mir, bis ich wieder randvoll war und ziemlich kurz angebunden sagte: »Ich habe doch gar nichts über Schlampigkeit gesagt! Immer bekomme ich es ab, wenn ein anderer was tut.«

Mutter schwieg. Und ich war gezwungen, ihr keine Minute später den Gutenachtkuss zu geben. Der Vorfall ist vielleicht unwichtig, aber mich ärgert alles.

Anne Mary Frank

Samstag, 12. Februar 1944

Liebe Kitty!

Die Sonne scheint, der Himmel ist tiefblau, es weht ein herrlicher Wind, und ich sehne mich so, sehne mich so nach allem … Nach Reden, nach Freiheit, nach Freunden, nach Alleinsein. Ich sehne mich so … nach Weinen! Ich habe ein Gefühl, als ob ich zerspringe, und ich weiß, dass es mit Weinen besser würde. Ich kann es nicht. Ich bin unruhig, laufe von einem Zimmer ins andere, atme durch die Ritze eines geschlossenen Fensters, fühle mein Herz klopfen, als ob es sagt: »Erfülle doch endlich meine Sehnsucht.«

Ich glaube, dass ich den Frühling in mir fühle. Ich fühle das Frühlingserwachen, fühle es in meinem Körper und in meiner Seele. Ich muss mich mit Gewalt zusammennehmen, um mich normal zu ver-

Margot (links) und Anne am Strand in Zandvoort, 1940.

halten. Ich bin völlig durcheinander, weiß nicht, was zu lesen, was zu schreiben, was zu tun ist, weiß nur, dass ich mich sehne …

Deine Anne

Montag, 14. Februar 1944

Liebe Kitty!

Für mich hat sich viel geändert. Das kam so: Ich sehnte mich (und ich sehne mich noch), aber … ein ganz kleines bisschen ist mir schon geholfen.

Am Sonntagmorgen merkte ich schon (ehrlich gesagt, zu meiner großen Freude), dass Peter mich immerfort anschaute. So ganz anders als gewöhnlich. Ich weiß nicht wie, ich kann es nicht erklären, aber ich hatte auf einmal das Gefühl, dass er doch nicht so verliebt in Margot ist, wie ich gedacht habe. Den ganzen Tag schaute ich ihn absichtlich nicht oft an, denn wenn ich das tat, schaute er auch immer. Und dann – ja dann, dann bekam ich ein so schönes Gefühl, das ich besser nicht zu oft bekommen sollte.

Sonntagabend saßen sie alle am Radio, außer Pim und mir, und lauschten der »unsterblichen Musik deutscher Meister«. Dussel drehte andauernd an dem Gerät, Peter ärgerte sich darüber, die anderen auch. Nach einer halben Stunde unterdrückter Nervosität bat ihn Peter einigermaßen gereizt, das Gedrehe einzustellen. Dussel antwortete in seinem hochmütigsten Ton: »Ich mache das schon richtig.« Peter wurde böse, wurde frech, Herr van Daan stimmte ihm zu, und Dussel musste nachgeben. Das war alles.

Der Anlass war an sich nicht außergewöhnlich wichtig, aber Peter hat sich die Sache anscheinend sehr zu Herzen genommen. Jedenfalls kam er heute Morgen, als ich in der Bücherkiste auf dem Dachboden herumwühlte, und erzählte mir die Geschichte. Ich wusste noch nichts davon. Peter merkte, dass er eine aufmerksame Zuhörerin gefunden hatte, und kam in Schwung.

»Ja, und siehst du«, sagte er, »ich sage nicht schnell was, denn ich weiß schon im Voraus, dass ich nichts richtig rauskriege. Ich fange an zu stottern, werde rot und verdrehe die Worte, die ich sagen wollte, so lange, bis ich abbrechen muss, weil ich die Worte nicht mehr finde.

Gestern ging es mir auch so. Ich wollte etwas ganz anderes sagen, aber als ich mal angefangen hatte, habe ich den Kopf verloren, und das ist schrecklich. Früher hatte ich eine schlechte Gewohnheit, die ich am liebsten jetzt noch anwenden würde: Wenn ich böse auf jemanden war, dann habe ich ihn lieber mit meinen Fäusten bearbeitet, als dass ich mit Worten mit ihm gestritten hätte. Aber ich weiß, dass ich mit dieser Methode nicht weiterkomme. Deshalb bewundere ich dich auch so. Du kannst dich wenigstens richtig ausdrücken, sagst den Leuten, was du zu sagen hast, und bist nicht im Mindesten schüchtern.«
»Da irrst du dich sehr«, antwortete ich. »Ich sage in den meisten Fällen was ganz anderes, als ich mir vorgenommen hatte. Und dann rede ich viel zu viel und zu lange, das ist ein ebenso schlimmer Fehler.«
»Kann sein. Aber du hast den Vorteil, dass man dir nie ansieht, dass du verlegen bist. Du bleibst in Farbe und Form gleich.«
Insgeheim musste ich über diesen letzten Satz lachen. Ich wollte ihn jedoch ruhig weiter von sich selbst sprechen lassen, ließ mir meine Fröhlichkeit nicht anmerken, setzte mich auf den Boden auf ein Kissen, schlug die Arme um die angezogenen Beine und schaute ihn aufmerksam an.
Ich bin riesig froh, dass noch jemand im Haus ist, der genau solche Wutanfälle wie ich kriegen kann. Peter tat es sichtbar gut, dass er Dussel mit den schlimmsten Ausdrücken kritisieren durfte, ohne dass er Angst vor Petzen haben musste. Und ich, ich fand es auch schön, weil ich ein starkes Gefühl von Gemeinschaft empfand, wie ich es früher nur mit meinen Freundinnen hatte. Deine Anne

Dienstag, 15. Februar 1944

Diese kleine Angelegenheit mit Dussel hatte noch ein langes Nachspiel, und zwar nur durch seine eigene Schuld. Am Montagabend kam Dussel triumphierend zu Mutter, erzählte, dass Peter ihn am Morgen gefragt habe, ob er die Nacht gut verbracht hatte. Er habe noch hinzugefügt, dass ihm die Angelegenheit vom Sonntag Leid tue und er seinen Ausbruch nicht böse gemeint habe. Daraufhin beruhigte ihn Dussel mit der Versicherung, er habe es auch nicht böse aufgefasst. Alles war also in bester Ordnung.

Mutter erzählte mir diese Geschichte, und ich war insgeheim erstaunt, dass Peter sich trotz seiner Versicherungen so erniedrigt hatte.
Ich konnte es dann auch nicht lassen, erkundigte mich bei Peter und erfuhr sogleich, dass Dussel gelogen hatte. Du hättest Peters Gesicht sehen müssen, es hätte sich gelohnt, es zu fotografieren. Empörung wegen der Lüge, Wut, Überlegung, was er tun könnte, Unruhe und noch viel mehr erschienen mit kleinen Zwischenpausen auf seinem Gesicht.
Abends hielten Herr van Daan und Peter Dussel eine gepfefferte Standpauke. Aber so schlimm kann es nicht gewesen sein, da Peter heute in zahnärztlicher Behandlung war.
Eigentlich wollten sie nicht mehr miteinander sprechen.

Mittwoch, 16. Februar 1944

Den ganzen Tag sprachen wir nicht miteinander, wir wechselten nur ein paar belanglose Worte. Es war zu kalt, um auf den Dachboden zu gehen, und außerdem hatte Margot Geburtstag. Um halb eins kam er, um die Geschenke anzuschauen, und blieb viel länger, als nötig gewesen wäre und als er es sonst je getan hätte. Aber nachmittags kam die Chance. Da ich Margot einmal im Jahr besonders verwöhnen wollte, ging ich den Kaffee holen, danach die Kartoffeln. Ich kam in Peters Zimmer, und er räumte sofort seine Papiere von der Treppe. Ich fragte, ob ich die Luke vom Dachboden schließen solle.
»Ja«, antwortete er, »mach das. Wenn du zurückkommst, klopfst du einfach, dann mache ich sie dir wieder auf.«
Ich dankte ihm, ging hinauf und suchte ungefähr zehn Minuten lang die kleinsten Kartoffeln aus der großen Tonne. Dann bekam ich Rückenschmerzen, und mir wurde kalt. Ich klopfte natürlich nicht, sondern machte selbst die Luke auf, aber er kam mir doch sehr diensteifrig entgegen und nahm mir den Topf ab.
»Ich habe lange gesucht, aber kleinere konnte ich nicht finden.«
»Hast du in der großen Tonne nachgeschaut?«
»Ja, ich habe alles mit den Händen umgewühlt.«
Inzwischen stand ich unten an der Treppe, er schaute prüfend in den

Topf, den er noch in den Händen hielt. »Aber die sind doch prima«, sagte er und als ich ihm den Topf abnahm, fügte er hinzu: »Mein Kompliment!«

Dabei sah er mich mit einem so warmen, weichen Blick an, dass mir auch ganz warm und weich von innen wurde. Ich konnte richtig merken, dass er mir eine Freude machen wollte, und weil er keine großen Lobreden halten konnte, legte er seine Gedanken in seinen Blick. Ich verstand ihn gut und war ihm schrecklich dankbar. Noch jetzt werde ich froh, wenn ich an seine Worte und den Blick denke!

Als ich runterkam, sagte Mutter, dass noch mehr Kartoffeln geholt werden müssten, jetzt für das Abendessen. Ich bot sehr bereitwillig an, noch einmal nach oben zu gehen. Als ich zu Peter kam, entschuldigte ich mich, dass ich noch einmal stören müsste. Er stand auf, stellte sich zwischen die Treppe und die Wand, nahm meinen Arm, als ich schon auf der Treppe stand, und wollte mich mit Gewalt zurückhalten.

»Ich gehe schon«, sagte er, »ich muss sowieso hinauf.«

Aber ich antwortete, das sei wirklich nicht nötig, und diesmal brauche ich keine kleinen Kartoffeln zu holen. Da war er überzeugt und ließ meinen Arm los. Als ich zurückkam, öffnete er die Luke und nahm mir wieder den Topf ab. An der Tür fragte ich noch: »Was machst du gerade?«

»Französisch«, war die Antwort.

Ich fragte, ob ich mir die Aufgaben mal anschauen dürfe, wusch meine Hände und setzte mich ihm gegenüber auf die Couch.

Nachdem ich ihm einiges in Französisch erklärt hatte, fingen wir bald an, uns zu unterhalten. Er erzählte mir, dass er später nach Niederländisch-Indien gehen und dort auf einer Plantage leben wolle. Er sprach über sein Leben zu Hause, über den Schwarzhandel und dass er so ein Nichtsnutz wäre. Ich sagte, dass er sehr starke Minderwertigkeitsgefühle hätte. Er sprach über den Krieg, dass die Russen und die Engländer sicher auch wieder Krieg miteinander bekommen würden, und er sprach über die Juden. Er hätte es bequemer gefunden, wenn er Christ wäre oder wenn er es nach dem Krieg sein könnte. Ich fragte, ob er sich taufen lassen würde, aber das war auch nicht der Fall. Er könnte doch nicht fühlen wie die

Christen, sagte er, aber nach dem Krieg würde niemand wissen, ob er Christ oder Jude sei. Dabei ging mir ein Stich durchs Herz. Ich finde es so schade, dass er immer noch einen Rest Unehrlichkeit in sich hat.
Er sagte noch: »Die Juden sind immer das auserwählte Volk gewesen und werden es wohl immer bleiben!«
Ich antwortete: »Ich hoffe nur, dass sie einmal zum Guten auserwählt sind.«
Aber sonst sprachen wir ganz gemütlich über Vater und über Menschenkenntnis und über alle möglichen Dinge, ich weiß selbst nicht mehr, über was.
Um Viertel nach fünf ging ich erst weg, weil Bep kam.
Abends sagte er noch etwas Schönes. Wir sprachen über Filmschauspieler, deren Bilder er mal von mir bekommen hat. Sie hängen nun schon anderthalb Jahre in seinem Zimmer. Er fand sie so schön, und ich bot ihm an, ihm mal ein paar andere Bilder zu geben.
»Nein«, antwortete er, »ich lasse es lieber so, diese hier, die schaue ich jeden Tag an, das sind meine Freunde geworden.«
Warum er Mouschi immer so an sich drückt, verstehe ich jetzt auch viel besser. Er hat natürlich auch ein Bedürfnis nach Zärtlichkeit. Noch etwas habe ich vergessen, worüber er sprach. Er sagte: »Nein, Angst kenne ich nicht, nur wenn mir selbst etwas fehlt. Aber das gewöhne ich mir auch noch ab.«
Peters Minderwertigkeitskomplex ist sehr schlimm. So denkt er zum Beispiel immer, dass er so blöd wäre und wir so klug. Wenn ich ihm bei Französisch helfe, bedankt er sich tausendmal. Irgendwann werde ich bestimmt mal sagen: »Hör auf mit diesen Sprüchen. Du kannst dafür Englisch und Geographie viel besser!« Anne Frank

Donnerstag, 17. Februar 1944

Beste Kitty!
Heute Morgen war ich oben, ich hatte Frau van Daan versprochen, mal ein paar Geschichten vorzulesen. Ich fing mit Evas Traum an, das fand sie sehr schön. Dann las ich noch ein paar Sachen aus dem Hinterhaus, über die sie schallend lachten. Peter hörte auch teilweise zu (ich meine nur bei dem letzten) und fragte, ob ich mal zu ihm käme,

um noch mehr vorzulesen. Ich dachte, dass ich nun mein Glück probieren könnte, holte mein Tagebuch und ließ ihn das Stück von Cady und Hans über Gott lesen. Ich kann überhaupt nicht sagen, was das für einen Eindruck auf ihn gemacht hat. Er sagte etwas, was ich nicht mehr weiß, nicht, ob es gut war, sondern etwas über den Gedanken selbst. Ich sagte, dass ich nur mal hatte zeigen wollen, dass ich nicht nur witzige Sachen aufschrieb. Er nickte mit dem Kopf, und ich ging aus dem Zimmer. Mal sehen, ob ich noch was davon höre!

Deine Anne M. Frank

Freitag, 18. Februar 1944

Liebste Kitty!

Wann immer ich auch nach oben gehe, hat das zum Ziel, »ihn« zu sehen. Mein Leben hier ist also viel besser geworden, weil es nun wieder einen Sinn hat und ich mich auf etwas freuen kann.

Der Gegenstand meiner Freundschaft ist wenigstens immer im Haus, und ich brauche (außer vor Margot) keine Angst vor Rivalen zu haben. Du brauchst wirklich nicht zu denken, dass ich verliebt bin, das ist nicht wahr. Aber ich habe ständig das Gefühl, dass zwischen Peter und mir noch einmal etwas sehr Schönes wachsen wird, das Freundschaft und Vertrauen gibt. Wann immer es möglich ist, gehe ich zu ihm, und es ist nicht mehr so wie früher, dass er nicht genau weiß, was er mit mir anfangen soll. Im Gegenteil, er redet noch, wenn ich schon fast zur Tür hinaus bin.

Mutter sieht es nicht gern, dass ich nach oben gehe. Sie sagt immer, dass ich Peter lästig falle und ihn in Ruhe lassen soll. Versteht sie denn nicht, dass ich genug Intuition habe? Immer wenn ich hinaufgehe, schaut sie mich so seltsam an. Wenn ich von oben herunterkomme, fragt sie, wo ich gewesen bin. Das finde ich schlimm, und langsam kann ich sie nicht ausstehen!

Deine Anne M. Frank

Samstag, 19. Februar 1944

Liebe Kitty!

Es ist wieder Samstag, und das sagt eigentlich schon genug. Der Morgen war ruhig. Ich war fast eine Stunde oben, aber »ihn« habe ich nur flüchtig gesprochen.

Als alle um halb drei entweder lasen oder schliefen, zog ich mit Decken und allem hinunter, um mich an den Schreibtisch zu setzen und zu lesen oder zu schreiben. Es dauerte nicht lange, da wurde es mir zu viel, mein Kopf fiel auf meinen Arm, und ich brach in Schluchzen aus. Die Tränen strömten, und ich fühlte mich tief unglücklich. Wäre »er« nur gekommen, um mich zu trösten.

Es war schon vier Uhr, als ich wieder hinaufging. Um fünf holte ich Kartoffeln, wieder mit einer neuen Hoffnung im Herzen, ihn zu treffen. Aber als ich noch im Badezimmer war und meine Haare zurechtmachte, ging er zu Moffi ins Lager.

Ich wollte Frau van Daan helfen und setzte mich mit meinem Buch oben hin. Aber auf einmal fühlte ich wieder die Tränen aufsteigen und rannte hinunter zur Toilette, nicht ohne unterwegs schnell noch den Handspiegel mitzunehmen. Da saß ich dann, auch nachdem ich schon längst fertig war, völlig angezogen auf dem Klo, meine Tränen machten dunkle Flecken auf das Rot meiner Schürze, und ich war sehr traurig.

Ich dachte ungefähr Folgendes: »So erreiche ich Peter nie. Wer weiß, vielleicht findet er mich überhaupt nicht nett und hat gar kein Bedürfnis nach Vertrauen. Vielleicht denkt er nur oberflächlich an mich? Ich muss wieder allein weiter, ohne Vertrauen und ohne Peter. Womöglich bald wieder ohne Hoffnung, Trost und Erwartung. Ach, könnte ich jetzt nur meinen Kopf an seine Schulter legen, damit ich mich nicht so hoffnungslos allein und verlassen fühle. Wer weiß, vielleicht macht er sich überhaupt nichts aus mir und schaut die anderen auch so freundlich an. Vielleicht habe ich mir nur eingebildet, dass es mir gilt. O Peter, könntest du mich nur hören oder sehen! Aber die Wahrheit, die vielleicht enttäuschend ist, könnte ich nicht ertragen.«

Später war ich doch wieder hoffnungsvoll und voller Erwartung, während innerlich meine Tränen noch flossen. Deine Anne

Sonntag, 20. Februar 1944

Was bei anderen Leuten in der Woche passiert, passiert im Hinterhaus sonntags. Wenn andere Leute schöne Kleider anhaben und in der Sonne spazieren gehen, sind wir hier am Schrubben, Fegen und Waschen.

Acht Uhr: Ungeachtet aller Langschläfer steht Dussel schon um acht Uhr auf, geht zum Badezimmer, anschließend nach unten, wieder nach oben, dann folgt im Badezimmer eine gründliche Wäsche, die eine volle Stunde dauert.

Halb zehn: Ofen werden angemacht, es wird entdunkelt, und van Daan geht ins Badezimmer. Eine der sonntäglichen Heimsuchungen ist, dass ich von meinem Bett aus Dussel genau auf den Rücken schauen muss, wenn er betet. Jeder wird sich wundern, wenn ich sage, dass ein betender Dussel ein schrecklicher Anblick ist. Nicht dass er weint und übermäßig gefühlvoll tut, o nein, aber er hat die Angewohnheit, eine Viertelstunde lang, wohlgemerkt, eine Viertelstunde, von den Fersen auf die Zehen zu wippen. Hin und her, hin und her, endlos dauert das, und wenn ich meine Augen nicht zukneife, wird mir fast schwindlig.

Viertel nach zehn: Die van Daans pfeifen, das Badezimmer ist leer. Bei uns erheben sich die ersten verschlafenen Gesichter aus den Kissen. Dann geht alles schnell, schnell, schnell. Der Reihe nach gehen Margot und ich mit hinunter zum Waschen. Da es dort ordentlich kalt ist, sind lange Hosen und ein Kopftuch angebracht. Inzwischen ist Vater im Badezimmer. Um elf Uhr gehen Margot oder ich, dann ist jeder wieder sauber.

Halb zwölf: Frühstücken. Hierüber werde ich mich nicht weiter auslassen, denn über das Essen wird auch ohne mich schon genug gesprochen.

Viertel nach zwölf: Alle Personen gehen ihrer Wege. Vater liegt im Overall bald auf den Knien und bürstet den Teppich so fest, dass das Zimmer in eine dicke Staubwolke gehüllt ist. Herr Dussel macht die Betten (natürlich verkehrt) und pfeift dabei immer dasselbe Violinkonzert von Beethoven. Mutter hört man auf dem Dachboden schlurfen, während sie Wäsche aufhängt. Herr van Daan setzt seinen Hut auf und verschwindet in die unteren Regionen, meist gefolgt von Peter und Mouschi. Frau van Daan zieht eine lange Schürze, eine schwarze Wollweste und Überschuhe an, bindet sich einen dicken roten Wollschal um den Kopf, nimmt ein Bündel schmutzige Wäsche unter den Arm und geht, nach einem gut einstudierten Waschfrauenknicks, zum Waschen. Margot und ich spülen und räumen das Zimmer auf.

Mittwoch, 23. Februar 1944

Liebste Kitty!
Seit gestern ist draußen herrliches Wetter, und ich bin vollkommen aufgekratzt. Meine Schreibarbeit, das Schönste, was ich habe, geht gut voran. Ich gehe fast jeden Morgen zum Dachboden, um mir die dumpfe Stubenluft aus den Lungen wehen zu lassen. Heute Morgen, als ich wieder zum Dachboden ging, war Peter am Aufräumen. Bald war er fertig, und während ich mich auf meinen Lieblingsplatz auf den Boden setzte, kam er auch. Wir betrachteten den blauen Himmel, den kahlen Kastanienbaum, an dessen Zweigen kleine Tropfen glitzerten, die Möwen und die anderen Vögel, die im Tiefflug wie aus Silber aussahen. Das alles rührte und packte uns beide so, dass wir nicht mehr sprechen konnten. Er stand mit dem Kopf an einen dicken Balken gelehnt, ich saß. Wir atmeten die Luft ein, schauten hinaus und fühlten, dass dies nicht mit Worten unterbrochen werden durfte. Wir schauten sehr lange hinaus, und als er anfangen musste, Holz zu hacken, wusste ich, dass er ein feiner Kerl ist. Er kletterte die Treppe zum Oberboden hinauf, und ich folgte ihm. Während der Viertelstunde, die er Holz hackte, sprachen wir wieder kein Wort. Ich schaute ihm von meinem Stehplatz aus zu, wie er sichtlich sein Bestes tat, gut zu hacken und mir seine Kraft zu zeigen. Aber ich schaute auch aus dem offenen Fenster über ein großes Stück Amsterdam, über alle Dächer, bis an den Horizont, der so hellblau war, dass man ihn kaum mehr sehen konnte.
»Solange es das noch gibt«, dachte ich, »und ich es erleben darf, diesen Sonnenschein, diesen Himmel, an dem keine Wolke ist, so lange kann ich nicht traurig sein.«
Für jeden, der Angst hat, einsam oder unglücklich ist, ist es bestimmt das beste Mittel, hinauszugehen, irgendwohin, wo er ganz allein ist, allein mit dem Himmel, der Natur und Gott. Dann erst, nur dann,

fühlt man, dass alles so ist, wie es sein soll, und dass Gott die Menschen in der einfachen und schönen Natur glücklich sehen will.
Solange es das noch gibt, und das wird es wohl immer, weiß ich, dass es unter allen Umständen auch einen Trost für jeden Kummer gibt. Und ich glaube fest, dass die Natur viel Schlimmes vertreiben kann.
Wer weiß, vielleicht dauert es nicht mehr lange, bis ich dieses überwältigende Glücksgefühl mit jemandem teilen kann, der es genauso empfindet wie ich.

Deine Anne

P. S. Gedanken: An Peter.
Wir vermissen hier viel, sehr viel, und auch schon lange. Ich vermisse es auch, genau wie du. Du musst nicht denken, dass ich von äußerlichen Dingen spreche, damit sind wir hier hervorragend versorgt. Nein, ich meine die inneren Dinge. Ich sehne mich, genauso wie du, nach Freiheit und Luft, aber ich glaube, dass wir für diese Entbehrungen reichlich Entschädigung bekommen haben. Ich meine innere Entschädigung. Als ich heute Morgen vor dem Fenster saß und Gott und die Natur genau und gut betrachtete, war ich glücklich, nichts anderes als glücklich. Und, Peter, solange es dieses innere Glück gibt, das Glück über Natur, Gesundheit und noch sehr viel mehr, solange man das in sich trägt, wird man immer wieder glücklich werden.
Reichtum, Ansehen, alles kann man verlieren, aber das Glück im eigenen Herzen kann nur verschleiert werden und wird dich, solange du lebst, immer wieder glücklich machen.
Wenn du allein und unglücklich bist, dann versuche mal, bei schönem Wetter vom Oberboden aus in den Himmel zu schauen. Solange du furchtlos den Himmel anschauen kannst, so lange weißt du, dass du innerlich rein bist und dass du wieder glücklich werden wirst.

Sonntag, 27. Februar 1944

Liebste Kitty!
Von morgens früh bis abends spät denke ich eigentlich an nichts anderes als an Peter. Ich schlafe mit seinem Bild vor Augen ein, träume von ihm und werde wieder wach, wenn er mich anschaut.
Ich glaube, dass Peter und ich gar nicht so verschieden sind, wie das von außen wirkt, und ich erkläre dir auch warum: Peter und ich ver-

missen beide eine Mutter. Seine ist zu oberflächlich, flirtet gern und kümmert sich nicht viel um Peters Gedanken. Meine bemüht sich zwar um mich, hat aber keinen Takt, kein Feingefühl, kein mütterliches Verständnis.
Peter und ich kämpfen beide in unserem Inneren. Wir sind beide noch unsicher und eigentlich zu zerbrechlich und innerlich zu zart, um so hart angepackt zu werden. Dann will ich raus oder will mein Inneres verbergen. Ich werfe mit Töpfen und Wasser und bin laut und lärmend, sodass jeder sich wünscht, ich wäre weit weg. Er zieht sich dann zurück, spricht fast nicht, ist still und träumt und verbirgt sich ängstlich.
Aber wie und wann werden wir uns endlich finden?
Ich weiß nicht, wie lange ich dieses Verlangen noch mit meinem Verstand beherrschen kann. Deine Anne M. Frank

Montag, 28. Februar 1944

Liebste Kitty!
Es wird ein Nacht- und Tagalbtraum. Ich sehe ihn fast jede Stunde und kann nicht zu ihm. Ich darf nichts zeigen, niemandem, muss fröhlich sein, während in mir alles verzweifelt ist.
Peter Schiff und Peter van Daan sind zusammengeflossen zu einem Peter, der gut und lieb ist und nach dem ich mich schrecklich sehne. Mutter ist furchtbar, Vater lieb und dadurch noch lästiger. Margot ist am lästigsten, denn sie erhebt Anspruch auf ein freundliches Gesicht, und ich will meine Ruhe haben.
Peter kam nicht zu mir auf den Dachboden, er ging zum Oberboden und schreinerte dort etwas. Mit jedem Krachen und jedem Schlag bröckelte ein Stück von meinem Mut ab, und ich wurde noch trauriger. Und in der Ferne spielte eine Uhr: »Aufrecht der Körper, aufrecht die Seele!«
Ich bin sentimental, ich weiß es. Ich bin verzweifelt und unvernünftig, das weiß ich auch.
O hilf mir! Deine Anne M. Frank

Mittwoch, 1. März 1944

Liebe Kitty!

Meine eigenen Angelegenheiten sind in den Hintergrund gedrängt worden, und zwar durch … einen Einbruch. Ich werde langweilig mit meinen Einbrüchen, aber was kann ich dafür, dass die Einbrecher so ein Vergnügen daran haben, Kolen & Co. die Ehre eines Besuchs anzutun? Dieser Einbruch ist viel komplizierter als der vorige vom Juli 43.

Als Herr van Daan gestern Abend wie gewöhnlich um halb acht in Kuglers Büro ging, sah er die gläserne Zwischentür und die Bürotür offen stehen. Das wunderte ihn. Er ging weiter und staunte immer mehr, als die Kabinettstüren ebenfalls geöffnet waren und im vorderen Büro ein schreckliches Durcheinander herrschte. Hier war ein Dieb, schoss es ihm durch den Kopf. Um sich sofort Gewissheit zu verschaffen, ging er die Treppe hinunter, kontrollierte die Vordertür und das Sicherheitsschloss, alles war zu. »Dann werden Bep und Peter heute sehr schlampig gewesen sein«, nahm er an. Er blieb eine Weile in Kuglers Zimmer sitzen, drehte dann die Lampe aus, ging nach oben und machte sich weder über die offenen Türen noch über das unordentliche Büro viele Gedanken.

Heute Morgen klopfte Peter schon früh an unsere Zimmertür und kam mit der wenig hübschen Neuigkeit, dass die Vordertür weit offen stand und das Projektionsgerät und Kuglers neue Aktentasche aus dem Wandschrank verschwunden waren. Peter bekam den Auftrag, die Tür zu schließen, van Daan erzählte seine Beobachtungen vom vergangenen Abend, und wir waren ziemlich unruhig.

Die ganze Sache ist nicht anders zu erklären, als dass der Dieb einen Nachschlüssel von der Tür hat, denn die war nicht aufgebrochen worden. Er muss schon sehr früh am Abend hereingeschlüpft sein, schloss die Tür hinter sich, wurde von van Daan gestört, versteckte sich, bis dieser weggegangen war, flüchtete dann mit seiner Beute und ließ in der Eile die Tür offen stehen.

Wer kann unseren Schlüssel haben? Warum ist der Dieb nicht ins Lager gegangen? War vielleicht einer unserer eigenen Lagerarbeiter der Täter? Würde er uns nun nicht verraten, da er van Daan gehört und vielleicht sogar gesehen hatte?

Es ist sehr unheimlich, weil wir nicht wissen, ob es dem betreffenden

Einbrecher nicht noch mal einfällt, unsere Tür zu öffnen. Oder war er selbst erschrocken über den Mann, der da herumlief?

Deine Anne

P. S. Wenn du vielleicht einen guten Detektiv für uns auftreiben könntest, wäre uns das sehr angenehm. Erste Forderung ist natürlich Zuverlässigkeit in Sachen Verstecken.

Donnerstag, 2. März 1944

Liebe Kitty!

Margot und ich waren heute zusammen auf dem Dachboden. Aber mit ihr kann ich es nicht so genießen, wie ich es mir mit Peter vorstelle (oder mit einem anderen), obwohl ich weiß, dass sie die meisten Dinge genauso empfindet wie ich!

Beim Abwaschen fing Bep an, mit Mutter und Frau van Daan über ihre Niedergeschlagenheit zu sprechen. Was helfen ihr die beiden? Vor allem unsere taktlose Mutter verhilft einem Menschen nur noch tiefer in die Pfütze. Weißt du, was sie Bep für einen Rat gab? Sie sollte mal an all die Menschen denken, die in dieser Welt zugrunde gehen! Wem hilft der Gedanke an Elend, wenn er sich selbst schon elend fühlt? Das sagte ich auch. Die Antwort war natürlich, dass ich bei solchen Dingen nicht mitreden kann!

Was sind die Erwachsenen doch idiotisch und blöd! Als ob Peter, Margot, Bep und ich nicht alle dasselbe fühlten! Und dagegen hilft nur Mutterliebe oder die Liebe von sehr, sehr guten Freunden. Aber die beiden Mütter hier verstehen nicht das geringste bisschen von uns! Frau van Daan vielleicht noch mehr als Mutter. Oh, ich hätte der armen Bep gern was gesagt, etwas, von dem ich aus Erfahrung weiß, dass es hilft. Aber Vater kam dazwischen und schob mich sehr grob beiseite. Wie blöd sind sie doch alle!

Ich habe auch noch mit Margot über Vater und Mutter gesprochen. Wie nett könnten wir es hier haben, wenn die nicht so schrecklich langweilig wären. Wir könnten Abende organisieren, an denen jeder der Reihe nach über ein Thema spricht. Aber da sind wir schon beim springenden Punkt. Ich kann hier nicht sprechen. Herr van Daan greift immer an, Mutter wird scharf und kann über gar nichts normal reden, Vater hat keine Lust zu so etwas, ebenso wenig wie Herr Dussel, und Frau van Daan wird immer angegriffen, sodass sie mit rotem Kopf dasitzt und sich kaum mehr wehren kann. Und wir? Wir dürfen kein Urteil haben! Ja, sie sind so schrecklich modern! Kein Urteil haben! Man kann jemandem sagen, er soll den Mund halten. Aber kein Urteil haben, das gibt es nicht. Niemand kann einem anderen sein Urteil verbieten, auch wenn der andere noch so jung ist! Bep, Margot, Peter und mir hilft nur eine große, hingebungsvolle Liebe, die wir hier nicht bekommen. Und niemand hier kann uns verstehen, vor allem diese idiotischen Besserwisser nicht. Denn wir sind empfindsamer und viel weiter in unseren Gedanken, als einer von ihnen es wohl auch nur im Entferntesten vermuten würde.

Liebe, was ist Liebe? Ich glaube, dass Liebe etwas ist, was sich eigentlich nicht in Worte fassen lässt. Liebe ist, jemanden zu verstehen, ihn gern zu haben. Glück und Unglück mit ihm zu teilen. Und dazu gehört auf die Dauer auch die körperliche Liebe. Du hast etwas geteilt, etwas hergegeben und etwas empfangen. Und ob du dann verheiratet oder unverheiratet bist, ob du ein Kind kriegst oder nicht, ob die Ehre weg ist, auf das alles kommt es nicht an, wenn du nur weißt, dass für dein ganzes weiteres Leben jemand neben dir steht, der dich versteht und den du mit niemandem zu teilen brauchst!

Zur Zeit mault Mutter wieder. Sie ist sichtbar eifersüchtig, weil ich mehr mit Frau van Daan rede als mit ihr. Das ist mir egal!

Heute Nachmittag habe ich Peter erwischt, wir haben uns mindestens eine dreiviertel Stunde lang unterhalten. Es fiel ihm schwer, etwas von sich zu sagen, aber es kam dann doch ganz langsam. Ich wusste wirklich nicht, ob ich besser daran täte, hinunterzugehen oder oben zu bleiben. Aber ich wollte ihm so gern helfen. Ich erzählte ihm von Bep und dass die beiden Mütter so taktlos sind. Er erzählte, dass seine Eltern immer streiten, über Politik und Zigaretten und alles Mögliche. Wie schon gesagt, Peter war sehr schüchtern, aber dann ließ er doch heraus, dass er seine Eltern gerne mal zwei Jahre lang nicht sehen möchte. »Mein Vater ist wirklich nicht so toll, wie er aussieht«, sagte er, »und in der Zigarettenfrage hat Mutter absolut Recht!«

Ich erzählte ihm auch von meiner Mutter. Doch Vater verteidigte er, er findet ihn einen »Mordskerl«.

Heute Abend, als ich nach dem Spülen meine Schürze aufhängte, rief er mich und bat mich, unten nichts davon zu sagen, dass sie wieder Streit hatten und nicht miteinander reden. Ich versprach es ihm, obwohl ich es Margot schon erzählt hatte. Aber ich bin überzeugt, dass sie ihren Mund hält.

»Nein, Peter«, sagte ich, »du brauchst vor mir keine Angst zu haben. Ich habe es mir abgewöhnt, alles weiterzusagen. Ich sage nie etwas, was du mir erzählst.«

Das fand er toll. Ich erzählte ihm auch von den schrecklichen Tratschereien bei uns und sagte: »Da hat Margot natürlich sehr Recht, wenn sie meint, dass ich nicht ehrlich bin. Denn obwohl ich nicht mehr tratschen will, über Herrn Dussel tue ich es noch viel zu gern.«

»Das ist schön von dir«, sagte er. Er war rot geworden, und ich wurde bei diesem aufrichtigen Kompliment auch fast verlegen.

Dann sprachen wir noch über die oben und uns. Peter war wirklich ein bisschen erstaunt, dass wir seine Eltern noch immer nicht mögen.

»Peter«, sagte ich, »du weißt, dass ich ehrlich bin. Warum sollte ich es dir nicht sagen? Wir kennen ihre Fehler doch auch.«

Ich sagte auch noch: »Peter, ich würde dir so gern helfen, geht das nicht? Du stehst hier so dazwischen, und ich weiß, auch wenn du es nicht sagst, dass dir das was ausmacht.«

»Ich werde deine Hilfe immer gern annehmen.«

»Vielleicht gehst du lieber zu Vater. Der sagt auch nie etwas weiter, dem kannst du ruhig alles erzählen.«

»Ja, er ist ein echter Kamerad.«

»Du hast ihn sehr gern, nicht wahr?«

Peter nickte, und ich fuhr fort: »Nun, er dich auch!«

Er wurde rot. Es war wirklich rührend, wie froh er über diese paar Worte war. »Glaubst du?«, fragte er.

»Ja«, sagte ich, »das merkt man doch an dem, was er ab und zu von sich gibt.«

Dann kam Herr van Daan zum Diktieren. Peter ist sicher auch ein »Mordskerl«, genau wie Vater. Deine Anne M. Frank

Freitag, 3. März 1944

Liebste Kitty!

Als heute Abend die Kerzen angezündet wurden, wurde ich wieder froh und ruhig. Oma ist für mich in dieser Kerze, und Oma ist es auch, die mich behütet und beschützt und mich wieder froh macht. Aber … ein anderer beeinflusst meine Stimmung, und das ist Peter. Als ich heute die Kartoffeln holte und noch mit dem vollen Topf auf der Treppe stand, fragte er schon: »Was hast du über Mittag gemacht?«

Ich setzte mich auf die Treppe, und wir fingen an zu reden. Um Viertel nach fünf (eine Stunde, nachdem ich sie geholt hatte) kamen die Kartoffeln erst im Zimmer an. Peter sprach mit keinem Wort mehr über seine Eltern, wir redeten nur über Bücher und über früher. Was hat dieser Junge für einen warmen Blick! Es fehlt, glaube ich, nicht mehr viel, und ich verliebe mich in ihn.

Darüber sprach er heute Abend. Ich kam zu ihm, nach dem Kartoffelschälen, und sagte, dass mir so heiß wäre. »An Margot und mir kann man sofort die Temperatur sehen. Wenn es kalt ist, sind wir weiß, und wenn es warm ist, rot«, sagte ich.

»Verliebt?«, fragte er.

»Warum sollte ich verliebt sein?« Meine Antwort (oder besser gesagt Frage) war ziemlich albern.

»Warum nicht!«, sagte er, und dann mussten wir zum Essen.

Ob er mit dieser Frage etwas beabsichtigt hat? Ich bin heute endlich dazu gekommen, ihn zu fragen, ob er mein Gerede nicht lästig fände. Er sagte nur: »Mir gefällt's gut!« Inwieweit diese Antwort nur Schüchternheit war, kann ich nicht beurteilen.

Kitty, ich bin wie eine Verliebte, die von nichts anderem erzählen kann als von ihrem Schatz. Peter ist aber auch wirklich ein Schatz. Wann werde ich ihm das mal sagen können? Natürlich nur, wenn er mich auch für einen Schatz hält. Aber ich bin kein Kätzchen, das man ohne Handschuhe anpackt, das weiß ich wirklich. Und er liebt seine Ruhe, also habe ich keine Ahnung, inwieweit er mich nett findet. Jedenfalls lernen wir uns ein bisschen besser kennen. Ich wünschte nur, dass wir uns mit viel mehr Dingen heraustrauen würden. Aber wer weiß, vielleicht kommt diese Zeit schneller, als ich denke. Ein paar Mal am Tag fange ich einen Blick des Einvernehmens von ihm auf, ich zwinkere zurück, und wir sind beide froh. Ich bin verrückt, wenn ich auch von seiner Freude spreche, aber ich habe das unumstößliche Gefühl, dass er genauso denkt wie ich.

Deine Anne M. Frank

Samstag, 4. März 1944

Beste Kitty!

Dieser Samstag ist seit Monaten und Monaten mal nicht so langweilig, traurig und öde wie alle vorherigen. Kein anderer als Peter ist die Ursache. Heute Morgen ging ich zum Dachboden, um meine Schürze aufzuhängen, als Vater fragte, ob ich nicht bleiben wolle, um ein bisschen Französisch zu reden. Ich fand das prima. Wir sprachen zuerst Französisch, ich erklärte etwas, dann machten wir Englisch. Vater las aus Dickens vor, und ich war selig, denn ich saß auf Vaters Stuhl, dicht neben Peter.

Um Viertel vor elf ging ich nach unten. Als ich um halb zwölf wieder hinaufkam, stand er schon auf der Treppe und wartete auf mich. Wir redeten bis Viertel vor eins. Wenn es nur eben möglich ist, zum Beispiel nach dem Essen, wenn niemand es hört, sagt er: »Tschüs, Anne, bis später!«

Ach, ich bin so froh! Fängt er jetzt doch an, mich zu mögen? Jedenfalls ist er ein netter Kerl, und wer weiß, wie toll ich noch mit ihm reden kann.

Frau van Daan findet es gut, wenn wir zusammen sind, aber heute fragte sie neckend: »Kann ich euch beiden da oben denn trauen?«

»Natürlich« sagte ich protestierend. »Sie beleidigen mich!«

Ich freue mich von morgens bis abends, dass ich Peter sehen werde.

Deine Anne M. Frank

P. S. Dass ich es nicht vergesse: Heute Nacht ist ein Haufen Schnee gefallen. Jetzt ist schon fast nichts mehr zu sehen, alles ist weggetaut.

Montag, 6. März 1944

Liebe Kitty!

Findest du es nicht verrückt, dass ich mich für Peter, nachdem er mir das von seinen Eltern erzählt hat, ein bisschen verantwortlich fühle? Es kommt mir vor, als gingen mich die Streitereien ebenso viel an wie ihn. Doch ich wage nicht mehr, mit ihm darüber zu sprechen, ich habe Angst, dass er das nicht mag. Um nichts in der Welt möchte ich nun unsensibel sein.

Ich sehe Peters Gesicht an, dass er genauso viel nachdenkt wie ich, und gestern Abend habe ich mich dann auch sehr geärgert, als Frau van Daan spöttisch sagte: »Der Denker!« Peter wurde rot und verlegen, und ich bin fast geplatzt.

Die Leute sollen doch ihren Mund halten! Es ist schlimm, untätig mit anzusehen, wie einsam er ist. Ich kann mir so gut, als würde ich es selbst mitmachen, vorstellen, wie verzweifelt er sich manchmal bei Streitereien fühlen muss. Armer Peter, wie sehr hat er Liebe nötig!

Wie hart klang es in meinen Ohren, als er davon sprach, dass er keine Freunde nötig hätte. Wie er sich irrt! Ich glaube auch, dass er diese Worte nicht ernst gemeint hat. Er klammert sich an seine Männlichkeit, seine Einsamkeit und seine gespielte Gleichgültigkeit, nur um nicht aus der Rolle zu fallen, um nie, nie zu zeigen, wie er sich fühlt. Armer Peter, wie lange kann er diese Rolle spielen? Wird dieser übermenschlichen Anstrengung kein schrecklicher Ausbruch folgen? O Peter, könnte und dürfte ich dir nur helfen! Wir zusammen würden unser beider Einsamkeit schon vertreiben!

Ich denke viel, aber ich sage nicht viel. Ich bin froh, wenn ich ihn sehe, und wenn dann auch noch die Sonne scheint. Gestern war ich beim Haarewaschen sehr ausgelassen und wusste die ganze Zeit, dass er im Zimmer nebenan war. Ich konnte es nicht ändern. Je stiller und ernster ich von innen bin, desto lärmender bin ich von außen. Wer wird der Erste sein, der diesen Panzer entdeckt und ihn durchbricht?

Es ist doch gut, dass van Daans kein Mädchen haben. Nie wäre die Eroberung so schwierig, so schön und so toll, wenn nicht gerade das andere Geschlecht so anziehen würde! Deine Anne M. Frank

P. S. Du weißt, dass ich dir alles ehrlich schreibe. Darum muss ich dir auch sagen, dass ich eigentlich von einem Treffen zum anderen lebe. Immer hoffe ich zu entdecken, dass er auch so auf mich wartet, und ich bin innerlich ganz entzückt, wenn ich seine kleinen, schüchternen Versuche merke. Er würde sich, meiner Meinung nach, gern genauso ausdrücken wie ich, und er weiß nicht, dass gerade seine Unbeholfenheit mich so anrührt.

Dienstag, 7. März 1944

Liebe Kitty!
Wenn ich so über mein Leben von 1942 nachdenke, kommt es mir so unwirklich vor. Dieses Götterleben erlebte eine ganz andere Anne Frank als die, die hier jetzt vernünftig geworden ist. Ein Götterleben, das war es. An jedem Finger fünf Verehrer, ungefähr zwanzig Freundinnen und Bekannte, der Liebling der meisten Lehrer, verwöhnt von Vater und Mutter, viele Süßigkeiten, genug Geld – was will man mehr?
Du wirst mich natürlich fragen, wie ich denn all die Leute so um den Finger gewickelt habe. Peter sagt »Anziehungskraft«, aber das stimmt nicht ganz. Die Lehrer fanden meine schlauen Antworten, mein lachendes Gesicht und meinen kritischen Blick nett, amüsant und witzig. Mehr war ich auch nicht, nur kokett und amüsant. Ein paar Vorteile hatte ich, durch die ich ziemlich in der Gunst blieb, nämlich Fleiß, Ehrlichkeit und Großzügigkeit. Nie hätte ich mich geweigert, jemanden, egal wen, abschauen zu lassen, Süßigkeiten verteilte ich mit offenen Händen, und ich war nicht eingebildet.
Ob ich bei all der Bewunderung nicht übermütig geworden wäre? Es ist ein Glück, dass ich mittendrin, auf dem Höhepunkt des Festes sozusagen, plötzlich in der Wirklichkeit landete, und es hat gut ein Jahr gedauert, bevor ich mich daran gewöhnt hatte, dass von keiner Seite mehr Bewunderung kam.
Wie sahen sie mich in der Schule? Die Anführerin von Späßen und Späßchen, immer vorne dran und niemals schlecht gelaunt oder weinerlich. War es ein Wunder, dass jeder gern mit mir mitradelte oder mir eine Aufmerksamkeit erwies?
Ich betrachte diese Anne Frank jetzt als ein nettes, witziges, aber ober-

flächliches Mädchen, das nichts mehr mit mir zu tun hat. Was sagte Peter über mich? »Wenn ich dich sah, warst du immer umringt von zwei oder mehr Jungen und einem Haufen Mädchen. Immer hast du gelacht und warst der Mittelpunkt!« Er hatte Recht.
Was ist von dieser Anne Frank übrig geblieben? O sicher, ich habe mein Lachen und meine Antworten nicht verlernt, ich kann noch genauso gut oder besser die Menschen kritisieren, ich kann noch genauso flirten und amüsant sein, wenn ich will ...
Das ist der Punkt. Ich möchte gerne noch mal für einen Abend, für ein paar Tage, für eine Woche so leben, scheinbar unbekümmert und fröhlich. Am Ende der Woche wäre ich dann todmüde und würde bestimmt dem Erstbesten, der vernünftig mit mir redet, sehr dankbar sein. Ich will keine Anbeter, sondern Freunde, keine Bewunderung für ein schmeichelndes Lächeln, sondern für mein Auftreten und meinen Charakter. Ich weiß sehr gut, dass dann der Kreis um mich viel kleiner würde. Aber was macht das, wenn ich nur ein paar Menschen, aufrechte Menschen übrig behalte.
Trotz allem war ich 1942 auch nicht ungeteilt glücklich. Ich fühlte mich oft verlassen, aber weil ich von morgens bis abends beschäftigt war, dachte ich nicht nach und machte Spaß. Bewusst oder unbewusst versuchte ich, die Leere mit Witzchen zu vertreiben.
Nun betrachte ich mein Leben und merke, dass eine Zeitspanne schon unwiderruflich abgeschlossen ist. Die sorglose, unbekümmerte Schulzeit kommt niemals zurück. Ich sehne mich noch nicht mal danach, ich bin darüber hinausgewachsen. Ich kann nicht mehr nur Unsinn machen, ein Teil von mir bewahrt immer seinen Ernst.
Ich betrachte mein Leben bis Neujahr 1944 wie unter einer scharfen Lupe. Daheim das Leben mit viel Sonne, dann 1942 hierher, der plötzliche Übergang, die Streitereien, die Anschuldigungen. Ich konnte es nicht fassen, ich war überrumpelt und habe meine Haltung nur durch Frechheit bewahren können.
Dann die erste Hälfte von 1943: Meine Heulanfälle, die Einsamkeit, das langsame Einsehen der Fehler und Mängel, die groß sind und doppelt so groß schienen. Ich redete tagsüber über alles hinweg und versuchte Pim auf meine Seite zu ziehen. Das gelang mir nicht. Ich stand allein vor der schwierigen Aufgabe, mich so zu verändern, dass

ich keine Tadel mehr hören musste, denn die drückten mich nieder bis zur schrecklichen Mutlosigkeit.
In der zweiten Hälfte des Jahres wurde es etwas besser. Ich wurde ein Backfisch, galt als erwachsener. Ich fing an nachzudenken, Geschichten zu schreiben, und kam zu dem Schluss, dass die anderen nichts mehr mit mir zu tun hatten. Sie hatten kein Recht, mich hin und her zu zerren. Ich wollte mich selbst umformen, nach meinem eigenen Willen. Ich verstand, dass ich auf Mutter verzichten kann, ganz und vollständig. Das tat weh. Aber eines traf mich noch mehr, nämlich die Einsicht, dass Vater nie mein Vertrauter werden würde. Ich vertraute niemandem mehr, nur noch mir selbst.
Nach Neujahr dann die zweite große Veränderung, mein Traum … Durch ihn entdeckte ich meine Sehnsucht nach einem Jungen. Nicht nach einer Mädchenfreundschaft, sondern nach einem Jungenfreund. Entdeckte auch das Glück in mir selbst und meinen Panzer aus Oberflächlichkeit und Fröhlichkeit. Aber dann und wann wurde ich ruhig. Nun lebe ich nur noch von Peter, denn von ihm wird sehr viel davon abhängen, was weiter mit mir passieren wird.
Abends, wenn ich im Bett liege und mein Gebet mit den Worten beende: »Ich danke dir für all das Gute und Liebe und Schöne«, dann jubelt es in mir. Dann denke ich an »das Gute«: das Verstecken, meine Gesundheit, mein ganzes Selbst. »Das Liebe« von Peter, das, was noch klein und empfindlich ist und das wir beide noch nicht zu benennen wagen, die Liebe, die Zukunft, das Glück. »Das Schöne«, das die Welt meint, die Welt, die Natur und die weite Schönheit von allem, allem Schönen zusammen.
Dann denke ich nicht an das Elend, sondern an das Schöne, das noch immer übrig bleibt. Hier liegt zu einem großen Teil der Unterschied zwischen Mutter und mir. Ihr Rat bei Schwermut ist: »Denke an all das Elend in der Welt und sei froh, dass du das nicht erlebst.« Mein Rat ist: »Geh hinaus in die Felder, die Natur und die Sonne. Geh hinaus und versuche, das Glück in dir selbst zurückzufinden. Denke an all das Schöne, das noch in dir und um dich ist, und sei glücklich!«
Meiner Meinung nach kann Mutters Satz nicht stimmen, denn was tust du dann, wenn du das Elend doch erlebst? Dann bist du verloren. Ich hingegen finde, dass noch bei jedem Kummer etwas Schönes üb-

rig bleibt. Wenn man das betrachtet, entdeckt man immer mehr Freude, und man wird wieder ausgeglichen. Und wer glücklich ist, wird auch andere glücklich machen. Wer Mut und Vertrauen hat, wird im Unglück nicht untergehen! Deine Anne M. Frank

Mittwoch, 8. März 1944

Margot und ich haben uns Briefchen geschrieben, nur zum Spaß, natürlich.

Anne: Verrückt, nicht wahr, mir fallen nächtliche Begebenheiten immer erst viel später ein. Jetzt weiß ich plötzlich, dass Herr Dussel heute Nacht sehr laut geschnarcht hat (jetzt ist es mittwochnachmittags, Viertel vor drei, und Herr Dussel schnarcht wieder, deshalb ist es mir natürlich eingefallen). Ich habe, als ich auf den Topf musste, absichtlich etwas mehr Lärm gemacht, damit das Schnarchen aufhört.

Margot: Was ist besser, das Geschnappe nach Luft oder das Schnarchen?

Anne: Schnarchen, denn wenn ich Krach mache, hört es auf, ohne dass die betreffende Person wach wird.

Etwas habe ich Margot nicht geschrieben, aber dir will ich es bekennen, Kitty, nämlich dass ich sehr viel von Peter träume. Vorgestern Nacht war ich im Traum hier, in unserem Wohnzimmer, auf dem Eis. Mit mir war der kleine Junge von der Kunsteisbahn, der mit seinem Schwesterchen in dem ewigen blauen Kleid und den Storchenbeinen hier lief. Ich stellte mich ihm geziert vor und fragte nach seinem Namen. Er hieß Peter. Schon im Traum fragte ich mich, wie viele Peters ich nun kenne.

Dann träumte ich, dass wir in Peters Zimmer standen, einander gegenüber. Ich sagte etwas zu ihm, er gab mir einen Kuss. Aber er sagte, dass er mich doch nicht so gern hätte und ich nicht flirten sollte. Mit einer verzweifelten und flehenden Stimme sagte ich: »Ich flirte nicht, Peter!«

Als ich wach wurde, war ich froh, dass Peter das nicht gesagt hatte.

Heute Nacht küssten wir uns auch. Aber Peters Wangen waren sehr enttäuschend. Sie waren nicht so weich, wie sie aussehen, sondern wie Vaters Wangen, also die eines Mannes, der sich schon rasiert.

Freitag, 10. März 1944

Liebste Kitty!

Heute passt das Sprichwort »Ein Unglück kommt selten allein«. Peter sagte es gerade. Ich werde dir erzählen, was wir für Unannehmlichkeiten haben und was uns vielleicht noch bevorsteht.

Erstens ist Miep krank. Sie war bei einer Trauung in der Westernkirche und hat sich erkältet. Zweitens ist Kleiman noch immer nicht zurück von seiner letzten Magenblutung, und Bep ist also allein im Büro. Drittens ist ein Mann, dessen Namen ich nicht nennen will, verhaftet worden. Das ist nicht nur für den Betreffenden sehr schlimm, sondern auch für uns, da wir auf Kartoffeln, Butter und Marmelade warten. Herr M., nennen wir ihn mal so, hat fünf Kinder unter 13 Jahren, und eins ist unterwegs.

Gestern Abend haben wir mal wieder einen kleinen Schreck erlebt, weil plötzlich neben uns an die Wand geklopft wurde. Wir waren gerade beim Essen. Der weitere Abend verlief bedrückt und nervös.

Ich habe in der letzten Zeit überhaupt keine Lust, die Ereignisse hier aufzuschreiben, meine eigenen Angelegenheiten gehen mir mehr zu Herzen. Versteh das nicht falsch, ich finde das Schicksal des armen Herrn M. schrecklich, aber in meinem Tagebuch ist doch nicht viel Platz für ihn.

Dienstag, Mittwoch und Donnerstag war ich von halb fünf bis Viertel nach fünf bei Peter. Wir haben Französisch gemacht und über alles und noch was getratscht. Ich freue mich wirklich auf dieses kleine Stündchen nachmittags, und am schönsten ist, dass Peter, glaube ich, mein Kommen auch schön findet. Deine Anne M. Frank

Samstag, 11. März 1944

Liebe Kitty!

In der letzten Zeit habe ich kein Sitzfleisch mehr. Ich gehe von oben nach unten und von unten wieder nach oben. Ich finde es schön, mit Peter zu reden, habe aber immer Angst, dass ich ihm lästig falle. Er hat mir einiges von früher erzählt, von seinen Eltern und sich selbst, aber ich finde es viel zu wenig und frage mich doch alle fünf Minuten, wie ich dazu komme, mehr zu verlangen. Er fand mich früher unausstehlich, ich ihn auch. Jetzt habe ich meine Meinung geändert, muss er seine auch geändert haben? Ich glaube ja, doch das bedeutet noch nicht, dass wir dicke Freunde werden müssen, obwohl ich meinerseits das ganze Verstecken dann leichter ertragen könnte. Aber ich will mich nicht verrückt machen, ich beschäftige mich genug mit ihm und muss dich nicht auch noch langweilen, weil ich so lahm bin!

Sonntag, 12. März 1944

Liebe Kitty!
Alles wird immer verrückter, je länger es dauert. Seit gestern schaut Peter mich nicht an, als wäre er böse auf mich. Ich gebe mir dann auch Mühe, ihm nicht nachzulaufen und so wenig wie möglich mit ihm zu reden, aber es fällt mir schwer. Was ist es denn, das ihn oft von mir abhält und oft zu mir hindrängt? Vielleicht bilde ich mir auch nur ein, dass es schlimm ist. Vielleicht hat er auch Launen, vielleicht ist morgen alles wieder gut.
Am schwersten ist es, dass ich nach außen hin normal sein muss, auch wenn ich so traurig bin. Ich muss helfen, mit anderen reden und zusammensitzen und vor allem fröhlich sein! Ganz besonders vermisse ich die Natur und einen Platz, wo ich allein sein kann, solange ich will. Ich glaube, ich bringe alles durcheinander, aber ich bin auch völlig verwirrt. Auf der einen Seite bin ich verrückt vor Sehnsucht nach ihm, kann kaum im Zimmer sein, ohne zu ihm hinzuschauen, und auf der anderen Seite frage ich mich, warum es mir eigentlich so viel ausmacht, warum ich nicht wieder ruhig werden kann!
Tag und Nacht, immer wenn ich wach bin, tue ich nichts anderes, als mich zu fragen: »Hast du ihn nicht genug in Ruhe gelassen? Bist du zu oft oben? Redest du zu oft über ernste Dinge, über die er noch nicht sprechen kann? Findet er dich vielleicht überhaupt nicht sympathisch? War der ganze Rummel vielleicht nur Einbildung? Aber warum hat er dir dann so viel über sich selbst erzählt? Tut ihm das vielleicht Leid?« Und noch viel mehr.
Gestern Nachmittag war ich nach einer Reihe trauriger Neuigkeiten von draußen so durchgedreht, dass ich mich auf meine Couch legte.

Ich wollte nichts als schlafen, um nicht nachzudenken. Ich schlief bis vier Uhr, dann musste ich hinüber. Es fiel mir schwer, Mutters Fragen zu beantworten und mir für Vater eine Ausrede auszudenken, die mein Schlafen erklärte. Ich schob Kopfschmerzen vor, was nicht gelogen war, da ich auch Kopfschmerzen hatte … von innen!
Normale Menschen, normale Mädchen, Backfische wie ich, werden mich wohl für übergeschnappt halten mit meinem Selbstmitleid. Aber es ist ja so, dass ich dir alles sage, was mir auf dem Herzen liegt, den übrigen Tag bin ich so frech, fröhlich und selbstbewusst wie möglich, um alle Fragen zu vermeiden, und ärgere mich innerlich über mich selbst.
Margot ist sehr lieb und möchte gern meine Vertraute sein, aber ich kann ihr doch nicht alles sagen. Ihr fehlt es an Ungezwungenheit. Sie nimmt mich ernst, viel zu ernst, und denkt lange über ihre verrückte Schwester nach. Sie schaut mich bei allem, was ich sage, prüfend an und denkt: Ist das jetzt Komödie, oder meint sie es wirklich?
Wir sind eben dauernd zusammen, und ich könnte meine Vertraute nicht immer um mich haben.
Wann komme ich wieder heraus aus diesem Wirrwarr von Gedanken? Wann wird wieder Ruhe und Frieden in mir sein?

Deine Anne

Dienstag, 14. März 1944

Liebe Kitty!
Für dich ist es vielleicht vergnüglich (für mich weniger) zu hören, was wir heute essen werden. Da die Putzfrau unten ist, sitze ich im Augenblick bei van Daans am Wachstuchtisch und habe ein Taschentuch, das mit wohlriechendem Parfüm aus der Vorversteckzeit durchzogen ist, gegen Mund und Nase gedrückt. Das wirst du so natürlich nicht verstehen, also »mit dem Anfang beginnen«.
Da unsere Markenlieferanten festgenommen worden sind, haben wir außer unseren fünf schwarzen Lebensmittelkarten keine Marken und kein Fett. Und weil Miep und Kleiman wieder krank sind, kann Bep auch nichts besorgen. Und weil die ganze Stimmung trübselig ist, ist es das Essen auch. Ab morgen haben wir kein Stückchen Fett, Butter oder Margarine mehr. Zum Frühstück gibt es nun nicht mehr Brat-

kartoffeln (aus Brotersparnis), sondern Brei, und da Frau van Daan glaubt, dass wir verhungern, haben wir dafür extra Vollmilch gekauft. Unser Mittagessen heute ist Grünkohleintopf aus dem Fass. Daher auch die Vorsichtsmaßnahme mit dem Taschentuch. Unglaublich, wie Grünkohl, der wahrscheinlich ein paar Jahre alt ist, stinken kann! Es riecht hier im Zimmer nach einer Mischung aus verdorbenen Pflaumen, Konservierungsmittel und faulen Eiern. Bah, mir wird schon übel allein bei dem Gedanken, dass ich dieses Zeug essen muss!
Dazu kommt noch, dass sich unsere Kartoffeln sonderbare Krankheiten zugezogen haben und von zwei Eimern »pommes de terre« einer im Herd landet. Wir machen uns einen Spaß daraus, die verschiedenen Krankheiten herauszufinden, und sind zu dem Schluss gekommen, dass Krebs, Pocken und Masern einander abwechseln. O ja, es ist kein Vergnügen, im vierten Kriegsjahr versteckt zu leben. Wäre der ganze Mist nur schon vorbei!
Ehrlich gesagt, mir würde das Essen nicht so viel ausmachen, wenn es sonst etwas vergnüglicher hier wäre. Der Haken ist, dass dieses langweilige Leben anfängt, uns unleidlich zu machen. Hier folgen die Meinungen von fünf erwachsenen Untertauchern über den gegenwärtigen Zustand (Kinder dürfen keine Meinung haben, ich habe mich für diesmal daran gehalten).
Frau van Daan:
»Die Arbeit als Küchenfee gefällt mir schon lange nicht mehr, aber dazusitzen und nichts zu tun zu haben ist langweilig. Also koche ich doch wieder und beklage mich: ›Kochen ohne Fett ist unmöglich. Mir wird übel von all den ekelhaften Gerüchen. Nichts als Undankbarkeit und Geschrei ist der Lohn für meine Mühe. Ich bin immer das schwarze Schaf, an allem bekomme ich die Schuld.‹ Ferner bin ich der Meinung, dass der Krieg nicht viel Fortschritte macht, die Deutschen werden am Schluss doch noch gewinnen. Ich habe schreckliche Angst, dass wir verhungern, und schimpfe jeden aus, wenn ich schlechte Laune habe.«
Herr van Daan:
»Ich muss rauchen, rauchen, rauchen, dann sind Essen, Politik und Kerlis Launen nicht so schlimm, und Kerli ist eine liebe Frau. Wenn ich nichts zu rauchen bekomme, dann werde ich krank, dann brauche ich Fleisch. Dann leben wir zu schlecht, ist nichts gut genug, es folgt

bestimmt ein heftiger Streit, und meine Kerli ist eine schrecklich dumme Frau.«

Frau Frank:

»Das Essen ist nicht so wichtig, aber gerade jetzt hätte ich gerne eine Scheibe Roggenbrot, denn ich habe schrecklichen Hunger. Wenn ich Frau van Daan wäre, hätte ich dem ewigen Rauchen meines Mannes schon längst einen Riegel vorgeschoben. Aber jetzt brauche ich dringend eine Zigarette, ich habe schon einen ganz blöden Kopf. Die van Daans sind schreckliche Leute, die Engländer machen viele Fehler, aber der Krieg geht voran. Ich muss reden und froh sein, dass ich nicht in Polen bin.«

Herr Frank:

»Alles in Ordnung, ich brauche nichts. Immer mit der Ruhe, wir haben Zeit. Gib mir meine Kartoffeln, dann halte ich den Mund. Schnell noch was von meiner Ration zur Seite legen, für Bep. Politisch geht es voran, ich bin optimistisch.«

Herr Dussel:

»Ich muss mein Pensum schaffen, alles rechtzeitig fertig machen. Mit der Politik geht es ausgezeichnet, dass wir geschnappt werden, ist unmöglich. Ich, ich, ich …!« Deine Anne

Mittwoch, 15. März 1944

Liebe Kitty!

Puh, ein Weilchen von den düsteren Szenen befreit! Heute habe ich nichts anderes gehört als: »Wenn dies oder das passiert, dann bekommen wir Schwierigkeiten, wenn der noch krank wird, stehen wir allein auf der Welt …, wenn dann …«

Nun ja, den Rest weißt du schon. Ich vermute wenigstens, dass du die Hinterhäusler inzwischen gut genug kennst, um ihre Gespräche zu erraten.

Der Anlass für dieses »wenn, wenn« ist, dass Kugler zu sechs Tagen Arbeitsdienst aufgerufen worden ist, Bep mehr als nur einen Stockschnupfen hat und wahrscheinlich morgen zu Hause bleiben muss, Miep von ihrer Grippe noch nicht genesen ist und Kleiman eine Magenblutung mit Bewusstlosigkeit gehabt hat. Eine wahre Trauerliste für uns.

Kugler muss unserer Meinung nach zu einem zuverlässigen Arzt gehen, sich ein Attest schreiben lassen und es auf dem Rathaus in Hilversum vorlegen. Für morgen haben die Arbeiter vom Lager einen Tag frei bekommen, Bep ist dann allein im Büro. Wenn (schon wieder ein Wenn) sie zu Hause bleibt, dann bleibt die Tür verschlossen und wir müssen mäuschenstill sein, dass die Leute im Nachbarhaus nichts hören. Jan will um ein Uhr kommen und die Verlassenen für eine halbe Stunde besuchen, er spielt dann sozusagen die Rolle eines Zoowärters.

Jan hat heute Mittag zum ersten Mal seit langer Zeit wieder mal was von der großen Welt erzählt. Du hättest sehen müssen, wie wir acht um ihn herum saßen, genau wie auf einem Bild »Wenn Großmutter erzählt«.

Er kam vom Hundertsten ins Tausendste vor seinem dankbaren Publikum und sprach in erster Linie natürlich vom Essen. Eine Bekannte von Miep kocht für ihn. Vorgestern bekam er Karotten mit grünen Erbsen, gestern musste er Reste essen, heute kocht sie Ackererbsen, und morgen gibt's aus den übrig gebliebenen Karotten Eintopf.

Wir erkundigten uns nach Mieps Doktor.

»Doktor?«, fragte Jan. »Was wollen Sie vom Doktor? Ich rief heute Morgen bei ihm an, bekam so ein Assistentchen ans Telefon, bat um ein Rezept gegen Grippe und erhielt die Antwort, dass ich es zwischen acht und neun abholen könnte. Wenn man eine sehr schwere Grippe hat, kommt der Doktor selbst kurz an den Apparat und sagt: ›Strecken Sie mal Ihre Zunge raus! Sagen Sie aah! Ich höre schon, Sie haben einen roten Hals. Ich schreibe ein Rezept für Sie, damit können Sie zur Apotheke gehen. Guten Tag, mein Herr.‹ Und damit basta. Bequeme Praxis ist das, ausschließlich Bedienung durchs Telefon. Aber ich sollte den Ärzten nichts vorwerfen, schließlich hat jeder Mensch nur zwei Hände, und heute gibt es einen Überfluss an Patienten und nur eine minimale Zahl an Ärzten.«

Trotzdem mussten wir lachen, als Jan das Telefongespräch wiedergab. Ich kann mir wirklich vorstellen, wie ein Wartezimmer gegenwärtig aussieht. Man schaut nicht mehr auf Kassenpatienten hinab, sondern auf Leute, denen nichts Schlimmes fehlt, und denkt sich: Mensch, was hast du hier zu suchen? Hinten anstellen, wirklich Kranke haben Vorrang!

Deine Anne M. Frank

Donnerstag, 16. März 1944

Liebe Kitty!

Das Wetter ist herrlich, unbeschreiblich schön. Ich gehe sicher bald zum Dachboden.

Ich weiß jetzt, warum ich so viel unruhiger bin als Peter. Er hat ein eigenes Zimmer, in dem er arbeitet, träumt, denkt und schläft. Ich werde von einer Ecke in die andere geschoben. Allein bin ich in meinem geteilten Zimmer nie, und doch sehne ich mich so sehr danach. Das ist auch der Grund, weshalb ich zum Dachboden flüchte. Dort und bei dir kann ich mal kurz, ganz kurz, ich selbst sein. Doch ich will nicht über meine Sehnsüchte jammern, im Gegenteil, ich will mutig sein!

Glücklicherweise merkt niemand etwas von meinen Gefühlen, außer dass ich mit jedem Tag kühler und verächtlicher gegen Mutter bin, mit Vater weniger schmuse und auch Margot gegenüber nichts mehr rauslasse, ich bin völlig zugeknöpft. Ich muss vor allem meine äußere Sicherheit bewahren, niemand darf wissen, dass in mir noch immer Krieg herrscht. Krieg zwischen meinem Verlangen und meinem Verstand. Bis jetzt hat letzterer den Sieg errungen, aber wird das Gefühl nicht doch stärker sein? Manchmal fürchte ich es, und oft ersehne ich es.

Es ist so schwierig, Peter gegenüber nichts zu zeigen, aber ich weiß, dass er anfangen muss. Es fällt mir schwer, all die Gespräche und Handlungen, die ich in meinen Träumen mit ihm erlebt habe, tagsüber wieder als nicht geschehen zu betrachten. Ja, Kitty, Anne ist verrückt, aber ich lebe auch in einer verrückten Zeit und unter noch verrückteren Umständen.

Am besten gefällt mir noch, dass ich das, was ich denke und fühle, wenigstens aufschreiben kann, sonst würde ich komplett ersticken.

Was denkt Peter wohl über all das? Immer wieder glaube ich, dass ich eines Tages mit ihm darüber sprechen kann. Es muss doch etwas geben an mir, das er erraten hat, denn die äußere Anne, die er bis jetzt kennt, kann er doch nicht gern haben! Wie kann er, der Ruhe und Frieden so sehr liebt, Sympathie für mein lärmendes und lebhaftes Benehmen fühlen? Ist er vielleicht der Erste und Einzige, der hinter meine Betonmaske geschaut hat? Wird er vielleicht bald dahintersteigen? Gibt es nicht einen alten Spruch, dass auf Mitleid oft Liebe folgt

oder dass beides oft Hand in Hand geht? Ist das nicht auch bei mir der Fall? Ich habe genauso viel Mitleid mit ihm, wie ich es oft mit mir selbst habe!
Ich weiß wirklich nicht, wie ich die ersten Worte finden sollte. Wie könnte er es dann, der noch viel mehr Schwierigkeiten hat zu sprechen? Könnte ich ihm nur schreiben! Dann wüsste ich wenigstens, dass er weiß, was ich sagen wollte, mit Worten ist es so entsetzlich schwer.

Deine Anne M. Frank

Freitag, 17. März 1944

Allerliebster Schatz!
Es ist noch mal gut gegangen, Beps Erkältung ist keine Grippe geworden, sondern nur Heiserkeit, und Herr Kugler ist vom Arbeitsdienst durch das Attest eines Arztes befreit worden. Durch das Hinterhaus weht ein Wind der Erleichterung. Alles ist in Ordnung, außer dass Margot und ich unsere Eltern ein bisschen satt haben.
Du darfst das nicht falsch verstehen, ich liebe Vater, und Margot liebt Vater und Mutter, aber wenn man so alt ist wie wir, will man auch ein bisschen für sich selbst entscheiden, will man mal von der Elternhand los. Wenn ich nach oben gehe, wird gefragt, was ich tun will. Bei Tisch darf ich kein Salz nehmen, jeden Abend um Viertel nach acht fragt Mutter, ob ich mich noch nicht ausziehen sollte, jedes Buch, das ich lese, muss geprüft werden. Ehrlich gesagt, diese Prüfung ist überhaupt nicht streng, und ich darf fast alles lesen, aber all diese Be- und Anmerkungen plus die Fragerei den ganzen Tag finden wir lästig.
Noch etwas passt ihnen nicht, ich will nicht mehr den ganzen Tag Küsschen hier und Küsschen da geben. All die süßen, ausgedachten Kosenamen finde ich geziert. Und Vaters Vorliebe, über Winde lassen und die Toilette zu sprechen, finde ich scheußlich. Kurz, ich möchte sie gern mal für eine Weile loshaben, und das verstehen sie nicht. Nicht dass wir ihnen etwas davon erzählt haben, nein, wozu auch, sie würden es nicht kapieren.
Margot hat gestern Abend gesagt: »Ich finde es wirklich blöd. Wenn man kurz den Kopf auf die Hände legt und zweimal seufzt, fragen sie gleich, ob man Kopfweh hat oder sich nicht gut fühlt.«

Es ist für Margot und mich ein richtiger Schlag, dass wir nun plötzlich sehen, wie wenig von dem vertrauten und harmonischen Zuhause übrig ist. Und das liegt zu einem großen Teil daran, dass unser Verhältnis zueinander so schief ist. Ich meine, dass wir wie kleine Kinder behandelt werden, was die äußerlichen Dinge betrifft, und wir innerlich viel älter sind als Mädchen unseres Alters. Auch wenn ich erst vierzehn bin, weiß ich doch sehr gut, was ich will, ich weiß, wer Recht und Unrecht hat, ich habe meine Meinung, meine Auffassungen und Prinzipien. Vielleicht klingt das verrückt für einen Backfisch, aber ich fühle mich viel mehr Mensch als Kind, ich fühle mich unabhängig, von wem auch immer. Ich weiß, dass ich besser debattieren und diskutieren kann als Mutter, ich weiß, dass ich einen objektiveren Blick habe und nicht so übertreibe, ordentlicher und geschickter bin, und dadurch fühle ich mich (du kannst darüber lachen) ihr in vielen Dingen überlegen. Wenn ich jemanden lieben soll, muss ich in erster Linie Bewunderung für ihn fühlen, Bewunderung und Respekt, und diese beiden Punkte vermisse ich bei Mutter vollkommen.

Alles wäre gut, wenn ich nur Peter hätte, denn ihn bewundere ich in vielem. Nicht wahr, er ist so ein feiner und hübscher Junge!

Deine Anne M. Frank

Samstag, 18. März 1944

Liebe Kitty!

Niemandem auf der Welt habe ich mehr über mich selbst und meine Gefühle erzählt als dir, warum sollte ich dir dann nicht auch etwas über sexuelle Dinge erzählen?

Eltern und Menschen im Allgemeinen verhalten sich bei diesem Thema sehr eigenartig. Statt dass sie sowohl ihren Mädchen als auch ihren Jungen von zwölf Jahren alles erzählen, werden Kinder bei solchen Gesprächen aus dem Zimmer geschickt und dürfen selbst sehen, wo sie ihre Weisheit herbekommen. Wenn die Eltern dann später entdecken, dass ihre Kinder doch etwas erfahren haben, nehmen sie an, dass die Kinder mehr oder weniger wissen, als tatsächlich wahr ist. Warum versuchen sie dann nicht noch, das Versäumte nachzuholen, und fragen, wie es damit steht?

Anne, 1941.

Ein wichtiges Hindernis gibt es für die Erwachsenen, doch ich finde es sehr klein. Sie denken nämlich, dass Kinder sich die Ehe dann nicht mehr heilig und unversehrt vorstellen, wenn sie wissen, dass diese Unversehrtheit in den meisten Fällen bloß Unsinn ist. Ich persönlich finde es für einen Mann überhaupt nicht schlimm, wenn er ein bisschen Erfahrung mit in die Ehe bringt. Damit hat die Ehe doch nichts zu tun.
Als ich gerade elf geworden war, klärten sie mich über die Periode auf. Woher sie kam oder was sie für eine Bedeutung hat, wusste ich aber noch lange nicht. Mit zwölfeinhalb Jahren erfuhr ich mehr, weil Jopie nicht so blöd war wie ich. Wie Mann und Frau zusammenleben, hat mir mein Gefühl selbst gesagt. Am Anfang fand ich diese Vorstellung verrückt, aber als Jacque es mir bestätigte, war ich schon ein bisschen stolz auf meine Intuition.
Dass Kinder nicht aus dem Bauch geboren werden, habe ich auch von Jacque, die sagte einfach: »Wo es hineingeht, kommt es fertig wieder heraus.« Über Jungfernhäutchen und andere Einzelheiten wussten Jacque und ich aus einem Buch über sexuelle Aufklärung. Dass man Kinderkriegen verhindern kann, wusste ich auch, aber wie das alles innerlich geht, war mir ein Geheimnis. Als ich hierher kam, erzählte Vater mir von Prostituierten und so weiter, aber alles in allem bleiben genug Fragen übrig.
Wenn eine Mutter ihren Kindern nicht alles erzählt, erfahren sie es stückchenweise, und das ist sicher verkehrt.

Obwohl Samstag ist, bin ich nicht gelangweilt. Das liegt daran, dass ich mit Peter auf dem Dachboden war. Mit geschlossenen Augen habe ich dagesessen und geträumt, es war herrlich.

Deine Anne M. Frank

Sonntag, 19. März 1944

Liebe Kitty!
Gestern war ein sehr wichtiger Tag für mich. Nach dem Mittagessen verlief alles ganz normal. Um fünf Uhr setzte ich Kartoffeln auf, und Mutter gab mir etwas von der Blutwurst, um sie Peter zu bringen. Ich wollte erst nicht, ging dann aber doch. Er wollte die Wurst nicht

annehmen, und ich hatte das elende Gefühl, dass es noch immer wegen des Streites über das Misstrauen war. Auf einmal konnte ich nicht mehr, die Tränen schossen mir in die Augen. Ich brachte die Untertasse wieder zu Mutter und ging aufs Klo, zum Ausweinen. Dann beschloss ich, die Sache mit Peter durchzusprechen. Vor dem Essen saßen wir zu viert bei ihm an einem Kreuzworträtsel, da konnte ich also nichts sagen. Aber als wir zu Tisch gingen, flüsterte ich ihm zu: »Machst du heute Abend Steno?«
»Nein«, antwortete er.
»Dann möchte ich dich später kurz sprechen.« Er war einverstanden. Nach dem Abwasch ging ich also zu ihm und fragte, ob er die Blutwurst wegen des letzten Streits nicht angenommen hätte. Das war es zum Glück nicht, er fand es aber nur nicht richtig, so schnell nachzugeben. Es war sehr warm im Zimmer gewesen, und mein Gesicht war rot wie ein Krebs. Deshalb ging ich, nachdem ich Margot das Wasser hinuntergebracht hatte, noch mal nach oben, um etwas Luft zu schnappen. Anstandshalber stellte ich mich erst bei van Daans ans Fenster, ging aber schon bald zu Peter. Er stand an der linken Seite des offenen Fensters, ich stellte mich an die rechte. Es war viel leichter, am offenen Fenster und im Dunkeln zu sprechen, als bei Licht. Ich glaube, Peter fand das auch. Wir haben uns so viel erzählt, so schrecklich viel, das kann ich gar nicht alles wiederholen. Aber es war toll, der schönste Abend, den ich im Hinterhaus je hatte. Einige Themen kann ich dir doch kurz wiedergeben.
Erst sprachen wir über die Streitereien, dass ich denen nun ganz anders gegenüberstehe, dann über die Entfremdung zwischen uns und unseren Eltern. Ich erzählte Peter von Mutter und Vater, von Margot und mir selbst. Irgendwann fragte er: »Ihr sagt euch doch bestimmt immer Gutenacht mit einem Kuss?«
»Mit einem? Mit einem ganzen Haufen. Du nicht, oder?«
»Nein, ich habe fast nie jemandem einen Kuss gegeben.«
»Auch nicht an deinem Geburtstag?«
»Doch, dann schon.«
Wir sprachen auch darüber, dass wir beide unseren Eltern nicht so viel Vertrauen schenken. Dass seine Eltern ihn zwar sehr lieben und wohl auch gern sein Vertrauen haben wollten, aber dass er es nicht wollte. Dass ich meinen Kummer im Bett ausweine und er auf den

Oberboden geht und flucht. Dass Margot und ich uns auch erst seit kurzem richtig kennen und dass wir uns doch nicht so viel erzählen, weil wir immer beieinander sind. Wir sprachen über alles Mögliche, über Vertrauen, Gefühl und uns selbst. Er war genauso, wie ich ihn mir vorgestellt hatte.
Dann kamen wir auf das Jahr 1942, wie anders wir damals waren. Wir erkennen uns beide nicht mehr wieder. Wie wir uns am Anfang nicht ausstehen konnten. Er fand mich lebhaft und lästig, und ich fand schon bald an dem ganzen Jungen nichts. Ich verstand nicht, dass er nicht flirtete, aber jetzt bin ich froh. Er sprach auch noch darüber, dass er sich so oft abgesondert hat, und ich sagte, dass zwischen meinem Lärm und Übermut und seiner Stille nicht so viel Unterschied sei und ich auch die Ruhe liebe, aber nirgends für mich allein wäre, außer mit meinem Tagebuch. Und dass mich jeder lieber gehen als kommen sieht, vor allem Herr Dussel, und im Zimmer der Eltern will ich nicht immer sein. Er ist froh, dass meine Eltern Kinder haben, und ich bin froh, dass er hier ist. Ich sagte ihm, dass ich ihn in seiner Zurückgezogenheit und seinem Verhalten seinen Eltern gegenüber verstehe und ihm gerne helfen würde bei den Streitereien.
»Du hilfst mir doch immer!«, sagte er.
»Womit denn?«, fragte ich sehr erstaunt.
»Mit deiner Fröhlichkeit.«
Das war wohl das Schönste, was er mir gesagt hat. Er sagte auch noch, dass er es überhaupt nicht mehr lästig fände, wenn ich zu ihm komme, sondern toll. Und ich erzählte ihm, dass mir all die Kosenamen von Vater und Mutter leer vorkommen und ein Küsschen hier und ein Küsschen da noch kein Vertrauen schafft. Wir sprachen über unseren eigenen Willen, das Tagebuch und die Einsamkeit, den Unterschied zwischen einem Innen- und einem Außenmenschen, den jeder hat, meine Maske und so weiter.
Es war herrlich. Er muss angefangen haben, mich als Kameraden gern zu haben, und das ist vorläufig genug. Ich habe keine Worte dafür, so dankbar und froh bin ich. Und ich muss mich schon bei dir entschuldigen, Kitty, dass mein Stil heute unter dem sonstigen Niveau liegt. Ich habe einfach aufgeschrieben, was mir eingefallen ist.

Ich habe das Gefühl, als teilten Peter und ich ein Geheimnis. Wenn er mich anschaut, mit diesen Augen, diesem Lachen und diesem Zwinkern, ist es, als gehe in meinem Inneren ein Licht an. Ich hoffe, dass es so bleibt, dass wir noch viele, viele schöne Stunden zusammen verbringen.

Deine dankbare und frohe Anne

Montag, 20. März 1944

Liebe Kitty!

Heute Morgen fragte Peter, ob ich abends mal öfter käme. Ich würde ihn wirklich nicht stören, und in seinem Zimmer wäre genauso gut auch Platz für zwei. Ich sagte, dass ich nicht jeden Abend kommen könnte, weil sie das unten nicht richtig fänden, aber er meinte, dass ich mich daran nicht stören sollte. Ich sagte, dass ich am Samstagabend gerne käme, und bat ihn, mir vor allem Bescheid zu sagen, wenn man den Mond sehen könnte.

»Dann gehen wir hinunter«, sagte er, »und schauen uns von dort den Mond an.« Ich war einverstanden, und so große Angst vor Dieben habe ich auch wirklich nicht.

Inzwischen ist ein Schatten auf mein Glück gefallen. Ich dachte schon längst, dass Margot Peter mehr als nett findet. Ob sie ihn liebt, weiß ich nicht, aber ich finde es sehr schlimm. Jedes Mal, wenn ich Peter nun treffe, muss ich ihr wehtun, und es ist schön, dass sie sich fast nichts anmerken lässt. Ich wäre verzweifelt vor Eifersucht, aber Margot sagt nur, dass ich kein Mitleid mit ihr haben müsste.

»Ich finde es so schlimm, dass du als Dritte dabeistehst«, sagte ich.

»Das bin ich gewöhnt«, sagte sie ziemlich bitter.

Das wage ich Peter nicht zu erzählen. Vielleicht später mal. Wir müssen uns erst noch richtig aussprechen.

Mutter hat mir gestern einen kleinen Schlag verpasst, den ich wirklich verdient habe. Ich darf mich in meiner Gleichgültigkeit und Verachtung ihr gegenüber nicht so gehen lassen. Also wieder mal versuchen, trotz allem freundlich zu sein und meine Bemerkungen zu unterlassen.

Auch Pim ist nicht mehr so herzlich. Er versucht sich das Kindische ein bisschen abzugewöhnen und ist nun viel zu kühl. Mal sehen, was

daraus wird. Er hat mir gedroht, dass ich später bestimmt keine Nachhilfestunden bekomme, wenn ich kein Algebra mache. Obwohl ich das abwarten könnte, will ich doch wieder damit anfangen, vorausgesetzt, ich bekomme ein neues Buch.
Vorläufig kann ich nichts anderes tun, als Peter anzuschauen, und ich bin randvoll! Deine Anne M. Frank

Ein Beweis von Margots Güte. Dies erhielt ich heute, am 20. März 1944:
»Anne, als ich gestern sagte, dass ich nicht eifersüchtig auf dich wäre, war das nur zu 50% ehrlich. Es ist nämlich so, dass ich weder auf dich noch auf Peter eifersüchtig bin. Ich finde es nur für mich selbst ein bisschen schade, dass ich noch niemanden gefunden habe und vorläufig sicher nicht finden werde, mit dem ich über meine Gedanken und Gefühle sprechen könnte. Aber deshalb gönne ich es euch beiden doch von Herzen, wenn ihr euch etwas Vertrauen schenken könntet. Du vermisst hier schon genug von dem, was für viele andere so selbstverständlich ist. Andererseits weiß ich genau, dass ich mit Peter doch nie so weit gekommen wäre, weil ich das Gefühl habe, dass ich mit demjenigen, mit dem ich viel besprechen möchte, auf ziemlich intimem Fuß stehen müsste. Ich würde das Gefühl brauchen, dass er mich, auch ohne dass ich viel sage, durch und durch versteht. Deshalb müsste es jemand sein, bei dem ich das Gefühl habe, dass er mir geistig überlegen ist, und das ist bei Peter nicht der Fall. Bei dir und Peter könnte ich es mir aber gut vorstellen.
Du brauchst dir also überhaupt keine Vorwürfe zu machen, dass ich zu kurz komme und du etwas tust, was mir zukäme. Nichts ist weniger wahr. Du und Peter werdet nur gewinnen können durch den Umgang miteinander.«

Meine Antwort:
Liebe Margot!
Deinen Brief fand ich außerordentlich lieb, aber ich bin doch nicht völlig beruhigt und werde es wohl auch nicht werden.
Von Vertrauen ist in dem Maße, das du meinst, zwischen Peter und mir vorläufig noch keine Rede, aber an einem offenen und dunklen

Fenster sagt man einander mehr als im hellen Sonnenschein. Auch kann man seine Gefühle leichter flüsternd sagen, als wenn man sie ausposaunen muss. Ich glaube, dass du für Peter eine Art schwesterlicher Zuneigung fühlst und ihm gern helfen willst, mindestens so gern wie ich. Vielleicht wirst du das auch noch mal tun können, obwohl das kein Vertrauen in unserem Sinn ist. Ich finde, dass Vertrauen von zwei Seiten kommen muss. Ich glaube, das ist auch der Grund, dass es zwischen Vater und mir nie so weit gekommen ist. Hören wir jetzt damit auf und reden auch nicht mehr darüber. Wenn du noch etwas willst, mache es bitte schriftlich, denn so kann ich viel besser ausdrücken, was ich meine, als mündlich. Du weißt nicht, wie sehr ich dich bewundere, und ich hoffe nur, dass ich noch mal etwas von Vaters und deiner Güte bekomme, denn darin sehe ich zwischen euch nicht mehr viel Unterschied. Deine Anne

Mittwoch, 22. März 1944

Liebe Kitty!

Dies bekam ich gestern Abend von Margot:

»Beste Anne!

Nach deinem Brief von gestern habe ich das unangenehme Gefühl, dass du Gewissensbisse hast, wenn du zu Peter gehst, um zu arbeiten oder zu reden. Dazu gibt es jedoch wirklich keinen Grund. In meinem Inneren hat jemand Recht auf gegenseitiges Vertrauen, und ich würde Peter noch nicht auf dieser Stelle dulden können. Es ist jedoch so, wie du geschrieben hast, dass ich das Gefühl habe, Peter ist eine Art Bruder, aber ... ein jüngerer Bruder. Unsere Gefühle strecken Fühler aus, um uns vielleicht später, vielleicht auch nie, in geschwisterlicher Zuneigung zu berühren. So weit ist es jedoch noch lange nicht. Du brauchst also wirklich kein Mitleid mit mir zu haben. Genieße so oft wie möglich die Gesellschaft, die du nun gefunden hast.«

Es wird hier immer schöner. Ich glaube, Kitty, dass wir hier im Hinterhaus vielleicht noch eine echte große Liebe erleben. All das Gewitzel über eine Heirat mit Peter, wenn wir noch lange hier bleiben, war also doch nicht so verrückt. Ich denke wirklich nicht darüber nach,

ihn zu heiraten. Ich weiß nicht, wie er mal sein wird, wenn er erwachsen ist. Ich weiß auch nicht, ob wir uns einmal so lieb haben, dass wir gerne heiraten würden.
Ich bin inzwischen sicher, dass Peter mich auch gern hat. Auf welche Art er mich mag, weiß ich nicht. Ob er nur eine gute Kameradin wünscht oder ob ich ihn als Mädchen anziehe oder aber als Schwester, dahinter bin ich noch nicht gekommen. Als er sagte, dass ich ihm bei den Streitereien zwischen seinen Eltern immer helfe, war ich enorm froh und schon einen Schritt weiter auf dem Weg, an seine Freundschaft zu glauben. Gestern fragte ich ihn, was er tun würde, wenn es hier ein Dutzend Annes gäbe und alle immer zu ihm kommen würden. Seine Antwort war: »Wenn sie alle so wären wie du, wäre das wirklich nicht so schlimm!«
Er ist sehr gastfreundlich zu mir, und ich glaube schon, dass er mich wirklich gern kommen sieht. Französisch lernt er inzwischen sehr eifrig, sogar abends im Bett bis Viertel nach zehn.
Ach, wenn ich an Samstagabend denke, an unsere Worte, unsere Stimmen, dann bin ich zum ersten Mal mit mir selbst zufrieden. Dann meine ich, dass ich nun dasselbe sagen würde und nicht alles ganz anders, was sonst meistens der Fall ist. Er ist so hübsch, sowohl wenn er lacht, als auch wenn er still vor sich hin schaut. Er ist lieb und gut und hübsch. Meiner Meinung nach war er am meisten überrumpelt, als er merkte, dass ich überhaupt nicht das oberflächlichste Mädchen der Welt bin, sondern genauso verträumt wie er, mit ebenso vielen Schwierigkeiten, wie er sie selbst hat.
Gestern Abend nach dem Spülen wartete ich darauf, dass er mich bitten würde, oben zu bleiben. Aber nichts passierte. Ich ging weg, und er kam herunter, um Dussel zum Radio zu rufen. Er trödelte im Badezimmer herum, aber als Dussel zu lange brauchte, ging er nach oben. Er lief in seinem Zimmer auf und ab und ging sehr früh ins Bett.
Ich war so unruhig den ganzen Abend, dass ich immer wieder ins Badezimmer ging, mir das Gesicht kalt abwusch, las, wieder träumte, auf die Uhr schaute und wartete, wartete, wartete und horchte, ob er käme. Ich lag früh im Bett und war todmüde.
Heute Abend ist Baden dran, und morgen?
Das ist noch so lange! Deine Anne M. Frank

Meine Antwort:
»Liebe Margot!
Am besten würde ich finden, dass wir nun einfach abwarten, was daraus wird. Es kann nicht mehr sehr lange dauern, dass die Entscheidung zwischen Peter und mir fällt, entweder wieder normal oder anders. Wie das gehen soll, weiß ich nicht, aber ich denke, was das betrifft, nicht weiter, als meine Nase lang ist.
Aber eines tue ich bestimmt. Wenn Peter und ich Freundschaft schließen, dann erzähle ich ihm, dass du ihn auch sehr gern hast und für ihn da bist, falls es nötig ist. Letzteres wirst du sicher nicht wollen, aber das macht mir jetzt nichts aus. Was Peter über dich denkt, weiß ich nicht, aber ich werde ihn dann schon fragen. Bestimmt nichts Schlechtes, im Gegenteil! Komm ruhig auf den Dachboden oder wo auch immer wir sind, du störst uns wirklich nicht, da wir, glaube ich, stillschweigend abgemacht haben, dass, wenn wir sprechen wollen, wir das abends im Dunkeln tun.
Halte dich tapfer! Ich tue es auch, obwohl es nicht immer einfach ist. Deine Zeit kommt vielleicht schneller, als du denkst.«

Deine Anne

Liebe Kitty! Donnerstag, 23. März 1944

Hier läuft alles wieder ein bisschen. Unsere Markenmänner sind zum Glück aus dem Gefängnis entlassen worden.
Miep ist seit gestern wieder hier, heute hat sich ihr Ehemann in die Falle gelegt. Frösteln und Fieber, die bekannten Grippesymptome. Bep ist gesund, obwohl ihr Husten anhält. Nur Kleiman wird noch lange zu Hause bleiben müssen.
Gestern ist hier ein Flugzeug abgestürzt. Die Insassen sind noch rechtzeitig mit dem Fallschirm abgesprungen. Die Maschine stürzte auf eine Schule, in der keine Kinder waren. Es gab einen kleinen Brand und ein paar Tote. Die Deutschen haben auf die sinkenden Flieger geschossen. Die zuschauenden Amsterdamer schäumten vor Wut über eine so feige Tat. Wir, das heißt die Damen, erschraken auch zu Tode. Brrr, ich finde Schießen äußerst übel!
Jetzt über mich selbst.
Als ich gestern bei Peter war, kamen wir, ich weiß wirklich nicht mehr

wie, auf das Thema Sexualität. Ich hatte mir längst vorgenommen, ihn einiges zu fragen. Er weiß alles. Als ich ihm sagte, dass Margot und ich überhaupt nicht richtig aufgeklärt wurden, war er ganz erstaunt. Ich erzählte ihm viel von Margot und mir und Mutter und Vater, und dass ich mich in der letzten Zeit nicht mehr traue zu fragen. Er bot dann an, mich aufzuklären, und ich machte davon dankbar Gebrauch. Er hat mir erklärt, wie Verhütungsmittel funktionieren, und ich fragte ihn tollkühn, woran Jungen merken, dass sie erwachsen sind. Darüber musste er erst mal nachdenken, er wollte es mir abends sagen. Unter anderem erzählte ich ihm die Geschichte von Jacque und mir und dass Mädchen starken Jungen gegenüber wehrlos sind. »Vor mir brauchst du keine Angst zu haben«, sagte er.

Abends, als ich wieder zu ihm kam, erzählte er mir dann von den Jungen. Ein bisschen genierlich war es schon, aber doch auch toll, mit ihm darüber zu sprechen. Er und ich konnten uns beide nicht vorstellen, dass wir noch mal mit einem Mädchen beziehungsweise mit einem Jungen so offen über die intimsten Angelegenheiten reden würden. Ich glaube, ich weiß jetzt alles. Er hat mir viel von Präsentivmitteln* erzählt.

Abends im Badezimmer haben Margot und ich lange über zwei frühere Bekannte geredet.

Heute Morgen erwartete mich etwas sehr Unangenehmes. Nach dem Frühstück winkte mir Peter, mit ihm nach oben zu gehen. »Du hast mich ganz schön reingelegt«, sagte er. »Ich habe gehört, was Margot und du gestern im Badezimmer besprochen habt. Ich glaube, du wolltest mal sehen, was Peter davon weiß, und dir dann einen Spaß damit machen!«

Mir verschlug es die Sprache. Ich habe es ihm ausgeredet, so gut ich konnte. Ich kann so gut verstehen, wie ihm zumute gewesen sein muss, und dabei war es nicht mal wahr!

»O nein, Peter«, sagte ich, »so gemein würde ich nie sein. Ich habe versprochen, den Mund zu halten, und das tue ich auch. Dir etwas vorzumachen und dann so gemein zu handeln, nein, Peter, das wäre nicht mehr witzig, das wäre unfair. Ich habe nichts erzählt, ehrlich, glaubst du mir?«

* Deutsch im Original; A. d. Ü.

Er sagte mir, dass er mir glaubte, aber ich muss noch mal mit ihm darüber sprechen. Den ganzen Tag grüble ich schon darüber nach. Ein Glück, dass er gleich gesagt hat, was er dachte. Stell dir vor, er wäre mit einem so gemeinen Verdacht rumgelaufen. Der liebe Peter!

Nun werde und muss ich ihm alles erzählen! Deine Anne

Freitagmorgen, 24. März 1944

Beste Kitty!

Ich gehe zur Zeit oft abends hinauf, um bei Peter im Zimmer etwas frische Atemluft zu schnappen. In einem dunklen Zimmer kommt man viel schneller zu richtigen Gesprächen, als wenn einen die Sonne im Gesicht kitzelt. Ich finde es gemütlich, neben ihm auf einem Stuhl zu sitzen und hinauszuschauen. Van Daan und Dussel stellen sich sehr blöd an, wenn ich in Peters Zimmer verschwinde. »Annes zweite Heimat«, heißt es dann. Oder: »Schickt es sich für Herren, abends im Dunkeln noch junge Mädchen zu Besuch zu haben?«

Peter ist erstaunlich gelassen bei solchen angeblich witzigen Bemerkungen. Meine Mutter ist übrigens auch nicht wenig neugierig und würde mich sicher nach den Themen unserer Gespräche fragen, wenn sie nicht insgeheim Angst vor einer abweisenden Antwort hätte. Peter sagt, dass die Erwachsenen neidisch seien, weil wir jung sind und uns aus ihren Gehässigkeiten nicht viel machen.

Manchmal holt Peter mich unten ab. Aber das ist auch peinlich, denn er bekommt trotz allem ein feuerrotes Gesicht und kriegt fast kein Wort raus. Ich bin nur froh, dass ich nie rot werde, das muss wirklich sehr unangenehm sein.

Außerdem ist es mir nicht recht, dass Margot alleine unten sitzt, während ich oben gute Gesellschaft habe. Aber was soll ich machen? Ich fände es prima, wenn sie mit hinaufginge, aber dann ist sie wieder das fünfte Rad am Wagen.

Ich muss mir von allen ganz schön was über die plötzliche Freundschaft anhören und weiß wirklich nicht, wie viele Tischgespräche nicht schon vom Heiraten im Hinterhaus handelten, falls der Krieg noch fünf Jahre dauern würde. Was gehen uns eigentlich diese El-

ternsprüche an? Nicht viel jedenfalls, sie sind alle so blöd. Haben meine Eltern vergessen, dass sie mal jung waren? Es scheint so. Wenigstens nehmen sie uns immer ernst, wenn wir einen Witz machen, und lachen über uns, wenn wir es ernst meinen.
Wie das nun weitergeht, weiß ich wirklich nicht, ebenso wenig, ob wir immer was zu reden haben. Aber wenn es weitergeht zwischen uns, werden wir wohl auch zusammen sein, ohne dass wir reden. Wenn sich die Alten da oben nur nicht so blöd anstellen würden. Bestimmt sehen sie mich nicht so gern. Dabei sagen Peter und ich doch niemandem, worüber wir sprechen. Stell dir vor, sie wüssten, dass wir über so intime Themen sprechen.
Ich würde Peter gern fragen, ob er weiß, wie ein Mädchen eigentlich aussieht. Ein Junge ist von unten, glaube ich, nicht so kompliziert gestaltet wie ein Mädchen. Auf Fotos und Abbildungen von nackten Männern kann man doch sehr gut sehen, wie die aussehen, aber bei Frauen nicht. Da sind die Geschlechtsteile oder wie das heißt mehr zwischen den Beinen. Er hat doch vermutlich noch nie ein Mädchen von so nahe gesehen, ehrlich gesagt, ich auch nicht. Tatsächlich ist es bei Jungen viel einfacher. Wie sollte ich die Installation um Himmels willen erklären? Denn dass er es nicht genau weiß, habe ich aus seinen Worten schließen können. Er sprach vom »Muttermund«, aber der sitzt innen, den kann man nicht sehen. Es ist bei uns doch sehr gut eingeteilt. Bevor ich elf oder zwölf Jahre alt war, wusste ich nicht mal, dass es auch noch die inneren Schamlippen gab, die waren überhaupt nicht zu sehen. Und das Schönste war, dass ich dachte, der Urin käme aus dem Kitzler. Als ich Mutter einmal fragte, was dieser Stumpen bedeutet, sagte sie, dass sie das nicht wüsste. Die stellen sich immer so dumm!
Aber zurück zum Thema. Wie soll man ohne Beispiele erklären, wie das alles zusammenhängt? Soll ich es hier gleich mal probieren? Also los!
Von vorn siehst du, wenn du stehst, nur Haare. Zwischen den Beinen sind eine Art Kissen, weiche Dinger, auch mit Haaren, die beim Stehen aneinander liegen. Man kann das, was drinnen ist, dann nicht sehen. Wenn du dich setzt, spalten sie sich auseinander, und innen sieht es sehr rot und hässlich fleischig aus. Am oberen Teil, zwischen den großen Schamlippen, ist eine Hautfalte, die bei näherer Betrachtung

eigentlich eine Art Bläschen ist. Das ist der Kitzler. Dann kommen die kleinen Schamlippen, die sind auch aneinander gedrückt, wie eine Falte. Wenn die aufgeht, ist darin ein fleischiger Stummel, nicht größer als die Oberkante meines Daumens. Der obere Teil davon ist porös, da sind verschiedene Löcher drin, aus denen kommt der Urin. Der untere Teil scheint nur Haut zu sein, aber dort ist doch die Scheide. Sie ist ganz von Hautfalten bedeckt und fast nicht zu entdecken. So entsetzlich klein ist das Loch darunter, dass ich mir fast nicht vorstellen kann, wie dort ein Mann hinein soll, geschweige denn ein ganzes Kind heraus. In dieses Loch kannst du noch nicht mal so leicht mit deinem Zeigefinger! Das ist alles, und das spielt doch so eine große Rolle.

Deine Anne M. Frank

Samstag, 25. März 1944

Liebe Kitty!

Wenn man sich selbst verändert, merkt man das erst, wenn man verändert ist. Ich bin verändert, und zwar gründlich, ganz und gar. Meine Meinungen und Auffassungen, mein kritischer Blick, mein Äußeres und mein Inneres, alles ist verändert, und zwar zum Guten.

Ich habe dir schon mal erzählt, wie schwierig es für mich war, als ich hierher kam, aus dem Leben einer angebeteten Person in die kalte Wirklichkeit von Standpauken und Erwachsenen. Aber Vater und Mutter sind zu einem großen Teil mit schuld, dass ich so viel ausstehen musste, sie hätten mich nicht noch zusätzlich aufhetzen und mir bei allen Streitereien nur »ihre« Seite zeigen dürfen. Bevor ich dahinter kam, dass sie bei ihren Streitereien fifty-fifty stehen, dauerte es eine ganze Zeit. Aber jetzt weiß ich, wie viele Fehler von allen begangen worden sind. Der größte Fehler von Vater und Mutter gegenüber den van Daans ist, dass sie nie offenherzig und freundschaftlich sprechen (auch wenn die Freundschaft ein bisschen geheuchelt sein sollte).

Ich möchte vor allem Frieden bewahren und weder streiten noch klatschen. Bei Vater und Margot ist das nicht schwierig, bei Mutter schon. Deshalb ist es sehr gut, dass sie mir manchmal auf die Finger klopft. Herrn van Daan kann man auch gewinnen, wenn man ihm

Recht gibt, ihm ruhig zuhört, nicht viel sagt und vor allem auf seine Scherze und blöden Witze mit einem anderen Scherz eingeht. Frau van Daan gewinnt man durch offenherziges Reden und Alles-Zugeben. Sie selbst gibt ihre Fehler, die sehr zahlreich sind, auch offen zu. Ich weiß nur zu gut, dass sie nicht mehr so schlecht über mich denkt wie am Anfang. Das kommt nur, weil ich ehrlich bin und den Menschen auch weniger schmeichelhafte Dinge einfach ins Gesicht sage. Ich will ehrlich sein und finde, dass man damit viel weiter kommt. Hinzu kommt, dass man sich selbst viel besser fühlt.
Gestern sprach Frau van Daan mit mir über den Reis, den wir Kleiman gegeben haben. »Wir haben gegeben, gegeben und noch mal gegeben«, sagte sie. »Aber dann kam ich an einen Punkt, dass ich sagte: Jetzt ist es genug. Herr Kleiman kann selbst an Reis kommen, wenn er sich Mühe gibt. Warum müssen wir denn alles aus unserem Vorrat weggeben? Wir haben es genauso nötig.«
»Nein, Frau van Daan« antwortete ich, »ich bin nicht Ihrer Meinung. Herr Kleiman kann vielleicht an Reis kommen, aber er findet es unangenehm, sich darum zu kümmern. Es ist nicht unsere Aufgabe, die Leute, die uns helfen, zu kritisieren. Wir müssen ihnen geben, was wir nur eben entbehren können und was sie brauchen. Ein Teller Reis in der Woche bringt uns auch nichts, wir können genauso gut Hülsenfrüchte essen.«
Frau van Daan fand das nicht, aber sie sagte auch, dass sie, obwohl sie nicht damit einverstanden war, gerne nachgeben wolle, das wäre eine andere Frage.
Na gut, höre ich auf, manchmal weiß ich, wo mein Platz ist, aber manchmal zweifle ich noch. Aber ich werde es schaffen! O ja! Vor allem, da ich nun Hilfe habe. Denn Peter hilft mir bei manch harter Nuss und manch saurem Apfel!
Ich weiß wirklich nicht, wie sehr er mich mag und ob wir je zu einem Kuss kommen, ich will es jedenfalls nicht erzwingen! Vater habe ich gesagt, dass ich viel zu Peter gehe und ob er es in Ordnung fände. Natürlich fand er es in Ordnung.
Peter erzähle ich auch viel lockere Dinge, die ich sonst nie rauslasse. So habe ich ihm gesagt, dass ich später schreiben will. Wenn ich schon keine Schriftstellerin werde, dann will ich doch neben meinem Beruf oder anderen Aufgaben das Schreiben nie vernachlässigen.

Ich bin nicht reich, ich bin nicht hübsch, nicht intelligent, nicht klug, aber ich bin und werde glücklich sein! Ich habe eine glückliche Natur, ich liebe die Menschen, bin nicht misstrauisch und will alle mit mir zusammen glücklich sehen.

Deine ergebene Anne M. Frank

Wieder hat der Tag mir nichts gebracht
Er war gleich einer dunklen Nacht.
(Das ist schon ein paar Wochen her und zählt nicht mehr. Da meine Verse aber so selten sind, habe ich diese einfach aufgeschrieben.)

Montag, 27. März 1944

Liebe Kitty!
Ein sehr großes Kapitel in unserer Versteckgeschichte auf Papier müsste eigentlich die Politik einnehmen, aber da dieses Thema mich persönlich nicht so sehr beschäftigt, habe ich es zu sehr links liegen gelassen. Darum werde ich heute mal einen ganzen Brief der Politik widmen.
Dass es sehr viele verschiedene Auffassungen zu diesem Thema gibt, ist selbstverständlich, dass in schlimmen Kriegszeiten auch viel darüber gesprochen wird, ist noch logischer, aber dass so viel deswegen gestritten wird, ist einfach dumm! Sollen sie wetten, lachen, schimpfen, nörgeln, sollen sie in ihrem eigenen Fett schmoren, wenn sie nur nicht streiten. Das hat meistens böse Folgen. Die Leute, die von draußen kommen, bringen viele unwahre Nachrichten mit, unser Radio hat bis jetzt noch nie gelogen. Jan, Miep, Kleiman, Bep und Kugler sind in ihren politischen Stimmungen up und down, Jan allerdings am wenigsten.
Hier im Hinterhaus ist die Stimmung, was Politik betrifft, immer gleich. Bei den zahllosen Debatten über Invasion, Luftangriffe, Reden und so weiter hört man auch zahllose Bemerkungen wie: »Unmöglich!« »Um Gottes willen, wenn sie jetzt erst anfangen wollen, was soll dann werden?« »Es geht ausgezeichnet, prima, bestens!«
Optimisten, Pessimisten und, nicht zu vergessen, die Realisten geben mit unermüdlicher Energie ihre Meinung zum Besten, und wie das immer so ist: jeder denkt, dass er allein Recht hat. Eine gewisse Dame

ärgert sich über das beispiellose Vertrauen, das ihr Herr Gemahl in die Engländer setzt. Ein gewisser Herr greift seine Dame immer an wegen ihrer spöttischen und geringschätzigen Bemerkungen hinsichtlich seiner geliebten Nation! Von morgens früh bis abends spät, und das Schönste ist, dass es ihnen nie langweilig wird!
Ich habe etwas herausgefunden, und die Wirkung ist enorm. Es ist, als ob du jemanden mit einer Nadel stichst und er aufspringt. Genauso funktioniert mein Mittel. Fange mit der Politik an, eine Frage, ein Wort, ein Satz, und sofort sind alle mittendrin!

Als ob nun die deutschen Wehrmachtsberichte und der englische BBC noch nicht genug wären, ist vor kurzem noch eine »Luftlagemeldung« eingerichtet worden, großartig, aber andererseits oft enttäuschend. Die Engländer machen aus ihren Luftwaffen einen Dauerbetrieb, nur mehr zu vergleichen mit den deutschen Lügen.
Das Radio ist schon morgens um acht Uhr an, wenn nicht früher, und wird bis abends um neun, zehn, manchmal auch elf jede Stunde gehört. Das ist doch der beste Beweis, dass die Erwachsenen Geduld und nur schwer zu erreichende Gehirne haben (manche natürlich, ich will niemanden beleidigen). Wir hätten nach einer, höchstens zwei Sendungen schon genug für den ganzen Tag. Aber die alten Gänse, na ja, ich sagte es schon! Arbeiterprogramm, Oranje, Frank Philips oder Ihre Majestät Wilhelmina, alles kommt an die Reihe und bekommt ein williges Ohr. Und sind sie nicht am Essen oder Schlafen, dann sitzen sie am Radio und reden über Essen, Schlafen und Politik. Uff, es wird langweilig und ein richtiges Kunststück, dabei nicht selbst ein langweiliges altes Mütterchen zu werden! Den alten Herrschaften kann Letzteres nicht mehr viel schaden!
Ein ideales Beispiel ist die Rede des von uns allen geschätzten Winston Churchill.
Neun Uhr, Sonntagabend. Der Tee steht unter der Haube auf dem Tisch, die Gäste kommen herein. Dussel setzt sich links neben das Radio, Herr van Daan davor, Peter daneben. Mutter neben Herrn van Daan, Frau van Daan dahinter. Margot und ich ganz hinten, Pim an den Tisch. Ich merke, dass das nicht ganz klar ist, aber unsere Plätze tun letztlich nicht viel zur Sache. Die Herren paffen, Peters Augen fallen von dem anstrengenden Zuhören zu. Mama, in einem

langen, dunklen Morgenrock, und Frau van Daan bibbern wegen der Flieger, die sich aus der Rede nichts machen und lustig nach Essen fliegen. Vater schlürft Tee, Margot und ich sind schwesterlich vereint durch die schlafende Mouschi, die zwei verschiedene Knie in Beschlag nimmt. Margot hat Lockenwickler in den Haaren, ich bin in ein viel zu kleines, zu enges und zu kurzes Nachtgewand gekleidet. Es scheint intim, gemütlich, friedlich, ist es für diesmal auch. Aber ich warte mit Schrecken auf die Folgen der Rede. Sie können es ja fast nicht abwarten, zappeln vor Ungeduld, ob nicht wieder ein Streit entsteht! Kst, kst, wie eine Katze, die eine Maus aus ihrem Loch lockt, stacheln sie sich gegenseitig zu Streit und Uneinigkeit auf.

Deine Anne

Dienstag, 28. März 1944

Liebste Kitty!

Ich könnte über Politik noch viel mehr schreiben, aber ich habe heute wieder eine Menge anderes zu berichten. Erstens hat Mutter mir eigentlich verboten, so oft nach oben zu gehen, da ihrer Meinung nach Frau van Daan eifersüchtig ist. Zweitens hat Peter Margot eingeladen, mit nach oben zu kommen, ob aus Höflichkeit oder weil er es ernst meint, weiß ich nicht. Drittens habe ich Vater gefragt, ob er meinte, dass ich mich an der Eifersucht stören müsse. Er meint das nicht.

Was nun? Mutter ist böse, will mich nicht nach oben lassen, will mich wieder drinnen bei Dussel arbeiten lassen, ist vielleicht auch ein bisschen eifersüchtig. Vater gönnt Peter und mir die Stunden und findet es prima, dass wir so gut miteinander auskommen. Margot hat Peter auch gern, fühlt aber, dass man zu dritt nicht das besprechen kann, was man zu zweit kann.

Außerdem denkt Mutter, dass Peter in mich verliebt ist. Ich wünsche mir, ehrlich gestanden, dass es wahr wäre. Dann wären wir quitt und könnten uns viel leichter näher kommen. Sie sagt auch, dass er mich so oft anschaut. Es stimmt, dass wir uns mehr als einmal zuzwinkern. Und dass er nach meinen Wangengrübchen schaut, dafür kann ich doch nichts! Stimmt's?

Ich bin in einer sehr schwierigen Lage. Mutter ist gegen mich, und

ich bin gegen sie. Vater schließt die Augen vor dem stillen Kampf zwischen uns beiden. Mutter ist traurig, weil sie mich noch lieb hat, ich bin überhaupt nicht traurig, weil sie für mich erledigt ist.
Und Peter … Peter will ich nicht aufgeben. Er ist so lieb, und ich bewundere ihn. Es könnte so schön zwischen uns werden, warum stekken die Alten ihre Nasen hinein? Zum Glück bin ich daran gewöhnt, mein Inneres zu verbergen. Es gelingt mir ausgezeichnet, nicht zu zeigen, wie versessen ich auf ihn bin. Wird er je etwas sagen? Werde ich je seine Wange fühlen, wie ich Petels Wange im Traum gefühlt habe? Peter und Petel, ihr seid eins! Sie begreifen uns nicht, würden nie verstehen, dass wir schon zufrieden sind, wenn wir nur zusammensitzen, ohne zu reden. Sie begreifen nicht, was uns zueinander zieht. Wann würden alle Schwierigkeiten überwunden sein? Und doch ist es gut, sie zu überwinden, dann ist das Ende umso schöner. Wenn er mit dem Kopf auf den Armen daliegt, die Augen geschlossen, dann ist er noch ein Kind. Wenn er mit Mouschi spielt oder über sie spricht, dann ist er liebevoll. Wenn er Kartoffeln oder andere schwere Sachen trägt, dann ist er stark. Wenn er bei einer Schießerei oder im Dunkeln nachschaut, ob Diebe da sind, dann ist er mutig. Und wenn er so unbeholfen und ungeschickt tut, dann ist er eben lieb. Ich finde es viel schöner, wenn er mir was erklärt, als wenn ich ihm was beibringen muss. Ich hätte es so gerne, dass er mir in fast allem überlegen wäre.
Die Mütter können mir egal sein. Wenn er nur sprechen würde!
Vater sagt immer, dass ich eine Zierpuppe bin, aber das ist nicht wahr. Ich bin nur eitel. Bis jetzt haben mir noch nicht viele Leute gesagt, dass sie mich hübsch finden, außer ein Junge aus der Schule, der sagte, dass ich so nett aussehe, wenn ich lache. Gestern bekam ich ein richtiges Kompliment von Peter, und ich will dir zum Spaß unser Gespräch so ungefähr wiedergeben.
Peter sagte so oft: »Lach mal!«
Das fiel mir auf, und ich fragte gestern: »Warum soll ich immer lachen?«
»Weil das hübsch ist. Du bekommst dann Grübchen in die Wangen. Wie kommt das eigentlich?«
»Damit bin ich geboren, im Kinn habe ich ja auch eins. Das ist auch das einzig Schöne, das ich habe.«

»Aber nein, das ist nicht wahr!«
»Doch. Ich weiß, dass ich kein hübsches Mädchen bin. Das bin ich nie gewesen und werde es auch nie sein!«
»Das finde ich überhaupt nicht. Ich finde dich hübsch.«
»Das ist nicht wahr.«
»Wenn ich das sage, kannst du es mir glauben.«
Ich sagte dann natürlich dasselbe von ihm. Deine Anne M. Frank

Mittwoch, 29. März 1944

Liebe Kitty!
Gestern Abend sprach Minister Bolkestein im Sender Oranje darüber, dass nach dem Krieg eine Sammlung von Tagebüchern und Briefen aus dieser Zeit herauskommen soll. Natürlich stürmten alle gleich auf mein Tagebuch los. Stell dir vor, wie interessant es wäre, wenn ich einen Roman vom Hinterhaus herausgeben würde. Nach dem Titel allein würden die Leute denken, dass es ein Detektivroman wäre.
Aber im Ernst, es muss ungefähr zehn Jahre nach dem Krieg schon seltsam erscheinen, wenn erzählt wird, wie wir Juden hier gelebt, gegessen und gesprochen haben. Auch wenn ich dir viel von uns erzähle, weißt du trotzdem nur ein kleines bisschen von unserem Leben. Wie viel Angst die Damen haben, wenn bombardiert wird, wie zum Beispiel am Sonntag, als 350 englische Maschinen eine halbe Million Kilo Bomben auf Ijmuiden abgeworfen haben, wie die Häuser dann zittern wie Grashalme im Wind, wie viele Epidemien hier herrschen …
Von all diesen Dingen weißt du nichts, und ich müsste den ganzen Tag schreiben, wenn ich dir alles bis in die Einzelheiten erzählen sollte. Die Leute stehen Schlange für Gemüse und alle möglichen anderen Dinge. Die Ärzte kommen nicht zu ihren Kranken, weil ihnen alle naselang ihr Fahrzeug gestohlen wird. Einbrüche und Diebstähle gibt es jede Menge, sodass man anfängt, sich zu fragen, ob etwas in die Niederländer gefahren ist, weil sie plötzlich so diebisch geworden sind. Kleine Kinder von acht bis elf Jahren schlagen die Scheiben von Wohnungen ein und stehlen, was nicht niet- und nagelfest ist. Niemand wagt, seine Wohnung auch nur für fünf Minu-

ten zu verlassen, denn kaum ist man weg, ist der Kram auch weg. Jeden Tag stehen Anzeigen in der Zeitung, die eine Belohnung für das Wiederbringen von gestohlenen Schreibmaschinen, Perserteppichen, elektrischen Uhren, Stoffen usw. versprechen. Elektrische Straßenuhren werden abmontiert, die Telefone in den Zellen bis auf den letzten Draht auseinander genommen. Die Stimmung unter der Bevölkerung kann nicht gut sein, jeder hat Hunger. Mit der Wochenration kann man keine zwei Tage auskommen (außer mit dem Ersatzkaffee). Die Invasion lässt auf sich warten, die Männer müssen nach Deutschland. Die Kinder sind unterernährt und werden krank, und alle haben schlechte Kleidung und schlechte Schuhe. Eine Sohle kostet »schwarz« 7.50 Gulden. Dabei nehmen die meisten Schuhmacher keine Kunden mehr an, oder man muss vier Monate auf die Schuhe warten, die dann inzwischen oft verschwunden sind.

Ein Gutes hat die Sache, dass die Sabotage gegen die Obrigkeit immer stärker wird, je schlechter die Ernährung ist und je strenger die Maßnahmen gegen das Volk werden. Die Leute von der Lebensmittelzuteilung, die Polizei, die Beamten, alle beteiligen sich entweder dabei, ihren Mitbürgern zu helfen, oder sie verraten sie und bringen sie dadurch ins Gefängnis. Zum Glück steht nur ein kleiner Prozentsatz der Niederländer auf der falschen Seite.

Deine Anne

Freitag, 31. März 1944

Liebe Kitty!

Es ist noch ziemlich kalt, aber die meisten Leute sind schon ungefähr einen Monat ohne Kohlen. Schlimm, nicht? Die Stimmung ist im Allgemeinen wieder optimistisch für die russische Front, denn da ist es großartig! Ich schreibe zwar nicht viel über Politik, aber wo sie jetzt stehen, muss ich dir doch kurz mitteilen, nämlich dicht vor dem Generalgouvernement und bei Rumänien am Pruth. Ganz dicht bei Odessa stehen sie, und Tarnopol haben sie eingekesselt. Hier erwarten sie jeden Abend ein Sonderkommuniqué von Stalin.

In Moskau wird so viel Salut geschossen, dass die Stadt jeden Tag förmlich dröhnen muss. Ob sie es schön finden, so zu tun, als wäre

der Krieg in der Nähe, oder ob sie ihre Freude nicht anders äußern können, ich weiß es nicht!
Ungarn ist von deutschen Truppen besetzt. Dort gibt es noch eine Million Juden, die werden nun wohl auch draufgehen.
Hier gibt es nichts Besonderes. Heute hat Herr van Daan Geburtstag. Er hat zwei Päckchen Tabak bekommen, Kaffee für eine Tasse (den hatte seine Frau noch aufgespart), Zitronenpunsch von Kugler, Sardinen von Miep, Eau de Cologne von uns, Flieder und Tulpen. Nicht zu vergessen eine Torte, mit Himbeeren gefüllt und ein bisschen pappig durch das schlechte Mehl und die Abwesenheit von Butter, aber doch lecker.
Das Gerede über Peter und mich hat sich ein bisschen beruhigt. Er wird mich heute Abend abholen. Nett von ihm, findest du nicht, wo es ihm doch so unangenehm ist. Wir sind sehr gute Freunde, sind viel zusammen und unterhalten uns über alles Mögliche. Es ist toll, dass ich mich, wenn wir auf heikles Gebiet kommen, nie zurückhalten muss, wie es bei anderen Jungen der Fall wäre. So sprachen wir zum Beispiel über Blut und kamen auf Menstruation. Er findet uns Frauen sehr zäh, dass wir den Blutverlust so aushalten. Auch mich findet er zäh. Ra-ra warum?
Mein Leben hier ist besser geworden, viel besser. Gott hat mich nicht allein gelassen und wird mich nicht allein lassen.

Deine Anne M. Frank

Samstag, 1. April 1944

Liebste Kitty!
Und doch ist alles noch so schwierig. Du weißt sicher, was ich meine, gell? Ich sehne mich so sehr nach einem Kuss von ihm, dem Kuss, der so lange ausbleibt. Ob er mich immer noch als Kameradin betrachtet? Bin ich denn nicht mehr?
Du weißt und ich weiß, dass ich stark bin, dass ich die meisten Belastungen allein tragen kann. Ich bin es nie gewöhnt gewesen, sie mit jemandem zu teilen, und an einer Mutter habe ich mich nie festgeklammert. Aber jetzt würde ich so gern mal meinen Kopf an seine Schulter legen und nur ganz ruhig sein.
Ich kann nicht, nie, den Traum von Peters Wange vergessen, als alles

nur gut war! Ob er sich nicht danach sehnt? Ist er nur zu schüchtern, um seine Liebe zu bekennen? Warum will er mich so oft bei sich haben? Oh, warum spricht er nicht?
Ich will aufhören, ruhig sein. Ich werde mich wieder tapfer halten, und mit etwas Geduld wird das andere wohl auch kommen. Aber, und das ist das Schlimme, es sieht so sehr danach aus, als ob ich ihm nachlaufe. Immer muss ich hinauf, er kommt nicht zu mir. Aber das liegt an der Zimmeraufteilung, und er versteht meine Bedenken. O ja, er wird wohl mehr verstehen.

Deine Anne M. Frank

Montag, 3. April 1944

Liebste Kitty!
Ganz gegen meine Gewohnheit werde ich dir doch mal ausführlich über das Essen schreiben, denn es ist nicht nur hier im Hinterhaus, sondern auch in ganz Holland, in ganz Europa und überall ein sehr wichtiger und schwieriger Faktor geworden.
Wir haben in den einundzwanzig Monaten, die wir nun hier sind, schon etliche Essens-Perioden mitgemacht. Was das bedeutet, wirst du gleich hören. Unter Essens-Periode verstehe ich eine Periode, in der man nichts anderes zu essen bekommt als ein bestimmtes Gericht oder ein bestimmtes Gemüse. Eine Zeit lang gab es jeden Tag Endivie, mit Sand, ohne Sand, Eintopf und in der feuerfesten Form. Dann war es Spinat, danach folgten Kohlrabi, Schwarzwurzeln, Gurken, Tomaten, Sauerkraut und so weiter.
Es ist wirklich nicht schön, jeden Mittag und Abend zum Beispiel Sauerkraut zu essen, aber man tut viel, wenn man Hunger hat. Nun haben wir jedoch die schönste Periode, wir bekommen überhaupt kein Gemüse.
Unser Wochenmenü besteht mittags aus braunen Bohnen, Erbsensuppe, Kartoffeln mit Mehlklößen, Kartoffelauflauf, mit Gottes Hilfe auch mal Steckrüben oder angefaulte Karotten, dann wieder nur braune Bohnen. Kartoffeln essen wir zu jeder Mahlzeit, beginnend (aus Brotmangel) mit dem Frühstück, aber da werden sie wenigstens noch ein bisschen gebacken. Für die Suppe nehmen wir braune und weiße Bohnen, Kartoffeln und Päckchensuppen (Julienne-, Königin-,

Bohnensuppe). In allem sind braune Bohnen, nicht zuletzt im Brot. Abends essen wir immer Kartoffeln mit künstlicher Soße und, das haben wir zum Glück noch, Rote-Bete-Salat. Über die Mehlklöße muss ich auch noch was sagen: Die machen wir aus »Regierungsmehl« mit Wasser und Hefe. Sie sind so pappig und zäh, dass sie einem wie ein Stein im Magen liegen, aber was soll's.
Unsere größte Attraktion ist die Scheibe Leberwurst jede Woche und die Marmelade auf trockenem Brot. Aber wir leben noch, und es schmeckt uns sogar oft gut. Deine Anne M. Frank

Mittwoch, 5. April 1944

Liebste Kitty!
Eine Zeit lang wusste ich überhaupt nicht mehr, wofür ich noch arbeite. Das Ende des Krieges ist so entsetzlich weit, so unwirklich, märchenhaft und schön. Wenn der Krieg im September nicht vorbei ist, dann gehe ich nicht mehr zur Schule, denn zwei Jahre will ich nicht zurückfallen.
Die Tage bestanden aus Peter, nichts als Peter. Nur Träume und Gedanken, bis ich am Samstagabend ganz schlaff wurde, fürchterlich. Ich kämpfte bei Peter gegen meine Tränen, lachte später schrecklich viel mit van Daan beim Zitronenpunsch, war fröhlich und aufgekratzt.
Aber kaum war ich allein, wusste ich, dass ich mich ausweinen musste. Im Nachthemd ließ ich mich auf den Boden gleiten und betete sehr intensiv und lange, dann weinte ich mit dem Kopf auf den Armen, die Knie angezogen, zusammengekauert auf dem kahlen Fußboden. Bei einem lauten Schluchzer kam ich wieder zu mir und bekämpfte meine Tränen, weil sie drüben nichts hören durften. Dann begann ich, mir Mut zuzusprechen. Ich sagte nur immer: »Ich muss, ich muss, ich muss …« Ganz steif von der ungewohnten Haltung fiel ich gegen die Bettkante und kämpfte weiter, bis ich kurz vor halb elf wieder ins Bett stieg. Es war vorbei!
Und jetzt ist es völlig vorbei. Ich muss arbeiten, um nicht dumm zu bleiben, um weiterzukommen, um Journalistin zu werden, das will ich! Ich weiß, dass ich schreiben kann. Ein paar Geschichten sind gut, meine Hinterhausbeschreibungen humorvoll, vieles in meinem Ta-

gebuch ist lebendig, aber ob ich wirklich Talent habe, das steht noch dahin.
Evas Traum war mein bestes Märchen, und das Seltsame dabei ist, dass ich wirklich nicht weiß, wo es herkommt. Viel aus Cadys Leben ist auch gut, aber insgesamt ist es nichts. Ich bin selbst meine schärfste und beste Kritikerin hier, ich weiß genau, was gut und was nicht gut geschrieben ist. Keiner, der nicht selbst schreibt, weiß, wie toll Schreiben ist. Früher habe ich immer bedauert, dass ich überhaupt nicht zeichnen kann, aber jetzt bin ich überglücklich, dass ich wenigstens schreiben kann.
Und wenn ich nicht genug Talent habe, um Zeitungsartikel oder Bücher zu schreiben, nun, dann kann ich noch immer für mich selbst schreiben. Aber ich will weiterkommen. Ich kann mir nicht vorstellen, dass ich so leben muss wie Mutter, Frau van Daan und all die anderen Frauen, die ihre Arbeit machen und später vergessen sind. Ich muss neben Mann und Kindern etwas haben, dem ich mich ganz widmen kann! O ja, ich will nicht umsonst gelebt haben wie die meisten Menschen. Ich will den Menschen, die um mich herum leben und mich doch nicht kennen, Freude und Nutzen bringen. Ich will fortleben, auch nach meinem Tod. Und darum bin ich Gott so dankbar, dass er mir bei meiner Geburt schon eine Möglichkeit mitgegeben hat, mich zu entwickeln und zu schreiben, also alles auszudrücken, was in mir ist.
Mit Schreiben werde ich alles los. Mein Kummer verschwindet, mein Mut lebt wieder auf. Aber, und das ist die große Frage, werde ich jemals etwas Großes schreiben können, werde ich jemals Journalistin und Schriftstellerin werden?
Ich hoffe es, ich hoffe es so sehr! Mit Schreiben kann ich alles ausdrücken, meine Gedanken, meine Ideale und meine Phantasien.
An Cadys Leben habe ich lange nichts mehr getan. In meinen Gedanken weiß ich genau, wie es weitergehen soll, aber es ist nicht so richtig geflossen. Vielleicht wird es nie fertig, vielleicht landet es im Papierkorb oder im Ofen. Das ist keine angenehme Vorstellung. Aber dann denke ich wieder: »Mit vierzehn Jahren und so wenig Erfahrung kann man auch noch nichts Philosophisches schreiben.«
Also weiter, mit neuem Mut. Es wird schon gelingen, denn schreiben will ich!
Deine Anne M. Frank

Anne und ihre Mutter in der Ganghoferstraße, Frankfurt am Main, 1931.

Donnerstag, 6. April 1944

Liebe Kitty!

Du hast mich gefragt, was meine Hobbys und Interessen sind, und darauf will ich dir antworten. Aber ich warne dich, erschrick nicht, denn es sind eine ganze Menge.

An erster Stelle: Schreiben. Aber das zählt eigentlich nicht als Hobby.

Zweitens: Stammbäume. In Zeitungen, Büchern u. Ä. suche ich nach den Stammbäumen der deutschen, spanischen, englischen, österreichischen, russischen, skandinavischen und niederländischen Fürstenfamilien. Mit vielen bin ich schon sehr weit gekommen, vor allem, weil ich mir immer Aufzeichnungen mache, wenn ich Biographien oder Geschichtsbücher lese. Ich schreibe sogar ganze Abschnitte aus der Geschichte ab.

Mein drittes Hobby ist dann auch Geschichte. Vater hat schon viele Bücher für mich gekauft. Ich kann den Tag fast nicht erwarten, an dem ich in den öffentlichen Bibliotheken alles nachschlagen kann.

Nummer vier ist die Mythologie Griechenlands und Roms. Auch darüber habe ich verschiedene Bücher. Die neun Musen oder sieben Geliebten von Zeus kann ich dir einfach so aufsagen. Die Frauen von Herakles usw. kenne ich aus dem Effeff.

Weitere Liebhabereien sind Filmstars und Familienfotos. Außerdem bin ich versessen auf Lesen und Bücher, interessiere mich für Kunstgeschichte und für Schriftsteller, Dichter und Maler. Musiker kommen vielleicht später noch. Eine gewisse Antipathie habe ich gegen Algebra, Geometrie und Rechnen. Alle übrigen Schulfächer mache ich mit Vergnügen, aber vor allem Geschichte!

Deine Anne M. Frank

Dienstag, 11. April 1944

Liebste Kitty!

Ich weiß nicht, wo mir der Kopf steht, ich weiß wirklich nicht, womit ich anfangen soll. Der Donnerstag (als ich dir das letzte Mal schrieb) verlief normal. Freitag (Karfreitag) spielten wir nachmittags Gesellschaftsspiele, ebenso am Samstag. Die Tage vergingen sehr schnell.

Am Samstag gegen zwei fing eine Schießerei an. Schnellfeuerkanonen, haben die Herren gesagt. Sonst war alles ruhig.
Am Sonntagnachmittag kam Peter auf meine Einladung um halb fünf zu mir, etwas später gingen wir zum vorderen Dachboden, wo wir bis sechs Uhr blieben. Von sechs bis Viertel nach sieben gab es im Radio ein schönes Mozartkonzert, vor allem die »Kleine Nachtmusik« hat mir gut gefallen. Ich kann nicht gut zuhören, wenn die anderen dabei sind, weil mich schöne Musik sehr bewegt.
Am Sonntagabend gingen Peter und ich nicht baden, weil der Zuber unten in der Küche stand und mit Wäsche gefüllt war. Um acht gingen wir zusammen zum vorderen Dachboden, und um weich zu sitzen, nahm ich das einzige Sofakissen mit, das in unserem Zimmer zu finden war. Wir nahmen auf einer Kiste Platz. Kiste als auch Kissen waren sehr schmal. Wir saßen dicht nebeneinander und lehnten uns an andere Kisten. Mouschi leistete uns Gesellschaft, also waren wir nicht unbeobachtet. Plötzlich, um Viertel vor neun, pfiff Herr van Daan und fragte, ob wir ein Kissen von Herrn Dussel hätten. Beide sprangen wir auf und gingen mit Kissen, Katze und van Daan nach unten. Dieses Kissen hat zu einer ganzen Tragödie geführt. Dussel war böse, weil ich sein Nachtkissen mitgenommen hatte, und fürchtete, es wären Flöhe darin. Alle hat er wegen diesem Kissen in Aufregung versetzt! Peter und ich steckten ihm aus Rache für seine Ekelhaftigkeit zwei harte Bürsten ins Bett, aber später kamen sie wieder raus. Wir haben schrecklich gelacht über dieses Intermezzo.
Aber unser Vergnügen sollte nicht lange dauern. Um halb zehn klopfte Peter leise an die Tür und fragte Vater, ob er ihm mal schnell bei einem schwierigen englischen Satz helfen würde.
»Da ist was nicht geheuer«, sagte ich zu Margot. »Die Ausrede ist zu dick. Die Herren reden in einem Ton, als wäre eingebrochen worden.«
Meine Vermutung stimmte, im Lager wurde gerade eingebrochen. Innerhalb kürzester Zeit waren Vater, van Daan und Peter unten. Margot, Mutter, Frau van Daan und ich warteten. Vier Frauen, die Angst haben, müssen reden. So auch wir, bis wir unten einen Schlag hörten. Danach war alles still, die Uhr schlug Viertel vor zehn. Aus unseren Gesichtern war die Farbe gewichen, aber noch waren wir ru-

hig, wenn auch ängstlich. Wo waren die Herren geblieben? Was war das für ein Schlag? Kämpften sie vielleicht mit den Einbrechern? Weiter dachten wir nicht, wir warteten.
Zehn Uhr: Schritte auf der Treppe. Vater, blass und nervös, kam herein, gefolgt von Herrn van Daan. »Licht aus, leise nach oben, wir erwarten Polizei im Haus!«
Es blieb keine Zeit für Angst. Die Lichter gingen aus, ich nahm noch schnell eine Jacke, und wir waren oben.
»Was ist passiert? Schnell, erzählt!«
Es war niemand da zum Erzählen, die Herren waren wieder unten. Erst um zehn nach zehn kamen sie alle vier herauf, zwei hielten Wache an Peters offenem Fenster. Die Tür zum Treppenabsatz war abgeschlossen, der Drehschrank zu. Über das Nachtlämpchen hängten wir einen Pullover, dann erzählten sie:
Peter hörte auf dem Treppenabsatz zwei harte Schläge, lief nach unten und sah, dass an der linken Seite der Lagertür ein großes Brett fehlte. Er rannte nach oben, verständigte den wehrhaften Teil der Familie, und zu viert zogen sie hinunter. Die Einbrecher waren noch am Stehlen, als sie ins Lager kamen. Ohne zu überlegen, schrie van Daan: »Polizei!« Schnelle Schritte nach draußen, die Einbrecher waren geflohen. Um zu verhindern, dass die Polizei das Loch bemerkte, wurde das Brett wieder eingesetzt, aber ein kräftiger Tritt von draußen beförderte es noch mal auf den Boden. Die Herren waren perplex über so viel Frechheit. Van Daan und Peter fühlten Mordgelüste in sich aufsteigen. Van Daan schlug mit dem Beil kräftig auf den Boden, und alles war wieder still. Erneut kam das Brett vor das Loch, erneut eine Störung. Ein Ehepaar leuchtete von draußen mit einer grellen Taschenlampe das ganze Lager ab. »Verflixt«, murmelte einer der Herren, und nun änderten sich ihre Rollen, sie wurden von Polizisten zu Einbrechern. Alle vier rannten sie nach oben, Peter öffnete die Türen und Fenster von Küche und Privatbüro, warf das Telefon auf den Boden, und schließlich landeten sie alle, samt Waschzuber, im Versteck. (Ende des ersten Teils.)

Aller Wahrscheinlichkeit nach hatte das Ehepaar mit der Taschenlampe die Polizei benachrichtigt. Es war Sonntagabend, der Abend des ersten Ostertages. Am zweiten Feiertag kam niemand ins Büro,

wir konnten uns also vor Dienstagmorgen nicht rühren. Stell dir vor, zwei Nächte und einen Tag in dieser Angst zu verbringen! Wir stellten uns nichts vor, wir saßen nur im Stockdunkeln, weil Frau van Daan aus Angst die Lampe ganz ausgedreht hatte, wir flüsterten, und bei jedem Knarren klang es: »Pst! Pst!«
Es wurde halb elf, elf Uhr, kein Geräusch. Abwechselnd kamen Vater und van Daan zu uns. Dann, um Viertel nach elf, ein Geräusch von unten. Bei uns konnte man das Atmen der ganzen Familie hören, ansonsten rührten wir uns nicht. Schritte im Haus, im Privatbüro, in der Küche, dann ... auf unserer Treppe. Keine Atemzüge waren mehr zu hören, acht Herzen hämmerten. Schritte auf unserer Treppe, dann Gerüttel am Drehschrank. Dieser Moment ist unbeschreiblich.
»Jetzt sind wir verloren«, sagte ich und sah uns schon alle fünfzehn noch in derselben Nacht von der Gestapo mitgenommen.
Wieder Gerüttel am Drehschrank, zweimal, dann fiel etwas herunter, die Schritte entfernten sich. Für den Moment waren wir gerettet. Ein Zittern durchlief uns alle, ich hörte Zähneklappern, aber niemand sagte ein Wort. So saßen wir bis halb zwölf.
Im Haus war nichts zu hören, aber auf dem Treppenabsatz direkt vor dem Schrank brannte Licht. War es deshalb, weil unser Schrank so geheimnisvoll war? Hatte die Polizei vielleicht das Licht vergessen? Kam noch jemand, um es auszumachen? Die Zungen lösten sich, im Haus war niemand mehr. Vielleicht noch ein Bewacher vor der Tür.
Drei Dinge taten wir nun, Vermutungen äußern, zittern vor Angst und zum Klo gehen. Die Eimer waren auf dem Dachboden, so musste Peters Blechpapierkorb herhalten. Van Daan machte den Anfang, danach Vater. Mutter schämte sich zu sehr. Vater brachte das Blechgefäß ins Zimmer, wo Margot, Frau van Daan und ich es gern benutzten. Endlich entschied sich auch Mutter dazu. Die Nachfrage nach Papier war groß, ich hatte zum Glück welches in der Tasche.
Das Gefäß stank, alle flüsterten, und wir waren müde, es war zwölf Uhr.
»Legt euch doch auf den Boden und schlaft!«
Margot und ich bekamen jede ein Kissen und eine Decke. Margot lag in der Nähe vom Vorratsschrank, ich zwischen den Tischbeinen. Auf

dem Boden stank es nicht so schlimm, aber Frau van Daan holte doch leise ein bisschen Chlor und legte ein altes Tuch über den Topf.
Gerede, Geflüster, Angst, Gestank, Winde – und dauernd jemand auf dem Topf! Dabei soll einer schlafen! Um halb drei wurde ich jedoch zu müde, und bis halb vier hörte ich nichts. Ich wurde wach, als Frau van Daan ihren Kopf auf meine Füße legte.
»Geben Sie mir bitte was zum Anziehen!«, bat ich. Ich bekam auch was, aber frag nicht, was! Eine wollene Hose über meinen Pyjama, den roten Pullover und den schwarzen Rock, weiße Socken und darüber kaputte Kniestrümpfe.
Frau van Daan nahm dann wieder auf dem Stuhl Platz, und Herr van Daan legte sich auf meine Füße. Ich fing an nachzudenken. Ich zitterte immer noch so, dass van Daan nicht schlafen konnte. In Gedanken bereitete ich mich darauf vor, dass die Polizei zurückkommen würde. Dann müssen wir sagen, dass wir Untertaucher sind. Entweder sind es gute Niederländer, dann ist alles in Ordnung, oder es sind Nazis, dann muss man sie bestechen.
»Tu doch das Radio weg!«, seufzte Frau van Daan.
»Ja, in den Herd«, antwortete Herr van Daan. »Wenn sie uns finden, dürfen sie auch das Radio finden.«
»Dann finden sie auch Annes Tagebuch«, mischte sich Vater ein.
»Verbrennt es doch!«, schlug die Ängstlichste von uns vor.
Das und der Moment, als die Polizei an der Schranktür rüttelte, waren meine angstvollsten Augenblicke. Mein Tagebuch nicht! Mein Tagebuch nur zusammen mit mir! Aber Vater antwortete zum Glück nicht.
Es hat überhaupt keinen Zweck, die Gespräche zu wiederholen, an die ich mich erinnere. Es wurde so viel geredet. Ich tröstete Frau van Daan in ihrer Angst. Wir sprachen über Flucht, Verhöre bei der Gestapo, über Telefonieren und über Mut.
»Nun müssen wir uns eben wie Soldaten verhalten, Frau van Daan. Wenn wir draufgehen, na gut, dann eben für Königin und Vaterland, für Freiheit, Wahrheit und Recht, genau was im Sender Oranje immer wieder gesagt wird. Das Schlimme ist nur, dass wir die anderen dann mit ins Unglück ziehen.«
Herr van Daan wechselte nach einer Stunde wieder den Platz mit seiner Frau. Vater kam zu mir. Die Herren rauchten ununterbrochen.

Ab und zu war ein tiefer Seufzer zu hören, dann wieder Pinkeln, und dann fing alles wieder von vorn an.
Vier Uhr, fünf Uhr, halb sechs. Nun setzte ich mich zu Peter. Dicht aneinander gedrückt, so dicht, dass wir die Schauer im Körper des anderen fühlten, saßen wir da, sprachen ab und zu ein Wort und lauschten angestrengt. Im Zimmer zogen sie die Verdunklung hoch und schrieben die Punkte auf, die sie Kleiman am Telefon sagen wollten.
Um sieben Uhr wollten sie ihn nämlich anrufen, damit jemand kam. Das Risiko, dass ein möglicher Bewacher vor der Tür oder im Lager das Telefonieren hörte, war groß. Aber noch größer, dass die Polizei wieder zurückkam. Obwohl ich den Erinnerungszettel hier beilege, zur größeren Deutlichkeit noch die Abschrift der Punkte:

*Eingebrochen.* Polizei war im Haus, bis zum Drehschrank, weiter nicht.
Einbrecher sind offenbar gestört worden, haben Lager aufgebrochen und sind durch den Garten geflüchtet.
Haupteingang verriegelt. Kugler muss durch die zweite Tür weggegangen sein.
Schreibmaschine und Rechenmaschine sind sicher in der schwarzen Kiste im Privatbüro.
Wäsche von Miep oder Bep liegt in der Waschwanne in der Küche.
Schlüssel für zweite Tür haben nur Bep oder Kugler, möglicherweise Schloss kaputt.
Versuchen, Jan zu benachrichtigen, Schlüssel holen und zum Büro gehen, um nachzuschauen. Katze muss gefüttert werden.

Alles verlief nach Wunsch. Kleiman wurde angerufen, die Schreibmaschine in die Kiste gebracht. Danach saßen wir wieder am Tisch und warteten auf Jan oder die Polizei.
Peter war eingeschlafen, Herr van Daan und ich lagen auf dem Boden, als wir unten laute Schritte hörten. Leise stand ich auf. »Das ist Jan!«
»Nein, nein, das ist die Polizei!«, sagten alle anderen.
Es wurde geklopft, Miep pfiff. Frau van Daan wurde es zu viel. Leichenblass und schlaff hing sie in ihrem Stuhl, und wenn die Span-

nung noch eine Minute länger gedauert hätte, wäre sie ohnmächtig geworden.
Als Jan und Miep hereinkamen, bot unser Zimmer einen herrlichen Anblick. Der Tisch alleine wäre schon ein Foto wert gewesen: Ein »Cinema & Theater« aufgeschlagen, die Seite mit Tänzerinnen voll mit Marmelade und einem Mittel gegen Durchfall, zwei Marmeladengläser, ein halbes und ein viertel Brötchen, Pektin, Spiegel, Kamm, Streichhölzer, Asche, Zigaretten, Tabak, Aschenbecher, Bücher, eine Unterhose, eine Taschenlampe, Toilettenpapier usw. usw.
Jan und Miep wurden natürlich mit Jauchzen und Tränen begrüßt. Jan zimmerte das Loch mit Holz zu und ging schon bald mit Miep wieder weg, um der Polizei den Einbruch zu melden. Miep hatte unter der Lagertür einen Zettel von Nachtwächter Slagter gefunden, der das Loch entdeckt und der Polizei Bescheid gesagt hatte. Bei ihm wollte Jan auch vorbeigehen.
Eine halbe Stunde hatten wir also, um uns zurechtzumachen, und noch nie habe ich gesehen, wie sich innerhalb von einer halben Stunde so viel verändert hat. Margot und ich legten unten die Betten aus, gingen zur Toilette, putzten die Zähne, wuschen die Hände und kämmten die Haare. Danach räumte ich das Zimmer noch ein bisschen auf und ging wieder nach oben. Dort war der Tisch schon abgeräumt. Wir holten Wasser, machten Kaffee und Tee, kochten Milch und deckten für die Kaffeestunde. Vater und Peter reinigten die Pinkeltöpfe mit warmem Wasser und Chlorkalk. Der größte war bis oben voll und so schwer, dass er kaum zu heben war. Außerdem leckte das Ding, sodass es in einem Eimer weggetragen werden musste.
Um elf Uhr saßen wir mit Jan, der zurückgekommen war, am Tisch, und es wurde allmählich schon wieder gemütlich. Jan erzählte Folgendes:
Bei Slagters erzählte seine Frau (Slagter selbst schlief noch), dass er bei seiner Runde das Loch bei uns entdeckt hatte und mit einem herbeigeholten Polizisten durch das Gebäude gelaufen war. Herr Slagter ist privater Nachtwächter und radelt jeden Abend mit seinen zwei Hunden die Grachten entlang. Am Dienstag will er zu Kugler kommen und die Sache besprechen. Auf dem Polizeibüro

hatten sie noch nichts von dem Einbruch gewusst, es aber sofort notiert. Sie wollen ebenfalls am Dienstag kommen und mal nachschauen.
Auf dem Rückweg ging Jan zufällig bei unserem Kartoffellieferanten vorbei und erzählte ihm, dass eingebrochen worden war.
»Das weiß ich«, sagte der seelenruhig. »Ich kam gestern Abend mit meiner Frau an dem Gebäude vorbei und sah ein Loch in der Tür. Meine Frau wollte schon weitergehen, aber ich schaute mit der Taschenlampe nach, und da sind die Diebe bestimmt weggelaufen. Sicherheitshalber habe ich die Polizei nicht angerufen, ich wollte das bei Ihnen nicht. Ich weiß zwar nichts, aber ich vermute viel.« Jan bedankte sich und ging. Bestimmt nimmt der Mann an, dass wir hier sind, denn er bringt die Kartoffeln immer in der Mittagspause, zwischen halb eins und halb zwei. Ein prima Mann!
Nachdem Jan weggegangen war und wir abgewaschen hatten, war es ein Uhr. Alle acht gingen wir schlafen. Um Viertel vor drei wurde ich wach und sah, dass Herr Dussel schon verschwunden war. Ganz zufällig begegnete ich Peter mit meinem verschlafenen Gesicht im Badezimmer. Wir verabredeten uns für unten. Ich machte mich zurecht und ging hinunter.
Traust du dich noch, auf den vorderen Dachboden zu gehen?«, fragte er. Ich war einverstanden, holte mein Kopfkissen, wickelte es in ein Tuch, und wir gingen hinauf. Das Wetter war großartig, und schon bald heulten dann auch die Sirenen. Wir blieben, wo wir waren. Peter legte seinen Arm um meine Schulter, ich legte meinen Arm um seine Schulter, und so blieben wir und warteten ruhig, bis Margot uns um vier Uhr zum Kaffee holte.
Wir aßen Brot, tranken Limonade und machten schon wieder Witze, auch sonst lief alles normal. Abends dankte ich Peter, weil er der Mutigste von allen war.

Keiner von uns hat sich je in solch einer Gefahr befunden wie in dieser Nacht. Gott hat uns beschützt. Stell dir vor, die Polizei an unserem Versteckschrank, das Licht davor an, und wir bleiben doch unbemerkt! Wenn die Invasion mit Bombardierungen kommt, ist jeder für sich selbst verantwortlich. Aber hier gab es auch die Angst um unsere unschuldigen und guten Helfer.

»Wir sind gerettet, rette uns weiterhin!« Das ist das Einzige, was wir sagen können.
Diese Geschichte hat viele Veränderungen mit sich gebracht. Dussel sitzt fortan abends im Badezimmer. Peter geht um halb neun und um halb zehn durch das Haus, um alles zu kontrollieren. Sein Fenster darf nachts nicht mehr offen bleiben, weil ein Arbeiter der Nachbarfirma es gesehen hat. Nach halb zehn abends darf das Wasser auf dem Klo nicht mehr gezogen werden. Herr Slagter ist als Nachtwächter engagiert worden. Heute Abend kommt ein Zimmermann und zimmert aus unseren weißen Frankfurter Betten eine Verbarrikadierung. Im Hinterhaus gibt es hier jetzt Debatten vorn und Debatten hinten. Kugler hat uns Unvorsichtigkeit vorgeworfen. Auch Jan sagte, wir dürften nie nach unten. Man muss jetzt der Sache auf den Grund gehen, ob Slagter zuverlässig ist, ob die Hunde anschlagen, wenn sie jemanden hinter der Tür hören, wie das mit der Verbarrikadierung klappt, alles Mögliche.
Wir sind sehr stark daran erinnert worden, dass wir gefesselte Juden sind, gefesselt an einen Fleck, ohne Rechte, aber mit Tausenden von Pflichten. Wir Juden dürfen nicht unseren Gefühlen folgen, müssen mutig und stark sein, müssen alle Beschwerlichkeiten auf uns nehmen und nicht murren, müssen tun, was in unserer Macht liegt, und auf Gott vertrauen. Einmal wird dieser schreckliche Krieg doch vorbeigehen, einmal werden wir doch wieder Menschen und nicht nur Juden sein!
Wer hat uns das auferlegt? Wer hat uns Juden zu einer Ausnahme unter allen Völkern gemacht? Wer hat uns bis jetzt so leiden lassen? Es ist Gott, der uns so gemacht hat, aber es wird auch Gott sein, der uns aufrichtet. Wenn wir all dieses Leid ertragen und noch immer Juden übrig bleiben, werden sie einmal von Verdammten zu Vorbildern werden. Wer weiß, vielleicht wird es noch unser Glaube sein, der die Welt und damit alle Völker das Gute lehrt, und dafür, dafür allein müssen wir auch leiden. Wir können niemals nur Niederländer oder nur Engländer oder was auch immer werden, wir müssen daneben immer Juden bleiben. Aber wir wollen es auch bleiben.
Seid mutig! Wir wollen uns unserer Aufgabe bewusst bleiben und nicht murren, es wird einen Ausweg geben. Gott hat unser Volk nie

im Stich gelassen, durch alle Jahrhunderte hin sind Juden am Leben geblieben, durch alle Jahrhunderte hindurch mussten Juden leiden. Aber durch alle Jahrhunderte hindurch sind sie auch stark geworden. Die Schwachen fallen, aber die Starken bleiben übrig und werden nicht untergehen!

In dieser Nacht dachte ich eigentlich, dass ich sterben müsste. Ich wartete auf die Polizei, ich war bereit, bereit wie ein Soldat auf dem Schlachtfeld. Ich wollte mich gern opfern für das Vaterland. Aber nun, da ich gerettet bin, ist es mein erster Wunsch für nach dem Krieg, dass ich Niederländerin werde. Ich liebe die Niederländer, ich liebe unser Land, ich liebe die Sprache und will hier arbeiten. Und wenn ich an die Königin selbst schreiben muss, ich werde nicht aufgeben, bevor mein Ziel erreicht ist.
Ich werde immer unabhängiger von meinen Eltern. So jung ich bin, habe ich mehr Lebensmut, ein sichereres Rechtsgefühl als Mutter. Ich weiß, was ich will, habe ein Ziel, habe eine eigene Meinung, habe einen Glauben und eine Liebe. Lasst mich ich selbst sein, dann bin ich zufrieden! Ich weiß, dass ich eine Frau bin, eine Frau mit innerer Stärke und viel Mut!
Wenn Gott mich am Leben lässt, werde ich mehr erreichen, als Mutter je erreicht hat. Ich werde nicht unbedeutend bleiben, ich werde in der Welt und für die Menschen arbeiten.
Und nun weiß ich, dass Mut und Fröhlichkeit das Wichtigste sind!

Deine Anne M. Frank

Freitag, 14. April 1944

Beste Kitty!
Die Stimmung hier ist noch sehr gespannt. Pim ist auf dem Siedepunkt, Frau van Daan liegt mit Erkältung im Bett und schimpft, Herr van Daan ist ohne Glimmstängel und blass, Dussel, der viel von seiner Bequemlichkeit geopfert hat, hat alle möglichen Beanstandungen usw. usw. Wir haben im Augenblick kein Glück. Das Klo ist undicht, der Hahn überdreht. Dank der vielen Beziehungen wird sowohl das eine als auch das andere schnell repariert sein.

Manchmal bin ich sentimental, das weiß ich, aber manchmal ist Sentimentalität auch angebracht. Wenn Peter und ich irgendwo zwischen Gerümpel und Staub auf einer harten Holzkiste sitzen, einer dem anderen den Arm um die Schultern gelegt hat, er mit einer Locke von mir in der Hand, und wenn draußen die Vögel trillern, wenn die Bäume grün werden, wenn die Sonne hinauslockt, wenn der Himmel so blau ist, oh, dann will ich so viel!
Nichts als unzufriedene und mürrische Gesichter sieht man hier, nichts als Seufzen und unterdrückte Klagen sind zu hören, und es scheint, als wäre plötzlich alles schrecklich geworden. In Wirklichkeit ist es hier so schlecht, wie man es sich selbst macht. Hier im Hinterhaus geht niemand mit gutem Beispiel voran, hier muss jeder selbst sehen, wie er mit seinen Launen klarkommt.
»Wäre es nur schon vorbei!« Das hört man jeden Tag.

Meine Würde, meine Hoffnung, meine Liebe, mein Mut,
das alles hält mich aufrecht und macht mich gut!

Kitty, ich glaube, ich spinne heute ein bisschen, und ich weiß nicht, warum. Alles steht durcheinander, man merkt keinen Zusammenhang, und ich bezweifle manchmal ernsthaft, ob sich später mal jemand für mein Geschwätz interessieren wird. »Die Bekenntnisse eines hässlichen jungen Entleins« wird der ganze Unsinn dann heißen. Herr Bolkestein* und Herr Gerbrandy* werden von <u>meinen</u> Tagebüchern wirklich nicht viel haben. Deine Anne

Samstag, 15. April 1944

Liebe Kitty!
»Ein Schreck folgt dem anderen. Wann wird das zu Ende sein?« So können wir wirklich sagen. Stell dir vor, was nun schon wieder passiert ist: Peter hat vergessen, den Riegel vor der Tür aufzumachen. Die Folge war, dass Kugler mit den Arbeitern nicht ins Haus kam. Er ist zur Nachbarfirma gegangen und hat von da aus das Küchenfenster eingeschlagen. Unsere Fenster standen offen, und die Nach-

* Mitglieder der niederländischen Exilregierung in London; A. d. Ü.

barn haben es gesehen. Was sie sich wohl denken? Und van Maaren? Kugler ist wütend. Er bekommt die Vorwürfe, dass er nichts an den Türen verändern lässt, und wir machen so eine Dummheit! Peter ist vollkommen außer Fassung, das kann ich dir sagen. Als Mutter bei Tisch sagte, Peter tue ihr Leid, fing er fast an zu weinen. Es ist ebenso unsere Schuld, denn wir und auch van Daan fragen sonst fast jeden Tag, ob der Riegel weg ist. Vielleicht kann ich ihn nachher ein bisschen trösten. Ich würde ihm so gerne helfen.
Hier folgen noch einige vertrauliche Hinterhausmeldungen von den letzten Wochen:
Vor einer Woche wurde Moffi plötzlich krank, er war sehr still und sabberte. Miep nahm ihn, rollte ihn in ein Tuch, steckte ihn in die Einkaufstasche und brachte ihn zur Tierklinik. Der Doktor gab ihm eine Medizin, weil er es an den Eingeweiden hatte. Peter gab ihm ein paar Mal von der Arznei, aber schon bald ließ Moffi sich nicht mehr sehen und war Tag und Nacht unterwegs, sicher bei seiner Liebsten. Aber jetzt ist seine Nase geschwollen, und er fiept, wenn man ihn anfasst. Wahrscheinlich hat er irgendwo, wo er was klauen wollte, einen Klaps bekommen. Mouschi hatte ein paar Tage lang eine Art Stimmbruch. Gerade als wir sie auch zum Doktor schicken wollten, war sie schon wieder fast gesund.
Unser Dachbodenfenster bleibt nun auch nachts etwas offen. Peter und ich sitzen jetzt oft abends noch oben.
Dank Gummilösung und Ölfarbe kann unser Klo wieder gerichtet werden. Auch der überdrehte Hahn ist durch einen anderen ersetzt worden.
Herrn Kleiman geht es zum Glück wieder besser. Bald wird er zu einem Spezialisten gehen. Wir wollen nur hoffen, dass er nicht am Magen operiert werden muss.
Diesen Monat haben wir acht Lebensmittelkarten bekommen. Unglücklicherweise hat es in den ersten vierzehn Tagen statt Haferflocken oder Graupen nur Hülsenfrüchte auf die Marken gegeben. Unser neuester Leckerbissen ist Piccalilly. Wenn man Pech hat, sind in einem Glas nur ein paar Gurken und etwas Senfsoße. Gemüse gibt es gar nicht. Vorher Salat und nachher Salat. Unsere Mahlzeiten bestehen nur noch aus Kartoffeln und künstlicher Soße.
Die Russen haben jetzt mehr als die Hälfte der Krim erobert. Bei Cas-

sino kommen die Engländer nicht vorwärts. Rechnen wir eben mit dem Westwall. Bombardierungen gibt es oft, noch dazu unvorstellbar schwere. In Den Haag wurde das Rathaus von einer Bombe getroffen, und viele Dokumente wurden zerstört. Alle Niederländer bekommen neue Stammkarten.

Genug für heute! Deine Anne M. Frank

Sonntag, 16. April 1944

Liebste Kitty!

Behalte den gestrigen Tag, er ist sehr wichtig für mein ganzes Leben. Ist es nicht für jedes Mädchen wichtig, wenn sie den ersten Kuss bekommt? Nun, bei mir ist es auch so. Der Kuss von Bram auf meine rechte Backe zählt nicht, auch nicht der Handkuss von Woudstra. Wie ich so plötzlich zu diesem Kuss gekommen bin? Nun, das werde ich dir erzählen.

Gestern Abend um acht saß ich mit Peter auf seiner Couch. Schon bald legte er einen Arm um mich. (Weil Samstag war, hatte er keinen Overall an.) »Rücken wir ein bisschen weiter«, sagte ich, »damit ich mit dem Kopf nicht an das Schränkchen stoße.«

Er rückte fast bis zur Ecke, ich legte meinen Arm unter seinem Arm hindurch auf seinen Rücken, und er begrub mich fast, weil sein Arm um meine Schulter hing. Wir hatten schon öfter so gesessen, aber nie so dicht nebeneinander wie gestern Abend. Er drückte mich fest an sich, meine Brust lag an seiner, mein Herz klopfte. Aber das war noch nicht alles. Er ruhte nicht eher, bis mein Kopf auf seiner Schulter lag und der seine darauf. Als ich mich nach ungefähr fünf Minuten etwas aufrichtete, nahm er meinen Kopf in die Hände und zog ihn wieder an sich. Oh, es war so herrlich! Ich konnte nicht sprechen, der Genuss war zu groß. Er streichelte ein bisschen ungeschickt meine Wange und meinen Arm, fummelte an meinen Locken, und unsere Köpfe lagen fast die ganze Zeit aneinander.

Das Gefühl, das mich dabei durchströmte, kann ich dir nicht beschreiben, Kitty. Ich war überglücklich, und ich glaube, er auch.

Um halb neun standen wir auf. Peter zog seine Turnschuhe an, um bei einer zweiten Runde durch das Haus auch leise zu gehen, und ich stand dabei. Wie ich plötzlich die richtige Bewegung fand, weiß ich nicht, aber bevor wir nach unten gingen, gab er mir einen Kuss auf die Haare, halb auf meine linke Wange und halb auf mein Ohr. Ohne mich umzuschauen rannte ich hinunter und warte mit großer Sehnsucht auf heute.

Sonntagmorgen, kurz vor 11 Uhr. Deine Anne M. Frank

Montag, 17. April 1944

Liebe Kitty!

Glaubst du, dass Vater und Mutter es gutheißen würden, dass ich auf einer Couch sitze und einen Jungen küsse? Ein Junge von siebzehneinhalb und ein Mädchen von fast fünfzehn? Ich glaube es eigentlich nicht, aber ich muss mich bei dieser Sache auf mich selbst verlassen. Es ist so ruhig und sicher, in seinen Armen zu liegen und zu träumen, es ist so aufregend, seine Wange an meiner zu fühlen, es ist so herrlich zu wissen, dass jemand auf mich wartet. Aber – und ein Aber gibt es tatsächlich – wird Peter es dabei belassen wollen? Ich habe sein Versprechen nicht vergessen, aber ... er ist ein Junge!

Ich weiß schon, dass ich sehr früh dran bin. Noch keine fünfzehn und schon so selbstständig, das ist für andere wohl unbegreiflich. Ich bin mir fast sicher, dass Margot niemals einem Jungen einen Kuss geben würde, ohne dass auch von Verloben oder Heiraten die Rede ist. Solche Pläne haben weder Peter noch ich. Auch Mutter hat vor Vater sicher keinen Mann berührt. Was würden meine Freundinnen dazu sagen, wenn sie wüssten, dass ich in Peters Armen lag, mit meinem Herzen auf seiner Brust, mit meinem Kopf auf seiner Schulter, mit seinem Kopf und Gesicht auf dem meinen!

O Anne, wie skandalös! Ich finde es aber wirklich nicht skandalös. Wir sind hier eingesperrt, abgeschlossen von der Welt, immer in Angst und Sorge, ganz besonders in der letzten Zeit. Warum sollten wir, die einander lieben, uns dann voneinander fern halten? Warum sollten wir uns in diesen Zeiten keinen Kuss geben? Warum sollten wir warten, bis wir das passende Alter haben? Warum sollten wir viel fragen?

Ich habe es auf mich genommen, selbst auf mich aufzupassen. Er würde mir nie Kummer oder Schmerz zufügen wollen. Warum sollte ich dann nicht tun, was mir das Herz eingibt, und uns beide glücklich machen?

Doch ich glaube, Kitty, dass du ein bisschen von meinen Zweifeln merkst. Ich denke, dass es meine Ehrlichkeit ist, die sich gegen Heimlichkeiten auflehnt. Findest du, dass es meine Pflicht wäre, Vater zu erzählen, was ich tue? Findest du, dass unser Geheimnis einem Dritten zu Ohren kommen soll? Von dem, was schön ist, würde viel verloren gehen. Und würde ich dadurch innerlich ruhiger werden? Ich werde mit ihm darüber sprechen.

O ja, ich will über so viel mit ihm sprechen, denn nur miteinander schmusen, darin sehe ich keinen Sinn. Es gehört viel Vertrauen dazu, einander die Gedanken zu erzählen, aber sicher werden wir beide stärker im Bewusstsein dieses Vertrauens.

Deine Anne M. Frank

P. S. Gestern Morgen waren wir schon wieder um sechs Uhr auf den Beinen, da die ganze Familie Einbruchgeräusche gehört hatte. Vielleicht ist diesmal ein Nachbar das Opfer geworden. Bei der Kontrolle um sieben Uhr waren unsere Türen fest verschlossen, zum Glück.

Dienstag, 18. April 1944

Liebe Kitty!

Hier ist alles gut. Gestern Abend war der Zimmermann wieder da und hat angefangen, eiserne Platten vor die Türfüllungen zu schrauben.

Vater hat gerade gesagt, dass er vor dem 20. Mai noch ganz groß angelegte Operationen erwartet, sowohl in Russland als auch in Italien und im Westen. Ich kann mir die Befreiung aus unserer Lage immer weniger vorstellen, je länger es dauert.

Gestern sind Peter und ich dann endlich zu unserem Gespräch gekommen, das mindestens schon zehn Tage verschoben worden ist. Ich habe ihm alles von den Mädchen erklärt und mich nicht gescheut, die intimsten Dinge zu besprechen. Ich fand es allerdings witzig, dass er dachte, dass sie den Eingang bei Frauen auf Bildern einfach weglie-

ßen. Er konnte sich also nicht vorstellen, dass das wirklich zwischen den Beinen liegt.
Der Abend endete mit einem Kuss, ein bisschen neben dem Mund. Es ist wirklich ein tolles Gefühl!
Vielleicht nehme ich mein Schöne-Sätze-Buch doch mal mit hinauf, um endlich etwas tiefer auf die Dinge einzugehen. Ich finde keine Befriedigung darin, sich Tag um Tag immer nur in den Armen zu liegen, und wünsche mir, dass es ihm auch so geht.
Wir haben nach unserem unbeständigen Winter wieder ein prachtvolles Frühjahr. Der April ist tatsächlich wunderbar, nicht zu warm und nicht zu kalt und ab und zu ein kleiner Regenschauer. Unsere Kastanie ist schon ziemlich grün, und hier und da sieht man sogar schon kleine Kerzen.
Bep hat uns am Samstag Blumen gebracht, drei Sträuße Narzissen, und für mich Traubenhyazinthen. Und Herr Kugler versorgt uns immer besser mit Zeitungen.
Ich muss Algebra machen, Kitty, auf Wiedersehen!

Deine Anne M. Frank

Mittwoch, 19. April

Lieber Schatz!
(Das ist der Titel eines Films mit Dorit Kreysler, Ida Wüst und Harald Paulsen.)
Was gibt es Schöneres auf der Welt, als aus einem offenen Fenster hinaus in die Natur zu schauen, die Vögel pfeifen zu hören, die Sonne auf den Wangen zu fühlen und einen lieben Jungen in den Armen zu haben? Es ist so ruhig und sicher, seinen Arm um mich zu fühlen, ihn nahe zu wissen und doch zu schweigen. Es kann nicht schlecht sein, denn diese Ruhe ist gut. Oh, wenn sie doch nie gestört würde, noch nicht einmal von Mouschi!

Deine Anne M. Frank

Freitag, 21. April 1944

Liebste Kitty!

Gestern Nachmittag lag ich mit Halsweh im Bett, aber weil ich mich schon am ersten Tag langweilte und kein Fieber hatte, bin ich heute wieder aufgestanden. Das Halsweh ist auch fast verschwunden.

Gestern wurde, wie du vermutlich gemerkt hast, unser »Führer« 55 Jahre alt. Heute ist der achtzehnte Geburtstag Ihrer Königlichen Hoheit, der Kronprinzessin Elisabeth von York. Im BBC wurde durchgegeben, dass sie noch nicht für volljährig erklärt worden ist, wie es bei Prinzessinnen sonst der Fall ist. Wir haben uns schon gefragt, mit welchem Prinzen diese Schönheit mal verheiratet wird, konnten jedoch keinen geeigneten finden. Vielleicht kann ihre Schwester, Prinzessin Margaret Rose, den Kronprinzen Baudouin von Belgien bekommen.

Hier geraten wir von einer Misere in die andere. Kaum haben wir nun die Außentüren gut verrammelt, tritt van Maaren, der Lagerarbeiter, wieder in Erscheinung. Aller Wahrscheinlichkeit nach hat er Kartoffelmehl gestohlen und will jetzt Bep die Schuld in die Schuhe schieben. Das Hinterhaus ist begreiflicherweise in Aufruhr. Bep ist außer sich vor Wut. Vielleicht lässt Kugler dieses heruntergekommene Subjekt jetzt beschatten.

Heute Morgen war ein Schätzer aus der Beethovenstraat hier. Er will für unsere Truhe 400 Gulden geben. Auch seine anderen Angebote sind unserer Meinung nach zu niedrig.

Ich will bei der Zeitung anfragen, ob sie ein Märchen von mir nehmen wollen, natürlich unter einem Pseudonym. Aber weil meine Märchen noch zu lang sind, glaube ich nicht, dass ich viel Aussicht auf Erfolg habe.

Bis zum nächsten Mal, Darling! Deine Anne M. Frank

Dienstag, 25. April 1944

Liebe Kitty!

Seit ungefähr zehn Tagen spricht Dussel wieder nicht mit van Daan, und das nur, weil wir nach dem Einbruch eine ganze Menge neuer Sicherheitsvorkehrungen getroffen haben. Eine davon ist, dass er abends nicht mehr hinunter darf. Peter macht jeden Abend um halb

Herr Pfeffer.

zehn mit Herrn van Daan die letzte Runde, und dann darf niemand mehr hinunter. Von abends acht Uhr an darf auch die Klospülung nicht mehr gezogen werden, auch morgens um acht nicht. Die Fenster gehen erst auf, wenn in Kuglers Büro das Licht brennt, und abends dürfen keine Stöckchen mehr dazwischengesteckt werden. Letzteres ist der Anlass zu Dussels Schmollen gewesen. Er behauptet, dass van Daan ihn angeschnauzt habe, aber daran ist er selbst schuld. Er sagte auch, dass er eher ohne Essen als ohne Luft leben könne und eine Methode gefunden werden müsse, die Fenster zu öffnen.
»Ich werde mit Herrn Kugler darüber sprechen«, sagte er zu mir. Ich antwortete, dass solche Dinge nie von Herrn Kugler beschlossen werden, sondern in der Gemeinschaft.
»Alles passiert hier hinter meinem Rücken, dann werde ich wohl mit deinem Vater darüber sprechen.«
Er darf sich samstags nachmittags und sonntags auch nicht mehr in Kuglers Büro setzen, weil der Chef der Nachbarfirma ihn da hören könnte, falls er käme. Prompt setzte sich Dussel doch rein. Van Daan war rasend, und Vater ging hinunter, um mit ihm zu reden. Natürlich hatte er wieder eine Ausrede, aber diesmal kam er sogar bei Vater nicht damit durch. Vater spricht nun auch so wenig wie möglich mit ihm, weil Dussel ihn beleidigt hat. Wie, weiß ich nicht, wir wissen es alle nicht, aber es muss schlimm sein.
Und nächste Woche hat der Unglückswurm auch noch Geburtstag. Geburtstag haben, nicht den Mund aufmachen, schmollen und Geschenke bekommen, wie passt das zusammen?
Mit Herrn Vossen geht es schnell bergab, er hat seit über zehn Tagen fast vierzig Fieber. Der Doktor hält seinen Zustand für hoffnungslos, es wird angenommen, dass der Krebs auf die Lunge übergegriffen hat. Der arme Mann, man würde ihm so gern helfen, aber niemand als Gott kann hier helfen.
Ich habe eine schöne Geschichte geschrieben. Sie heißt »Blurry, der Weltentdecker« und hat meinen drei Zuhörern sehr gefallen.
Ich bin noch immer erkältet und habe sowohl Margot als auch Mutter und Vater angesteckt. Wenn Peter es nur nicht bekommt! Er musste unbedingt einen Kuss haben und nannte mich sein Eldorado. Es geht doch nicht, du verrückter Junge! Aber lieb ist er doch!

Deine Anne M. Frank

Donnerstag, 27. April 1944

Liebe Kitty!

Heute Morgen hatte Frau van Daan schlechte Laune, nichts als Klagen, zuerst über die Erkältung, dass sie keine Hustenbonbons bekam, dass das viele Schnäuzen nicht auszuhalten ist. Dann, dass die Sonne nicht scheint, dass die Invasion nicht kommt, dass wir nicht aus dem Fenster schauen können usw. usw. Wir mussten schrecklich über sie lachen. Es war dann doch nicht so schlimm, und sie lachte mit.

Das Rezept für unseren Kartoffelauflauf, wegen Mangels an Zwiebeln geändert:

Man nehme geschälte Kartoffeln, drehe sie durch eine Mühle, füge etwas trockenes Regierungsmehl und Salz hinzu. Man schmiere die Backform oder die feuerfeste Schüssel mit Paraffin oder Stearin ein, backe den Rührteig zweieinhalb Stunden und esse ihn dann mit angefaultem Erdbeerkompott. (Zwiebeln nicht vorhanden, auch kein Fett, weder für Schüssel noch für Teig.)

Im Augenblick lese ich »Kaiser Karl V.«, von einem Göttinger Universitätsprofessor geschrieben. Er hat vierzig Jahre an diesem Buch gearbeitet. In fünf Tagen habe ich fünfzig Seiten gelesen, mehr ist nicht möglich. Das Buch hat 598 Seiten, da kannst du dir ausrechnen, wie lange ich dazu brauchen werde. Und dann noch der zweite Band! Aber sehr interessant!

Was ein Schulmädchen an einem Tag nicht alles macht! Nimm mich mal! Erst habe ich ein Stück von Nelsons letzter Schlacht aus dem Niederländischen ins Englische übersetzt. Dann nahm ich die Fortsetzung des nordischen Krieges (1700–1721) durch. Peter der Große, Karl XII., August der Starke, Stanislaus Leczinsky, Mazeppa, Brandenburg, Vorder-Pommern, Hinter-Pommern und Dänemark, samt den dazugehörigen Jahreszahlen. Anschließend landete ich in Brasilien, las vom Bahia-Tabak, dem Überfluss an Kaffee, den anderthalb Millionen Einwohnern von Rio de Janeiro, von Pernambuco und São Paulo, den Amazonasfluss nicht zu vergessen. Von Negern, Mulatten, Mestizen, Weißen, mehr als 50% Analphabeten und der Malaria. Da mir noch etwas Zeit blieb, nahm ich noch schnell einen Stammbaum durch: Jan der Alte, Wilhelm Ludwig, Ernst Casimir I., Heinrich Casimir I. bis zu der kleinen Margriet Franciska (geboren 1944 in Ottawa).

Zwölf Uhr: Auf dem Dachboden setzte ich meine Lernzeit fort mit Dekanen, Pfarrern, Pastoren, Päpsten und ... Puh, bis ein Uhr.
Nach zwei Uhr saß das arme Kind schon wieder an der Arbeit, Schmal- und Breitnasenaffen waren dran. Kitty, sag schnell, wie viel Zehen ein Nilpferd hat!
Dann folgte die Bibel, die Arche Noah, Sem, Ham und Japhet, danach Karl V. Dann mit Peter Englisch, »Der Oberst« von Thackeray. Französische Vokabeln abhören und dann den Mississippi mit dem Missouri vergleichen!
Genug für heute, adieu! Deine Anne M. Frank

Freitag, 28. April 1944

Liebe Kitty!
Meinen Traum von Peter Schiff habe ich nie vergessen. Ich fühle, wenn ich daran denke, heute noch seine Wange an meiner, mit jenem herrlichen Gefühl, das alles gut machte. Mit Peter hier hatte ich das Gefühl auch manchmal, aber nie so stark, bis wir gestern Abend zusammensaßen, wie gewöhnlich auf der Couch und einer in den Armen des anderen. Da glitt die normale Anne plötzlich weg, und dafür kam die zweite Anne, die nicht übermütig und witzig ist, sondern nur lieb haben will und weich sein.
Ich lehnte mich fest an ihn und fühlte die Rührung in mir aufsteigen. Tränen sprangen mir in die Augen, die linke fiel auf seinen Overall, die rechte rann an meiner Nase vorbei und fiel auch auf seinen Overall. Ob er es gemerkt hat? Keine Bewegung verriet es. Ob er genauso fühlt wie ich? Er sprach auch fast kein Wort. Ob er weiß, dass er zwei Annes vor sich hat? Das alles sind unbeantwortete Fragen.
Um halb neun stand ich auf und ging zum Fenster. Dort nehmen wir immer Abschied voneinander. Ich zitterte noch, ich war noch Anne Nummer zwei. Er kam auf mich zu, ich legte meine Arme um seinen Hals und drückte einen Kuss auf seine linke Wange. Gerade wollte ich auch zur rechten, als mein Mund den seinen traf. Taumelnd drückten wir uns aneinander, noch einmal und noch einmal, um nie mehr aufzuhören!

Wand in Annes Zimmer mit einem Teil ihrer Filmstar- und Ansichtskartensammlung.

Peter hat so viel Bedürfnis nach Zärtlichkeit. Er hat zum ersten Mal in seinem Leben ein Mädchen entdeckt, hat zum ersten Mal gesehen, dass die lästigsten Mädchen auch ein Inneres und ein Herz haben und sich verändern, sobald sie mit einem allein sind. Er hat zum ersten Mal in seinem Leben seine Freundschaft und sich selbst gegeben, er hat noch nie zuvor einen Freund oder eine Freundin gehabt. Nun haben wir uns gefunden. Ich kannte ihn auch nicht, hatte auch nie einen Vertrauten, und nun ist es doch so weit gekommen.
Wieder die Frage, die mich nicht loslässt: »Ist es richtig?« Ist es richtig, dass ich so schnell nachgebe, dass ich so heftig bin, genauso heftig und verlangend wie Peter? Darf ich, ein Mädchen, mich so gehen lassen?
Es gibt nur eine Antwort darauf: »Ich sehne mich so ... schon so lange. Ich bin so einsam und habe nun einen Trost gefunden.«
Morgens sind wir normal, nachmittags auch noch ziemlich, aber abends kommt die Sehnsucht des ganzen Tages hoch, das Glück und die Wonne von all den vorherigen Malen, und wir denken nur aneinander. Jeden Abend, nach dem letzten Kuss, möchte ich am liebsten wegrennen, ihm nicht mehr in die Augen sehen, nur weg, weg in die Dunkelheit und allein sein.
Aber was erwartet mich, wenn ich die vierzehn Stufen hinuntergegangen bin? Volles Licht, Fragen hier und Lachen dort. Ich muss reagieren und darf mir nichts anmerken lassen.
Mein Herz ist noch zu weich, um so einen Schock wie gestern Abend einfach zur Seite zu schieben. Die weiche Anne kommt zu selten und lässt sich darum auch nicht sofort wieder zur Tür hinausjagen. Peter hat mich berührt, tiefer, als ich je in meinem Leben berührt wurde, außer in meinem Traum! Peter hat mich angefasst, hat mein Inneres nach außen gekehrt. Ist es dann nicht für jeden Menschen selbstverständlich, dass er danach seine Ruhe braucht, um sich innerlich wieder zu erholen? O Peter, was hast du mit mir gemacht? Was willst du von mir?
Wohin soll das führen? Jetzt begreife ich Bep, nun, wo ich das erlebe. Nun verstehe ich ihre Zweifel. Wenn ich älter wäre und er würde mich heiraten wollen, was würde ich dann antworten? Anne, sei ehrlich! Du würdest ihn nicht heiraten können, aber loslassen ist auch so schwer. Peter hat noch zu wenig Charakter, zu wenig Willenskraft,

zu wenig Mut und Kraft. Er ist noch ein Kind, innerlich nicht älter als ich. Er will nur Ruhe und Glück.
Bin ich wirklich erst vierzehn? Bin ich wirklich noch ein dummes Schulmädchen? Bin ich wirklich noch so unerfahren in allem? Ich habe mehr Erfahrung als die anderen, ich habe etwas erlebt, was fast niemand in meinem Alter kennt.
Ich habe Angst vor mir selbst, habe Angst, dass ich mich in meinem Verlangen zu schnell wegschenke. Wie kann das dann später mit anderen Jungen gut gehen? Ach, es ist so schwierig, immer gibt es das Herz und den Verstand, und jedes muss zu seiner Zeit sprechen. Aber weiß ich sicher, dass ich die Zeit richtig gewählt habe?

Deine Anne M. Frank

Dienstag, 2. Mai 1944

Liebe Kitty!
Samstagabend habe ich Peter gefragt, ob er meint, dass ich Vater etwas von uns erzählen muss. Nach einigem Hin und Her sagte er Ja. Ich war froh, es beweist ein gutes Gefühl. Sofort als ich hinunterkam, ging ich mit Vater Wasser holen. Auf der Treppe sagte ich schon: »Vater, du verstehst sicher, dass Peter und ich, wenn wir zusammen sind, nicht einen Meter voneinander entfernt sitzen. Findest du das schlimm?«
Vater antwortete nicht gleich, dann sagte er: »Nein, schlimm finde ich das nicht, Anne. Aber hier, bei diesem beschränkten Raum, musst du vorsichtig sein.« Er sagte noch etwas in diesem Sinn, dann gingen wir nach oben.
Am Sonntagmorgen rief er mich zu sich und sagte: »Anne, ich habe noch mal darüber nachgedacht.« (Ich bekam schon Angst!) »Es ist hier im Hinterhaus eigentlich nicht so gut. Ich dachte, dass ihr Kameraden wäret. Ist Peter verliebt?«
»Davon ist nicht die Rede«, antwortete ich.
»Du weißt, dass ich euch gut verstehe. Aber du musst zurückhaltend sein. Geh nicht mehr so oft nach oben, ermuntere ihn nicht unnötig. Der Mann ist in solchen Dingen immer der Aktive, die Frau kann zurückhalten. Es ist draußen, wenn du frei bist, etwas ganz anderes. Da siehst du andere Jungen und Mädchen, du kannst mal weggehen,

Sport treiben und alles Mögliche. Aber hier kannst du nicht weg, wenn du willst. Ihr seht euch jede Stunde, eigentlich immer. Sei vorsichtig, Anne, und nimm es nicht zu ernst.«
»Das tue ich nicht, Vater, und Peter ist anständig. Er ist ein lieber Junge.«
»Ja, aber er hat keinen starken Charakter. Er ist leicht zur guten, aber auch zur schlechten Seite zu beeinflussen. Ich hoffe für ihn, dass er gut bleibt, denn in seinem Wesen ist er gut.«
Wir sprachen noch eine Weile und machten aus, dass Vater auch mit ihm reden würde.
Am Sonntagnachmittag, auf dem vorderen Dachboden, fragte Peter: »Und hast du mit deinem Vater gesprochen, Anne?«
»Ja«, antwortete ich. »Ich werde es dir schon erzählen. Vater findet es nicht schlimm, aber er sagt, dass hier, wo wir so aufeinander sitzen, leicht Konflikte entstehen könnten.«
»Wir haben doch abgemacht, dass wir uns nicht streiten. Ich habe vor, mich daran zu halten.«
»Ich auch, Peter. Aber Vater hat es nicht geglaubt, er hat gedacht, dass wir Kameraden wären. Meinst du, dass das nicht geht?«
»Ich schon. Und du?«
»Ich auch. Ich habe auch zu Vater gesagt, dass ich dir vertraue. Ich verlasse mich auf dich, Peter, genauso, wie ich mich auf Vater verlasse, und ich glaube, dass du es wert bist. Ist es nicht so?«
»Ich hoffe es.« Er war sehr verlegen und rot geworden.
»Ich glaube an dich, Peter«, fuhr ich fort. »Ich glaube, dass du einen guten Charakter hast und in der Welt vorwärts kommen wirst.«
Wir sprachen dann über andere Dinge. Später sagte ich noch: »Wenn wir hier herauskommen, wirst du dich nicht mehr um mich kümmern, das weiß ich.«
Er geriet in Hitze. »Das ist nicht wahr, Anne! Nein, das <u>darfst</u> du nicht von mir denken!«
Dann wurden wir gerufen.

Vater hat inzwischen mit ihm gesprochen, er erzählte es mir am Montag. »Dein Vater dachte, dass aus Kameradschaft schon mal Verliebtheit werden kann. Ich habe ihm aber gesagt, dass wir uns beherrschen werden.«

Vater will nun, dass ich abends nicht so oft hinaufgehe, aber das will ich nicht. Nicht nur, dass ich gern bei Peter bin, aber ich habe gesagt, dass ich mich auf ihn verlasse. Ich will ihm das Vertrauen beweisen, und das kann ich nicht, wenn ich aus Misstrauen unten bleibe.
Nein, ich gehe hinauf!

Inzwischen ist das Dussel-Drama wieder vorbei. Er hat Samstagabend bei Tisch in schönen niederländischen Worten um Entschuldigung gebeten. Van Daan war sofort wieder gut. Dussel hat für diese Aufgabe bestimmt den ganzen Tag geübt. Sein Geburtstag am Sonntag verlief ruhig. Von uns bekam er eine Flasche guten Wein von 1919, von den van Daans (die ihr Geschenk jetzt geben konnten) ein Glas Piccalilly und ein Päckchen Rasierklingen, von Kugler einen Topf Zitronenlimonade, von Miep ein Buch und von Bep eine kleine Pflanze. Er hat jedem von uns ein Ei spendiert.

Deine Anne M. Frank

Mittwoch, 3. Mai 1944

Liebe Kitty!
Erst kurz die Neuigkeiten der Woche! Die Politik hat Urlaub. Es gibt nichts, aber auch gar nichts mitzuteilen. So allmählich glaube ich auch, dass die Invasion kommt. Sie können die Russen doch nicht alles allein erledigen lassen! Übrigens, die tun zur Zeit auch nichts.
Herr Kleiman ist wieder jeden Morgen im Büro. Er hat für Peters Couch neue Federn besorgt, also muss sich Peter jetzt ans Polstern machen. Begreiflicherweise hat er dazu überhaupt keine Lust. Kleiman hat auch Flohpuder für die Katzen besorgt.
Habe ich dir schon erzählt, dass Moffi weg ist? Seit vergangener Woche Donnerstag spurlos verschwunden. Bestimmt ist sie schon im Katzenhimmel, und irgendein Tierfreund hat sich einen Leckerbissen aus ihr gemacht. Vielleicht kriegt ein Mädchen mit Geld eine Mütze aus ihrem Fell. Peter ist sehr traurig darüber.
Seit zwei Wochen lunchen wir samstags erst um halb zwölf. Am Vormittag gibt es nur eine Tasse Brei. Ab morgen soll das jeden Tag so sein, so können wir eine Mahlzeit einsparen. Gemüse ist immer

noch schwer zu bekommen. Heute Mittag hatten wir fauligen Kochsalat. Es gibt nur Salat, Spinat und Kochsalat, sonst nichts. Dazu noch angefaulte Kartoffeln, also eine herrliche Zusammenstellung!
Seit mehr als zwei Monaten hatte ich meine Periode nicht mehr, seit Sonntag ist es endlich wieder soweit. Trotz der Unannehmlichkeiten und der Umstände bin ich doch froh, dass es mich nicht länger im Stich gelassen hat.

Du kannst dir sicher denken, wie oft hier verzweifelt gefragt wird: »Wofür, oh, wofür nützt nun dieser Krieg? Warum können die Menschen nicht friedlich miteinander leben? Warum muss alles verwüstet werden?«
Diese Frage ist verständlich, aber eine entscheidende Antwort hat bis jetzt noch niemand gefunden. Ja, warum bauen sie in England immer größere Flugzeuge, immer schwerere Bomben und gleichzeitig Einheitshäuser für den Wiederaufbau? Warum gibt man jeden Tag Millionen für den Krieg aus und keinen Cent für die Heilkunde, für die Künstler, für die Armen? Warum müssen die Leute hungern, wenn in anderen Teilen der Welt die überflüssige Nahrung wegfault? Warum sind die Menschen so verrückt?
Ich glaube nicht, dass der Krieg nur von den Großen, von den Regierenden und Kapitalisten gemacht wird. Nein, der kleine Mann ist ebenso dafür. Sonst hätten sich die Völker doch schon längst dagegen erhoben! Im Menschen ist nun mal ein Drang zur Vernichtung, ein Drang zum Totschlagen, zum Morden und Wüten, und solange die ganze Menschheit, ohne Ausnahme, keine Metamorphose durchläuft, wird Krieg wüten, wird alles, was gebaut, gepflegt und gewachsen ist, wieder abgeschnitten und vernichtet, und dann fängt es wieder von vorn an.

Ich bin oft niedergeschlagen gewesen, aber nie verzweifelt. Ich betrachte dieses Verstecken als ein gefährliches Abenteuer, das romantisch und interessant ist. Ich beschreibe jede Entbehrung in meinem Tagebuch wie eine Unterhaltung. Ich habe mir nun mal vorgenommen, dass ich ein anderes Leben führen werde als andere Mädchen und später ein anderes Leben als normale Hausfrauen. Das ist ein

passender Anfang mit viel Interessantem, und darum, nur darum muss ich in den gefährlichsten Augenblicken über die komische Situation lachen.
Ich bin jung und habe noch viele verborgene Eigenschaften. Ich bin jung und stark und erlebe das große Abenteuer, sitze mittendrin und kann nicht den ganzen Tag klagen, weil ich mich amüsieren muss! Ich habe viel mitbekommen, eine glückliche Natur, viel Fröhlichkeit und Kraft. Jeden Tag fühle ich, wie mein Inneres wächst, wie die Befreiung naht, wie schön die Natur ist, wie gut die Menschen in meiner Umgebung, wie interessant und amüsant dieses Abenteuer. Warum sollte ich dann verzweifelt sein?

Deine Anne M. Frank

Freitag, 5. Mai 1944

Beste Kitty!
Vater ist unzufrieden mit mir. Er dachte, dass ich nach unserem Gespräch vom Sonntag von selbst nicht mehr jeden Abend nach oben gehen würde. Er will die »Knutscherei« nicht haben. Das Wort konnte ich nicht hören. Es war schon unangenehm genug, darüber zu sprechen, warum muss er mich nun auch noch so schlecht machen! Ich werde heute mit ihm reden. Margot hat mir einen guten Rat gegeben. Hör mal, was ich ungefähr sagen will:
»Ich glaube, Vater, dass du eine Erklärung von mir erwartest, ich will sie dir geben. Du bist enttäuscht von mir, du hattest mehr Zurückhaltung von mir erwartet. Du willst sicher, dass ich so bin, wie eine Vierzehnjährige zu sein hat, und darin irrst du dich.
Seit wir hier sind, seit Juli 1942, hatte ich es bis vor ein paar Wochen nicht einfach. Wenn du wüsstest, wie oft ich abends geweint habe, wie verzweifelt und unglücklich ich war, wie einsam ich mich fühlte, dann würdest du verstehen, dass ich nach oben will. Ich habe es nicht von einem auf den anderen Tag geschafft, so weit zu kommen, dass ich ohne Mutter und ohne die Unterstützung von jemand anderem leben kann. Es hat mich viel, viel Kampf und Tränen gekostet, so selbstständig zu werden, wie ich es jetzt bin. Du kannst lachen und mir nicht glauben, es macht mir nichts. Ich weiß, dass ich ein eigenständiger Mensch bin, und ich fühle mich euch gegenüber absolut

nicht verantwortlich. Ich habe dir dies nur erzählt, weil du sonst glauben könntest, ich verheimliche etwas. Aber für meine Handlungen muss ich mich nur vor mir selbst verantworten.
Als ich Schwierigkeiten hatte, habt ihr, auch du, die Augen zugemacht und die Ohren verstopft. Du hast mir nicht geholfen, im Gegenteil, nur Ermahnungen habe ich bekommen, dass ich nicht so lärmend sein sollte. Ich war nur lärmend, um nicht immer traurig zu sein. Ich war übermütig, um meine innere Stimme nicht zu hören. Ich habe Komödie gespielt, anderthalb Jahre lang, tagein, tagaus. Ich habe nicht geklagt und bin nicht aus der Rolle gefallen, nichts von alledem, und jetzt habe ich mich durchgekämpft. Ich habe gesiegt. Ich bin selbstständig an Leib und Geist. Ich habe keine Mutter mehr nötig, ich bin durch all die Kämpfe stark geworden.
Nun, da ich es geschafft habe, will ich auch meinen eigenen Weg gehen, den Weg, den ich für richtig halte. Du kannst und darfst mich nicht wie eine Vierzehnjährige betrachten, ich bin durch alle Schwierigkeiten älter geworden. Ich werde meine Taten nicht bedauern, ich werde handeln, wie ich es richtig finde!
Du kannst mich nicht sanft von oben fern halten. Entweder du verbietest mir alles, oder du vertraust mir durch dick und dünn! Nur lass mich dann auch in Ruhe!« Deine Anne M. Frank

Samstag, 6. Mai 1944

Liebe Kitty!
Gestern vor dem Essen habe ich meinen Brief in Vaters Tasche gesteckt. Nach dem Lesen war er den ganzen Abend durcheinander, hat Margot gesagt (ich war oben beim Spülen). Armer Pim, ich hätte wissen müssen, welche Wirkung diese Epistel haben würde. Er ist so empfindsam! Sofort habe ich zu Peter gesagt, dass er nichts mehr fragen oder sagen solle. Pim hat kein Wort zu mir gesagt. Ob es noch kommt?
Hier geht's wieder so einigermaßen. Was Jan, Kugler und Kleiman von den Menschen und den Preisen draußen erzählen, ist kaum zu glauben. Ein halbes Pfund Tee kostet 350 Gulden, ein halbes Pfund Kaffee 80 Gulden, Butter 35 Gulden das Pfund, ein Ei 1.45 Gulden. Für bulgarischen Tabak werden 14 Gulden je Unze bezahlt! Jeder

treibt Schwarzhandel, jeder Laufjunge bietet etwas an. Unser Bäckerjunge hat Stopfseide besorgt, 90 Cent für ein dünnes Strängchen. Der Milchmann kommt an illegale Lebensmittelkarten, ein Beerdigungsunternehmen besorgt Käse. Jeden Tag wird eingebrochen, ermordet, gestohlen. Polizisten und Nachtwächter sind ebenso beteiligt wie Berufsdiebe. Jeder will etwas in den Bauch bekommen. Und da Gehaltserhöhungen verboten sind, müssen die Leute wohl oder übel schwindeln. Die Jugendpolizei ist dauernd beschäftigt. Junge Mädchen von fünfzehn, sechzehn, siebzehn, achtzehn Jahren und älter werden jeden Tag vermisst.
Ich will versuchen, die Geschichte von der Fee Ellen fertig zu machen. Zum Spaß könnte ich sie Vater zum Geburtstag schenken, mit allen Urheberrechten. Auf Wiedersehen (das ist eigentlich falsch, bei der deutschen Sendung aus England sagen sie »auf Wiederhören«, ich müsste also schreiben »auf Wiederschreiben«).

Deine Anne M. Frank

Sonntagmorgen, 7. Mai 1944

Liebe Kitty!
Vater und ich haben gestern Nachmittag ein langes Gespräch gehabt. Ich musste schrecklich weinen, und er auch. Weißt du, was er zu mir gesagt hat, Kitty?
»Ich habe schon viele Briefe in meinem Leben bekommen, aber dieser ist der hässlichste. Du, Anne, die du so viel Liebe von deinen Eltern empfangen hast, von Eltern, die immer für dich bereit stehen, die dich immer verteidigt haben, was auch war, du sprichst davon, keine Verantwortung zu fühlen. Du fühlst dich zurückgesetzt und allein gelassen. Nein, Anne, das war ein großes Unrecht, das du uns angetan hast. Vielleicht hast du es nicht so gemeint, aber so hast du es geschrieben. Nein, Anne, einen solchen Vorwurf haben wir nicht verdient!«
Ach, ich habe einen schrecklichen Fehler gemacht. Das ist wohl das Schlimmste, was ich in meinem Leben getan habe. Ich wollte nur angeben mit meinem Weinen und meinen Tränen, mich nur aufspielen, damit er Respekt vor mir hat. Sicher, ich habe viel Kummer gehabt, und was Mutter betrifft, ist alles wahr. Aber den guten Pim so zu be-

schuldigen, ihn, der alles für mich getan hat und noch für mich tut, nein, das war mehr als gemein.
Es ist ganz gut, dass ich mal aus meiner unerreichbaren Höhe heruntergeholt worden bin, dass mein Stolz mal angeknackst worden ist. Ich war wieder viel zu eingenommen von mir selbst. Was Fräulein Anne tut, ist längst nicht immer richtig! Jemand, der einem anderen, den er zu lieben behauptet, einen solchen Kummer zufügt, und das auch noch vorsätzlich, ist niedrig, sehr niedrig!
Am meisten schäme ich mich über die Art, in der Vater mir vergeben hat. Er wird den Brief in den Ofen werfen und ist jetzt so lieb zu mir, als ob er etwas falsch gemacht hätte. Nein, Anne, du musst noch schrecklich viel lernen. Fange erst mal wieder damit an, statt auf andere hinunterzuschauen und andere zu beschuldigen!
Ich habe viel Kummer gehabt, aber hat das nicht jeder in meinem Alter? Ich habe viel Komödie gespielt, aber ich war mir dessen noch nicht mal bewusst. Ich fühlte mich einsam, war aber fast nie verzweifelt. Ich muss mich tief schämen, und ich schäme mich tief.
Geschehen ist geschehen, aber man kann Weiteres verhindern. Ich will wieder von vorn anfangen, und es kann nicht schwer sein, da ich jetzt Peter habe. Mit ihm als Unterstützung kann ich es. Ich bin nicht mehr allein, er liebt mich, ich liebe ihn, ich habe meine Bücher, mein Geschichtenbuch, mein Tagebuch, ich bin nicht besonders hässlich, nicht besonders dumm, habe eine fröhliche Natur und will einen guten Charakter bekommen. Ja, Anne, du hast sehr gut gefühlt, dass dein Brief zu hart und unwahr war, aber du warst noch stolz darauf. Ich will mir Vater wieder zum Vorbild nehmen, und ich werde mich bessern.

Deine Anne M. Frank

Montag, 8. Mai 1944

Liebe Kitty!
Habe ich dir eigentlich schon mal was von unserer Familie erzählt? Ich glaube nicht, und deshalb werde ich sofort damit anfangen. Vater wurde in Frankfurt geboren, als Sohn steinreicher Eltern. Michael Frank hatte eine Bank und war Millionär geworden, und Alice Stern, Vaters Mutter, war von sehr vornehmen und reichen Eltern. Michael Frank war in seiner Jugend nicht reich gewesen,

hat sich aber ordentlich hochgearbeitet. Vater führte in seiner Jugend ein richtiges Reicher-Eltern-Sohn-Leben, jede Woche Partys, Bälle, Feste, schöne Mädchen, Tanzen, Diners, viele Zimmer und so weiter. All das Geld ging nach Opas Tod verloren, nach dem Weltkrieg und der Inflation war nichts mehr davon übrig. Aber es gab noch genug reiche Verwandte. Vater ist folglich prima-prima erzogen worden und musste gestern schrecklich lachen, weil er das erste Mal in seinem 55-jährigen Leben bei Tisch die Bratpfanne ausgekratzt hat.

Mutter war nicht so reich, aber doch auch ganz wohlhabend, und deshalb hören wir oft mit offenem Mund die Geschichten von Verlobungen mit 250 Gästen, von privaten Bällen und Diners.

Reich kann man uns auf keinen Fall mehr nennen, aber meine Hoffnung richtet sich auf die Zeit nach dem Krieg. Ich versichere dir, dass ich keinesfalls auf ein so beschränktes Leben aus bin, wie Mutter und Margot sich das wünschen. Ich würde gern ein Jahr nach Paris und ein Jahr nach London gehen, um Sprachen zu lernen und Kunstgeschichte zu studieren. Vergleich das mal mit Margot, die Säuglingsschwester in Palästina werden will. Ich male mir immer schöne Kleider und interessante Menschen aus. Ich will etwas sehen und erleben in der Welt, das habe ich dir schon öfter gesagt, und ein bisschen Geld kann dabei nicht schaden!

Miep hat heute Morgen von der Verlobung ihrer Nichte erzählt, wo sie am Samstag war. Die Nichte ist eine Tochter reicher Eltern, der Bräutigam hat noch reichere Eltern. Miep machte uns den Mund wässrig mit der Beschreibung des Essens, das sie bekamen: Gemüsesuppe mit Fleischklößchen, Käse, Brötchen mit Hackfleisch, Hors-d'œuvres mit Eiern und Roastbeef, Käsebrötchen, Moskauer Gebäck, Wein und Zigaretten, und von allem so viel, wie man wollte. Miep hat zehn Gläser Schnaps getrunken und drei Zigaretten geraucht. Ist das die Antialkoholikerin? Wenn Miep schon soviel getrunken hat, wie viel wird sich ihr Gatte dann hinter die Binde gegossen haben? Sie waren natürlich alle etwas angeheitert. Unter den Gästen waren auch zwei Polizisten von der Mordkommission, die Fotos von dem Paar gemacht haben. Du siehst, dass Miep ihre Versteckten keine Minute vergisst, denn sie hat sich gleich Namen und Adresse von diesen

Leuten notiert, für den Fall, dass etwas passiert und man gute Niederländer nötig hat.
Sie hat uns wirklich den Mund wässrig gemacht, uns, die wir zum Frühstück nur zwei Löffel Brei bekommen haben, denen die Mägen knurren vor Hunger, die wir tagein, tagaus nichts bekommen als halbrohen Spinat (wegen der Vitamine) und angefaulte Kartoffeln, die wir in unseren leeren Magen nichts anderes als Salat, Kochsalat, Spinat und noch mal Spinat stopfen. Vielleicht werden wir noch mal so stark wie Popeye, obwohl ich davon noch nicht viel merke!
Wenn Miep uns zu dieser Verlobung mitgenommen hätte, dann wäre von den Brötchen nichts für die anderen Gäste übrig geblieben. Wenn wir auf jenem Fest gewesen wären, hätten wir sicher alles geplündert und sogar die Möbel nicht auf ihrem Platz gelassen. Ich kann dir sagen, wir haben Miep die Worte aus der Nase gezogen, wir standen um sie herum, als hätten wir noch nie in unserem Leben von gutem Essen und eleganten Menschen gehört. Und das sind die Enkelinnen eines bekannten Millionärs! Es geht schon verrückt zu in der Welt!

Deine Anne M. Frank

Dienstag, 9. Mai 1944

Liebe Kitty!
Die Geschichte »Ellen, die Fee« ist fertig. Ich habe sie auf schönem Briefpapier abgeschrieben, mit roter Tinte verziert und die Blätter aneinander genäht. Das Ganze sieht jetzt hübsch aus, aber ich weiß nicht, ob es nicht etwas wenig ist. Margot und Mutter haben jede ein Geburtstagsgedicht gemacht.
Herr Kugler kam heute mit der Nachricht herauf, dass Frau Broks (eine frühere Mitarbeiterin) ab Montag jeden Tag hier zwei Stunden Mittagspause machen möchte. Stell dir vor! Niemand kann mehr heraufkommen, Kartoffeln können nicht geliefert werden, Bep bekommt kein Essen, wir können nicht aufs Klo, wir dürfen uns nicht rühren und was es sonst noch für Unannehmlichkeiten gibt. Wir kamen mit den ausgefallensten Vorschlägen, um sie abzuwimmeln. Van Daan meinte, ein gutes Abführmittel in ihren Kaffee würde vielleicht reichen. »Nein«, antwortete Herr Kleiman, »bitte nicht, dann kommt sie überhaupt nicht mehr runter vom Thron!«

Schallendes Gelächter. »Vom Thron?«, fragte Frau van Daan. »Was bedeutet das?«
Eine Erklärung folgte. »Kann man das Wort immer benützen?«, fragte sie ziemlich albern.
Bep kicherte. »Stellt euch vor, sie fragt im Bijenkorf nach dem Thron! Sie würden sie nicht mal begreifen.«
Dussel sitzt täglich prompt um halb eins »auf dem Thron«, um den Ausdruck mal beizubehalten. Heute Mittag nahm ich beherzt ein Stück rosa Papier und schrieb:

*Toiletten-Dienstplan für Herrn Dussel*
Morgens 7.15–7.30
Mittags nach 1 Uhr
Ansonsten nach Wunsch!

Diesen Zettel befestigte ich auf der grünen Klotür, als Dussel noch darauf saß. Ich hätte leicht dazuschreiben können: Bei Übertretung dieses Gesetzes wird Einsperrung verhängt. Denn unsere Toilette kann man von innen und von außen abschließen.

Das ist der neueste Witz von van Daan:
Anlässlich der Bibelstunde und der Geschichte mit Adam und Eva fragt ein 13-jähriger Junge seinen Vater: »Sag mal, Vater, wie bin ich eigentlich geboren worden?«
»Na ja«, antwortet der Vater, »der Storch hat dich aus dem großen Wasser geholt, zu Mutter ins Bett gelegt und sie fest ins Bein gepickt. Deshalb hat sie geblutet und musste über eine Woche im Bett bleiben.«
Um es noch genauer zu erfahren, fragt der Junge auch seine Mutter: »Sag mal, Mutter, wie bist du eigentlich geboren worden und wie bin ich geboren worden?«
Seine Mutter erzählt ihm dieselbe Geschichte, woraufhin der Junge, um wirklich alles zu erfahren, auch noch zu seinem Großvater geht. »Sag mal, Großvater, wie bist du geboren worden und wie ist deine Tochter geboren worden?« Zum dritten Mal hört er die gleiche Geschichte.
Abends schreibt er in sein Tagebuch: »Nach gründlichem Sammeln

von Informationen muss ich feststellen, dass in unserer Familie während dreier Generationen kein Geschlechtsverkehr stattgefunden hat.«
Ich muss noch arbeiten, es ist schon drei Uhr.

Deine Anne M. Frank

P. S. Da ich dir schon von der neuen Putzfrau berichtet habe, will ich noch kurz hinzufügen, dass die Dame verheiratet ist, sechzig Jahre alt und schwerhörig! Sehr sympathisch im Hinblick auf eventuelle Geräusche, die von acht Versteckten durchdringen könnten.
O Kit, es ist so schönes Wetter. Könnte ich doch hinaus!

Mittwoch, 10. Mai 1944

Liebe Kitty!
Wir saßen gestern Nachmittag auf dem Dachboden und lernten Französisch, als ich plötzlich hinter mir ein Plätschern hörte. Ich fragte Peter, was das zu bedeuten hätte, aber er antwortete nicht mal, rannte zum Trockenboden, zum Ort des Unheils, und stieß Mouschi, die sich neben ihr zu nasses Katzenklo gesetzt hatte, mit einer groben Bewegung auf den richtigen Fleck. Ein lautes Spektakel folgte, und Mouschi, die fertig gepinkelt hatte, rannte hinunter. Sie hatte sich, um noch ein wenig katzenkloartige Bequemlichkeit zu empfinden, über einen Spalt auf dem porösen Oberbodengrund auf ein bisschen Holzwolle gesetzt. Die Pfütze lief sofort durch die Decke zum Dachboden und unglücklicherweise direkt in und neben unsere Kartoffeltonne. Die Decke triefte, und da der Dachboden auch nicht frei von Löchern ist, fielen einige gelbe Tropfen auch durch die Decke in das Zimmer, zwischen einen Stapel Strümpfe und ein Buch, die auf dem Tisch lagen.
Ich bog mich vor Lachen. Der Anblick war auch zu komisch, die geduckte Mouschi unter einem Stuhl, Peter mit Wasser, Chlorpulver und Lappen, und Herr van Daan am Beschwichtigen. Das Unglück war schon bald behoben. Aber es ist eine bekannte Tatsache, dass Katzenurin schrecklich stinkt. Das bewiesen die Kartoffeln gestern nur allzu deutlich, auch die Holzspäne, die Vater in einem Eimer herunterbrachte, um sie zu verbrennen.

Arme Mouschi! Woher sollst du wissen, dass kein Torfmull zu bekommen ist?
Anne

Donnerstag, 11. Mai 1944

Liebe Kitty!

Etwas Neues zum Lachen!

Peters Haare mussten geschnitten werden. Die Haarschneiderin wollte, wie üblich, seine Mutter sein. Fünf Minuten vor halb acht verschwand Peter in seinem Zimmer und kam um halb acht wieder heraus, pudelnackt bis auf eine blaue Badehose und Turnschuhe.

»Kommst du mit?«, fragte er seine Mutter.

»Ja, aber ich suche die Schere.«

Peter half suchen und wühlte dabei in Frau van Daans Toilettenschublade. »Mach doch nicht so ein Durcheinander«, murrte sie.

Peters Antwort konnte ich nicht verstehen, sie muss auf jeden Fall frech gewesen sein, denn Frau van Daan gab ihm einen Klaps auf den Arm. Er gab ihr einen zurück. Sie schlug mit aller Kraft, und Peter zog mit einem komischen Gesicht seinen Arm zurück. »Komm mit, Alte!«

Frau van Daan blieb stehen. Peter packte sie an den Handgelenken und zog sie durch das ganze Zimmer. Frau van Daan weinte, lachte, schimpfte und strampelte, aber es half nichts. Peter führte seine Gefangene bis zur Dachbodentreppe, wo er sie loslassen musste. Frau van Daan kehrte ins Zimmer zurück und ließ sich laut seufzend auf einen Stuhl fallen.

»Die Entführung der Mutter«, witzelte ich.

»Ja, aber er hat mir wehgetan.«

Ich schaute nach und kühlte ihre heißen, roten Handgelenke mit etwas Wasser. Peter, noch an der Treppe, wurde wiederum ungeduldig. Mit seinem Gürtel in der Hand kam er wie ein Tierbändiger ins Zimmer. Aber Frau van Daan ging nicht mit. Sie blieb am Schreibtisch sitzen und suchte nach einem Taschentuch. »Du musst mich erst um Entschuldigung bitten«, sagte sie.

»Na gut, dann bitte ich dich hiermit um Entschuldigung, weil es sonst so spät wird.«

Frau van Daan musste gegen ihren Willen lachen, stand auf und ging zur Tür. Hier fühlte sie sich genötigt, uns erst noch eine Erklärung zu

geben. (Uns, das waren Vater, Mutter und ich, wir waren gerade beim Abwaschen.)
»Zu Hause war er nicht so«, sagte sie. »Ich hätte ihm eine verpasst, dass er die Treppe runterfliegt (!). Er ist nie so frech gewesen, er hat auch mehr Schläge bekommen. Das ist nun die moderne Erziehung! Ich hätte meine Mutter nie so angepackt. Sind Sie so mit Ihrer Mutter umgegangen, Herr Frank?« Sie war aufgeregt, lief hin und her, fragte und sagte alles Mögliche und machte immer noch keine Anstalten, hinaufzugehen. Endlich trollte sie sich.
Es dauerte keine fünf Minuten, da stürmte sie mit geblähten Backen wieder herunter, warf ihre Schürze hin, antwortete auf meine Frage, ob sie fertig sei, dass sie kurz hinuntergehe, und sauste wie ein Wirbelwind die Treppe hinunter. Vermutlich in die Arme von ihrem Putti. Sie kam erst um acht Uhr herauf, ihr Mann kam mit. Peter wurde vom Dachboden geholt, bekam eine gehörige Standpauke. Schimpfworte wie Flegel, Bengel, ungezogen, schlechtes Vorbild, Anne ist …, Margot macht … Mehr konnte ich nicht verstehen. Vermutlich ist heute schon wieder alles in Butter.

Deine Anne M. Frank

P. S. Dienstag und Mittwoch sprach unsere geliebte Königin. Sie macht Urlaub, um gestärkt in die Niederlande zurückkehren zu können. Sie sprach von »Bald, wenn ich zurück bin … baldige Befreiung … Heldenmut und schwere Lasten«.
Eine Rede von Minister Gerbrandy folgte. Dieser Mann hat ein so nörgelndes Kinderstimmchen, dass Mutter unwillkürlich »och« sagte. Ein Pastor, der seine Stimme von Herrn Edel geklaut hat, beschloss den Abend mit einer Bitte an Gott, dass er für die Juden, die Menschen in Konzentrationslagern, in den Gefängnissen und in Deutschland sorgen möge.

Donnerstag, 11. Mai 1944

Liebe Kitty!
Da ich meine ganze »Kramschachtel«, also auch den Füller, oben vergessen habe und ich sie in ihrem Schlafstündchen (bis halb drei) nicht stören kann, musst du jetzt mit einem Bleistiftbrief vorlieb nehmen.

Ich habe im Augenblick schrecklich viel zu tun, und so verrückt es auch klingt, ich habe zu wenig Zeit, um durch meinen Berg Arbeit durchzukommen. Soll ich dir erzählen, was ich alles tun muss? Also: Bis morgen muss ich den ersten Teil der Lebensgeschichte von Galileo Galilei auslesen, da das Buch zur Bibliothek zurück muss. Gestern habe ich damit angefangen, jetzt bin ich auf Seite 220. Es hat 320, also schaffe ich es. Nächste Woche muss ich »Palästina am Scheideweg« und den zweiten Teil von Galilei lesen. Außerdem habe ich den ersten Teil der Biographie von Kaiser Karl V. ausgelesen und muss dringend meine vielen Notizen und Hinweise auf die Stammbäume ausarbeiten. Und dann habe ich auch drei Seiten mit Fremdwörtern aus den verschiedenen Büchern herausgeholt, die alle eingeschrieben, aufgesagt und gelernt werden müssen. Nr. 4 ist, dass meine Filmstars schrecklich ungeordnet sind und nach Aufräumen schreien. Da das aber mehrere Tage in Anspruch nehmen würde und Professor Anne im Augenblick, wie schon gesagt, in Arbeit erstickt, wird das Chaos weiter ein Chaos bleiben. Dann warten Theseus, Ödipus, Peleus, Orpheus, Jason und Herkules auf ein gründliches Ordnen, da ihre verschiedenen Taten wie bunte Fäden in meinem Kopf durcheinander liegen. Auch Mykon und Phidias bedürfen dringend einer Behandlung, damit ihr Zusammenhang erhalten bleibt. Ebenso geht es z. B. mit dem Sieben- und dem Neunjährigen Krieg. Ich werfe auf diese Weise alles durcheinander. Ja, was soll man auch mit so einem Gedächtnis anfangen? Stell dir mal vor, wie vergesslich ich erst mit achtzig sein werde! Ach ja, noch was, die Bibel! Wie lange wird es wohl noch dauern, bis ich zu der Geschichte von der badenden Susanne komme? Und was war die Schuld von Sodom und Gomorrha? Ach, es gibt noch so schrecklich viel zu fragen und zu lernen! Und Lieselotte von der Pfalz habe ich ganz im Stich gelassen!
Kitty, siehst du, dass ich überlaufe?

Nun etwas anderes: Du weißt längst, dass es mein liebster Wunsch ist, einmal Journalistin und später eine berühmte Schriftstellerin zu werden. Ob ich diese größenwahnsinnigen (oder wahnsinnigen) Neigungen je ausführen kann, das wird sich noch zeigen müssen, aber Themen habe ich bis jetzt genug. Nach dem Krieg will ich auf jeden

Fall ein Buch mit dem Titel »Das Hinterhaus« herausgeben. Ob mir das gelingt, ist auch die Frage, aber mein Tagebuch wird mir als Grundlage dienen können.
Cadys Leben muss auch fertig werden. Ich habe mir die Fortsetzung so gedacht, dass Cady nach ihrer Genesung das Sanatorium verlässt und mit Hans in Briefwechsel bleibt. Das ist 1941. Bald entdeckt sie dann, dass Hans zur NSB* neigt, und da Cady mit den Juden und ihrer Freundin Marianne großes Mitleid hat, entsteht eine Entfremdung zwischen ihnen. Nach einem Treffen, bei dem sie sich erst wieder versöhnt hatten, kommt es zum Bruch, und Hans bekommt ein anderes Mädchen. Cady ist tief gebrochen und wird, um eine richtige Arbeit zu haben, Krankenschwester. Auf Drängen von Freunden ihres Vaters geht sie in die Schweiz, um dort in einem Lungensanatorium zu arbeiten. In ihrem ersten Urlaub fährt sie zum Comer See, wo sie zufällig Hans trifft. Er erzählt ihr, dass er vor zwei Jahren geheiratet hat, Cadys Nachfolgerin, dass sich seine Frau aber in einem Anfall von Schwermut das Leben genommen hat. An ihrer Seite hat er erst gemerkt, wie sehr er Cady geliebt hatte, und nun hält er aufs Neue um ihre Hand an. Cady lehnt ab, obwohl sie ihn, gegen ihren Willen, immer noch liebt. Ihr Stolz hält sie zurück. Hans zieht daraufhin weg, und Jahre später hört Cady, dass er, mehr krank als gesund, in England gelandet ist.
Cady selbst heiratet mit 27 Jahren einen wohlhabenden Landbewohner, Simon. Sie fängt an, ihn sehr zu lieben, aber doch nie so sehr wie Hans. Sie bekommt zwei Töchter und einen Sohn, Lilian, Judith und Nico. Simon und sie sind glücklich miteinander, aber immer bleibt Hans im Hintergrund von Cadys Denken, bis sie eines Nachts von ihm träumt und Abschied von ihm nimmt.

Das ist kein sentimentaler Unsinn, denn Vaters Lebensroman ist darin verarbeitet.

Deine Anne M. Frank

* Nationalsozialistische Bewegung der Niederlande; A. d. Ü.

Samstag, 13. Mai 1944

Liebste Kitty!

Gestern hatte Vater Geburtstag, und Vater und Mutter waren 19 Jahre verheiratet. Es war kein Putzfrau-Tag, und die Sonne schien, wie sie 1944 noch nie geschienen hat. Unser Kastanienbaum steht von unten bis oben in voller Blüte und ist viel schöner als im vergangenen Jahr. Vater hat von Kleiman eine Biographie über das Leben von Linnaeus bekommen, von Kugler auch ein naturgeschichtliches Buch, von Dussel »Amsterdam zu Wasser«, von den van Daans eine riesige Schachtel, aufgemacht wie vom besten Dekorateur, mit drei Eiern, einer Flasche Bier, einem Joghurt und einer grünen Krawatte. Unser Glas Sirup fiel dagegen schon etwas ab. Die Rosen von mir riechen herrlich, im Gegensatz zu Mieps und Beps roten Nelken. Er ist ziemlich verwöhnt worden. Vom Bäcker sind 50 Törtchen gekommen, herrlich! Vater spendierte außerdem noch Kräuterkuchen und Bier für die Herren, für die Damen Joghurt. Alle waren zufrieden!

Deine Anne M. Frank

Dienstag, 16. Mai 1944

Liebste Kitty!

Zur Abwechslung (weil wir es so lange nicht gehabt haben) will ich dir von einer kleinen Diskussion erzählen, die Herr und Frau van Daan gestern Abend hatten.

Frau van Daan: »Die Deutschen werden den Atlantik-Wall inzwischen wohl sehr stark gemacht haben. Sie werden sicher alles tun, was in ihrer Macht steht, um die Engländer zurückzuhalten. Es ist enorm, wie viel Kraft die Deutschen haben.«

Herr van Daan: »O ja, schrecklich!«

Frau van Daan: »Ja-ah!«

Herr van Daan: »Bestimmt werden die Deutschen am Ende noch den Krieg gewinnen, so stark sind sie.«

Frau van Daan: »Das kann gut sein, ich bin vom Gegenteil noch nicht überzeugt.«

Herr van Daan: »Ich sollte lieber nicht antworten.«

Frau van Daan: »Du antwortest doch immer wieder, du lässt dich doch immer wieder hinreißen.«

Herr van Daan: »Aber nein, ich antworte wenig.«
Frau van Daan: »Aber du antwortest doch, und du musst auch immer Recht haben! Dabei stimmen deine Voraussagen längst nicht immer.«
Herr van Daan: »Bis jetzt haben meine Voraussagen immer gestimmt.«
Frau van Daan: »Das ist nicht wahr. Bei dir war die Invasion schon im vorigen Jahr, die Finnen hatten schon Frieden, Italien war im Winter schon zu Ende, und die Russen hatten schon Lemberg! O nein, auf deine Voraussagen gebe ich nicht viel.«
Herr van Daan (aufstehend): »Und jetzt halt endlich mal dein großes Maul! Ich werde dir noch beweisen, dass ich Recht habe. Einmal wirst du noch genug bekommen. Ich kann das Gezeter nicht mehr hören, ich werde dich mit der Nase auf all deine Hänseleien stoßen!« *(Ende erster Akt)*

Ich musste eigentlich schrecklich lachen, Mutter auch, und Peter verbiss es sich ebenfalls. O die dummen Erwachsenen. Sie sollten lieber selbst anfangen zu lernen, bevor sie so viel an den Kindern auszusetzen haben!

Deine Anne

P. S. Seit Freitag sind die Fenster wieder offen.

Wofür sich die Bewohner des Hinterhauses interessieren:
(Systematische Übersicht der Lern- und Lesefächer)
Herr van Daan: lernt nichts; schlägt viel im Knaur nach; liest gern Detektivromane, medizinische Bücher, spannende und belanglose Liebesgeschichten.
Frau van Daan: lernt Englisch in schriftlichen Kursen; liest gern Biographien und einige Romane.
Herr Frank: lernt Englisch (Dickens!), etwas Latein; liest nie Romane, aber gern ernsthafte und trockene Beschreibungen von Personen und Ländern.
Frau Frank: lernt Englisch in schriftlichen Kursen; liest alles, außer Detektivgeschichten.
Herr Dussel: Lernt Englisch, Spanisch und Niederländisch ohne nennenswertes Ergebnis; liest alles, urteilt mit der Mehrheit.
Peter van Daan: Lernt Englisch, Französisch (schriftlich), niederlän-

disch Steno, englisch Steno, deutsch Steno, englische Handelskorrespondenz, Holzbearbeitung, Wirtschaftslehre, ab und zu Rechnen; liest wenig, manchmal erdkundliche Sachen.
Margot Frank: Lernt Englisch, Französisch, Latein nach schriftlichen Kursen, englisch Steno, deutsch Steno, niederländisch Steno, Mechanik, Trigonometrie, Physik, Chemie, Algebra, Geometrie, englische Literatur, französische Literatur, deutsche Literatur, niederländische Literatur, Buchhaltung, Erdkunde, neue Geschichte, Biologie, Ökonomie; liest alles, am liebsten Bücher über Religion und Heilkunde.
Anne Frank: lernt Französisch, Englisch, Deutsch, niederländisch Steno, Geometrie, Algebra, Geschichte, Erdkunde, Kunstgeschichte, Mythologie, Biologie, biblische Geschichte, niederländische Literatur; liest sehr gern Biographien (trocken oder spannend), geschichtliche Bücher, manchmal Romane und Unterhaltungsliteratur.

Freitag, 19. Mai 1944

Liebe Kitty!
Gestern war mir elend, übergeben (und das bei Anne!), Kopfweh, Bauchweh, alles, was du dir nur vorstellen kannst. Heute geht es wieder besser. Ich habe großen Hunger, aber von den braunen Bohnen, die wir heute essen, werde ich mich fern halten.
Mit Peter und mir geht es prima. Der arme Junge hat ein noch größeres Bedürfnis nach Zärtlichkeit als ich. Er wird noch immer jeden Abend rot beim Gutenachtkuss und bettelt um noch einen. Ob ich nur ein Ersatz für Moffi bin? Ich finde es nicht schlimm. Er ist so glücklich, seit er weiß, dass jemand ihn gern hat.
Ich stehe nach meiner mühsamen Eroberung ein bisschen über der Situation, aber glaube ja nicht, dass meine Liebe abgeflaut ist. Er ist ein Schatz, aber mein Inneres habe ich schnell wieder zugeschlossen. Wenn er jetzt noch mal das Schloss aufbrechen will, muss das Brecheisen schon stärker sein! Deine Anne M. Frank

Samstag, 20. Mai 1944

Liebe Kitty!

Gestern Abend kam ich vom Dachboden herunter und sah sofort, dass die schöne Vase mit Nelken auf dem Boden lag. Mutter lag auf den Knien und wischte auf, Margot fischte meine Papiere vom Boden. »Was ist hier passiert?«, fragte ich mit ängstlicher Vorahnung, und ohne die Antwort abzuwarten, betrachtete ich aus einiger Entfernung den Schaden. Meine Stammbäume, Mappen, Hefte, Bücher, alles schwamm. Ich weinte fast und war so aufgeregt, dass ich anfing, Deutsch zu sprechen. An meine Worte kann ich mich nicht mehr erinnern, aber Margot sagte, dass ich etwas von mir gab wie »unübersehbarer Schaden, schrecklich, entsetzlich, nie wieder gutzumachen« und Ähnliches. Vater brach in Gelächter aus, Mutter und Margot fielen ein, aber ich hätte weinen können wegen der verlorenen Arbeit und den gut ausgearbeiteten Anmerkungen.

Bei näherer Betrachtung war der »unübersehbare Schaden« zum Glück nicht so schlimm. Sorgfältig sortierte ich auf dem Dachboden die zusammengeklebten Papiere und machte sie los. Dann hängte ich sie nebeneinander an die Wäscheleine zum Trocknen. Es war ein lustiger Anblick, und ich musste dann doch wieder lachen. Maria de Medici neben Karl V., Wilhelm von Oranien und Marie Antoinette.

»Das ist Rassenschande«, witzelte Herr van Daan.

Nachdem ich Peter die Fürsorge für meine Papiere anvertraut hatte, ging ich wieder hinunter.

»Welche Bücher sind hin?«, fragte ich Margot, die gerade meine Bücher kontrollierte.

»Algebra«, sagte Margot.

Aber das Algebrabuch war leider Gottes doch nicht kaputt. Ich wollte, es wäre mitten in die Vase gefallen! Noch nie habe ich ein Buch so verabscheut wie dieses. Vorn drin stehen mindestens 20 Namen von Mädchen, die es vor mir besessen haben. Es ist alt, gelb, vollgekritzelt, durchgestrichen und verbessert. Wenn ich mal sehr übermütig bin, reiße ich das Drecksding in Stücke!

Deine Anne M. Frank

Montag, 22. Mai 1944

Liebe Kitty!

Vater hat am 20. Mai fünf Flaschen Joghurt bei einer Wette an Frau van Daan verloren. Die Invasion ist noch nicht gekommen. Ich kann ruhig sagen, dass ganz Amsterdam, die ganzen Niederlande, ja die ganze Westküste Europas bis Spanien hinunter Tag und Nacht über die Invasion spricht, debattiert, darüber Wetten abschließt und darauf hofft. Die Spannung steigt und steigt. Längst nicht alle, die wir zu den »guten« Niederländern rechnen, haben das Vertrauen in die Engländer bewahrt, längst nicht alle finden den englischen Bluff ein Meisterstück. O nein, die Menschen wollen nun endlich mal Taten sehen, große und heldenhafte Taten!

Niemand denkt weiter, als seine Nase lang ist, niemand denkt daran, dass die Engländer für sich selbst und ihr Land kämpfen. Jeder meint nur, dass sie verpflichtet sind, die Niederlande so schnell wie möglich zu retten. Welche Verpflichtungen haben die Engländer denn? Womit haben die Holländer die edelmütige Hilfe verdient, die sie so fest erwarten? Dass die Niederländer sich nur nicht irren! Die Engländer haben sich trotz ihres Bluffs bestimmt nicht mehr blamiert als all die anderen Länder und Ländchen, die nun besetzt sind. Die Engländer werden sicher nicht um Entschuldigung bitten. Sie haben geschlafen, während Deutschland sich bewaffnete, aber all die anderen Länder, die Länder, die an Deutschland grenzen, haben auch geschlafen. Mit Vogel-Strauß-Politik kommt man nicht weiter. Das hat England und das hat die ganze Welt gesehen, und alle, nicht zuletzt England, müssen schwer dafür büßen.

Kein Land wird seine Männer umsonst opfern, auch England nicht. Die Invasion, die Befreiung und die Freiheit werden einmal kommen. Doch England kann den Zeitpunkt bestimmen, nicht die besetzten Gebiete.

Zu unserem großen Leidwesen und zu unserem großen Entsetzen haben wir gehört, dass die Stimmung uns Juden gegenüber bei vielen Leuten umgeschlagen ist. Wir haben gehört, dass Antisemitismus jetzt auch in Kreisen aufkommt, die früher nie daran gedacht hätten. Das hat uns tief, tief getroffen. Die Ursache von diesem Judenhass ist verständlich, manchmal sogar menschlich, aber trotzdem nicht rich-

tig. Die Christen werfen den Juden vor, dass sie sich bei den Deutschen verplappern, dass sie ihre Helfer verraten, dass viele Christen durch die Schuld von Juden das schreckliche Los und die schreckliche Strafe von so vielen erleiden müssen. Das ist wahr. Aber sie müssen (wie bei allen Dingen) auch die Kehrseite der Medaille betrachten. Würden die Christen an unserer Stelle anders handeln? Kann ein Mensch, egal ob Jude oder Christ, bei den deutschen Methoden schweigen? Jeder weiß, dass dies fast unmöglich ist. Warum verlangt man das Unmögliche dann von den Juden?
In Kreisen des Untergrunds wird darüber gemunkelt, dass deutsche Juden, die in die Niederlande emigriert waren und jetzt in Polen sind, nicht mehr in die Niederlande zurückkommen dürfen. Sie hatten hier Asylrecht, müssen aber, wenn Hitler weg ist, wieder nach Deutschland zurück.
Wenn man das hört, fragt man sich dann nicht unwillkürlich, warum dieser lange und schwere Krieg geführt wird? Wir hören doch immer, dass wir alle zusammen für Freiheit, Wahrheit und Recht kämpfen! Fängt jetzt noch während des Kampfes schon wieder die Zwietracht an? Ist ein Jude doch wieder weniger als die anderen? Oh, es ist traurig, sehr traurig, dass wieder, zum soundsovielten Mal, der alte Spruch bestätigt wird: Was ein Christ tut, muss er selbst verantworten, was ein Jude tut, fällt auf alle Juden zurück.
Ehrlich gesagt, ich kann es nicht begreifen, dass Niederländer, Angehörige eines so guten, ehrlichen und rechtschaffenen Volkes, so über uns urteilen, über das vielleicht am meisten unterdrückte, unglücklichste und bedauernswerteste Volk der Welt.
Ich hoffe nur, dass dieser Judenhass vorübergehender Art ist, dass die Niederländer doch noch zeigen werden, wer sie sind, dass sie jetzt und nie in ihrem Rechtsgefühl wanken werden. Denn das ist ungerecht! Und wenn das Schreckliche tatsächlich Wahrheit werden sollte, dann wird das armselige Restchen Juden die Niederlande verlassen. Wir auch. Wir werden mit unserem Bündelchen weiterziehen, weg aus diesem schönen Land, das uns so herzlich Unterschlupf angeboten hat und uns nun den Rücken zukehrt.
Ich liebe die Niederlande. Ich habe einmal gehofft, dass es mir, der Vaterlandslosen, ein Vaterland werden wird. Ich hoffe es noch!

Deine Anne M. Frank

Donnerstag, 25. Mai 1944

Liebe Kitty!

Bep hat sich verlobt! Die Tatsache an sich ist nicht so erstaunlich, obwohl sich keiner von uns sehr darüber freut. Bertus mag ein solider, netter und sportlicher Junge sein, aber Bep liebt ihn nicht, und das ist für mich Grund genug, ihr von der Hochzeit abzuraten. Beps ganzes Streben ist darauf gerichtet, sich hochzuarbeiten, und Bertus zieht sie hinunter. Er ist ein Arbeiter, ohne Interessen und ohne Drang, vorwärtszukommen, und ich glaube nicht, dass Bep sich dabei glücklich fühlen wird. Es ist verständlich, dass Bep mit diesen Halbheiten endlich Schluss machen will. Vor vier Wochen hat sie ihm einen Abschiedsbrief geschrieben, fühlte sich aber noch unglücklicher, und deshalb hat sie ihm wieder geschrieben. Und jetzt hat sie sich verlobt.

Viele Faktoren spielen dabei eine Rolle. Erstens der kranke Vater, der viel von Bertus hält, zweitens, dass sie die Älteste von den Vossen-Mädchen ist und ihre Mutter sie neckt, weil sie noch keinen Mann hat, drittens, dass sie jetzt noch 24 Jahre alt ist, und darauf legt Bep viel Wert.

Mutter sagt, sie hätte es besser gefunden, wenn Bep ein Verhältnis mit ihm angefangen hätte. Ich kann das nicht sagen. Ich habe Mitleid mit Bep und verstehe, dass sie sich einsam fühlt. Heiraten können sie sowieso erst nach dem Krieg, da Bertus illegal lebt, und sie haben beide noch keinen Cent und keine Aussteuer. Was für eine triste Aussicht für Bep, der wir alle so viel Gutes wünschen. Ich hoffe nur, dass Bertus sich unter ihrem Einfluss ändert oder dass Bep noch einen netten Mann findet, der sie schätzt!

Deine Anne M. Frank

Am selben Tag

Jeden Tag was anderes! Heute Morgen ist unser Gemüsehändler verhaftet worden, er hatte zwei Juden im Haus. Das ist ein schwerer Schlag für uns, nicht nur, dass die armen Juden jetzt am Rand des Abgrunds stehen, auch für ihn ist es schrecklich. Die Welt steht hier auf dem Kopf. Die anständigsten Menschen werden in Konzentrationslager, Gefängnisse und einsame Zellen geschickt, und der Abschaum regiert über Jung und Alt, Arm und Reich. Der Eine fliegt durch den Schwarzhandel auf, der Zweite dadurch, dass er Juden versteckt hat. Niemand, der nicht bei der NSB ist, weiß, was morgen passiert.

Auch für uns ist die Verhaftung des Mannes ein schwerer Verlust. Bep kann und darf die Mengen Kartoffeln nicht anschleppen. Das Einzige, was wir tun können, ist, weniger zu essen. Wie das gehen wird, schreibe ich dir noch, aber angenehm wird es sicher nicht sein. Mutter sagt, dass wir morgens kein Frühstück bekommen, mittags Brei und Brot, abends Bratkartoffeln und eventuell ein- oder zweimal die Woche Gemüse oder Salat, mehr nicht. Das heißt hungern. Aber alles ist nicht so schlimm, wie entdeckt zu werden.

Deine Anne M. Frank

Freitag, 26. Mai 1944

Liebste Kitty!

Endlich, endlich bin ich so weit, dass ich ruhig an meinem Tischchen vor dem spaltbreit offenen Fenster sitzen und dir alles schreiben kann.

Ich fühle mich so elend wie seit Monaten nicht, sogar nach dem Einbruch war ich innerlich und äußerlich nicht so kaputt. Einerseits: der Gemüsemann, die Judenfrage, die im ganzen Haus ausführlich besprochen wird, die ausbleibende Invasion, das schlechte Essen, die Spannung, die miserable Stimmung, die Enttäuschung wegen Peter, und andererseits: Beps Verlobung, Pfingstempfänge, Blumen, Kuglers Geburtstag, Torten und Geschichten von Kabaretts, Filmen und Konzerten. Diesen Unterschied, diesen großen Unterschied gibt es immer. An einem Tag lachen wir über das Komische an unserer Untertauchsituation, aber am nächsten Tag, an viel mehr Tagen, haben wir Angst, und man kann die Spannung und die Verzweiflung auf unseren Gesichtern lesen. Miep und Kugler spüren am stärksten die Last, die wir ihnen machen, Miep durch ihre Arbeit und Kugler durch die kolossale Verantwortung für uns acht, eine Verantwortung, die ihm manchmal zu groß wird. Dann kann er fast nicht mehr sprechen vor unterdrückter Nervosität und Aufregung. Kleiman und Bep sorgen auch gut für uns, sehr gut sogar, aber sie können das Hinterhaus manchmal vergessen, auch wenn es nur für ein paar Stunden oder einen Tag oder zwei ist. Sie haben ihre eigenen Sorgen, Kleiman wegen seiner Gesundheit, Bep wegen ihrer Verlobung, die gar nicht so rosig aussieht. Und neben diesen Sorgen haben sie auch ihre Ab-

wechslung, Ausgehen, Besuche, das Leben von normalen Menschen. Bei ihnen weicht die Spannung manchmal, auch wenn es nur für kurze Zeit ist. Bei uns weicht sie niemals, zwei Jahre lang nicht. Und wie lange wird sie uns noch drücken?
Die Kanalisation ist wieder verstopft. Es darf kein Wasser ablaufen, wenn, dann nur tropfenweise. Wir dürfen nicht zum Klo oder müssen eine Bürste mitnehmen. Das schmutzige Wasser bewahren wir in einem großen Steinguttopf auf. Für heute können wir uns behelfen, aber was ist, wenn der Klempner es nicht allein schafft? Die von der Stadt kommen nicht vor Dienstag.
Miep hat uns ein Rosinenbrot mit der Aufschrift »Fröhliche Pfingsten« geschickt. Das klingt fast wie Spott, unsere Stimmung und unsere Angst sind wirklich nicht »fröhlich«.
Wir sind ängstlicher geworden nach der Angelegenheit mit dem Gemüsehändler. Von allen Seiten hört man wieder »pst«, alles geschieht leiser. Die Polizei hat dort die Tür aufgebrochen, davor sind wir also auch nicht sicher. Wenn auch wir einmal … Nein, das darf ich nicht schreiben, aber die Frage lässt sich heute nicht wegschieben, im Gegenteil. All die einmal durchgemachte Angst steht wieder mit ihrem ganzen Schrecken vor mir.
Heute Abend um acht Uhr musste ich alleine nach unten, zum Klo. Niemand war unten, alle saßen am Radio. Ich wollte mutig sein, aber es war schwer. Ich fühle mich hier oben noch immer sicherer als allein in dem großen, stillen Haus. Allein mit diesen Poltergeräuschen von oben und dem Tuten der Autohupen auf der Straße. Ich fange an zu zittern, wenn ich mich nicht beeile und auch nur einen Moment über die Situation nachdenke.
Miep ist nach dem Gespräch mit Vater viel netter und herzlicher zu uns geworden. Aber das habe ich dir noch gar nicht erzählt. Miep kam eines Nachmittags mit feuerrotem Kopf zu Vater und fragte ihn geradeheraus, ob wir annähmen, dass sie auch vom Antisemitismus angesteckt wären. Vater erschrak gewaltig und redete ihr den Verdacht aus. Aber etwas ist hängen geblieben. Sie kaufen mehr für uns ein, interessieren sich mehr für unsere Schwierigkeiten, obwohl wir ihnen damit sicher nicht zur Last fallen dürfen. Es sind doch so herzensgute Menschen!

Ich frage mich immer wieder, ob es nicht besser für uns alle gewesen wäre, wenn wir nicht untergetaucht wären, wenn wir nun tot wären und dieses Elend nicht mitmachen müssten und es vor allem den anderen ersparten. Aber auch davor scheuen wir zurück. Wir lieben das Leben noch, wir haben die Stimme der Natur noch nicht vergessen, wir hoffen noch, hoffen auf alles.
Lass nur schnell was passieren, notfalls auch Schießereien. Das kann uns auch nicht mehr zermürben als diese Unruhe! Lass das Ende kommen, auch wenn es hart ist, dann wissen wir wenigstens, ob wir letztlich siegen werden oder untergehen.

Deine Anne M. Frank

Mittwoch, 31. Mai 1944

Liebe Kitty!
Samstag, Sonntag, Montag und Dienstag war es so warm, dass ich keinen Füller in der Hand halten konnte, darum war es mir auch unmöglich, dir zu schreiben. Am Freitag war die Kanalisation kaputt, am Samstag ist sie gerichtet worden. Nachmittags hat uns Frau Kleiman besucht und eine ganze Menge von Jopie erzählt, unter anderem, dass sie mit Jacque van Maarssen in einem Hockey-Club ist. Am Sonntag kam Bep und schaute nach, ob nicht eingebrochen war, und blieb zum Frühstück bei uns. Am Montag, dem zweiten Pfingstfeiertag, tat Herr van Santen Dienst als Versteckbewacher, und am Dienstag durften die Fenster endlich wieder geöffnet werden. So ein schönes, warmes, man kann ruhig sagen heißes Pfingsten hat es selten gegeben. Hitze ist hier im Hinterhaus schrecklich. Um dir einen Eindruck von den vielen Klagen zu verschaffen, werde ich dir kurz die warmen Tage beschreiben:
Samstag: »Herrlich, was für ein Wetter!«, sagten wir morgens alle. »Wenn es nur etwas weniger warm wäre«, sagten wir mittags, als die Fenster geschlossen werden mussten.
Sonntag: »Nicht auszuhalten, diese Hitze! Die Butter schmilzt, es gibt kein kühles Fleckchen im Haus, das Brot wird trocken, die Milch verdirbt, kein Fenster darf geöffnet werden. Wir armen Ausgestoßenen sitzen hier und ersticken, während die anderen Leute Pfingstferien haben.« (So Frau van Daan.)

Montag: »Meine Füße tun mir weh, ich habe keine dünnen Kleider, ich kann bei dieser Hitze nicht abwaschen.« Geklage von morgens früh bis abends spät, es war äußerst unangenehm.
Ich kann noch immer keine Hitze aushalten und bin froh, dass heute der Wind ordentlich bläst und die Sonne trotzdem scheint.

Deine Anne M. Frank

Freitag, 2. Juni 1944

Beste Kitty!
»Wer zum Dachboden geht, soll einen großen Regenschirm mitnehmen, am besten ein Herrenmodell!« Dies zum Schutz vor Regen, der von oben kommt. Es gibt ja ein Sprichwort, das heißt: »Hoch und trocken, heilig und sicher.« Aber es gilt bestimmt nicht für Kriegszeiten (Schießen) und Versteckte (Katzenklo!). Tatsächlich hat sich Mouschi eine Gewohnheit daraus gemacht, ihr Geschäft auf ein paar Zeitungen oder zwischen die Bodenritzen zu deponieren, sodass nicht nur die Angst vor Geplätscher, sondern eine noch größere Furcht vor entsetzlichem Gestank sehr begründet ist. Weiß man nun, dass auch das neue Moortje aus dem Lager an dem gleichen Laster leidet, dann kann sich sicher jeder, der je eine nicht stubenreine Katze gehabt hat, vorstellen, was für Gerüche durch unser Haus schweben.
Ferner habe ich noch ein brandneues Anti-Schieß-Rezept mitzuteilen. Bei lautem Knallen eile man zur nächstgelegenen Holztreppe, renne diese hinunter und wieder hinauf und sorge dafür, dass man bei einer Wiederholung mindestens einmal nach unten fällt. Mit den so entstandenen Schrammen und dem Lärm, den das Laufen und Fallen macht, hat man genug zu tun, um das Schießen weder zu hören noch daran zu denken. Die Schreiberin dieser Zeilen hat dieses Rezept mit viel Erfolg angewandt!

Deine Anne M. Frank

Montag, 5. Juni 1944

Liebe Kitty!
Neue Unannehmlichkeiten im Hinterhaus. Streit zwischen Dussel und Franks über die Butterverteilung. Kapitulation Dussels. Dicke Freundschaft zwischen Frau van Daan und Letztgenanntem, Flirten,

Küsschen und freundliches Lächeln. Dussel fängt an, Sehnsucht nach Frauen zu bekommen.
Van Daans wollen keinen Kräuterkuchen für Kuglers Geburtstag backen, weil wir selbst auch keinen essen. Wie kleinlich! Oben schlechte Laune. Frau van Daan erkältet. Dussel hat Bierhefepillen ergattert, wir bekommen nichts ab.
Einnahme von Rom durch die fünfte Armee. Die Stadt ist weder verwüstet noch bombardiert worden. Riesenpropaganda für Hitler.
Wenig Gemüse und Kartoffeln, ein Paket Brot verdorben.
Die neue Lagerkatze verträgt keinen Pfeffer, nimmt das Katzenklo als Schlafplatz und benutzt die Holzwolle zum Verpacken als Klo. Unmöglich zu behalten.
Das Wetter ist schlecht. Anhaltende Bombardierungen auf Pas de Calais und die französische Küste.
Dollars lassen sich nicht verkaufen, Gold noch weniger, der Boden der schwarzen Kasse ist schon zu sehen. Wovon werden wir nächsten Monat leben?

Deine Anne

Dienstag, 6. Juni 1944

Liebste Kitty!
»This is D-day«, sagte um zwölf Uhr das englische Radio, und mit Recht! »This is the day«, die Invasion hat begonnen!
Heute Morgen um acht Uhr berichteten die Engländer: Schwere Bombardements auf Calais, Boulogne, Le Havre und Cherbourg sowie Pas de Calais (wie üblich). Ferner Sicherheitsmaßnahmen für die besetzten Gebiete: Alle Menschen, die in einer Zone von 35 km von der Küste wohnen, müssen sich auf Bombardierungen vorbereiten. Wenn möglich, werden die Engländer eine Stunde vorher Flugblätter abwerfen.
Deutschen Berichten zufolge sind englische Fallschirmtruppen an der französischen Küste gelandet. »Englische Landungsschiffe im Kampf mit deutschen Marinesoldaten«, sagt der BBC.
Entscheidung vom Hinterhaus beim Frühstück um neun Uhr: »Dies ist eine Probelandung, genau wie vor zwei Jahren bei Dieppe.« Sendungen in Deutsch, Niederländisch, Französisch und anderen Spra-

chen um zehn Uhr: »The invasion has begun!« Also doch die »echte« Invasion.
Englische Sendung – in Deutsch – um elf Uhr: Rede von Oberbefehlshaber General Dwight Eisenhower.
Englische Sendung – in Englisch – um zwölf Uhr: »This is D-day.« General Eisenhower sprach zum französischen Volk: »Stiff fighting will come now, but after this the victory. The year 1944 is the year of complete victory, good luck!«
Englische Sendung – in Englisch – um ein Uhr: 11 000 Flugzeuge stehen bereit und fliegen unaufhörlich hin und her, um Truppen abzusetzen und hinter den Linien zu bombardieren. 4000 Landefahrzeuge und kleinere Schiffe legen unaufhörlich zwischen Cherbourg und Le Havre an. Englische und amerikanische Truppen sind schon in schwere Gefechte verwickelt. Reden von Gerbrandy, vom belgischen Premierminister, von König Haakon von Norwegen, de Gaulle für Frankreich, dem König von England und, nicht zu vergessen, von Churchill.
Das Hinterhaus ist in Aufruhr. Sollte denn nun wirklich die lang ersehnte Befreiung nahen, die Befreiung, über die so viel gesprochen wurde, die aber zu schön, zu märchenhaft ist, um je wirklich werden zu können? Sollte dieses Jahr, dieses 1944, uns den Sieg schenken? Wir wissen es noch nicht, aber die Hoffnung belebt uns, gibt uns wieder Mut, macht uns wieder stark. Denn mutig müssen wir die vielen Ängste, Entbehrungen und Leiden durchstehen. Nun kommt es darauf an, ruhig und standhaft zu bleiben, lieber die Nägel ins Fleisch zu drücken, als laut zu schreien. Schreien vor Elend können Frankreich, Russland, Italien und auch Deutschland, aber wir haben nicht das Recht dazu!
Kitty, das Schönste an der Invasion ist, dass ich das Gefühl habe, dass Freunde im Anzug sind. Die schrecklichen Deutschen haben uns so lange unterdrückt und uns das Messer an die Kehle gesetzt, dass Freunde und Rettung alles für uns sind. Nun gilt es nicht mehr den Juden, nun gilt es den Niederlanden und dem ganzen besetzten Europa.
Vielleicht, sagt Margot, kann ich im September oder Oktober doch wieder zur Schule gehen.

Deine Anne M. Frank

P. S. Ich werde dich mit den neuesten Berichten auf dem Laufenden halten! Nachts und am frühen Morgen landeten Stroh- und Schaufensterpuppen hinter den deutschen Stellungen. Diese Puppen explodierten, als sie den Boden berührten. Auch viele Fallschirmjäger landeten. Sie waren schwarz angemalt, um nicht aufzufallen. Morgens um sechs Uhr landeten die ersten Schiffe, nachdem die Küste in der Nacht mit 5 Millionen Kilogramm Bomben bombardiert worden war. 20 000 Flugzeuge waren heute in Aktion. Die Küstenbatterien der Deutschen waren bei der Landung selbst schon kaputt, ein kleiner Brückenkopf ist schon gebildet worden. Alles geht gut, obwohl das Wetter schlecht ist. Die Armee und auch das Volk sind »one will and one hope«.

Freitag, 9. Juni 1944

Liebe Kitty!
Mit der Invasion geht es oberprima! Die Alliierten haben Bayeux eingenommen, ein kleines Dorf an der französischen Küste, und kämpfen jetzt um Caën. Es ist klar, dass sie beabsichtigen, die Halbinsel abzuschneiden, auf der Cherbourg liegt. Jeden Abend erzählen Kriegsberichterstatter von den Schwierigkeiten, dem Mut und der Begeisterung der Armee. Die unglaublichsten Dinge passieren. Auch Verwundete, die schon wieder in England sind, waren am Mikrophon. Trotz des miserablen Wetters wird fleißig geflogen. Vom BBC haben wir gehört, dass Churchill die Invasion zusammen mit den Truppen beginnen wollte, nur auf Anraten von Eisenhower und anderen Generälen ist aus dem Plan nichts geworden. Stell dir mal vor, was für ein Mut von so einem alten Mann! Er ist doch sicher schon 70 Jahre alt.
Hier hat sich die Aufregung etwas gelegt. Trotzdem hoffen wir, dass der Krieg Ende des Jahres endlich vorbei sein wird. Es wird auch Zeit. Frau van Daans Gejammer ist kaum mehr zum Anhören. Nachdem sie uns jetzt nicht mehr mit der Invasion verrückt machen kann, nörgelt sie den ganzen Tag über das schlechte Wetter. Ich hätte Lust, sie in einem Eimer kaltes Wasser auf den Dachboden zu stellen!

Das ganze Hinterhaus, mit Ausnahme von van Daan und Peter, hat die Trilogie »Ungarische Rhapsodie« gelesen. Dieses Buch behandelt die Lebensgeschichte des Komponisten, Klaviervirtuosen und Wunderkindes Franz Liszt. Das Buch ist sehr interessant, aber meiner Ansicht nach wird ein bisschen zu viel über Frauen gesprochen. Liszt war zu seiner Zeit nicht nur der größte und bekannteste Pianist, sondern bis zu seinem 70. Lebensjahr auch der größte Schürzenjäger. Er hatte ein Verhältnis mit Marie d'Agoult, Fürstin Caroline Sayn-Wittgenstein, der Tänzerin Lola Montez, der Pianistin Sophie Monter, mit der Tscherkessenfürstin Olga Janina, der Baronesse Olga Meyendorff, der Schauspielerin Lilla ich-weiß-nicht-wie-sie-heißt usw. usw. Es nimmt überhaupt kein Ende. Die Teile des Buches, wo es um Musik und andere Künste geht, sind viel interessanter. In dem Buch kommen vor: Schumann und Clara Wieck, Hector Berlioz, Johannes Brahms, Beethoven, Joachim, Richard Wagner, Hans von Bülow, Anton Rubinstein, Frederic Chopin, Victor Hugo, Honoré de Balzac, Hiller, Hummel, Czerny, Rossini, Cherubini, Paganini, Mendelssohn und viele andere.
Liszt war an sich ein toller Kerl, sehr großzügig, bescheiden für sich, obwohl übermäßig eitel, half jedem, kannte nichts Höheres als die Kunst, war versessen auf Kognak und auf Frauen, konnte keine Tränen sehen, war ein Gentleman, konnte niemandem einen Gefallen abschlagen, gab nichts auf Geld, hielt viel von der Religionsfreiheit und von der Welt.

Deine Anne M. Frank

Dienstag, 13. Juni 1944

Liebe Kitty!
Der Geburtstag ist wieder vorbei, jetzt bin ich also 15. Ich habe ziemlich viel bekommen: Die fünf Bände Springers Kunstgeschichte, eine Garnitur Unterwäsche, zwei Gürtel, ein Taschentuch, zwei Joghurts, ein Glas Marmelade, 2 Honigkuchen (klein), ein Pflanzenkundebuch von Vater und Mutter, ein Doubléarmband von Margot, ein Buch von den van Daans, Biomalz und Gartenwicken Dussel, Süßigkeiten Miep, Süßigkeiten und Hefte Bep, und als Höhepunkt das Buch »Maria Theresia« und drei Scheiben vollfetten Käse von Kugler. Von Pe-

ter einen schönen Strauß Pfingstrosen. Der arme Junge hat sich so viel Mühe gegeben, etwas zu finden, aber nichts hat geklappt.
Mit der Invasion geht es immer noch hervorragend, trotz des miserablen Wetters, der zahllosen Stürme, der Regengüsse und der stürmischen See.
Churchill, Smuts, Eisenhower und Arnold waren gestern in den französischen Dörfern, die von den Engländern erobert und befreit worden sind. Churchill war auf einem Torpedoboot, das die Küste beschoss. Der Mann scheint, wie so viele Männer, keine Angst zu kennen. Beneidenswert!
Die Stimmung in den Niederlanden ist von unserer Hinterburg aus nicht einzuschätzen. Zweifellos sind die Menschen froh, dass das nichtstuende (!) England nun endlich auch mal die Ärmel hochkrempelt. Wie ungerecht sie argumentieren, erkennen die Leute nicht, wenn sie immer wieder sagen, dass sie hier keine englische Besatzung haben wollen. Alles in allem läuft das darauf hinaus: England muss kämpfen, streiten und seine Söhne für die Niederlande und andere besetzte Gebiete aufopfern. Die Engländer dürfen aber nicht in den Niederlanden bleiben, müssen allen besetzten Staaten ihren untertänigsten Dank anbieten, müssen Niederländisch-Indien dem ursprünglichen Eigentümer zurückgeben und dürfen dann, geschwächt und arm, nach England zurückkehren. Ein armer Tölpel, der sich das so vorstellt, und doch müssen viele Niederländer zu diesen Tölpeln gerechnet werden. Was, frage ich, wäre aus den Niederlanden und den benachbarten Ländern geworden, wenn England den so oft möglichen Frieden mit Deutschland unterzeichnet hätte? Die Niederlande wären deutsch geworden, und damit basta!
Alle Niederländer, die nun noch auf die Engländer hinunterschauen, England und die Alte-Herren-Regierung beschimpfen, die Engländer feige nennen, aber doch die Deutschen hassen, müssten mal aufgeschüttelt werden, wie man ein Kissen aufschüttelt. Vielleicht legen sich die verwirrten Gehirne dann in etwas richtigere Falten!

Viele Wünsche, viele Gedanken, viele Beschuldigungen und viele Vorwürfe spuken in meinem Kopf herum. Ich bin wirklich nicht so eingebildet, wie viele Leute meinen. Ich kenne meine zahllosen Fehler und Mängel besser als jeder andere, nur mit dem Unterschied,

dass ich auch weiß, dass ich mich bessern will, mich bessern werde und mich schon sehr gebessert habe.
Wie kommt es nur, frage ich mich oft, dass jeder mich noch immer so schrecklich vorlaut und unbescheiden findet? Bin ich so vorlaut? Bin ich es wirklich, oder sind es nicht vielleicht auch die anderen? Das klingt verrückt, ich merke es, aber ich streiche den letzten Satz nicht durch, weil er wirklich nicht so verrückt ist. Frau van Daan und Dussel, meine hauptsächlichen Ankläger, sind beide bekannt als unintelligent und, spreche ich es ruhig mal aus, dumm! Dumme Menschen können es meist nicht ertragen, wenn andere etwas besser machen als sie selbst. Das beste Beispiel sind in der Tat die beiden Dummen, Frau van Daan und Dussel.
Frau van Daan findet mich dumm, weil ich nicht so schrecklich an diesem Übel leide wie sie, sie findet mich unbescheiden, weil sie noch unbescheidener ist, sie findet meine Kleider zu kurz, weil die ihren noch kürzer sind, und darum findet sie mich auch vorlaut, weil sie selbst doppelt so viel bei Themen mitredet, von denen sie überhaupt nichts versteht. Dasselbe gilt für Dussel.
Aber einer meiner Lieblingssprüche ist: »An jedem Vorwurf ist auch etwas Wahres«, und so gebe ich auch prompt zu, dass ich vorlaut bin. Nun ist das Lästige an meiner Natur, dass ich von niemandem so viele Standpauken bekomme und so viel ausgeschimpft werde wie von mir selbst. Wenn Mutter dann noch ihre Portion Ratschläge dazugibt, wird der Stapel Predigten so unüberwindlich hoch, dass ich vor lauter Verzweiflung, je herauszukommen, frech werde und widerspreche, und dann ist das bekannte und schon so alte Anne-Wort wieder da: »Niemand versteht mich!«
Dieses Wort ist in mir, und so unwahr es auch scheinen mag, auch darin ist ein Zipfelchen Wahrheit. Meine Selbstbeschuldigungen nehmen oft so einen Umfang an, dass ich nach einer tröstenden Stimme lechze, die alles wieder zurechtrückt und sich auch etwas aus meinem Innenleben macht. Aber da kann ich leider lange suchen, gefunden ist derjenige noch nicht.
Ich weiß, dass du jetzt an Peter denkst, nicht wahr, Kitty? Es ist wahr, Peter hat mich gern, nicht als Verliebter, sondern als Freund. Seine Zuneigung steigt mit jedem Tag. Aber was das Geheimnisvolle ist, das uns beide zurückhält, verstehe ich selbst nicht.

Manchmal denke ich, dass mein schreckliches Verlangen nach ihm übertrieben war. Aber es ist nicht so. Wenn ich mal zwei Tage nicht oben war, sehne ich mich wieder genauso heftig nach ihm wie zuvor. Peter ist lieb und gut, trotzdem, ich darf es nicht leugnen, enttäuscht mich vieles. Vor allem seine Abkehr von der Religion, seine Gespräche über Essen und noch andere so widersprüchliche Dinge gefallen mir nicht. Trotzdem bin ich fest davon überzeugt, dass wir nach unserer ehrlichen Abmachung nie Streit bekommen werden. Peter ist friedliebend, verträglich und sehr nachgiebig. Er lässt sich von mir viel mehr sagen, als er seiner Mutter zugesteht. Er versucht mit viel Hartnäckigkeit, die Tintenflecke aus seinen Büchern zu entfernen und Ordnung in seinen Sachen zu halten. Aber warum bleibt sein Inneres dann innen, und ich darf nie daran rühren? Er ist viel verschlossener als ich, das ist wahr. Aber ich weiß nun wirklich aus der Praxis, dass sogar die verschlossenen Naturen zu gegebener Zeit genauso stark oder noch stärker nach einem Vertrauten verlangen.
Peter und ich haben beide unsere Denk-Jahre im Hinterhaus verbracht. Wir reden oft über Zukunft, Vergangenheit und Gegenwart, aber, wie gesagt, ich vermisse das Echte und weiß doch sicher, dass es da ist!

Liegt es daran, dass ich meine Nase so lange nicht in die frische Luft stecken konnte, dass ich so versessen auf alles bin, was Natur ist? Ich weiß noch sehr gut, dass ein strahlend blauer Himmel, zwitschernde Vögel, Mondschein und blühende Blumen früher meine Aufmerksamkeit lange nicht so gefesselt haben. Hier ist das anders geworden. Ich habe z. B. an Pfingsten, als es so warm war, abends mit Gewalt die Augen offen gehalten, um gegen halb zwölf am offenen Fenster den Mond mal richtig und allein betrachten zu können. Leider führte dieses Opfer zu nichts, denn der Mond war zu hell, ich durfte kein offenes Fenster riskieren. Ein andermal, es ist schon ein paar Monate her, war ich zufällig abends oben, als das Fenster offen war. Ich ging nicht eher zurück, bis das Lüften vorbei war. Der dunkle, regnerische Abend, der Sturm, die jagenden Wolken hielten mich gefangen. Nach anderthalb Jahren hatte ich zum ersten Mal wieder die Nacht von Angesicht zu Angesicht gesehen. Nach diesem Abend war meine Sehnsucht, das noch mal zu sehen, größer als meine Angst vor Die-

ben und dem dunklen Rattenhaus oder Überfällen. Ich ging ganz allein hinunter und schaute aus dem Fenster vom Privatbüro und von der Küche.
Viele Menschen finden die Natur schön, viele schlafen mal unter freiem Himmel, viele ersehnen in Gefängnissen oder Krankenhäusern den Tag, an dem sie wieder frei die Natur genießen können, aber wenige sind mit ihrer Sehnsucht so abgeschlossen und isoliert von dem, was für Arme und Reiche dasselbe ist.
Es ist keine Einbildung, dass die Betrachtung des Himmels, der Wolken, des Mondes und der Sterne mich ruhig und abwartend macht. Dieses Mittel ist besser als Baldrian und Brom. Die Natur macht mich demütig und bereit, alle Schläge mutig zu ertragen.
Es hat so sein müssen, dass ich die Natur nur ausnahmsweise durch dick verstaubte und mit schmutzigen Vorhängen versehene Fenster sehen darf. Und da durchzuschauen, ist kein Vergnügen mehr. Die Natur ist das Einzige, das wirklich kein Surrogat vertragen kann!

Eine der vielen Fragen, die mich nicht in Ruhe lassen, ist, warum früher und auch jetzt noch oft die Frauen bei den Völkern einen so viel geringeren Platz einnehmen als der Mann. Jeder kann sagen, dass das ungerecht ist, aber damit bin ich nicht zufrieden. Ich würde so gern die Ursache dieses großen Unrechts wissen.
Es ist anzunehmen, dass der Mann von Anfang an durch seine größere Körperkraft die Herrschaft über die Frau ausgeübt hat. Der Mann, der verdient, der Mann, der die Kinder zeugt, der Mann, der alles darf … All die Frauen waren dumm genug, dass sie das bis vor einiger Zeit still haben geschehen lassen, denn je mehr Jahrhunderte diese Regel lebt, umso fester fasst sie Fuß. Zum Glück sind den Frauen durch Schule, Arbeit und Bildung die Augen geöffnet worden. In vielen Ländern haben Frauen gleiche Rechte bekommen. Viele Menschen, Frauen vor allem, aber auch Männer, sehen nun ein, wie falsch diese Einteilung der Welt so lange Zeit war. Die modernen Frauen wollen das Recht zur völligen Unabhängigkeit.
Aber das ist es nicht allein: Die Würdigung der Frau muss kommen! Überall wird der Mann hoch geschätzt, warum darf die Frau nicht zuallererst daran teilhaben? Soldaten und Kriegshelden werden geehrt und gefeiert, Entdecker erlangen unsterblichen Ruhm, Märtyrer

werden angebetet. Aber wer betrachtet die Frau auch als Kämpferin? In dem Buch »Streiter für das Leben« steht etwas, das mich sehr berührt hat, ungefähr so: Frauen machen im Allgemeinen allein mit dem Kinderkriegen mehr Schmerzen durch, mehr Krankheiten und mehr Elend, als welcher Kriegsheld auch immer. Und was bekommt sie dafür, wenn sie all die Schmerzen durchgestanden hat? Sie wird in eine Ecke geschoben, wenn sie durch die Geburt entstellt ist, ihre Kinder gehören schon bald nicht mehr ihr, ihre Schönheit ist weg. Frauen sind viel tapferere, mutigere Soldaten, die mehr kämpfen und für den Fortbestand der Menschheit mehr Schmerzen ertragen als die vielen Freiheitshelden mit ihrem großen Mund!

Ich will damit überhaupt nicht sagen, dass Frauen sich gegen Kinderkriegen auflehnen sollen, im Gegenteil. So ist die Natur eingerichtet, und so wird es gut sein. Ich verurteile nur die Männer und die ganze Ordnung der Welt, die sich noch nie Rechenschaft darüber abgeben wollten, welchen großen, schweren, aber zeitweilig auch schönen Anteil die Frauen in der Gesellschaft tragen.

Paul de Kruif, der Autor des Buches, hat völlig Recht, wenn er sagt, dass die Männer lernen müssen, dass in den Teilen der Welt, die kultiviert genannt werden, eine Geburt aufgehört hat, etwas Natürliches und Normales zu sein. Die Männer haben leicht reden, sie haben die Unannehmlichkeiten der Frauen nie ertragen müssen und werden es auch nie tun müssen.

Die Ansicht, dass es die Pflicht der Frauen ist, Kinder zu bekommen, wird sich, glaube ich, im Lauf des nächsten Jahrhunderts verändern. Sie wird einer Würdigung und Bewunderung für diejenige Platz machen, die ohne Murren und große Worte die Lasten auf ihre Schultern nimmt!

Deine Anne M. Frank

Freitag, 16. Juni 1944

Liebe Kitty!

Neue Probleme! Frau van Daan ist verzweifelt, spricht von: Kugel durch den Kopf, Gefängnis, Aufhängen und Selbstmord. Sie ist eifersüchtig, dass Peter mir sein Vertrauen schenkt und nicht ihr, sie ist beleidigt, dass Dussel nicht genug auf ihre Flirtereien eingeht, sie hat Angst, dass ihr Mann ihr ganzes Pelzmantel-Geld aufraucht,

streitet, schimpft, weint, beklagt sich, lacht und fängt dann wieder Streit an.
Was soll man mit so einer greinenden und verrückten Person anfangen? Von niemandem wird sie ernst genommen. Charakter hat sie nicht, klagt bei jedem und läuft herum: von hinten Lyzeum, von vorne Museum. Dabei ist noch das Schlimmste, dass Peter frech wird, Herr van Daan gereizt und Mutter zynisch. Was für ein Zustand! Es gibt nur eine Regel, die du dir gut vor Augen halten musst: Lache über alles und störe dich nicht an den anderen! Es scheint egoistisch, ist aber in Wirklichkeit das einzige Heilmittel für Selbstmitleid.
Kugler muss vier Wochen schippen gehen. Er versucht, durch ein ärztliches Attest und einen Brief der Firma freizukommen. Kleiman will sich bald einer Magenoperation unterziehen. Gestern Abend um elf Uhr sind alle privaten Telefonanschlüsse abgestellt worden.

Deine Anne M. Frank

Freitag, 23. Juni 1944

Liebe Kitty!
Hier ist nichts Besonderes los. Die Engländer haben den großen Angriff auf Cherbourg begonnen. Laut Pim und van Daan sind wir am 10. Oktober bestimmt frei. Die Russen nehmen an der Aktion teil und haben gestern ihre Offensive bei Witebsk begonnen, genau auf den Tag drei Jahre nach dem deutschen Einfall.
Beps Laune ist noch immer unter Null. Wir haben fast keine Kartoffeln mehr. In Zukunft wollen wir sie für die Einzelnen abzählen, dann kann jeder selbst entscheiden, was er macht. Miep nimmt eine Woche Urlaub. Kleimans Ärzte haben auf den Röntgenaufnahmen nichts gefunden. Jetzt schwankt er zwischen Operieren und Allem-seinen-Lauf-lassen.

Deine Anne M. Frank

Dienstag, 27. Juni 1944

Liebste Kitty!
Die Stimmung ist umgeschlagen, es geht enorm gut. Cherbourg, Witebsk und Slobin sind heute gefallen. Sicher viel Beute und Ge-

fangene. Fünf deutsche Generäle sind bei Cherbourg gefallen, zwei gefangen genommen. Nun können die Engländer an Land bringen, was sie wollen, denn sie haben einen Hafen. Die Halbinsel Cotentin drei Wochen nach der Invasion englisch, eine gewaltige Leistung!
In den drei Wochen nach D-day ist noch kein Tag ohne Regen und Sturm gewesen, sowohl hier als in Frankreich, aber dieses Pech hindert die Engländer und Amerikaner nicht, ihre Kraft zu zeigen, und wie zu zeigen! Wohl ist die WUWA (Wunderwaffe) in voller Aktion, aber was bedeutet diese Art Katzenschelle anderes als etwas Schaden in England und volle Zeitungen bei den Moffen. Übrigens, wenn sie in »Mofrika« merken, dass die bolschewistische Gefahr jetzt wirklich im Anmarsch ist, werden sie noch mehr Bammel bekommen.
Alle deutschen Frauen und Kinder, die nicht für die Wehrmacht arbeiten, werden aus dem Küstenstreifen nach Groningen, Friesland und Gelderland evakuiert. Mussert hat erklärt, dass er die Uniform anzieht, wenn die Invasion bis hierher kommt. Will der Dicke etwa kämpfen? Das hätte er schon früher tun können, in Russland. Finnland hat seinerzeit das Friedensangebot abgelehnt, und jetzt sind entsprechende Unterhandlungen wieder abgebrochen worden. Was werden sie das noch bereuen, diese Dummköpfe!
Was glaubst du, wie weit wir am 27. Juli sind?

Deine Anne M. Frank

Freitag, 30. Juni 1944

Liebe Kitty!
Schlechtes Wetter oder bad weather from one at a stretch to thirty June. Ist das nicht gut? Oh, ich kann schon ein bisschen Englisch. Um das zu beweisen, lese ich »An ideal Husband« (mit Wörterbuch). Krieg hervorragend: Bobruisk, Mogilew und Orscha gefallen, viele Gefangene.
Hier alles all right. Die Stimmung steigt. Unsere Hyperoptimisten triumphieren, die van Daans zaubern mit dem Zucker, Bep hat ihre Frisur geändert, und Miep hat eine Woche frei. Das sind die letzten Neuigkeiten.
Ich bekomme eine ekelhafte Nervenbehandlung, noch dazu an einem

Schneidezahn. Es hat schon schrecklich wehgetan und war sogar so schlimm, dass Dussel dachte, ich würde umkippen. Es hat nicht viel gefehlt. Prompt hat Frau van Daan auch Zahnweh bekommen!

Deine Anne M. Frank

P. S. Wir haben von Basel gehört, dass Bernd* die Rolle des Wirts in »Minna von Barnhelm« gespielt hat. Künstlerische Neigungen, sagt Mutter.

Donnerstag, 6. Juli 1944

Liebe Kitty!

Mir wird bang ums Herz, wenn Peter davon spricht, dass er später vielleicht Verbrecher wird oder anfängt zu spekulieren. Obwohl es natürlich als Witz gemeint ist, habe ich doch das Gefühl, dass er selbst Angst vor seiner Charakterschwäche hat. Immer wieder höre ich sowohl von Margot als auch von Peter: »Ja, wenn ich so stark und mutig wäre wie du, wenn ich so meinen Willen durchsetzen könnte, wenn ich so eine ausdauernde Energie hätte, ja, dann ...!«

Ist es wirklich eine gute Eigenschaft, dass ich mich nicht beeinflussen lasse? Ist es gut, dass ich fast ausschließlich dem Weg meines eigenen Gewissens folge?

Ehrlich gesagt, ich kann mir nicht richtig vorstellen, wie jemand sagen kann »Ich bin schwach« und dann auch schwach bleibt. Wenn man so etwas doch schon weiß, warum dann nicht dagegen angehen, warum den Charakter nicht trainieren? Die Antwort war: »Weil es so viel bequemer ist.« Diese Antwort hat mich ein bisschen missmutig gemacht. Bequem? Bedeutet ein faules und betrügerisches Leben auch, dass es ein bequemes Leben ist? O nein, das kann nicht wahr sein! Es darf nicht sein, dass Bequemlichkeit und Geld so schnell verführen können. Ich habe lange darüber nachgedacht, was ich dann wohl für eine Antwort geben muss, wie ich Peter dazu bringen soll, an sich selbst zu glauben und, vor allem, sich selbst zu bessern. Ob mein Gedankengang richtig ist, weiß ich nicht.

Ich habe mir oft vorgestellt, wie toll es wäre, wenn mir jemand sein

* Cousin Bernhard (genannt Buddy) Elias; A. d. Ü.

Vertrauen schenkt, aber nun, da es soweit ist, sehe ich erst, wie schwierig es ist, mit den Gedanken des anderen zu denken und dann die richtige Antwort zu finden. Vor allem deshalb, weil die Begriffe »bequem« und »Geld« für mich etwas vollkommen Fremdes und Neues sind.

Peter fängt an, sich ein bisschen auf mich zu stützen, und das darf unter keinen Umständen sein. Auf eigenen Beinen im Leben stehen ist schwierig, aber noch schwieriger ist es, charakterlich und seelisch allein zu stehen und doch standhaft zu bleiben. Ich bin ein bisschen durcheinander, suche schon seit Tagen, suche nach einem ausreichenden Mittel gegen das schreckliche Wort »bequem«. Wie kann ich Peter klarmachen, dass das, was so bequem und schön scheint, ihn in die Tiefe ziehen wird, die Tiefe, wo es keine Freunde, keine Unterstützung, nichts Schönes mehr gibt, eine Tiefe, aus der es fast unmöglich ist, herauszukommen.

Wir leben alle, wissen aber nicht, warum und wofür. Wir leben alle mit dem Ziel, glücklich zu werden, wir leben alle verschieden und doch gleich. Wir drei sind in einem guten Kreis erzogen worden, wir können lernen, wir haben die Möglichkeit, etwas zu erreichen, wir haben Grund, auf Glück zu hoffen, aber – wir müssen uns das selbst verdienen. Und das ist etwas, was mit Bequemlichkeit nie zu erreichen ist. Glück zu verdienen bedeutet, dafür zu arbeiten und Gutes zu tun, und nicht, zu spekulieren und faul zu sein. Faulheit mag anziehend scheinen, Arbeit gibt Befriedigung.

Menschen, die nichts von Arbeit halten, kann ich nicht verstehen. Aber das ist bei Peter auch nicht der Fall. Er hat kein festes Ziel vor Augen, findet sich selbst zu dumm und zu unbedeutend, um etwas zu leisten. Armer Junge, er hat noch nie das Gefühl gekannt, andere glücklich zu machen, und das kann ich ihm auch nicht beibringen. Er hat keine Religion, spricht spottend über Jesus Christus, flucht mit dem Namen Gottes. Obwohl ich auch nicht orthodox bin, tut es mir doch jedes Mal weh, wenn ich merke, wie verlassen, wie geringschätzig, wie arm er ist.

Menschen, die eine Religion haben, dürfen froh sein, denn es ist nicht jedem gegeben, an überirdische Dinge zu glauben. Es ist nicht mal nötig, Angst zu haben vor Strafen nach dem Tod. Das Fegefeuer, die Hölle und der Himmel sind Dinge, die viele nicht akzeptieren kön-

nen. Trotzdem hält sie irgendeine Religion, egal welche, auf dem richtigen Weg. Es ist keine Angst vor Gott, sondern das Hochhalten der eigenen Ehre und des Gewissens.
Wie schön und gut wären alle Menschen, wenn sie sich jeden Abend die Ereignisse des Tages vor Augen riefen und prüften, was an ihrem eigenen Verhalten gut und was schlecht gewesen ist. Unwillkürlich versucht man dann jeden Tag von neuem, sich zu bessern, und selbstverständlich erreicht man dann im Laufe der Zeit auch einiges. Dieses Mittel kann jeder anwenden, es kostet nichts und ist sehr nützlich. Denn wer es nicht weiß, muss es lernen und erfahren: »Ein ruhiges Gewissen macht stark!«

Deine Anne M. Frank

Samstag, 8. Juli 1944

Liebe Kitty!
Ein Vertreter der Firma war in Beverwijk und hat einfach so, bei einer Versteigerung, Erdbeeren bekommen. Sie kamen hier an, sehr staubig, voller Sand, aber in großen Mengen. Nicht weniger als 24 Kistchen für das Büro und uns. Abends wurden sofort die ersten sechs Gläser eingekocht und acht Gläser Marmelade gemacht. Am nächsten Morgen wollte Miep für das Büro Marmelade kochen.
Um halb eins: Außentür zu, Kistchen holen. Peter, Vater und van Daan poltern auf der Treppe, Anne holt warmes Wasser vom Durchlauferhitzer, Margot holt Eimer, alle Mann an Deck! Mit einem ganz komischen Gefühl im Magen betrat ich die übervolle Büroküche, Miep, Bep, Kleiman, Jan, Vater, Peter ... Versteckte und Versorgungskolonne, alles durcheinander, und das mitten am Tag! Die Vorhänge und Fenster offen, lautes Reden, schlagende Türen. Vor lauter Aufregung bekam ich Angst. Verstecken wir uns wirklich noch? fuhr es mir durch den Kopf. So ein Gefühl muss das sein, wenn man sich der Welt wieder zeigen darf. Der Topf war voll, schnell nach oben. In der Küche stand der Rest der Familie am Tisch und pflückte Stiele und Blätter ab, wenigstens sollte das Pflücken sein, es ging mehr in die Münder als in den Eimer. Bald war noch ein Eimer nötig, Peter ging wieder hinunter zur Küche. Da klingelte es zweimal! Der Eimer blieb stehen, Peter rannte herauf, die Drehtür wurde geschlossen. Wir zappelten vor Ungeduld. Die Wasserhähne mussten

zubleiben, auch wenn die halb gewaschenen Erdbeeren auf ihr Bad warteten. Aber die Versteckregel »Jemand im Haus, alle Hähne dicht wegen des Lärms, den die Wasserzufuhr macht« wurde aufrechterhalten.
Um ein Uhr kommt Jan und sagt, dass es der Postbote war. Peter rennt wieder die Treppe hinunter. Rrrang, die Klingel! Rechtsum kehrt. Ich horche, ob jemand kommt, erst an der Drehschranktür, dann oben an der Treppe. Schließlich hängen Peter und ich wie zwei Diebe über dem Geländer und horchen auf den Lärm von unten. Keine fremde Stimme.
Peter geht leise die Treppe hinunter, bleibt auf halbem Weg stehen und ruft: »Bep!« Keine Antwort. Noch einmal: »Bep!« Der Lärm in der Küche ist lauter als Peters Stimme. Dann rennt er die Treppe hinunter in die Küche. Ich schaue gespannt hinunter.
»Mach, dass du nach oben kommst, Peter! Der Wirtschaftsprüfer ist da! Du musst weg!« Das ist die Stimme von Kleiman. Seufzend kommt Peter herauf, die Drehschranktür bleibt zu.
Um halb zwei kommt Kugler endlich. »Oje, ich sehe nichts anderes mehr, nur Erdbeeren. Mein Frühstück Erdbeeren, Jan isst Erdbeeren, Kleiman nascht Erdbeeren, Miep kocht Erdbeeren, Bep pflückt Erdbeeren, ich rieche Erdbeeren, und wenn ich das rote Zeug loswerden will und nach oben gehe, was wird hier gewaschen? Erdbeeren.«
Der Rest der Erdbeeren wird eingeweckt. Abends: Zwei Gläser offen. Vater macht schnell Marmelade davon. Am nächsten Morgen: zwei Weckgläser offen, mittags vier. Van Daan hat sie nicht heiß genug sterilisiert. Jetzt kocht Vater jeden Abend Marmelade. Wir essen Brei mit Erdbeeren, Buttermilch mit Erdbeeren, Erdbeeren als Dessert, Erdbeeren mit Zucker, Erdbeeren mit Sand. Zwei Tage tanzten überall Erdbeeren, Erdbeeren, Erdbeeren. Dann war der Vorrat aufgebraucht oder hinter Schloss und Riegel in den Gläsern.
»Hör mal, Anne«, ruft Margot. »Wir haben vom Gemüsemann Erbsen bekommen, 18 Pfund.«
»Das ist nett von ihm«, antworte ich. In der Tat, es war nett, aber die Arbeit … puh!
»Ihr müsst am Samstagmorgen alle enthülsen«, kündigte Mutter bei Tisch an.

Und wirklich, heute Morgen nach dem Frühstück erschien der große Emailletopf auf dem Tisch, bis zum Rand gefüllt mit Erbsen. Enthülsen ist eine langweilige Arbeit, aber dann solltest du erst mal versuchen, die »Schoten auszunehmen«. Ich glaube, dass die Mehrzahl der Menschen nicht weiß, wie vitaminreich, lecker und weich die Schoten von Erbsen schmecken, wenn das innere Häutchen herausgenommen wird. Die drei gerade angeführten Vorteile kommen aber nicht gegen die Tatsache an, dass die Portion, die man essen kann, wohl dreimal größer ist, als wenn man nur die Erbsen isst.
Dieses »Häutchen abziehen« ist eine außergewöhnlich genaue und fummelige Arbeit, die vielleicht für pedantische Zahnärzte oder genaue Büroarbeiter geeignet ist, für einen ungeduldigen Backfisch wie mich ist es schrecklich. Um halb zehn haben wir angefangen, um halb elf setze ich mich, um elf stehe ich wieder auf, um halb zwölf setze ich mich. Es summt in meinen Ohren: Spitze abknicken, Häutchen entfernen, Fäden abziehen, Hülse werfen, Spitze abknicken, Häutchen entfernen, Fäden abziehen, Hülse werfen usw. usw. Es dreht sich vor meinen Augen, grün, grün, Würmchen, Fäden, verfaulte Hülse, grün, grün, grün. Aus Stumpfsinn und um doch etwas zu tun, quatsche ich den ganzen Vormittag allen möglichen Unsinn, bringe alle zum Lachen und komme fast um vor lauter Langeweile. Mit jedem Faden, den ich ziehe, wird mir wieder klarer, dass ich nie, nie nur Hausfrau sein will!
Um zwölf Uhr frühstücken wir endlich, aber von halb eins bis Viertel nach eins müssen wir wieder Häutchen entfernen. Ich bin fast seekrank, als ich aufhöre, die anderen auch ein bisschen. Ich schlafe bis vier Uhr und bin dann immer noch durcheinander wegen der elenden Erbsen.

Deine Anne M. Frank

Samstag, 15. Juli 1944

Liebe Kitty!
Wir hatten von der Bibliothek ein Buch mit dem herausfordernden Titel: »Wie finden Sie das moderne junge Mädchen?« Über dieses Thema möchte ich heute mal sprechen.
Die Autorin kritisiert »die Jugend von heute« von Kopf bis Fuß, ohne jedoch alles, was jung ist, ganz und gar abzulehnen als zu nichts Gu-

tem im Stande. Im Gegenteil, sie ist eher der Meinung, dass die Jugend, wenn sie wollte, eine große, schönere und bessere Welt aufbauen könnte, sich aber mit oberflächlichen Dingen beschäftigt, ohne dem wirklich Schönen einen Blick zu gönnen.

Bei einigen Passagen hatte ich das starke Gefühl, dass die Schreiberin mich mit ihrem Tadel meinte, und darum will ich mich dir endlich mal ganz offen legen und mich gegen diesen Angriff verteidigen.

Ich habe einen stark ausgeprägten Charakterzug, der jedem, der mich länger kennt, auffallen muss, und zwar meine Selbsterkenntnis. Ich kann mich selbst bei allem, was ich tue, betrachten, als ob ich eine Fremde wäre. Überhaupt nicht voreingenommen oder mit einem Sack voller Entschuldigungen stehe ich dann der alltäglichen Anne gegenüber und schaue zu, was diese gut oder schlecht macht. Dieses »Selbstgefühl« lässt mich niemals los, und bei jedem Wort, das ich ausspreche, weiß ich sofort, wenn es ausgesprochen ist: »Dies hätte anders sein müssen« oder »Das ist ganz gut so, wie es ist«. Ich verurteile mich selbst in so unsagbar vielen Dingen und sehe immer mehr, wie wahr Vaters Worte waren: »Jedes Kind muss sich selbst erziehen.«

Eltern können nur Rat oder gute Anweisungen mitgeben, die endgültige Formung seines Charakters hat jeder selbst in der Hand. Dazu kommt noch, dass ich außerordentlich viel Lebensmut habe, ich fühle mich immer so stark und im Stande, viel auszuhalten, so frei und so jung! Als ich das zum ersten Mal merkte, war ich froh, denn ich glaube nicht, dass ich mich schnell unter den Schlägen beuge, die jeder aushalten muss.

Aber darüber habe ich schon oft gesprochen, ich möchte zu dem Kapitel »Vater und Mutter verstehen mich nicht« kommen. Mein Vater und meine Mutter haben mich immer sehr verwöhnt, waren lieb zu mir, haben mich gegen die von oben verteidigt und getan, was Eltern nur tun können. Und doch habe ich mich lange so entsetzlich einsam gefühlt, ausgeschlossen, vernachlässigt, nicht verstanden. Vater versuchte alles, was nur ging, um meine Aufsässigkeit zu besänftigen, das half nichts. Ich habe mich selbst geheilt, indem ich mir das Falsche meines Tuns vorgehalten habe.

Wie kommt es nun, dass Vater mir in meinem Kampf nie eine Hilfe

gewesen ist, dass es vollkommen misslang, als er mir die helfende Hand reichen wollte? Vater hat die falschen Mittel angewendet, er hat immer zu mir gesprochen wie zu einem Kind, das schwierige Kinderzeiten durchmachen muss. Das klingt verrückt, denn niemand anders als Vater hat mir immer viel Vertrauen geschenkt, niemand anders als Vater hat mir das Gefühl gegeben, dass ich vernünftig bin. Aber etwas hat er vernachlässigt: Er hat nämlich nicht daran gedacht, dass mir mein Kampf, hochzukommen, wichtiger war als alles andere. Ich wollte nichts von »Alterserscheinungen«, »anderen Mädchen«, »geht von selbst vorbei« hören, ich wollte nicht wie ein Mädchen-wie-alle-anderen behandelt werden, sondern als Anne-für-sich-allein, und Pim verstand das nicht. Übrigens, ich kann niemandem mein Vertrauen schenken, der mir nicht auch viel von sich selbst erzählt, und weil ich von Pim nichts weiß, werde ich den Weg zur Vertraulichkeit zwischen uns nicht betreten können. Pim bewahrt immer den Standpunkt des älteren Vaters, der zwar auch mal solche vorübergehenden Neigungen gehabt hat, der aber nicht als Freund der Jugend mit mir mitleben kann, so eifrig er auch danach strebt. Das hat mich dazu gebracht, meine Anschauungen und meine gut durchdachten Theorien niemals jemand anderem mitzuteilen als meinem Tagebuch und, ganz selten mal, Margot. Vor Vater verbarg ich alles, was mich berührte, habe ihn niemals an meinen Idealen teilhaben lassen, habe ihn mir mit Willen und Absicht entfremdet.
Ich konnte nicht anders, ich habe vollkommen nach meinem Gefühl gehandelt, egoistisch zwar, aber ich habe gehandelt, wie es gut für meine Ruhe war. Denn meine Ruhe und mein Selbstvertrauen, das ich so schwankend aufgebaut habe, würde ich wieder verlieren, wenn ich jetzt Kritik an meinem halb fertigen Werk aushalten müsste. Und das habe ich sogar für Pim nicht übrig, so hart das auch klingen mag, denn ich habe Pim nicht nur an meinem inneren Leben nicht teilhaben lassen, ich stoße ihn auch oft durch meine Gereiztheit noch weiter von mir weg.
Das ist ein Punkt, über den ich viel nachdenke: Wie kommt es, dass Pim mich manchmal so ärgert? Dass ich fast nicht mit ihm lernen kann, dass seine vielen Zärtlichkeiten mir gewollt vorkommen, dass ich Ruhe haben will und am liebsten sähe, er würde mich manchmal

ein bisschen links liegen lassen, bis ich ihm wieder sicherer gegenüberstehe? Denn noch immer nagt der Vorwurf von dem gemeinen Brief an mir, den ich ihm in meiner Aufregung zugemutet habe. O wie schwierig es ist, wirklich nach allen Seiten hin stark und mutig zu sein!

Trotzdem ist es nicht das, was mir die schlimmste Enttäuschung bereitet hat. Nein, noch viel mehr als über Vater denke ich über Peter nach. Ich weiß sehr gut, dass ich ihn erobert habe statt umgekehrt. Ich habe mir ein Traumbild von ihm geschaffen, sah ihn als den stillen, empfindsamen, lieben Jungen, der Liebe und Freundschaft dringend braucht! Ich musste mich mal bei einem lebendigen Menschen aussprechen. Ich wollte einen Freund haben, der mir wieder auf den Weg half. Ich habe die schwierige Arbeit vollbracht und ihn langsam, aber sicher für mich gewonnen.
Als ich ihn schließlich zu freundschaftlichen Gefühlen mir gegenüber gebracht hatte, kamen wir von selbst zu Intimitäten, die mir nun bei näherer Betrachtung unerhört vorkommen. Wir sprachen über die geheimsten Dinge, aber über die Dinge, von denen mein Herz voll war und ist, haben wir bis jetzt geschwiegen. Ich kann noch immer nicht richtig klug werden aus Peter. Ist er oberflächlich, oder ist es Verlegenheit, die ihn sogar mir gegenüber zurückhält? Aber abgesehen davon, ich habe einen Fehler gemacht, indem ich alle anderen Möglichkeiten von Freundschaft ausgeschaltet und versucht habe, ihm durch Intimitäten näher zu kommen. Er hungert nach Liebe und mag mich jeden Tag mehr, das merke ich gut. Ihm geben unsere Treffen Befriedigung, bei mir führen sie nur zu dem Drang, es immer wieder aufs Neue mit ihm zu versuchen und nie die Themen zu berühren, die ich so gerne ansprechen würde. Ich habe Peter, mehr als er selbst weiß, mit Gewalt zu mir gezogen, jetzt hält er sich an mir fest, und ich sehe vorläufig kein geeignetes Mittel, ihn wieder von mir zu lösen und auf eigene Füße zu stellen. Als ich nämlich sehr schnell merkte, dass er kein Freund sein konnte, wie ich ihn mir vorstelle, habe ich danach gestrebt, ihn dann wenigstens aus seiner Eingeschränktheit herauszuheben und ihn groß zu machen in seiner Jugend.

»Denn im tiefsten Grund ist die Jugend einsamer als das Alter.« Diesen Spruch habe ich aus einem Buch behalten und gefunden, dass er stimmt.

Ist es denn wahr, dass die Erwachsenen es hier schwerer haben als die Jugend? Nein, bestimmt nicht. Ältere Menschen haben eine Meinung über alles und schwanken nicht mehr, was sie tun sollen oder nicht. Wir, die jüngeren, haben doppelt Mühe, unsere Meinungen in einer Zeit zu behaupten, in der aller Idealismus zerstört und kaputtgemacht wird, in der sich die Menschen von ihrer hässlichsten Seite zeigen, in der an Wahrheit, Recht und Gott gezweifelt wird.

Jemand, der dann noch behauptet, dass die Älteren es hier im Hinterhaus viel schwerer haben, macht sich nicht klar, in wie viel stärkerem Maß die Probleme auf uns einstürmen. Probleme, für die wir vielleicht noch viel zu jung sind, die sich uns aber so lange aufdrängen, bis wir endlich eine Lösung gefunden zu haben meinen, eine Lösung, die meistens den Tatsachen nicht standhält und wieder zunichte gemacht wird. Das ist das Schwierige in dieser Zeit: Ideale, Träume, schöne Erwartungen kommen nicht auf, oder sie werden von der grauenhaftesten Wirklichkeit getroffen und vollständig zerstört. Es ist ein Wunder, dass ich nicht alle Erwartungen aufgegeben habe, denn sie scheinen absurd und unausführbar. Trotzdem halte ich an ihnen fest, trotz allem, weil ich noch immer an das innere Gute im Menschen glaube.

Es ist mir nun mal unmöglich, alles auf der Basis von Tod, Elend und Verwirrung aufzubauen. Ich sehe, wie die Welt langsam immer mehr in eine Wüste verwandelt wird, ich höre den anrollenden Donner immer lauter, der auch uns töten wird, ich fühle das Leid von Millionen Menschen mit. Und doch, wenn ich zum Himmel schaue, denke ich, dass sich alles wieder zum Guten wenden wird, dass auch diese Härte aufhören wird, dass wieder Ruhe und Frieden in die Weltordnung kommen werden. Inzwischen muss ich meine Vorstellungen hochhalten, in den Zeiten, die kommen, sind sie vielleicht doch noch auszuführen!

Deine Anne M. Frank

Freitag, 21. Juli 1944

Liebe Kitty!

Nun werde ich hoffnungsvoll, nun endlich geht es gut. Ja, wirklich, es geht gut! Tolle Berichte! Ein Mordanschlag auf Hitler ist ausgeübt worden, und nun mal nicht durch jüdische Kommunisten oder englische Kapitalisten, sondern durch einen hochgermanischen deutschen General, der Graf und außerdem noch jung ist. Die »göttliche Vorsehung« hat dem Führer das Leben gerettet, und er ist leider, leider mit ein paar Schrammen und einigen Brandwunden davongekommen. Ein paar Offiziere und Generäle aus seiner nächsten Umgebung sind getötet oder verwundet worden. Der Haupttäter wurde standrechtlich erschossen.

Der beste Beweis doch wohl, dass es viele Offiziere und Generäle gibt, die den Krieg satt haben und Hitler gern in die tiefsten Tiefen versenken würden, um dann eine Militärdiktatur zu errichten, mit deren Hilfe Frieden mit den Alliierten zu schließen, erneut zu rüsten und nach zwanzig Jahren wieder einen Krieg zu beginnen. Vielleicht hat die Vorsehung mit Absicht noch ein bisschen gezögert, ihn aus dem Weg zu räumen. Denn für die Alliierten ist es viel bequemer und auch vorteilhafter, wenn die fleckenlosen Germanen sich gegenseitig totschlagen. Umso weniger Arbeit bleibt den Russen und Engländern, und umso schneller können sie wieder mit dem Aufbau ihrer eigenen Städte beginnen. Aber so weit sind wir noch nicht, und ich will nichts weniger, als den glorreichen Tatsachen vorgreifen. Trotzdem merkst du wohl, dass das, was ich sage, die Wahrheit ist, nichts als die Wahrheit. Ausnahmsweise fasele ich nun mal nicht über höhere Ideale.

Hitler ist ferner noch so freundlich gewesen, seinem treuen und anhänglichen Volk mitzuteilen, dass alle Militärs von heute an der Gestapo zu gehorchen haben und dass jeder Soldat, der weiß, dass sein Kommandant an diesem feigen und gemeinen Attentat teilgenommen hat, ihn abknallen darf.

Eine schöne Geschichte wird das werden. Der kleine Michel hat schmerzende Füße vom langen Laufen, sein Herr, der Offizier, staucht ihn zusammen. Der kleine Michel nimmt sein Gewehr, ruft: »Du wolltest den Führer ermorden, da ist dein Lohn!« Ein Knall, und der hochmütige Chef, der es wagte, Michel Standpauken zu halten,

ist ins ewige Leben (oder ist es der ewige Tod?) eingegangen. Zuletzt wird es so sein, dass die Herren Offiziere sich die Hosen voll machen vor Angst, wenn sie einen Soldaten treffen oder irgendwo die Führung übernehmen sollen, weil die Soldaten mehr zu sagen und zu tun haben als sie selbst.
Verstehst du's ein bisschen, oder bin ich wieder vom Hundertsten ins Tausendste gekommen? Ich kann's nicht ändern. Ich bin viel zu fröhlich, um logisch zu sein bei der Aussicht, dass ich im Oktober wohl wieder auf der Schulbank sitzen kann! Oh, là, là, habe ich nicht gerade noch gesagt, dass ich nicht voreilig sein will? Vergib mir, ich habe nicht umsonst den Ruf, dass ich ein Bündelchen Widerspruch bin!

Deine Anne M. Frank

Dienstag, 1. August 1944

Liebe Kitty!
»Ein Bündelchen Widerspruch!« Das ist der letzte Satz meines vorigen Briefes und der erste von meinem heutigen. »Ein Bündelchen Widerspruch«, kannst du mir genau erklären, was das ist? Was bedeutet Widerspruch? Wie so viele Worte hat es zwei Bedeutungen, Widerspruch von außen und Widerspruch von innen. Das Erste ist das normale »sich nicht zufrieden geben mit der Meinung anderer Leute, es selbst besser zu wissen, das letzte Wort zu behalten«, kurzum, alles unangenehme Eigenschaften, für die ich bekannt bin. Das Zweite, und dafür bin ich nicht bekannt, ist mein Geheimnis.
Ich habe dir schon öfter erzählt, dass meine Seele sozusagen zweigeteilt ist. Die eine Seite beherbergt meine ausgelassene Fröhlichkeit, die Spöttereien über alles, Lebenslustigkeit und vor allem meine Art, alles von der leichten Seite zu nehmen. Darunter verstehe ich, an einem Flirt nichts zu finden, einem Kuss, einer Umarmung, einem unanständigen Witz. Diese Seite sitzt meistens auf der Lauer und verdrängt die andere, die viel schöner, reiner und tiefer ist. Nicht wahr, die schöne Seite von Anne, die kennt niemand, und darum können mich auch so wenige Menschen leiden. Sicher, ich bin ein amüsanter Clown für einen Nachmittag, dann hat jeder wieder für einen Monat genug von mir. Eigentlich genau dasselbe, was ein Liebesfilm für ernsthafte Menschen ist, einfach eine Ablenkung, eine Zerstreuung für einmal, etwas, das man schnell vergisst, nicht schlecht, aber

noch weniger gut. Es ist mir unangenehm, dir das zu erzählen, aber warum sollte ich es nicht tun, wenn ich doch weiß, dass es die Wahrheit ist? Meine leichtere, oberflächliche Seite wird der tieferen immer zuvorkommen und darum immer gewinnen. Du kannst dir nicht vorstellen, wie oft ich nicht schon versucht habe, diese Anne, die nur die Hälfte der ganzen Anne ist, wegzuschieben, umzukrempeln und zu verbergen. Es geht nicht, und ich weiß auch, warum es nicht geht. Ich habe große Angst, dass alle, die mich kennen, wie ich immer bin, entdecken würden, dass ich eine andere Seite habe, eine schönere und bessere. Ich habe Angst, dass sie mich verspotten, mich lächerlich und sentimental finden, mich nicht ernst nehmen. Ich bin daran gewöhnt, nicht ernst genommen zu werden, aber nur die »leichte« Anne ist daran gewöhnt und kann es aushalten. Die »schwerere« ist dafür zu schwach. Wenn ich wirklich einmal mit Gewalt für eine Viertelstunde die gute Anne ins Rampenlicht gestellt habe, zieht sie sich wie ein Blümchen-rühr-mich-nicht-an zurück, sobald sie sprechen soll, lässt Anne Nr. 1 ans Wort und ist, bevor ich es weiß, verschwunden.
In Gesellschaft ist die liebe Anne also noch nie, noch nicht ein einziges Mal, zum Vorschein gekommen, aber beim Alleinsein führt sie fast immer das Wort. Ich weiß genau, wie ich gern sein würde, wie ich auch bin ... von innen, aber leider bin ich das nur für mich selbst. Und das ist vielleicht, nein, ganz sicher, der Grund, warum ich mich selbst eine glückliche Innennatur nenne und andere Menschen mich für eine glückliche Außennatur halten. Innerlich weist die reine Anne mir den Weg, äußerlich bin ich nichts als ein vor Ausgelassenheit sich losreißendes Geißlein.

Wie schon gesagt, ich fühle alles anders, als ich es ausspreche. Dadurch habe ich den Ruf eines Mädchens bekommen, das Jungen nachläuft, flirtet, alles besser weiß und Unterhaltungsromane liest. Die fröhliche Anne lacht darüber, gibt eine freche Antwort, zieht gleichgültig die Schultern hoch, tut, als ob es ihr nichts ausmacht. Aber genau umgekehrt reagiert die stille Anne. Wenn ich ganz ehrlich bin, muss ich dir bekennen, dass es mich trifft, dass ich mir unsagbar viel Mühe gebe, anders zu werden, aber dass ich immer wieder gegen stärkere Mächte kämpfe.
Es schluchzt in mir: Siehst du, das ist aus dir geworden: schlechte

Meinungen, spöttische und verstörte Gesichter, Menschen, die dich unsympathisch finden, und das alles, weil du nicht auf den Rat deiner guten Hälfte hörst. Ach, ich würde gern darauf hören, aber es geht nicht. Wenn ich still oder ernst bin, denken alle, dass das eine neue Komödie ist, und dann muss ich mich mit einem Witz retten. Ganz zu schweigen von meiner eigenen Familie, die bestimmt glaubt, dass ich krank bin, mir Kopfwehpillen und Beruhigungstabletten zu schlucken gibt, mir an Hals und Stirn fühlt, ob ich Fieber habe, mich nach meinem Stuhlgang fragt und meine schlechte Laune kritisiert. Das halte ich nicht aus, wenn so auf mich aufgepasst wird, dann werde ich erst schnippisch, dann traurig, und schließlich drehe ich mein Herz wieder um, drehe das Schlechte nach außen, das Gute nach innen und suche dauernd nach einem Mittel, um so zu werden, wie ich gern sein würde und wie ich sein könnte, wenn … wenn keine anderen Menschen auf der Welt leben würden.

Deine Anne M. Frank

*Hier endet Annes Tagebuch*

Anne Frank mit einem Kaninchen in Amstelrust Park, Juni 1938.

## Nachwort

Am 4. August 1944 hielt vormittags zwischen zehn und halb elf Uhr ein Auto vor dem Haus Prinsengracht 263. Ihm entstiegen der uniformierte SS-Oberscharführer Karl Josef Silberbauer und mindestens drei holländische Helfer von der Grünen Polizei, in Zivil, aber bewaffnet. Es ist sicher, dass das Versteck verraten wurde. Der Lagerarbeiter W. G. van Maaren wurde ernsthaft verdächtigt. Zwei Strafuntersuchungen führten jedoch zu keinen Ergebnissen, die juristisch für eine Anklageerhebung ausgereicht hätten.
Die »Grüne Polizei« verhaftete alle acht Untergetauchten sowie die beiden Helfer Viktor Kugler und Johannes Kleiman – nicht aber Miep Gies und Elisabeth (Bep) Voskuijl – und nahm alle Wertsachen und noch vorhandenes Geld an sich.
Nach der Verhaftung wurden Kugler und Kleiman am selben Tag ins Untersuchungsgefängnis am Amstelveensweg gebracht und einen Monat später in jenes an der Weteringschans in Amsterdam überführt. Ohne Prozess wurden sie am 11. September 1944 ins Polizeiliche Durchgangslager Amersfoort verbracht. Kleiman wurde am 18. September 1944 aus gesundheitlichen Gründen entlassen. Er starb 1959 in Amsterdam. Kugler gelang erst am 28. März 1945 die Flucht, kurz bevor er zum Arbeitseinsatz nach Deutschland abtransportiert worden wäre. Er wanderte 1955 nach Kanada aus und starb 1981 in Toronto. Elisabeth (Bep) Wijk-Voskuijl starb 1983 in Amsterdam. Miep Gies-Santrouschitz lebt mit ihrem Mann noch in Amsterdam.
Die Juden kamen nach ihrer Verhaftung für vier Tage in die Haftanstalt in der Weteringschans in Amsterdam; dann wurden sie in das niederländische »Judendurchgangslager« Westerbork überführt. Mit dem letzten Transport, der von dort in die Vernichtungslager im Osten ging, wurden sie am 3. September 1944 deportiert und erreichten nach drei Tagen Auschwitz in Polen.
Hermann van Pels (van Daan) ist laut den (nachträglichen) Feststel-

lungen des niederländischen Roten Kreuzes noch am Tag der Ankunft, am 6. September 1944, in Auschwitz vergast worden. Nach Aussagen von Otto Frank wurde er jedoch erst einige Wochen später, also im Oktober oder November 1944, kurz vor dem Ende der Vergasungen, umgebracht. Auguste van Pels wurde von Auschwitz über Bergen-Belsen und Buchenwald am 9. April 1945 nach Theresienstadt und von dort offensichtlich noch weiter verschleppt. Ihr Todesdatum ist unbekannt.

Peter van Pels (van Daan) wurde am 16. Januar 1945 in einem der Evakuierungsmärsche von Auschwitz nach Mauthausen (Österreich) verschleppt, wo er am 5. Mai 1945, nur drei Tage vor der Befreiung, starb.

Fritz Pfeffer (Albert Dussel) starb am 20. Dezember 1944 im KZ Neuengamme; dorthin war er über das KZ Buchenwald oder das KZ Sachsenhausen gekommen.

Edith Frank starb am 6. Januar 1945 im Frauenlager Auschwitz-Birkenau an Hunger und Erschöpfung.

Margot und Anne wurden Ende Oktober mit einem so genannten Evakuierungstransport in das KZ Bergen-Belsen in der Lüneburger Heide deportiert. Als Folge der katastrophalen hygienischen Zustände brach dort im Winter 1944/45 eine Typhusepidemie aus, der Tausende der Häftlinge zum Opfer fielen; darunter waren auch Margot und wenige Tage später Anne Frank. Ihr Todesdatum muss zwischen Ende Februar und Anfang März liegen. Die Leichen der beiden Mädchen liegen wahrscheinlich in den Massengräbern von Bergen-Belsen. Am 12. April 1945 wurde das Konzentrationslager von englischen Truppen befreit.

Otto Frank überlebte als Einziger der acht Untergetauchten die Konzentrationslager. Nach der Befreiung von Auschwitz durch russische Truppen gelangte er mit dem Schiff über Odessa nach Marseille. Am 3. Juni 1945 traf er in Amsterdam ein und lebte dort bis 1953; dann übersiedelte er in die Schweiz, nach Basel, wo seine Schwester mit ihrer Familie und sein Bruder lebten. Er heiratete Elfriede Geiringer, geborene Markowits, aus Wien, die wie er Auschwitz überlebt und Mann und Sohn im KZ Mauthausen verloren hatte. Bis zu seinem Tod am 19. August 1980 lebte Otto Frank in Birsfelden bei Basel und widmete sich dem Tagebuch seiner Tochter Anne und der Verbreitung der darin enthaltenen Botschaft.